Hermann Kaienburg

Das Konzentrationslager Neuengamme 1938–1945

Herausgegeben
von der
KZ-Gedenkstätte Neuengamme

Verlag J.H.W. Dietz Nachfolger

Die Herausgeberin und der Verlag haben sich bemüht,
alle Rechteinhaber der Dokumente und Abbildungen
ausfindig zu machen. Dies ist leider nicht in allen Fällen gelungen.
Wir bitten daher nicht benachrichtigte Rechteinhaber,
sich an den Verlag zu wenden.

Die Deutsche Bibliothek – CIP-Einheitsaufnahme

Kaienburg, Hermann:
Das Konzentrationslager Neuengamme 1938 – 1945 /
Hermann Kaienburg. Hrsg. von der
KZ-Gedenkstätte Neuengamme. – Bonn : Dietz, 1997
(Dietz-Taschenbuch ; 76)
ISBN 3-8012-3076-7

Copyright 1997 by Verlag J.H.W. Dietz Nachfolger GmbH
In der Raste 2, D-53129 Bonn
Lektorat: Christine Buchheit
Umschlaggestaltung: Manfred Waller, Reinbek,
unter Verwendung einer Tuschzeichnung von W. Petrow,
die eine Häftlingskolonne in Neuengamme zeigt.
(Bestand KZ-Gedenkstätte Neuengamme)
Druck und Verarbeitung: Ebner Ulm
Alle Rechte vorbehalten
Printed in Germany 1997

Neuengamme war die Hölle selbst,
nicht das naive Inferno eines Dante,
sondern eine ins 20. Jahrhundert verlegte Hölle,
in der die Kunst der Grausamkeit
bis zur Vollkommenheit angewandt
und jede teuflische Errungenschaft
auf modernem und psychologischem Gebiet
angetan war, den Menschen psychisch
und geistig zu vernichten.

(Bericht von Maurice Passiah, Houston / USA, 1981, ANg)

Inhalt

Vorwort   10

Einleitung   13

A. Verfolgung und Konzentrationslager im Nationalsozialismus   17

   1. Terror und Machtsicherung   17
   2. Die Gründung der ersten Konzentrationslager   21
   3. Die Umstrukturierung des KZ-Systems nach 1933 und seine Entwicklung bis Kriegsbeginn   23
   4. Die Entwicklung des KZ-Systems im Zweiten Weltkrieg   26
   5. Die wirtschaftliche Nutzung der Häftlingsarbeit   31
   6. Das System der Außenlager   33

B. Verfolgung und erste Konzentrationslager in Hamburg   41

C. Die Beteiligung der Stadt Hamburg an der Gründung des KZ Neuengamme   54

D. Das Konzentrationslager Neuengamme 1938-1945   64

   1. Neuengamme als Außenlager des KZ Sachsenhausen 1938-1940   64
   2. Die Errichtung des neuen Lagers und sein Ausbau bis 1945   65
   3. Menschen aus ganz Europa   72
      Überblick: Jüdische Gefangene in Hamburger Konzentrationslagern   82
   4. Die Lagerorganisation und das System der Lagerbeherrschung   86
   5. Die Existenzbedingungen im Hauptlager   94
      a) Gewalt und Schikanen im Lageralltag   94
      b) Ernährung, Kleidung, Unterbringung   100

    c) Der Umgang mit Kranken und Entkräfteten   111
    d) Die Arbeit der Häftlinge im Hauptlager   127
    Arbeitszeit und Arbeitsorganisation (127); Prämien und „Hafterleichterungen" (129); Die Arbeitskommandos des Hauptlagers (131); Die Arbeitsbedingungen (135)
6. Die Außenlager   155
    a) Die Entstehung der Außenlager ab 1942   159
    b) Leitung und Bewachung   174
    c) Die Einlieferung in die Außenlager   175
    d) Unterbringung, Versorgung, Krankenbehandlung   181
    e) Die Arbeit der Häftlinge in den Außenlagern   194
    Die Arbeitszeit (194); Die Arbeitsbedingungen (196); Prämien und Essenszulagen (206)
    f) Der Einfluß der Betriebe und des Aufsichtspersonals auf das Leben in den Außenlagern   212
    g) Kontakte der Häftlinge zu anderen Arbeitern und zu Bewohnern der Umgebung   222
7. Selbstbehauptung, Flucht, Solidarität und Widerstand   226
8. Medizinische Experimente an KZ-Gefangenen   248
9. Hinrichtungen und Massentötungen mit Giftgas   253
10. Die Toten   266
11. Die Räumung und Auflösung der Lager 1945   268

E. Der Umgang mit der Geschichte des Konzentrationslagers nach 1945   284

1. Die strafrechtliche Verfolgung der Täter   284
2. Entschädigung   286
3. Strafanstalten und Gedenkstätte   287

Anmerkungen   291

Anhang 308
Zeittafel 308
Übersicht über die Außenlager des Konzentrationslagers
Neuengamme 321
Abkürzungen 333
Begriffserläuterungen 335
Literaturverzeichnis 337
Die Außenlager des KZ Neuengamme – Literaturhinweise 345
Register 347
   Namen 347
   Orte und Lager 351
   Wirtschaftsunternehmen 356
   Sachbegriffe 358
Hinweise zum Besuch von Gedenkstätten 362
   KZ-Gedenkstätte Neuengamme 362
   Gedenkstätten mit Ausstellungen zur Geschichte von Außen-
   lagern und Evakuierungsorten des KZ Neuengamme 365

Vorwort

Dieses Taschenbuch berichtet von dem größten Verbrechen, das die Geschichte Hamburgs kennt: ein vom nationalsozialistischen Regime initiiertes und von der SS verübtes Verbrechen an Zehntausenden von Menschen, die im Zweiten Weltkrieg aus nahezu allen Ländern Europas als KZ-Häftlinge nach Neuengamme, einem dörflich geprägten Ortsteil in den Hamburger Vierlanden, verschleppt worden waren. Gründe der Einweisung waren zumeist ihr Widerstand gegen die deutsche Besatzungsherrschaft, Auflehnung gegen Zwangsarbeit oder rassistisch motivierte Verfolgung. Seit 1942 beschränkte sich der Verfolgungsort Neuengamme nicht nur auf das 68 Hektar große Lagerareal des Stammlagers. In ganz Norddeutschland entstanden nach und nach insgesamt über 80 Außenlager des KZ Neuengamme. Zwar blieb das Hauptlager in Neuengamme eine Haftstätte für Männer, doch 22 der Außenlager waren für Frauen bestimmt. Mit über 100.000 Häftlingen, davon 13.500 Frauen, zählte das Konzentrationslager Neuengamme zu den großen Lagern im Verfolgungsimperium der SS. Neuengamme steht für ein Verbrechen gigantischen Ausmaßes: Mehr als die Hälfte der Häftlinge des KZ Neuengamme fielen der nationalsozialistischen Verfolgung zum Opfer. Körperlich ausgezehrt starben sie an Krankheiten und Hunger, sie wurden gehängt, vergast, in Vernichtungslager abtransportiert, sie starben bei Kriegsende auf Todesmärschen oder beim Bombardement der KZ-Häftlingsschiffe in der Lübecker Bucht.

Mit diesem Buch legt die KZ-Gedenkstätte Neuengamme eine überblicksartig abgefaßte Gesamtdarstellung zur Geschichte des KZ Neuengamme vor, die auch die Außenlager und die Ereignisse im Zusammenhang mit der Lagerräumung bei Kriegsende mit einbezieht. Der Autor, der Hamburger Lehrer und Historiker Dr. Hermann Kaienburg, ist als Experte für dieses Thema einschlägig ausgewiesen. Er legte mit seiner 1990 unter dem Titel *„Vernichtung durch Arbeit". Der Fall Neuengamme. Die Wirtschaftsbestrebungen der SS und ihre Auswirkungen auf die Existenzbedingungen der KZ-Gefangenen* ebenfalls im Verlag J.H.W. Dietz Nachf. erschienenen Dissertation die erste umfassende geschichtswissenschaftliche Untersuchung über das Stammlager Neuengamme vor, die aufgrund ihres Detailreichtums und ihres quellenkritisch abgewogenen Urteils allgemein große Anerkennung fand. Angelegt als wissenschaftliche Spezialstudie konnte dieses wichtige Buch jedoch weder alle in Frage kommenden Leserkreise noch die Gesamtbreite des Themas ansprechen. Die 1981 in der Schriftenreihe der Hamburger Landeszentrale für politische Bildung publizierte Broschüre von Dr. Werner Johe *Neuengamme. Zur Geschichte der Konzentrationslager in Hamburg,* die anhand der Bestände des Hamburger Staatsarchivs wesentliche Kernpunkte der Vorgeschichte, insbesondere die Vertragsverhandlungen zwischen der SS, dem Reich und der Stadt Hamburg über die Einrichtung des Stammlagers, herausgearbeitet hatte und ihren Schwerpunkt auf die Geschichte des Konzentrationslagers als Institution legte, ist seit einigen Jahren vergriffen. Daher ergab sich ein Bedarf für eine neue Überblicksdarstellung, die vor allem auch die Ergebnisse der seit 1981 in ungleich größerer Zahl erschienenen Forschungsarbeiten zur Geschichte des KZ Neuengamme und der Außenlager berücksichtigt.

Im Mittelpunkt dieses nunmehr vorliegenden Bandes stehen weniger institutionsgeschichtliche Gesichtspunkte (Terror und Machtsicherung im nationalsozialistischen Hamburg, Entstehung und Entwicklung des KZ-Systems) als vielmehr sozialgeschichtliche Aspekte. Die Arbeits- und Lebensbedingungen, die Situation der verschiedenen nationalen und sozialen Häftlingsgruppen, Formen der Selbstbehauptung und des Widerstands werden unter Einbeziehung neuerer Quellenstudien und vor allem der Auswertung von Erinnerungsberichten und Interviews mit ehemaligen KZ-Häftlingen möglichst anschaulich geschildert. Diesem Ziel dient auch die Ergänzung des Textes durch zahlreiche Dokumente, Fotos und Ausschnitte aus Erinnerungsberichten. Die Eignung des Buches für die schulische und außerschulische Bildungsarbeit wird auch durch die Aufnahme eines ausführlichen Anhangs unterstützt, der neben einem umfassenden Literaturverzeichnis mit Hinweisen für die vertiefende Beschäftigung mit der Geschichte einzelner Außenlager eine Zeittafel, Begriffserläuterungen und praktische Tips für den Besuch der KZ-Gedenkstätte Neuengamme sowie von Ausstellungen zu den Außenlagern und Evakuierungsorten bietet.

Hervorzuheben ist auch, daß mit dieser Veröffentlichung erstmalig eine zusammenfassende Darstellung des sich seit 1942 herausgebildeten Systems der Außenlager vorgelegt wird. Dabei verweisen die teilweise erheblichen Unterschiede in den Lebens- und Arbeitsbedingungen in den einzelnen Außenlagern, die sowohl durch die Art des jeweiligen Arbeitseinsatzes und die örtlichen Gegebenheiten als auch durch unterschiedliche Verhaltensweisen der Kommandoführer und Wachmannschaften sowie der betreffenden Firmen bedingt sind, auf einen in der KZ-Historiographie bislang viel zu wenig berücksichtigten Gesichtspunkt.

Im Namen der Herausgeberin möchte ich all jenen danken, deren Mitarbeit und Unterstützung zu diesem Buch beigetragen haben. Zuallererst natürlich dem Autor, der neben seiner Sachkompetenz viel Engagement, Ausdauer und Mühe aufgebracht hat. Zu danken ist des weiteren der Landeszentrale für politische Bildung in Hamburg für die Kooperation bei der Erstellung des Buches, das nicht ein speziell ausgewiesenes Fachpublikum im Blick hat, sondern auch einen größeren Leserkreis ansprechen dürfte. Besonderer Dank für Kritik und Anregungen zum Manuskript gebührt ferner dem ehemaligen Direktor der Forschungsstelle für die Geschichte des Nationalsozialismus in Hamburg, Herrn Prof. Dr. Ulrich Herbert, und Frau Christine Buchheit vom Verlag J.H.W. Dietz Nachf.

Hamburg, im März 1997

Dr. Detlef Garbe
Leiter der KZ-Gedenkstätte Neuengamme

Einleitung

„Das Konzentrationslager war das Fundament, auf dem das Dritte Reich aufgebaut worden war. Ohne Konzentrationslager ist das Dritte Reich nicht zu denken."[1] Mit diesen Worten beschrieb 1946 ein Verteidiger im Neuengamme-Hauptprozeß die zentrale Bedeutung der Konzentrationslager für das NS-Regime. Immer mehr Menschen wurden darin inhaftiert, immer neue Gründe für die Einlieferung geltend gemacht. Die Konzentrationslager entstanden unmittelbar nach der Ernennung Hitlers zum Reichskanzler und existierten bis zur Kapitulation 1945. Ihre äußere Gestalt wandelte sich mehrfach, doch ihr wichtigster Zweck blieb bestehen: durch rücksichtslose Gewaltanwendung politischen Widerstand zu zerschlagen und zu „Volksschädlingen" erklärte Minderheiten aus der Gesellschaft zu entfernen. Während des Zweiten Weltkrieges wurden die Konzentrationslager zugleich Tötungszentren. In allen Lagern ließ die Gestapo Exekutionen durchführen. In einigen von ihnen wurden technische Anlagen für Massentötungen installiert. Dazu gehörten vor allem Auschwitz und Lublin-Majdanek, wo 1942 Gaskammern für die Ermordung der Juden errichtet wurden.

Das KZ Neuengamme war mit seinen über 80 Außenlagern Teil des Systems der Konzentrationslager. Dieses Lagersystem wurde seit 1934 zentral von der SS geleitet. Neuengamme war kein Sonderfall. Die Einlieferungen, die Behandlung der Inhaftierten, die Tötungsaktionen, die Häftlingsarbeit in Wirtschaftsbetrieben, die medizinischen Experimente an KZ-Insassen – all dies wurde in den Befehlszentralen der SS in Berlin und Oranienburg festgelegt, angeordnet und kontrolliert. Daher ist es unerläßlich, auch auf das KZ-System insgesamt einzugehen.

Die Erforschung der Geschichte des Konzentrationslagers Neuengamme ist seit der Eröffnung des Dokumentenhauses der KZ-Gedenkstätte Neuengamme im Jahre 1981 beträchtlich vorangekommen. Obwohl viele wichtige Zeugen nicht mehr leben, viele Quellen durch die Gleichgültigkeit von Forschungseinrichtungen gegenüber dem

Thema in den Jahren zuvor unwiederbringlich verschüttet sind, gelang es, so viele Unterlagen zu sichern, daß heute grundlegende, zum Teil auch differenzierte Erkenntnisse über das Hauptlager Neuengamme und einige der Außenlager möglich sind. Sie sollen in dieser Veröffentlichung, die in enger Zusammenarbeit mit der KZ-Gedenkstätte Neuengamme entstand, einer breiteren Öffentlichkeit zugänglich gemacht werden. Die Darstellung über das Hauptlager beruht vor allem auf meiner eigenen Forschungsarbeit,[2] die übrigen auf den jeweils angegebenen Publikationen. Viele Themenbereiche sind allerdings nach wie vor unzureichend erforscht; dazu gehört insbesondere das Geschehen in vielen Außenlagern sowie die Periode der Auflösung und Räumung der Lager 1945. Dort mußte die Darstellung auf Beispiele und auf vorläufige Erkenntnisse beschränkt bleiben. Auch die Angaben in der tabellarischen Übersicht über die Außenlager sind zum Teil noch nicht völlig gesichert.

Da eine systematische Beschreibung des Geschehens trotz der furchtbaren Einzelheiten insgesamt eine eher nüchterne Bilanz darstellt, die den Alltag im KZ kaum angemessen beschreiben kann, sind auch Berichte von Zeugen, historische Dokumente und Abbildungen ins Buch aufgenommen worden. Niemand kann heute ermessen, was es bedeutete, im Konzentrationslager tagtäglich einen schier aussichtslosen Kampf ums Überleben zu führen. Das, was die Opfer selbst als Zeugnis berichtet, aufbewahrt und aufgezeichnet haben, bleibt eine unersetzliche geschichtliche Quelle. Besonders zu den Existenzbedingungen im Hauptlager und in den Außenlagern sind in größerem Umfang Texte ausgewählt worden. Sie sollen zugleich einen Eindruck davon vermitteln, wie unterschiedlich die Schicksale der Betroffenen waren. Nicht nur ihre nationale und soziale Herkunft und die Umstände ihrer Einlieferung waren sehr verschiedenartig. Auch in den Lagern herrschten völlig unterschiedliche Bedingungen. Während in manchen Außenlagern die meisten Häftlinge innerhalb weniger Wochen zugrunde gingen, gab es in anderen trotz der Drangsalierung Überlebenschancen.

Bei Zitaten aus Erinnerungsberichten wurden offensichtliche Rechtschreib- und Grammatikfehler stillschweigend korrigiert und Schreibweisen an heutige Regeln angeglichen.[3] Auch die Schreibweise von Namen wurde berichtigt.

Mein besonderer Dank gilt der Unterstützung durch die KZ-Gedenkstätte Neuengamme, insbesondere Herbert Diercks und Detlef Garbe für vielfältige Hilfestellungen und Anregungen, Heinke Schramm für die Erfassung der Quellentexte und Dieter Schlichting für die Durchsicht des Manuskripts.

H.K.

A. Verfolgung und Konzentrationslager im Nationalsozialismus

1. Terror und Machtsicherung

Als Hitler am 30. Januar 1933 zum Reichskanzler ernannt wurde, saßen die Nationalsozialisten zunächst keineswegs fest im Sattel. Im Kabinett gehörten außer dem Kanzler nur zwei Mitglieder der NSDAP an; die übrigen zählten zum national-konservativen Lager. Da die Regierung nicht über eine Stimmenmehrheit im Reichstag verfügte, war sie bei allen gesetzgeberischen Maßnahmen auf die Zustimmung des Reichspräsidenten angewiesen. Trotz dieser ungesicherten Machtstellung begannen bereits wenige Tage nach dem Regierungswechsel brutale Verfolgungen, und schon im März wurden die ersten Konzentrationslager eingerichtet.

Wie konnte es geschehen, daß in einem zivilisierten Land in Mitteleuropa, das sich höchster kultureller Traditionen rühmte, 1933 eine skrupellose, menschenverachtende Clique so plötzlich weitgehend vor den Augen der Öffentlichkeit massiven politischen Terror ausüben konnte?

Die nationalsozialistische Machtübernahme kam durch das Zusammenwirken verschiedener Faktoren zustande, vor allem durch die Entwicklung der NSDAP zur Massenpartei und durch die allmähliche Aushöhlung der Weimarer Demokratie. Die Wahlerfolge der Nationalsozialisten zu Anfang der dreißiger Jahre standen in Zusammenhang mit der Verunsicherung großer Teile der Bevölkerung durch die bedrückende wirtschaftliche und soziale Entwicklung, bei der schon lange in Deutschland verbreitete nationalistische, antidemokratische, antisozialistische und antisemitische Strömungen starken Zulauf erhielten. Die NSDAP, die sich in den zwanziger Jahren von München aus auch im übrigen Deutschland gegenüber konkurrierenden Parteien und Gruppierungen des rechtsextremen Spektrums durchgesetzt hatte, vertrat ein Konglomerat derartiger Vorstellungen und proklamierte das sozialromantische Weltbild einer homogenen nationalen Volksgemeinschaft, einen autoritären Führerstaat und eine aggressive Außenpolitik. Dazu gehörten anfangs auch einzelne sozialistische Komponenten, mit denen man auf Stimmenfang in der Arbeiterschaft ging. Bei der Reichstagswahl vom September 1930 wurde die NSDAP mit 18,3 Prozent der Stimmen bereits zweitstärkste Partei im Reichstag. Im Juli 1932 überflügelte sie mit 37,4 Prozent die SPD bei weitem. Bei den erneuten Wahlen im November des Jahres ging ihr Stimmenanteil allerdings wieder auf 33,1 Prozent zurück.

Durch die Instabilität und die zunehmende politische Polarisierung wurde die Stellung des Reichspräsidenten von Hindenburg, der nach Artikel 48 der Weimarer Verfassung Notverordnungen erlassen konnte, immer stärker. Nationalkonservative Kräfte, denen der Reichspräsident nahestand, gewannen zunehmend Einfluß auf die Politik. Zu ihnen gehörte insbesondere die Lobby der ostelbischen Großagrarier, die erheblichen Anteil am Sturz der Regierungen Brüning und Schleicher hatten und die Weimarer Demokratie offen bekämpften. Auch in führenden Kreisen der Industrie, der Finanzwelt, der Wehrmacht und anderen gesellschaftlichen Machtgruppen verbreitete sich mehr und mehr die Auffassung, daß zur Erlangung politischer Stabilität eine Diktatur erforderlich sei. Allerdings galt die NSDAP wegen ihrer zum Teil an sozialistische Forderungen anknüpfenden Wirtschaftsvorstellungen häufig als unerwünscht. Dennoch zeigte sich im nationalkonservativen Lager bald Bereitschaft, auf Hitler zu setzen. Die Bildung der „Harzburger Front" aus Deutschnationaler Volkspartei, Stahlhelm und NSDAP im Oktober 1931 und die politische Unterstützung, die Hitler durch das Presseimperium Hugenbergs erfuhr, trugen erheblich zum Abbau von Hemmschwellen gegenüber den aggressiven, menschenverachtenden Parolen der Nationalsozialisten in der Bevölkerung bei. Als Hitler sich bereit zeigte, die bisherige Wirtschaftsprogrammatik der NSDAP fallenzulassen und in seinen Reden die Bewahrung des Eigentums und der wirtschaftlichen Ordnung zusicherte, fand er 1932 auch allmählich größere Unterstützung bei Repräsentanten der Wirtschaft. Kreisen um den gestürzten Reichskanzler von Papen gelang es schließlich, Hindenburg für den Plan einer gemischten Regierung der „nationalen Konzentration" zu gewinnen, in der Hitler von konservativen Ministern umgeben und „gezähmt" werden sollte. Am 30. Januar 1933 ernannte der Reichspräsident Hitler zum Reichskanzler.

Hitler war kein Betriebsunfall

Der Hamburger Historiker Fritz Fischer über die Machtübergabe an Hitler

Nach der Machtübergabe durch die Konservativen – den Reichspräsidenten, Papen, Deutschnationale, Stahlhelm (unter Mithilfe von Schwerindustrie und Großagrariern) – an ihn am 30. Januar 1933 (mit einem Kabinett von acht konservativen Ministern, darunter vier Adeligen) und nach dem Abschluß der Gleichschaltung aller Institutionen im Sommer 1933 enttäuschte Hitler die Erwartungen seiner Massenanhängerschaft, den Mittelstand und seine sozialrevolutionär gesonnenen Gefolgsleute (SA). Er verbündete sich, gedeckt durch die SS, mit den Säulen der Gesellschaft und Wirtschaft des Wilhelminischen Deutschland:
* der Preußisch-Deutschen Armee (Reichswehr) mit ihrem weitgehend adeligen Offizierskorps;
* der Schwerindustrie (Thyssen, Krupp, Klöckner, Vögler usw.), die allein die von Hitler geplante Aufrüstung einer modernen Angriffsarmee ermöglichen konnte;
* dem Großgrundbesitz, den alten Ostelbiern, weil sie im Kriegsfall die Ernährung sicherstellen konnten – mehr als kleine oder mittlere Bauern oder Siedler;
* der Beamtenschaft und der Justiz, die willfährig waren gegenüber der Staatsleitung, wobei die Justiz bereits seit 1919 von sich aus in zahlreichen Prozessen die Linke mit Schärfe und die Rechte mit Milde behandelt hatte [...].

Er biederte sich beim Großbürgertum an, den Eliten in Gesellschaft und Wirtschaft und erreichte das Bündnis mit ihnen; mit den Eliten, die ihn ihrerseits als Trommler und Bollwerk gegen den „Bolschewismus" und „Marxismus", gegen sozialistische Parteien und Gewerkschaften glaubten benutzen zu können, zumal ihrer beider nationale Ziele, eine Wiederherstellung deutscher Macht und Größe, gleich zu sein schienen. Zu spät erkannten sie, daß seine Rassenvernichtungspolitik den deutschen Namen befleckte und die Uferlosigkeit seiner Kriegspolitik die Nation in den Untergang führen würde.

(Fritz Fischer: Hitler war kein Betriebsunfall, München 1992, S. 180f.)

Doch die „Zähmung" scheiterte. Den Nationalsozialisten gelang es in wenigen Monaten, ihre Regierungspartner zu überspielen und auszuschalten und einen autoritären Führerstaat zu etablieren. Die Beseitigung der Opposition durch Terror und durch erzwungene, teils auch freiwillige Auflösung der Parteien stieß nur auf geringen Widerstand. Viele Menschen klammerten sich an die Hoffnung, Hitler werde sich nicht lange halten können.

Den Nationalsozialisten gelang die Herstellung stabiler sozialer, wirtschaftlicher und politischer Verhältnisse vor allem dadurch, daß sie sich auch ohne nationalkonservative Regierungsbeteiligung die Unterstützung der traditionellen gesellschaftlichen Eliten zu sichern verstanden. Bei den Führungskräften in Wirtschaft und Wehrmacht, Justiz und Polizei, öffentlichen Verwaltungen, Verbänden, Kirchen, kulturellen Einrichtungen und zahlreichen anderen Bereichen des gesellschaftlichen Lebens erhielt die „nationale Revolution" 1933 breite Unterstützung. Die Zerstörung demokratischer Strukturen und die Zerschlagung der Arbeiterparteien und Gewerkschaften fand bei ihnen größtenteils Beifall. Die brutalen Ausschreitungen wurden als „unschöne Begleiterscheinung" in Kauf genommen. Deutlich zum Ausdruck kam diese Einstellung in einer späteren, rückblickenden Äußerung eines Industriellen:

> „In diesem harten Kampf brauchten wir harte und starke Führung. Hitler gab uns beides. [...] Wenn man ein gutes Pferd kauft, muß man ein paar Mängel hinnehmen."[4]

Auch die Umorientierung in der Wirtschaftspolitik hin zu stärkerer Autarkie, die riskante Währungspolitik und die umfassenden Kriegsvorbereitungen fanden in Kreisen der Wirtschaft keineswegs ungeteilte Zustimmung. Doch die mit der Aufrüstung verbundene Aufwärtsentwicklung der Konjunktur und die außenpolitischen Erfolge sicherten dem Regime in den folgenden Jahren, unterstützt durch den ausgebauten Terrorapparat, so stabile innenpolitische Verhältnisse, daß sich innerhalb der traditionellen Machtgruppen keine Forderung nach Kurskorrektur durchsetzte. Das politische Bündnis zwischen Nationalsozialisten und gesellschaftlichen Eliten erwies sich schließlich als so tragfähig, daß das Regime sich dauerhaft darauf stützen konnte, auch als immer offensichtlicher wurde, welch unmenschliche Politik Hitler verfolgte – zum Beispiel durch die Pogrome im November 1938 („Reichskristallnacht"), durch den Krieg, durch die Deportation der Juden, durch die immer umfangreicheren Einlieferungen in Konzentrationslager und durch die brutalen Unterdrückungs- und Ausbeutungsmethoden während des Zweiten Weltkriegs[5].

2. Die Gründung der ersten Konzentrationslager

Am 4. Februar 1933 erließ Reichspräsident von Hindenburg eine Notverordnung, die Verhaftungen erleichterte.[6] Die Polizei konnte nun Menschen, die sie des Hoch- oder Landesverrats verdächtigte, bis zu drei Monate ohne richterliche Überprüfung in Gewahrsam nehmen. Der Reichstagsbrand am 27. Februar diente als Anlaß für eine weitere Verschärfung; die neue Notverordnung vom 28. Februar 1933 erlaubte unbefristete Inhaftierungen und hob wesentliche Grundrechte wie die freie Meinungsäußerung, die Unverletzlichkeit der Wohnung, das Briefgeheimnis, das Versammlungsrecht und die Pressefreiheit auf. Im amtlichen Schriftverkehr wurde für die auf diesen Verordnungen beruhenden Verhaftungen der Begriff „Schutzhaft" üblich.

Schon zuvor hatte Göring als preußischer Innenminister die Polizei zum rücksichtslosen Schußwaffengebrauch gegen „Staatsfeinde" aufgefordert. In Preußen und vielen anderen Ländern wurden SA-, SS- und Stahlhelm-Mitglieder zu Hilfspolizisten ernannt. Sie brachten Erfahrungen aus den politischen Auseinandersetzungen vor 1933 mit und waren bereit, ohne moralische Skrupel Gewalt anzuwenden. Es folgten Verhaftungen, Verhöre und Mißhandlungen in bis dahin nicht bekannter Brutalität. Vor allem nach dem Reichstagsbrand wurden Tausende von Menschen inhaftiert. SA-Stürme durchkämmten die Stadtviertel und halfen der Polizei bei der Festnahme der ihnen seit langem bekannten Gegner. Versammlungsräume, die vor 1933 beim „Kampf um die Straße" als Stützpunkte gedient hatten, wurden nun oft zu Arrestlokalen umgewandelt. Die Verhaftungen betrafen zunächst überwiegend Kommunisten und ihnen zugerechnete Oppositionelle, zum Teil auch Sozialdemokraten. Anfang Mai wurden Hunderte von Gewerkschaftsführern verhaftet. Im Juni folgte das Verbot der SPD und eine neue Verfolgungswelle. Ende Juli 1933 befanden sich in Deutschland fast 27.000 Menschen in „Schutzhaft".

Die ersten Konzentrationslager entstanden ab Ende März 1933. Sie wurden auf sehr unterschiedliche Weise ohne zentrale Lenkung errichtet und wurden häufig von der SA, oft auch von staatlichen Behörden, regionalen NSDAP-Instanzen oder – wie das KZ Dachau – von der SS geleitet.[7] Die meisten Inhaftierten wurden nach wenigen Monaten entlassen, nicht ohne daß sie unmißverständlich auf ihre Schweigepflicht hingewiesen wurden. Um der Abschreckung potentieller Regimegegner willen kam es den Nationalsozialisten jedoch keineswegs ungelegen, daß sich der Terror in den Lagern und Gestapogefängnissen nicht völlig geheimhalten ließ. Körperliche Verunstaltungen Entlassener drückten oft mehr aus als Worte. Auch in Presseartikeln wurde in den ersten Jahren gelegentlich über Konzentrationslager berichtet. Sie enthielten zwar verharmlosende Darstellungen, doch hinter vorgehaltener Hand kursierten Gerüchte über die wirklichen Zustände. Die Angst vor der KZ-Haft war politisch durchaus beabsichtigt. Sie gehörte zu den Methoden der nationalsozialistischen Herrschaftssicherung.

Die meisten der 1933 eingerichteten Konzentrationslager existierten nur einige Monate. Sie dienten vor allem dazu, die Opposition möglichst rasch mit allen zur Verfügung stehenden Mitteln zu zerschlagen und ihre Neubildung zu unterbinden. Als dieses Ziel Mitte 1933 weitgehend erreicht war, gab es in Justiz und Verwaltung starke Bestrebungen, die Verfolgung von Gegnern wieder in herkömmliche Bahnen zu lenken und die Konzentrationslager aufzulösen. Es kam sogar zu Ermittlungs- und Gerichtsverfahren gegen SA-Angehörige, nachdem in der Öffentlichkeit mehr und mehr über Mißhandlungen und Todesfälle bekannt geworden war. Doch Hitler konnte durchsetzen, daß die Lager als Repressionsinstrument erhalten blieben. In der Praxis wurde die Verfolgung politischer Gegner nun zwar in wachsendem Maße von der Justiz übernommen, aber wenn der Gestapo Urteile nicht ausreichend erschienen, holte sie die Angeklagten nach Verbüßung ihrer Justizhaft von den Gefängnistoren bzw. selbst nach Freisprüchen aus den Gerichtsgebäuden ab, um sie in Konzentrationslager einzuliefern. Die Zahl der KZ-Insassen nahm erheblich ab. 1934 sank sie unter 10.000, bis zum Frühsommer 1935 auf etwa 3500.[8]

3. Die Umstrukturierung des KZ-Systems nach 1933 und seine Entwicklung bis Kriegsbeginn

Die weitere Entwicklung des KZ-Systems stand in Zusammenhang mit der Entmachtung der SA.[9] Um die politische Stabilität zu erhalten und zu festigen, ging Hitler gegen jene Teile der Partei vor, die mit dem Erreichten nicht zufrieden waren und grundlegende soziale Veränderungen forderten. Die SA wurde im national-konservativen Lager, vor allem in der Reichswehr, als Bedrohung empfunden. Im August 1933 wurde die Hilfspolizei aufgelöst. Die SA mußte nach und nach die Leitung und Bewachung der Konzentrationslager abgeben. Parallel dazu verlief der Aufstieg der SS. Heinrich Himmler, der Reichsführer der SS und seit 1933 Chef der Politischen Polizei in Bayern, hatte es verstanden, den Terror gegen politische Gegner stärker vor der Öffentlichkeit zu verbergen und sich im Polizeiapparat Machtpositionen aufzubauen. Er erhielt bis April 1934 in fast allen Ländern des Reiches die Befehlsgewalt über die Politische Polizei. Am 20. Juni 1934, wenige Tage vor der Ermordung des SA-Stabschefs Ernst Röhm und anderer hoher SA-Führer, ernannte Himmler den Dachauer KZ-Kommandanten Theodor Eicke zum „Inspekteur der Konzentrationslager". Reinhard Heydrich, dem der Sicherheitsdienst (SD) der SS unterstand, übernahm im April 1934 die Leitung des preußischen Geheimen Staatspolizeiamtes in Berlin, 1936 die Leitung der gesamten Gestapo und Kriminalpolizei, die zur Sicherheitspolizei vereinigt wurden. Am 17. Juni 1936 wurde Himmler zum Chef der Deutschen Polizei ernannt.

Unter Eicke erfuhr das KZ-System eine durchgreifende Zentralisierung und Vereinheitlichung. Zu seinen Maßnahmen gehörte die Ersetzung der vielen kleinen Lager durch wenige große, die sich besser abschirmen und kontrollieren ließen. Bis 1936/37 wurden alle noch bestehenden Konzentrationslager außer Dachau aufgelöst und die Insassen in große, neu errichtete Lager verlegt. Ende 1937 gab es in Deutschland nur noch die drei großen Konzentrationslager Dachau, Sachsenhausen und Buchenwald für Männer sowie Moringen bei Göttingen für Frauen. Die Gefangenenbehandlung und die Organisationsstruktur der Lager waren am Vorbild Dachaus ausgerichtet. Zu den Tarnungsmethoden gegenüber der Öffentlichkeit gehörte auch eine

Fülle bürokratischer, in Wirklichkeit kaum eingehaltener Vorschriften, die den Anschein geordneten Haftvollzugs erwecken sollten.

Das System der Konzentrationslager war seither einheitlich organisiert und wurde zentral von den Befehlszentralen der SS in Berlin und Oranienburg festgelegt, angeordnet und kontrolliert. Die Leitung der Lagerorganisation, der Bewirtschaftung und der Gefangenenbehandlung lag in der Hand der Inspektion der Konzentrationslager, deren Sitz 1938 von Berlin nach Oranienburg verlegt wurde. Für die Einlieferungen, die Führung der Häftlingsakten, die Entscheidung über Entlassungen und Hinrichtungen war die Sicherheitspolizei (Gestapo und Kripo) zuständig, die 1939 mit dem SD zum „Reichssicherheitshauptamt" (RSHA) in Berlin zusammengeschlossen wurde.

Seit 1935/36 stieg die Zahl der Inhaftierten wieder an.[10] Himmlers Polizei besaß in den folgenden Jahren eine so unangefochtene Stellung, daß sie die Verfolgungen ohne Rücksicht auf die Justiz erweitern konnte. In den Jahren zuvor waren neben politischen Gegnern in geringem Umfang auch Angehörige verschiedener gesellschaftlicher Minderheiten in Konzentrationslager eingeliefert worden; dies nahm nun stark zu. Gestapo und Kriminalpolizei lieferten 1937 und 1938 in großem Umfang angeblich Arbeitsscheue, Asoziale und Kriminelle in die Lager ein. Letztere wurden offiziell als „befristete Vorbeugehäftlinge" (abgekürzt „BV") bezeichnet, in den Lagern war dagegen meist der Begriff „Berufsverbrecher" unter Verwendung derselben Abkürzung gebräuchlich. Es handelte sich überwiegend um Menschen, die kleinerer Vergehen beschuldigt worden oder durch unangepaßtes Verhalten aufgefallen waren. Auch aus religiösen Gründen wurden immer häufiger Menschen inhaftiert. Die größte Gruppe unter ihnen bildeten die Zeugen Jehovas. Nach den Pogromen im November 1938 („Reichskristallnacht") verschleppte die Polizei mindestens 36.000 Juden in die Konzentrationslager. Diejenigen, die Mißhandlungen und Quälereien überlebten, wurden 1939 wieder entlassen und unter Druck gesetzt, auszuwandern.

Um die KZ-Gefangenen im Lager leicht unterscheiden zu können, führte die SS die Kennzeichnung mit „Winkeln" ein. Es handelte sich um Dreiecke in verschiedenen Farben, die die Häftlinge zusammen mit ihrer Nummer an der Kleidung trugen. Etwa 1941 wurden die Kennzeichen in allen Konzentrationslagern vereinheitlicht. Die aus politi-

Tafel mit den Kennzeichnungen der Häftlinge („Winkel") aus dem KZ Dachau.

Die Bezeichnung „Berufsverbrecher" ist nicht korrekt. Die offizielle Bezeichnung lautete „Befristete Vorbeugehäftlinge". Als „Emigranten" wurden Menschen bezeichnet, die wegen der Verfolgung ins Ausland geflohen waren und dort nach der deutschen Besetzung verhaftet wurden. Die Zuweisung der Kennzeichen war oft willkürlich.

(Konzentrationslager Dachau 1933-45 [Katalog der Ausstellung], Dachau o.J., S. 54, Abb. 110)

schen Gründen eingelieferten Häftlinge trugen einen roten Winkel, „befristete Vorbeugehäftlinge" einen grünen, als „Asoziale" und „Arbeitsscheue" eingewiesene einen schwarzen, angeblich Homosexuelle einen rosa Winkel. Bei Juden wurden die Winkel mit einem gelben Dreieck unterlegt, so daß ein „Judenstern" entstand. Die ausländischen KZ-Gefangenen trugen fast ausnahmslos rote Winkel mit einem Buchstaben darin, der das Herkunftsland bezeichnete. Die Zuweisung der Kennzeichen war oft willkürlich und diente auch der Absicht der Erniedrigung und Entwürdigung. So gab es zum Beispiel unter den Insassen mit grünem Winkel viele, die sich politisch betätigt hatten. Menschen, die sich am Arbeitsplatz unbotmäßig gegenüber Vorgesetzten verhielten oder bei der illegalen Beschaffung rationierter Lebensmittel ertappt wurden, erhielten einen grünen oder einen schwarzen Winkel und wurden dementsprechend im Lager als „Berufsverbrecher" oder „Asoziale" bezeichnet.

Da im Krieg verschärfte Repressionsmaßnahmen geplant waren, ließ Himmler Ende der dreißiger Jahre weitere große Konzentrationslager errichten. Dazu gehörten zunächst die 1938 gegründeten Lager Flossenbürg (Oberpfalz) und, wenige Wochen nach dem Einmarsch in Österreich, Mauthausen bei Linz. 1939 wurde das Frauenkonzentrationslager Ravensbrück bei Fürstenberg (Havel) fertiggestellt. Das Lager Neuengamme, das seit Dezember 1938 als Außenkommando des KZ Sachsenhausen bestand, wurde 1940 zum selbständigen KZ ausgebaut.

4. Die Entwicklung des KZ-Systems im Zweiten Weltkrieg

Während des Krieges kamen viele neue Konzentrationslager hinzu.[11] Ab 1942 wurde eine rasch ansteigende Zahl von Außenlagern gegründet. 1944 gab es 20 KZ-Hauptlager mit Hunderten von Außenlagern. Bei Kriegsbeginn waren etwa 21.000 Menschen in den Konzentrationslagern inhaftiert. Bis zu dieser Zeit waren fast ausnahmslos Deutsche eingeliefert worden. Nun stiegen die Einweisungen aus den besetzten Gebieten so stark an, daß schon 1940 in den meisten Lagern

Ausländer die Mehrheit bildeten. Anfang 1942 betrug die Zahl der KZ-Gefangenen 70–80.000, im August 1943 etwa 224.000 und im Januar 1945 etwa 714.000.[12] Außerdem gab es noch andere Lagerarten, die offiziell nicht als „Konzentrationslager" bezeichnet wurden, in denen aber zum Teil ähnlich unmenschliche Bedingungen herrschten. Dazu gehörten vor allem die Arbeitslager für Juden, die Jugendschutzlager, die Arbeitserziehungslager und Lager mit anderen Bezeichnungen unter Kontrolle der Gestapo oder regionaler SS- und Polizeiführer.

Inspekteur der Konzentrationslager wurde im Herbst 1939 Eickes Stabsführer Richard Glücks, der diese Tätigkeit praktisch schon seit Ende 1937 ausübte. 1942 ging die Inspektion als Amtsgruppe D im neugegründeten SS-Wirtschaftsverwaltungshauptamt (WVHA) unter Leitung von Oswald Pohl auf. Da sie wichtige Befehle oft unmittelbar von Himmler erhielt und sich ihr Sitz außerhalb von Berlin in Oranienburg befand, war sie aber weiter relativ selbständig. Für die Einlieferungen und Entlassungen blieb das RSHA zuständig. Auch in Fragen der Gefangenenbehandlung beanspruchte das RSHA Mitsprache. Es teilte die Konzentrationslager in Stufen ein, denen unterschiedlich schwere Haftbedingungen entsprechen sollten.[13] Häufig gab es auch Anweisungen an die Konzentrationslager zur Behandlung einzelner Häftlinge oder Häftlingsgruppen. Das RSHA unterhielt in allen Konzentrationslagern ein eigenes Büro – die sogenannte Politische Abteilung.

Für Juden bestand seit Kriegsbeginn kaum noch die Möglichkeit, aus Deutschland auszuwandern. 1940 begannen Deportationen ins „Generalgouvernement" Polen[14], eine kurze Zeit lang auch nach Südfrankreich[15], nach dem Einmarsch in die Sowjetunion 1941 häufig in die neu besetzten Gebiete. Dort wurden die Juden in Gettos und Lagern zusammengepfercht und unter entwürdigenden Bedingungen zur Arbeit getrieben. Ab Mitte 1941 führten die Einsatzgruppen der Sicherheitspolizei und des SD Massenerschießungen an sowjetischen Kommissaren und Juden in den neu eroberten Gebieten durch. Im Dezember 1941 begann die systematische Ermordung polnischer Juden mit Giftgas, zunächst in Tötungseinrichtungen in Kulmhof (Chelmno) bei Lodz[16], wenige Monate später in den drei Orten Belzec, Sobibor und Treblinka im Generalgouvernement. In den beiden Konzentrationslagern Auschwitz und Lublin-Majdanek wurden ebenfalls

An Herrn Reichsleiter Bormann
Führerhauptquartier

Betrifft: Strafrechtspflege gegen Polen, Russen, Juden und Zigeuner

Sehr verehrter Herr Reichsleiter!

Unter dem Gedanken der Befreiung des deutschen Volkskörpers von Polen, Russen, Juden und Zigeunern und unter dem Gedanken der Freimachung der zum Reich gekommenen Ostgebiete als Siedlungsland für das deutsche Volkstum beabsichtige ich, die Strafverfolgung gegen Polen, Juden, Russen und Zigeuner dem Reichsführer-SS zu überlassen. Ich gehe hierbei davon aus, daß die Justiz nur in kleinem Umfange dazu beitragen kann, Angehörige dieses Volkstums auszurotten. Zweifellos fällt die Justiz jetzt sehr harte Urteile gegen solche Personen, aber das reicht nicht aus, um wesentlich zur Durchführung des oben angeführten Gedankens beizutragen. Es hat auch keinen Sinn, solche Personen Jahre hindurch in deutschen Gefängnissen und Zuchthäusern zu konservieren, selbst dann nicht, wenn, wie das heute weitgehend geschieht, ihre Arbeitskraft für Kriegszwecke ausgenutzt wird.

Dagegen glaube ich, daß durch die Auslieferung solcher Personen an die Polizei, die sodann frei von gesetzlichen Straftatbeständen ihre Maßnahmen treffen kann, wesentlich bessere Ergebnisse erzielt werden. Ich gehe hierbei davon aus, daß solche Maßnahmen im Kriege durchaus begründet erscheinen und daß gewisse von mir für notwendig erachtete Voraussetzungen beachtet werden. Diese Voraussetzungen bestehen darin, daß Polen und Russen nur von der Polizei verfolgt werden können, wenn sie bis zum 1. September 1939 ihren Aufenthalt oder Wohnsitz im ehemaligen Staatsgebiet Polen oder der Sowjetunion hatten, und zweitens, daß Polen, die zur deutschen Volksliste angemeldet oder in ihr eingetragen worden sind, weiterhin der Strafverfolgung durch die Justiz überlassen bleiben.

Dagegen wäre eine Strafverfolgung gegen Juden und Zigeuner ohne diese Voraussetzungen durch die Polizei durchzuführen.

An der Stafverfolgung anderen fremden Volkstums durch die Justiz soll dagegen nichts geändert werden.

Der Reichsführer-SS, mit dem ich diese Gedanken besprochen habe, stimmt ihnen zu. Herrn Dr. Lammers habe ich ebenfalls unterrichtet.

Ich trage Ihnen das, sehr verehrter Herr Reichsleiter, vor mit der Bitte, mich wissen zu lassen, ob der Führer diese Auffassung billigt. Bejahendenfalls würde ich sodann mit meinen formellen Vorschlägen hervortreten.

Heil Hitler!

Ihr Th.

Schreiben des Reichsjustizministers Thierack an Reichsleiter Bormann vom 13. 10. 1942 über die Auslieferung von Justizgefangenen an die Konzentrationslager (Abschrift).

(Nürnberger Dokument NG-558, Institut für Zeitgeschichte, München)

Anfang 1942 Anlagen für Massentötungen mit Giftgas errichtet und schrittweise erweitert. Nur eine Minderheit der Juden blieb von den Mordaktionen verschont, weil sie als Arbeitskräfte gebraucht wurden; auch sie sollten jedoch später umgebracht werden. In Auschwitz und Lublin sonderte die SS bei der Ankunft der Deportationszüge Menschen für den Arbeitseinsatz aus. Sie erhielten eine Nummer und wurden als KZ-Gefangene ins Lager aufgenommen. Bei der Auflösung der Gettos wurden die meisten Menschen in Vernichtungseinrichtungen deportiert und dort getötet; die übrigen brachte die Gestapo in besondere Arbeitslager, die später meist aufgelöst oder in Konzentrationslager umgewandelt wurden.

Unter den Menschen, die während des Krieges in Konzentrationslager eingeliefert wurden, befanden sich auch viele „Fremdarbeiter", die meist zwangsweise als Arbeitskräfte nach Deutschland gebracht worden waren. Ausländische Arbeiter, die einige Male bei der Arbeit fehlten oder Befehlen nicht sofort gehorchten, wurden – meist nach Meldung durch zivile Aufsichtskräfte – von der Gestapo abgeholt. Andere kamen nach Fluchtversuchen ins KZ. Auch bei Freundschaftsbeziehungen zwischen Deutschen und Fremdarbeitern griff die Gestapo ein. Nach den Rassegesetzen war Geschlechtsverkehr zwischen Deutschen und Angehörigen „minderwertiger" Völker mit schweren Strafen bedroht. Frauen wurden meist ins KZ eingeliefert, Männer häufig sogar hingerichtet.[17]

Die Strafvollzugsbehörden übergaben immer wieder Gefangene an die Polizei. Nach einer Vereinbarung zwischen Himmler und dem neuen Reichsjustizminister Thierack im September 1942 überstellten die Gefängnisse, Zuchthäuser und Straflager bis April 1943 über 12.000 Sicherungsverwahrte und Gefangene mit hohen Haftstrafen zur – wie es in der Vereinbarung hieß – „Vernichtung durch Arbeit" an die Konzentrationslager.[18]

In den besetzten Ländern führte die Gestapo wegen des zunehmenden Widerstandes in immer größerem Umfang Verhaftungen durch. Oft wies sie Menschen, die bei Razzien willkürlich auf der Straße eingefangen und aus Häusern geholt wurden, in großer Zahl in die Konzentrationslager ein. In Aktionen zur Partisanenbekämpfung wurden Hunderte von Dörfern dem Erdboden gleichgemacht, die Einwohner erschossen oder deportiert. Allein nach dem Warschauer

Aufstand brachte die Gestapo im Spätsommer 1944 über fünfzigtausend Menschen in die Konzentrationslager.[19] In Ost- und in Westeuropa räumte die Polizei vor dem militärischen Rückzug Lager und Gefängnisse und verschleppte die Insassen häufig in Konzentrationslager im Reichsgebiet. Aus Ungarn, der Tschechoslowakei und Polen wurden ab Mai 1944 Zehntausende von Juden, darunter besonders viele Frauen, nach Auschwitz gebracht und von dort auf die vielen neu eingerichteten KZ-Außenlager verteilt.

5. Die wirtschaftliche Nutzung der Häftlingsarbeit

Schon in den frühen Konzentrationslagern des Jahres 1933 war vielfach die Arbeit fester Bestandteil der Haft. Ein wichtiger Zweck war die körperliche Belastung. „Die Arbeit soll den Mann körperlich in Anspruch nehmen. [...] Gelegenheit zu harter Arbeit unmittelbar bei dem Anstaltsgelände ist noch für lange Sicht gegeben", teilte der Justizsenator Rothenberger dem Hamburger Reichsstatthalter im September 1933 mit.[20] Wegen der hohen Arbeitslosigkeit sollten die Inhaftierten allerdings keine Tätigkeiten verrichten, die Arbeitsplätze gefährdeten. Meist wählte man öffentliche Arbeiten, die sonst nicht verwirklicht worden wären. So wurden zum Beispiel in Preußen 1933/34 alle KZ-Gefangenen im Emsland konzentriert, um sie beim Torfabbau und bei der Moorkultivierung einzusetzen. Es gab allerdings auch Ausnahmen. In Dachau sorgte Himmler schon 1933 trotz der Proteste der Handwerkskammer dafür, daß einige KZ-Gefangene in Werkstätten für den Bedarf der SS und des Lagers tätig waren.[21] Mit der Übernahme des „Dachauer Modells" wurde dies später in allen Konzentrationslagern selbstverständlich. Bei dem Aufbau neuer Konzentrationslager wurden ab 1936 in großem Umfang KZ-Gefangene eingesetzt. Da die Zahl der Insassen immer weiter anstieg, entwickelte sich die Arbeit der Häftlinge für die SS zu einem so wichtigen wirtschaftlichen Faktor, daß Himmler 1938 die Werkstätten und ab 1940/41 den gesamten Arbeitseinsatz der Kontrolle seines Verwaltungschefs Pohl unterstellte.

Seit 1937 wurden die Standorte neu gegründeter Konzentrationslager so gewählt, daß die KZ-Gefangenen in Wirtschaftsbetrieben der SS arbeiten konnten. Zu diesen Betrieben gehörten zunächst vor allem Steinbrüche und Ziegelwerke, die Baustoffe für die geplanten NS-Monumentalbauten in Berlin und anderen Städten herstellen sollten. Die Forcierung der Rüstungswirtschaft hatte 1937/38 zu einem großen Mangel an Arbeitskräften in der Bau- und Baustoffbranche geführt. Der Einsatz von KZ-Gefangenen ermöglichte es, die Bauvorbereitungen ungehindert fortzusetzen. Die SS gründete dazu 1938 unter der Bezeichnung „Deutsche Erd- und Steinwerke GmbH" (DESt) ein eigenes Wirtschaftsunternehmen. In den Steinbrüchen der DESt bei Mauthausen und Flossenbürg (ab 1938), Groß-Rosen und Natzweiler (ab 1940) sollten KZ-Gefangene Werkstein für die „Führerbauten" in Berlin und Nürnberg herstellen; geliefert wurde dann allerdings überwiegend Schotter für Verkehrswege. In Oranienburg errichtete die DESt mit KZ-Gefangenen ein Großziegelwerk mit einem bis dahin kaum vorstellbaren Produktionsvolumen, das überwiegend durch zinslose Vorauszahlungen auf spätere Lieferungen von Hitlers Baubeauftragten Albert Speer finanziert wurde. Gleichzeitig entstand ein Ziegelwerk beim Konzentrationslager Buchenwald für die Bauvorhaben in der Gauhauptstadt Weimar. In Hamburg-Neuengamme waren ab Dezember 1938 Häftlinge des KZ Sachsenhausen in einem Ziegelwerk eingesetzt. Ab 1940 wurde dort ein völlig neues Werk errichtet, das Klinker für die Monumentalbauten der Elbmetropole liefern sollte. Pläne für ein Steinbearbeitungswerk in Oranienburg wurden wegen des Krieges nur noch partiell, für Ziegelwerke bei Linz und Dessau gar nicht mehr verwirklicht.[22]

Wegen der zunehmenden Bedeutung der Häftlingsarbeit wurde die Leitung des Arbeitseinsatzes während des Krieges schrittweise zentralisiert. Ab Herbst 1941 entschied die Inspektion der Konzentrationslager in Oranienburg über Einsätze bei Privatunternehmen. Seit April 1942 mußten alle Einsätze außerhalb der Lagerwirtschaft in Oranienburg beantragt werden. Die Eingliederung der Inspektion ins SS-Wirtschaftsverwaltungshauptamt (WVHA) im März 1942 diente zu einer grundlegenden Neuorientierung im Arbeitseinsatz. Da die Wehrmacht nach dem Scheitern der Blitzkriegsstrategie in der Sowjetunion in großer Zahl neue Soldaten an der Front benötigte, zugleich aber mehr Arbeitskräfte zur Steigerung der Rüstungsproduktion gebraucht wurden, sollten nun auch KZ-Gefangene in möglichst großem

Umfang für die Kriegswirtschaft arbeiten. Der Chef des WVHA, SS-Obergruppenführer Oswald Pohl, teilte Himmler am 30. April 1942 mit:

„1.) Der Krieg hat eine sichtbare Strukturänderung der Konzentrationslager gebracht und ihre Aufgaben hinsichtlich des Häftlingseinsatzes grundlegend geändert.
Die Verwahrung von Häftlingen nur aus Sicherheits-, erzieherischen oder vorbeugenden Gründen allein steht nicht mehr im Vordergrund. Das Schwergewicht hat sich nach der wirtschaftlichen Seite hin verlagert. Die Mobilisierung aller Häftlingsarbeitskräfte zunächst für Kriegsaufgaben (Rüstungssteigerung) und später für Friedensbauaufgaben schiebt sich immer mehr in den Vordergrund.
2.) Aus dieser Erkenntnis ergeben sich notwendige Maßnahmen, welche eine allmähliche Überführung der Konzentrationslager aus ihrer früheren einseitigen politischen Form in eine den wirtschaftlichen Aufgaben entsprechende Organisation erfordern."

Zugleich erließ Pohl einen Befehl an die KZ-Kommandanten, in dem es unter anderem hieß:

„Der Lagerkommandant allein ist verantwortlich für den Einsatz der Arbeitskräfte. Dieser Einsatz muß im wahren Sinn des Wortes erschöpfend sein, um ein Höchstmaß an Leistung zu erreichen."[23]

6. Das System der Außenlager

Die SS hatte bis 1942 Häftlinge fremden Unternehmen nur in Ausnahmefällen als Arbeitskräfte zur Verfügung gestellt, z. B. wenn man sich geschäftliche Vorteile davon versprach.[24] Dazu gehörten vor allem Handwerksbetriebe und Lieferanten. Bei den Industrieunternehmen bestand in den ersten Kriegsjahren offenbar auch kein besonders starkes Interesse an Arbeitern aus Konzentrationslagern. Sie versuchten möglichst, eingearbeitete Kräfte zu behalten. Die zum Militärdienst eingezogenen Arbeiter wurden zunächst meist durch ausländische Zivilarbeiter und dann in zunehmendem Maße auch durch Kriegsgefangene ersetzt. Die Beschäftigung von KZ-Gefangenen schien nicht

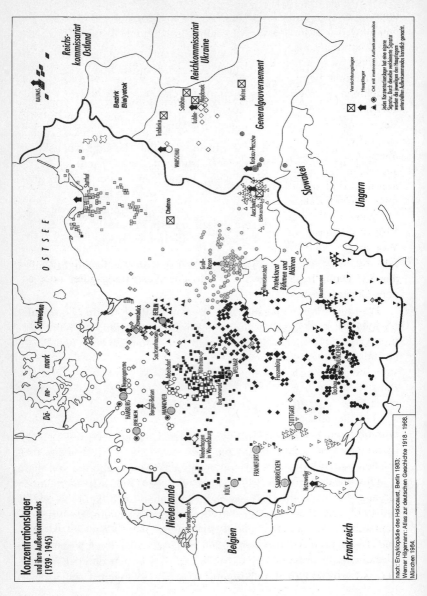

Konzentrationslager und ihre Außenkommandos (1939 - 1945)

nach: Enzyklopädie des Holocaust, Berlin 1983;
Werner Hilgemann: Atlas zur deutschen Geschichte 1918 - 1968, München 1984.

unproblematisch; die hohen Sicherheitsauflagen, die repressive Behandlung, die große Fluktuation und die zu befürchtenden Sabotageversuche konnten leicht zu Störungen des Betriebsablaufs führen. Mit Zunahme des Arbeitskräftemangels zeigten sich aber immer mehr Unternehmen bereit, die geforderten Sicherheitsvorkehrungen in Kauf zu nehmen, zumal der Einsatz von KZ-Gefangenen auch viele Vorteile aufwies: Sie waren billig und leicht zu disziplinieren; es gab keine Begrenzung der Arbeitszeit und es war möglich, ihnen ohne Rücksicht auf Leben und Gesundheit schwierige und gefährliche Arbeiten zu übertragen. Das erste Großunternehmen, bei dem KZ-Gefangene außerhalb der SS-Wirtschaft eingesetzt wurden, war die IG Farben. Seit dem Frühjahr 1941 arbeiteten etwa 1000 Konzentrationslagerhäftlinge auf der Baustelle für ein neues Werk bei Auschwitz. Das Heinkel-Werk in Oranienburg, Steyr-Daimler-Puch in Oberösterreich, das Volkswagenwerk in der „Stadt des K.d.F.-Wagens" (dem heutigen Wolfsburg)[25] und einige andere Industrieunternehmen erhielten ebenfalls bereits 1941/42 KZ-Gefangene durch Einzelverhandlungen mit der SS. Dafür bekam die SS militärische Ausrüstungsgüter oder andere Gegenleistungen.

Erst nach einer Entscheidung Hitlers im September 1942 war die SS-Führung bereit, fremden Unternehmen KZ-Gefangene ohne derartige Gegenleistungen als Arbeitskräfte zur Verfügung zu stellen. Nachdem Anfang 1943 der „totale Krieg" proklamiert worden war, stieg die Zahl der KZ-Außenlager bei Industriebetrieben, auf Werften, Baustellen und bei anderen kriegswirtschaftlich dringlichen Arbeiten rasch an.[26]

Seit September 1942 stellte die SS-Bauverwaltung auf Befehl Himmlers auch Baubrigaden aus KZ-Gefangenen zusammen, die als mobile Einheiten Hilfsarbeiten in von Bombenangriffen betroffenen Städten durchführten und Bauarbeiten verrichteten.

Obwohl das WVHA weiterhin formal für die Gestellung von KZ-Gefangenen zuständig blieb, erfolgte die Planung der Rüstungseinsätze seit 1942 weitgehend im Ministerium für Bewaffnung und Munition (im September 1943 erweitert und umbenannt in Ministerium für Rüstung und Kriegsproduktion). Dabei wurden auch andere Behörden und Einrichtungen eingeschaltet, insbesondere die Rüstungsinspektionen und Rüstungskommandos der Wehrmacht und die beteiligten Wirtschaftsunternehmen, die sodann einen Antrag auf Häftlingsgestellung beim Amt D II (Arbeitseinsatz) des WVHA einreichten.

Wegen der schweren Bombenangriffe auf die Rüstungsproduktion begannen im Herbst 1943 Ausbauarbeiten in Höhlen und Bergwerksstollen, um Rüstungsfertigungen dorthin zu verlegen. Zunächst ging es um die Sicherung der geheimen V-Waffen-Produktion,[27] bald darauf auch um andere Produktionszweige, insbesondere um die Herstellung von Flugzeugen und Treibstoff. Die Bauarbeiten standen unter Leitung der Organisation Todt (OT) und des SS-Sonderstabes Kammler. Nach den massiven Zerstörungen in der Luftfahrtindustrie im Februar 1944 übernahm ein mit Sondervollmachten ausgestatteter Krisenstab, der sogenannte Jägerstab (im August 1944 ersetzt durch den „Rüstungsstab"), die Leitung der Maßnahmen zur Sicherung der Produktion. Allein unter Kammler wurden bis zum Januar 1945 425.000 Quadratmeter unterirdischer Produktionsflächen fertiggestellt. Als Arbeitskräfte waren in weit überwiegendem Maße Zwangsarbeiter unterschiedlicher Kategorie eingesetzt, darunter Zehntausende von KZ-Gefangenen.

Ein ähnlicher Krisenstab wurde Anfang Juni 1944 wegen der Zerstörungen in der Treibstoffindustrie unter Leitung von Edmund Geilenberg, Leiter des Hauptausschusses Munition im Rüstungsministerium, gebildet, um die Produktion schnell wieder aufzunehmen. Der „Geilenberg-Stab" entschied auch über den Einsatz von KZ-Gefangenen. Die Häftlinge mußten vor allem Aufräumarbeiten bei Raffinerien und Treibstoffbetrieben verrichten und wechselten je nach dem dringlichsten Bedarf häufig innerhalb weniger Tage die Einsatzstellen.

Da die NS-Führung mit der Möglichkeit eines Giftgaskrieges rechnete, wurde 1944 unter Leitung des „Generalkommissars für chemische Kampfstoffe und den militärischen und zivilen Giftgasschutz" Dr. Karl Brandt die Produktion von Masken und anderen Gerätschaften für den Gaskrieg erheblich gesteigert („Brandt-Geräte-Programm"). Auch für dieses Produktionsprogramm arbeiteten Tausende von KZ-Gefangenen, vielfach Frauen.

Da die Bombenangriffe zunahmen, wurden immer mehr KZ-Gefangene für Aufräumarbeiten und Behelfsbaumaßnahmen benötigt. Die Errichtung von Behelfsunterkünften war Teil eines Programms, das der Reichswohnungskommissar, DAF-Reichsleiter Ley, im Herbst

1943 unter der Bezeichnung „Deutsches Wohnungshilfswerk" in Gang gesetzt hatte. Im Mai 1944 entschied Himmler auf Leys Bitte hin, daß dafür KZ-Gefangene als Arbeitskräfte zur Verfügung gestellt werden sollten. Auch OT und Wehrmachtsstellen forderten in steigendem Umfang KZ-Gefangene an. Als die alliierten Bombenangriffe sich Anfang 1945 auf Verkehrswege konzentrierten, setzte die Reichsbahn Tausende von KZ-Gefangenen zur Reparatur von Bahngleisen ein, zum Teil in mobilen „Eisenbahnbaubrigaden", die in Zügen untergebracht waren und zu wechselnden Arbeitsstellen dirigiert wurden.

Zur Regelung der Arbeitseinsätze trafen die KZ-Verwaltungen mit den jeweiligen Unternehmen und Behörden schriftliche Vereinbarungen nach Richtlinien des WVHA. Seit Anfang 1943 galt meist folgende Aufgabenteilung:
– Die Konzentrationslager waren für den An- und Abtransport der Häftlinge, für ihre Bewachung, Ernährung, Bekleidung und Krankenversorgung zuständig.
– Die Wirtschaftsunternehmen und Einrichtungen, bei denen KZ-Kommandos arbeiteten, stellten Unterkünfte, die den Sicherheitsvorschriften der SS genügten; sie verpflichteten sich auch, für deren Beheizung und Unterhaltung zu sorgen.

Mit der ärztlichen Versorgung der Kranken waren formal Vertragsärzte beauftragt; in den Außenlagern bei Industriebetrieben handelte es sich häufig um Werksärzte. Die Vertragsärzte kamen allerdings nur selten in die Lager, meist nur, um Todesbescheinigungen zu unterzeichnen.

1944 ist in den Vereinbarungen die Tendenz erkennbar, daß die Unternehmen und Behörden den Konzentrationslagern Aufgaben abnahmen, da der SS Personal fehlte. Die Bewachung wurde immer stärker von der Polizei, von Soldaten der Wehrmacht und von anderen Verbänden übernommen.[28]

Pro Tag und Häftling entrichteten die Unternehmen 4,– Reichsmark (für Hilfsarbeiter) bzw. 6,– Reichsmark (für Facharbeiter) über das WVHA an die Staatskasse. Diese Entgelte lagen noch unterhalb der Kosten, die den Betrieben für „Ostarbeiter" entstanden. Zu zahlen war auch für Häftlinge, die im Lager als Hilfskräfte benötigt wurden, nicht dagegen für Kranke. KZ-Gefangene, die auf längere Sicht nicht mehr arbeitsfähig waren, konnten seit etwa Februar 1943 gegen neue ausgetauscht werden; in der Regel geschah dies in mehrwöchigen Abständen. Diese Vereinbarungen gaben den Wirtschaftsunternehmen und den Einrichtungen, die KZ-Kommandos beschäftigten, einen Freibrief für den rücksichtslosen Verschleiß der Kräfte und der Gesundheit der Häftlinge.

Inhaftierung von Hamburger Gewerkschaftern

Das Hamburger Gewerkschaftshaus wurde am 2. Mai 1933 gegen 9 Uhr von SA und SS sowie Pgs in Zivil heimgesucht. Sie fuhren auf mehreren Lastwagen vor. Sämtliche Räume wurden besetzt. Jeder von uns bekam einen Pg als Ablöser. An jedem Fenster stand ein SA-Mann mit entsicherter Pistole in der Hand. Ungefähr nach eineinhalb Stunden mußten alle Gewerkschafts-Angestellten in den großen Saal kommen. Dort sprach der Gauobmann Rudolf Habedank. Er machte in Wohlwollen. Niemand sollte entlassen werden usw. Wir waren, bis auf wenige, ohne jede Illusion. Nach einer knappen Stunde gingen wir wieder in unsere Büros. Niemand durfte das Haus ohne Passierschein verlassen. Revolverbewaffnete SA-Männer hatten sämtliche Türen besetzt.

Inzwischen hatte man alle Vorstandsmitglieder des ADGB Gau Hamburg und Nordwest in Schutzhaft genommen. Ob jung oder alt, sie wurden nach NS-Manier behandelt. Einige wurden zusammengeschlagen, andere mußten mit der Zahnbürste die Treppen des Gewerkschaftshauses sauber machen. Einige mußten etliche Nächte im Gewerkschaftshaus bleiben. Über Mißhandlungen und Schikanen unserer Freunde auch in Genossenschaftsbetrieben, wie Alte Volksfürsorge u. a., könnte man Bücher schreiben. Alle unsere Kolleginnen und Kollegen erhielten abends spät Ausweise zum Betreten und Verlassen des Hauses. Bis auf ganz wenige Ausnahmen waren wir alle, einschließlich unserer Kolleginnen Reinmachefrauen, entlassen, und zwar innerhalb von 3 bis 4 Wochen. Wir mußten zum Stempeln gehen, erhielten Arbeitslosenunterstützung, aber keine Stellenvermittlung. Kurz: Die braunen Machthaber besetzten brutal die Gewerkschaftshäuser, beschlagnahmten rechtswidrig das Vermögen der Gewerkschaften, und derjenige, der sich weigerte, mit ihnen zu paktieren, wurde zunächst – bevor Schlimmeres erfolgte – einmal arbeitslos. So auch ich. [...]

Ich wurde am 18. Juni 1935 verhaftet. Mich haben vier Bullen abgeholt, zwei aus Stettin, zwei aus Hamburg. [...] Nach ergebnislosem Verhör ging es dann zum Stadthaus, zur Zentrale der Gestapo. Jetzt wurde mehr geschlagen als verhört. Die beiden Stettiner Strolche hatten mehr Übung und Ausdauer als die

Hamburger, die versuchten es mehr mit „Überredung". Da ich seit Stunden das Sprechen überhaupt aufgegeben hatte, kam ich dann ins „KOLAFU", ins Konzentrationslager Fuhlsbüttel in Hamburg. Statt zu essen, gab es weitere Prügel. Hier machte ich zum ersten Male Bekanntschaft mit dem Ochsenziemer. Gegen Mitternacht wurde ich in den C-Keller in eine leere Zelle ohne Fenster und Möbel geschleppt. An „Gehen" war nicht mehr zu denken. Die nächsten vier Tage immer dasselbe. Morgens ins Stadthaus, abends nach Fuhlsbüttel.

Es folgte ein Jahr Einzelhaft in einer Kellerzelle des KOLAFU, an der Tür war ein kleines Schild mit der inhaltsschweren Aufschrift „Eisen". Nach Abschluß der Voruntersuchung übergab die Gestapo Gefangene und Akten der Staatsanwaltschaft Stettin. Im September 1936 war dort vor einem Sondergericht der Prozeß gegen unsere Hamburger und die Gruppe aus Pommern angesetzt. Den Vorsitz führte ein Landgerichtsdirektor Dr. Neumann. Der Gefangenen-Transport übernachtete in Berlin. Wir kamen an dem Tage dort an, an dem gerade die Olympiade 1936 in Berlin eröffnet wurde. Der Prozeß „Kummernuss und Genossen" war für das NS-Regime nicht sehr ergiebig. Da jedes belastende Material fehlte, es keine Geständnisse gab und uns Hamburger außerdem ein kluger und mutiger Rechtsanwalt, Dr. Walter Harms aus Hamburg, vertrat, fiel das Urteil für jene Zeit verhältnismäßig gering aus: Zwei Jahre Gefängnis, zum größten Teil im Konzentrationslager abzusitzen.

Adolph Kummernuss, langjähriger Vorsitzender der Gewerkschaft Öffentliche Dienste, Transport und Verkehr (ÖTV).

(Aufzeichnung eines Gesprächs mit Ursel Hochmuth, in: Hochmuth / Meyer, Streiflichter, S. 99-106)

B. Verfolgung und erste Konzentrationslager in Hamburg

In Hamburg regierte bis Anfang März 1933 eine Koalition aus Sozialdemokraten und Deutscher Staatspartei.[29] Doch seit der Einsetzung Hitlers als Reichskanzler stand die Regierung in der Hansestadt durch Maßnahmen der Reichsregierung und durch die Aufmärsche und Aktionen der NSDAP und deren Anhänger in Hamburg zunehmend unter Druck. Nach dem Rücktritt der sozialdemokratischen Senatoren und des Bürgermeisters Carl Petersen am 3./4. März – sie hatten sich geweigert, dem von Berlin geforderten Verbot des sozialdemokratischen „Hamburger Echos" zuzustimmen – ermöglichte das Umschwenken der Deutschen Staatspartei am 8. März die Bildung eines NSDAP-geführten Senats. Am Tage der Reichstagswahl vom 5. März 1933 übernahm der SA-Standartenführer Alfred Richter auf Anordnung des Reichsinnenministeriums den Befehl über die Hamburger Polizei. Noch am gleichen Abend besetzten SA und SS das Rathaus und hißten die Hakenkreuzfahne.

Die Verfolgung der politischen Gegner richtete sich zunächst vor allem gegen Kommunisten, später in zunehmendem Maße gegen Gewerkschafter, Sozialdemokraten und andere Oppositionelle. Nach dem Reichstagsbrand am 27. Februar verhaftete die Polizei unter dem Druck aus Berlin auf Weisung des sozialdemokratischen Senators Adolf Schönfelder etwa 75 Kommunisten. Von März bis Mai 1933 wurden in Hamburg 1750 Menschen in Schutzhaft genommen. Obwohl die KPD in der Hansestadt eine ihrer Hochburgen besaß, war ihre lokale Führung bereits im April weitgehend zerschlagen. Im Juni wurde die gesamte Parteiführung der Hamburger SPD verhaftet.

Zu den ersten Opfern der Verfolgung gehörten auch viele Juden. Schon in den Jahren zuvor hatte es immer wieder antisemitische Ausschreitungen gegeben. Nun nahmen die Übergriffe stark zu. Der gelenkte Boykott jüdischer Geschäfte und Unternehmen am 1. April 1933 bildete auch in Hamburg den Auftakt für die zentral organisierte Diskriminierung und Benachteiligung der jüdischen Bevölkerung.

Die Polizeibehörde Hamburg.
  - Staatspolizei -   *Hamburg, den* 28. 10. 1934

Einzelhaft - ~~xxxx~~ - erforderlich.

S c h u t z h a f t b e f e h l .

D er *Fabrikarbeiter Hans (!)*
.... **W a l t e r** ,..........................
geb. 20. 1. 01 *zu Hamburg, wohnh.* Hbg. Lindleystr. 29, III.
ist - ~~xxxx~~ - zur Schutzhaft zu bringen, weil er *dringend
verdächt*ig ist, sich der Vorbereitung zum Hochverrat schuldig
gemacht zu haben, indem er im Oktober 1934 eine Funktion als
Unterkassierer in der illegalen Roten Hilfe inne hat.

und weil er *durch* sein *Verhalten die öffentliche
Sicherheit und Ordnung u n m i t t e l b a r gefährdet.*
und Verdunklungsgefahr besteht.

*Gegen diesen Schutzhaftbefehl ist eine Beschwerde nicht
zulässig.*

[signature]

(ANg)

Strafanstalten Fuhlsbüttel um 1929. (StA HH)

Unmittelbar nach Ernennung Richters zum Polizeisenator erfolgten erste Umbesetzungen in der Staatspolizei (d. h. der politischen Polizei, 1935 umbenannt in Geheime Staatspolizei). In den folgenden Monaten ersetzten die neuen Machthaber auch die Führungspositionen in der übrigen Polizei und den größten Teil der etwa 70 Staatspolizeibeamten durch zuverlässige NSDAP-, SA- und SS-Mitglieder. Seit dem 20. März gab es auch in Hamburg eine „Hilfspolizei" von zunächst 310, später bis zu 500 Mann aus SA-, SS- und Stahlhelmangehörigen. Ein 36 Mann starkes „Kommando zur besonderen Verwendung" (K.z.b.V.) unter Leitung des Polizeioberleutnants Kosa führte Razzien und Hausdurchsuchungen durch, um Regimegegner aufzuspüren und mit ihnen sympathisierende Menschen einzuschüchtern. Das „Sonderkommando Kraus" der Staatspolizei, zu dem auch bekannte SA-Schläger zählten, verhörte die Festgenommenen mit brutalen Methoden und schüchterte sie durch Mißhandlungen ein. Es erhielt häufig unmittelbar Befehle von NSDAP-Gauleiter Karl Kaufmann, auch schon vor dessen Ernennung zum Reichsstatthalter in Hamburg am 11. Mai 1933. Kaufmann

Kommunistische Schutzhäftlinge im KZ Wittmoor unter der Bewachung von Polizei und SA-Hilfspolizei. (NHS)

kam häufig zu Besprechungen mit Kraus ins Stadthaus, dem Sitz der Staatspolizei. Er ließ sich regelmäßig über die Ermittlungen berichten und ordnete in mehreren Fällen persönlich Verhaftungen an. Die Verfolgung der politischen Gegner in Hamburg stand 1933 weitgehend unter seiner persönlichen Kontrolle. Er nahm sogar selbst an Vernehmungen teil und ermutigte das K.z.b.V. durch Belobigung, mit seinen brutalen Methoden fortzufahren.

Als Haftstätte für die Schutzhaftgefangenen dienten unter anderem Räume im Stadthaus und die Polizeistation im Untersuchungsgefängnis Holstenglacis. Außerdem quartierte die Staatspolizei schon im März Gefangene in einem Teil der weitgehend leerstehenden Fuhlsbütteler Haftanstalten ein, die eigentlich zum Abriß vorgesehen waren. Dort wurden sie von Justizbeamten bewacht, zum Teil verstärkt durch Hilfspolizisten. Zugleich ließ der Polizeisenator in einem leerstehenden Fabrikgebäude der Torfverwertungsanstalt Wittmoor ein Konzentrationslager einrichten. Am 10. April wurden die ersten Gefangenen dort eingeliefert. Obwohl nur für 80 Häftlinge vorgesehen, waren Anfang Mai bereits 100, im September 140 Schutzhaftgefangene dort inhaftiert. Die Bewachung bestand aus Ordnungs- und Hilfspolizisten.

Das Stadthaus, Sitz der Hamburger Gestapo-Leitstelle. (StA HH)

Weibliche Schutzhaftgefangene wurden 1933 im Untersuchungsgefängnis Holstenglacis untergebracht, ab Dezember 1933 auch im ehemaligen Gefängnis Hütten. Am 28. April 1934 wurden die Frauen aus beiden Einrichtungen ins KZ Fuhlsbüttel überstellt.

Die Behandlung der Schutzhaftgefangenen war oft hart, aber bis Anfang September 1933 wird von Mißhandlungen kaum berichtet. Die Dauer der Inhaftierung war sehr unterschiedlich, sie schwankte zwischen einigen Stunden und mehreren Monaten; in einigen Fällen betrug sie über ein Jahr. Am 31. Juli 1933 befanden sich in Hamburg 620 Männer und 62 Frauen in Schutzhaft.

Auch die Gerichte wurden in zunehmendem Maße von Nationalsozialisten durchsetzt. Die neu gegründeten Sondergerichte verurteilten in steigendem Umfang Menschen, die sich vor 1933 an politischen Aktionen gegen Nationalsozialisten beteiligt hatten oder die sich zu den neuen Verhältnissen kritisch äußerten (Verfahren wegen sogenannter „heimtückischer Äußerungen").

Die Hilfspolizei wurde im August 1933 formal aufgelöst, doch Polizeisenator Richter erhielt vom Reichsinnenminister die Erlaubnis, 110 Hilfspolizisten vorübergehend weiter im Dienst zu belassen, davon 48 für das K.z.b.V. und das KZ Wittmoor. Die K.z.b.V.-Angehörigen erhielten später Dienstverträge als Beamte.

Gauleiter Kaufmann kam am 3. August 1933 bei einem Besuch in Fuhlsbüttel und Wittmoor zu der Ansicht, daß die Behandlung in den Hamburger Lagern zu milde sei, und widmete der Angelegenheit nun verstärkt seine Aufmerksamkeit. Die Schutzhaftgefangenen in Fuhlsbüttel wurden am 4. September in das dortige ehemalige Frauengefängnis verlegt, das von den übrigen Haftanstalten baulich getrennt lag. Für die neue Haftstätte wurde die Bezeichnung „KZ Fuhlsbüttel", abgekürzt „Kolafu", gebräuchlich. Es war das einzige Konzentrationslager in Deutschland, das der Justizverwaltung unterstand. Allerdings besaß der Gauleiter entscheidenden Einfluß. Mit dem SA-Führer Paul Ellerhusen bestimmte Kaufmann seinen persönlichen Adjutanten zum Kommandanten des KZ Fuhlsbüttel. Zum eigentlichen Chef avancierte jedoch bald dessen Stellvertreter, der SS-Sturmführer Willi Dusenschön. Auch über den Leiter des Strafvollzugsamtes Max Lahts, der seine Ernennung dem Gauleiter verdankte, besaß Kaufmann Möglichkeiten der Einwirkung. Die neue Wachmannschaft war aus Marineangehörigen, SA- und SS-Leuten ausgewählt worden. Das Konzentrationslager Wittmoor wurde im Oktober 1933 aufgelöst und die Häftlinge nach Fuhlsbüttel überstellt.

Seit dem Umzug herrschte in Fuhlsbüttel nackte Gewalt. Mit Schlägen, Fußtritten, Kolbenstößen und Beschimpfungen jagten die bewachenden SS- und SA-Leute die Gefangenen umher. Sie ließen sie zum „Sport" antreten, d. h. die Häftlinge mußten laufen bis zum Umfallen, auf dem Bauch robben oder auf Zehen- und Fingerspitzen Liegestütze machen. Wer zusammenbrach, erhielt Prügel und Fußtritte. Andere ließ man stundenlang stillstehen; wer sich bewegte, wurde mit dem Kopf gegen die Wand geschlagen. Mit Peitschen und Stuhlbeinen wurden Gefangene bis zur Bewußtlosigkeit mißhandelt. Um die Schreie zu ersticken, wickelte man Gefolterten nasse Handtücher um den Kopf. Die Vernehmungen mußten zum Teil nach Fuhlsbüttel verlegt werden, weil manche Häftlinge wegen ihrer Verletzungen nicht mehr ins Stadthaus geschafft werden konnten. Gegenüber der Öffentlichkeit wurde der Tod von Folteropfern in der Regel als Selbstmord, in einem Fall als „Erschießung auf der Flucht" dargestellt. Bis Ende 1933 gab es im Konzentrationslager Fuhlsbüttel zehn Todesfälle.

Im Herbst 1933 erfolgte eine erneute Umorientierung im Hamburger Verfolgungsapparat, bei der sich der Einfluß Himmlers zeigte. Im Oktober wurde der SS-Sturmbannführer Bruno Streckenbach im Einvernehmen zwischen dem Reichsführer-SS und dem Gauleiter zum Chef der Staatspolizei ernannt und das Konzentrationslager Fuhlsbüttel der Polizei unterstellt; nur die Wirtschaftsführung blieb in der Hand des Strafvollzugsamtes. Im November übernahm Himmler die Befehlsgewalt über die Hamburger Staatspolizei. Da die Opposition zerschlagen war, schien es im Interesse politischer Beruhigung angebracht, die Verfolgungsmethoden und die Gefangenenbehandlung zu ändern. Die brutale Gewaltanwendung bei Verhaftungen hatte in der Öffentlichkeit immer wieder Aufsehen erregt, und es hatte sich herumgesprochen, welche Brutalität im KZ Fuhlsbüttel herrschte. Am 4. Januar 1934 wurde das K.z.b.V. wegen seiner „primitiv rücksichtslosen Methoden" aufgelöst.[30] In den folgenden Monaten verringerte die Gestapo in Fuhlsbüttel die offenen, willkürlichen Gewaltanwendungen und ersetzte sie durch andere, weniger auffällige, aber ebenso effektive Methoden des Terrors, wie zum Beispiel Essensentzug, Einzelhaft im

Dunkeln und Krummschließen[31]. Im ersten Halbjahr 1934 gingen die Todesfälle im „Kolafu" auf zwei zurück. Zugleich gab es in der Justiz Versuche, etwas gegen die „Auswüchse" im „Kolafu" zu unternehmen. Ein gegen Ellerhusen und Dusenschön eingeleitetes Ermittlungsverfahren der Staatsanwaltschaft wegen Gefangenenmißhandlung konnte Kaufmann erst nach vier Monaten niederschlagen. Ende Juni 1934 verließen Ellerhusen und Dusenschön das Konzentrationslager.[32]

Die hohe Zahl der Todesopfer weist darauf hin, daß sich die Behandlung der Gefangenen in Fuhlsbüttel in der folgenden Zeit nicht verbesserte, sondern sogar noch verschlechterte: Von 1935 bis 1939 sind etwa 60 Todesfälle dokumentiert. In keinem Konzentrationslager in Deutschland herrschte zu dieser Zeit eine so hohe Todesrate.

Während das System der Konzentrationslager unter der Leitung Eickes ab 1934 grundlegend umgestaltet wurde, war das „Kolafu" von den Änderungen kaum betroffen. Da es nicht der Konzeption der SS entsprach, wurde es ab 1936 nicht mehr als Konzentrationslager, sondern als Polizeigefängnis bezeichnet. Es diente bis Kriegsende vor allem zur Unterbringung von Schutzhäftlingen vor deren Überstellung an die Justiz oder als Durchgangsstation für Häftlinge, die in Konzentrationslager oder andere Haftstätten überstellt wurden.

Die Veränderungen im System der Konzentrationslager veranlaßten den Hamburger Senat, Planungen für ein neues Konzentrationslager in Gang zu setzen. Im Mai 1935 lagen die Baupläne für ein Lager bei Duvenstedt vor. Doch es gab Schwierigkeiten mit der Finanzierung; das Reichsfinanzministerium lehnte die Bereitstellung von Mitteln ab. Der SS-Führung schien es aus politischen Gründen geraten, eine grundsätzliche Entscheidung Hitlers über die Einrichtung neuer Konzentrationslager abzuwarten. Im Herbst 1935 wurden die Pläne aufgegeben, da über die Finanzierung noch keine Einigung abzusehen war.[33]

Ab Ende 1933 ging auch in Hamburg die Zahl der Schutzhaftgefangenen zurück.[34] Zugleich übernahm die Justiz in größerem Umfang die Verfolgung. Wenn der Gestapo Urteile jedoch nicht scharf genug erschienen, holte sie die Betroffenen ab, sobald die Justiz sie freigab, und lieferte sie ins KZ ein. Außer den politischen Gegnern waren immer stärker auch andere Gruppen von Verhaftungen betroffen, insbesondere Mitglieder bestimmter Religionsgemeinschaften wie der

Auf der Frauenstation

Am 1. Oktober 1934 geschah, womit wir immer rechnen mußten. Abermals wurde gegen unsere Tür geschlagen und geschrien: „Aufmachen! Polizei!" und wieder erstarrten wir vor Schreck, Sorge und innerer Not. Dieses Mal war es nicht Cuddl, dieses Mal holten sie mich.

Wieder Haussuchung und Durcheinander. Ich stand wie gelähmt: Dort lag unser Kind, das vor wenigen Tagen ein Jahr alt geworden war. Mein Mann starrte mich an, ohne zu lächeln.

Im Morgengrauen wurden wir vom Stadthaus zum Konzentrationslager Fuhlsbüttel hinausgefahren, streng bewacht von SS-Leuten. Wieder mit dem Gesicht zur Wand, Hände an der „Hosennaht". Obwohl wir mit außerordentlicher Genauigkeit diese Vorschriften befolgten, gab es harte Ohrfeigen, so daß der Kopf gegen die Wand flog. Die Nase blutete. Die Hand durfte nicht gehoben werden. Das Blut tropfte auf Kleidung und Fußboden. Hilflos standen wir da. [...]

Es hagelte Schläge, Fußtritte und weitere Beschimpfungen. Und trotzdem war es noch ein „sanfter" Empfang, gemessen an dem, was uns bei den Vernehmungen erwartete. Von einer SS-Eskorte begleitet, wurden wir in den B-Flügel gebracht, in dem die obere Etage mit Frauen belegt war. Die Zelle war kahl: Eisenbett mit Strohsack und Decke, Hängeschrank mit Blechschüssel und angerostetem Löffel, Eimer, Plumsklo. Es war trostlos. [...]

Jeden Tag mußten wir mit einer Fahrt zur Vernehmung im Stadthaus rechnen. Und wenn dann die Tür aufgerissen wurde und es hieß: „Suhling, fertigmachen zur Vorführung!" Dann ging mir, wie sicher allen, eine Kette von Fragen durch den Kopf: Ist etwas aufgeflogen von dem, was wir bisher verheimlichen konnten? Hat sich die Gestapo etwas Neues ausgedacht? Was war beim letzten Verhör gefragt worden? Hatte ein Kamerad unter körperlicher und psychischer Folter mehr gesagt, als er wollte? Was mochte diesmal los sein? Unruhe kroch in mir hoch. Die Fahrt mit der „Grünen Minna" zum Stadthaus erschien mir immer viel zu kurz. [...]

Lucie Suhling war 1934 und 1939 in Fuhlsbüttel inhaftiert.

(Lucie Suhling: Der unbekannte Widerstand, Frankfurt am Main 1980)

Zeugen Jehovas, Bettler und Obdachlose, Prostituierte, Homosexuelle und Angehörige anderer Minderheiten.

Fast alle Menschen, die während des Nationalsozialismus in Hamburg verhaftet wurden, kamen für einige Wochen oder Monate nach Fuhlsbüttel, bis entschieden war, ob sie der Justiz übergeben oder in ein Konzentrationslager eingeliefert wurden. Männer brachte die Gestapo meist ins KZ Sachsenhausen, Frauen in das jeweilige Frauen-KZ.[35] Für männliche Jugendliche existierte ab 1940 das „Jugendschutzlager" Moringen bei Göttingen, für Mädchen ab 1942 das „Jugendschutzlager" Uckermark bei Fürstenberg (Havel). In den ersten Jahren wurden die meisten KZ-Gefangenen nach einiger Zeit wieder entlassen, nach Kriegsbeginn dagegen kaum noch. Durch die Verfolgungen erreichte die Gestapo, daß Widerstandstätigkeit meist schon im Anfangsstadium entdeckt und zerschlagen wurde. Zugleich übte man sozialen und politischen Anpassungsdruck auf die Bevölkerung aus; denn die Furcht vor der Gestapo und der Einlieferung ins KZ war groß.

Die Juden in Hamburg wurden schrittweise beruflich und sozial isoliert.[36] Der Boykott jüdischer Geschäfte am 1. April 1933 leitete für viele Betriebe die Endphase ihrer Existenz ein. In den folgenden Monaten wurden jüdische Beamte und Richter aus dem Staatsdienst entfernt. Auch viele Firmen entließen jüdische Angestellte. Jüdischen Ärzten wurden die Zulassung zu Krankenkassen entzogen. Gauleiter Kaufmann trug persönlich durch seine Reden dazu bei, in Hamburg antisemitische Stimmungen anzuheizen. Am 30. August 1935 führte er zusammen mit dem „Stürmer"-Herausgeber Julius Streicher eine Massenveranstaltung durch, auf der 45.000 Hamburger den Hetzreden zujubelten.[37]

Nach den Nürnberger Gesetzen von 1935 waren Eheschließungen zwischen Juden und Nichtjuden verboten. Viele Hamburger Mitbürger trugen durch Denunziationen dazu bei, daß gegen Juden wegen „Rassenschande" ermittelt wurde. Seit dem Sommer 1938 mußten Juden die Vornamen „Israel" oder „Sara" annehmen. Jüdische Schüler litten unter der Diskriminierung in den Schulen. Ab November 1938 durften sie nur noch jüdische Schulen besuchen. Die Talmud-Thora-Schule am Grindelhof, seit April 1939 die einzige Schule für jüdische Kinder in Hamburg, mußte im Sommer 1939 in die beengten Räume der ehemaligen Israelitischen Töchterschule in der Karolinenstraße 35 umziehen.[38] Wegen der zunehmenden Diskriminierung verkauften viele Juden ihre Geschäfte oder Gewerbebetriebe unter Wert, um auswandern zu können. 1938 gab es neue antisemitische Kampagnen. Im Juni verhaftete die Hamburger Gestapo etwa 100 vorbestrafte Juden, um sie ins Konzentrationslager einzuliefern. Durch Verhandlungen gelang es der jüdischen Gemeinde[39], sie wieder freizubekommen, nachdem sie die sofortige Auswanderung zugesichert hatten. Am 28. Oktober 1938 wurden die in Deutschland lebenden Juden polnischer Staatsangehörigkeit zur Grenze gebracht, um sie nach Polen abzuschieben, darunter über 1000 aus Hamburg. Am Abend des 9. November 1938 verwüsteten Stoßtrupps von SA und SS Synagogen und zerstörten jüdische Geschäfte.[40] An den darauffolgenden Tagen wurden etwa 700 Juden verhaftet und im Polizeigefängnis Fuhlsbüttel inhaftiert. Die meisten brachte die Gestapo von dort ins Konzentrationslager Sachsenhausen, wo die SS sie fürchterlich mißhandelte und drangsalierte. Erneut erreichte die jüdische Gemeinde unter großen Anstrengungen, daß die, die den Terror überlebten, 1939 nach Zusicherung der Auswanderung entlassen wurden.

1939 schlossen die Behörden alle noch bestehenden jüdischen Gewerbebetriebe in Hamburg. Auch Wohnungseigentum wurde konfisziert. In den beiden folgenden Jahren kamen immer weitere Einschränkungen und Verbote heraus. Juden durften keine Haustiere mehr halten, keine Schreibmaschinen, Radios und Plattenspieler mehr besitzen. Ihnen war verboten, nichtjüdische Friseure und Ärzte aufzusuchen. Es wurden Ausgangssperren verhängt, die Benutzung öffentlicher Verkehrsmittel und das Aufsuchen von Luftschutzräumen verboten sowie vielfältige andere Schikanen angeordnet, die die Juden isolieren und in der Öffentlichkeit herabsetzen sollten. 1941 wurden alle Juden zur Zwangsarbeit verpflichtet und in sogenannte Judenhäuser im Grindelviertel eingewiesen. Ab Oktober 1941 galt die Vorschrift, den Judenstern zu tragen. Etwa zwei Drittel der Hamburger Juden hatten ihre Heimatstadt bis zu diesem Zeitpunkt verlassen und waren ausgewandert.

Im September 1941 wurde Gauleiter Kaufmann, der die Wohnungen der Juden für Bombengeschädigte freimachen wollte, deswegen bei Hitler vorstellig. Dies gab den Anstoß zur Deportation der Hamburger Juden in die besetzten Ostgebiete.[41] Von Ende Oktober bis Anfang Dezember 1941 mußten etwa 3100 von ihnen in vier Transporten nach „Litzmannstadt" (Lodz), Minsk und Riga ihre Heimatstadt verlassen.[42] Mitte Juli 1942 folgten drei weitere Transporte mit insgesamt etwa 2000 Menschen nach Auschwitz und Theresienstadt. Die noch in Hamburg verbliebenen Juden wurden in mehreren kleinen Transporten bis Februar 1945 nach Theresienstadt deportiert. Fast alle Deportierten kamen durch Erschießungsaktionen, durch Hunger, Kälte und überanstrengende Arbeit oder in den Gaskammern von Auschwitz ums Leben. Nur wenige gehörten zu denen, die die SS bis 1944 als Arbeitskräfte einsetzte und schließlich beim Rückzug in weiter westlich gelegene Lager zurücktransportierte.[43]

Nachdem das KZ Neuengamme Ende 1940 zum Einweisungslager erklärt worden war, lieferte die Gestapo in steigender Zahl Menschen aus ganz Norddeutschland dort ein. Bei vielen von ihnen handelte es sich um ausländische Zwangsarbeiter, denen Verstöße gegen Arbeitsvorschriften, Fluchtversuche oder sexuelle Beziehungen zu deutschen Frauen vorgeworfen wurden.[44] Deutsche wurden häufig wegen des verbotenen Hörens ausländischer Rundfunksender, wegen abfälliger politischer Bemerkungen über NS-Politiker oder wegen der Nichtbeachtung der scharfen Kriegswirtschaftsbestimmungen festgenommen.

Menschen, die die Gestapo wegen politischer Widerstandstätigkeit verhaftete, wurden meist von Gerichten verurteilt.[45] Die organisierte politische Oppositionstätigkeit in Hamburg hatte die Gestapo durch brutale Methoden schon 1933 weitgehend zerstört; auch in den folgenden Jahren wurden neue Ansätze von ihr immer wieder zerschlagen. Erst im Krieg wurde der Widerstand wieder stärker. Ab Ende 1941 entstand in Hamburg, benannt nach ihren führenden Mitgliedern, die Bästlein-Jacob-Abshagen-Gruppe, die vor allem in den kommunistisch gesonnenen Teilen der Arbeiterschaft Unterstützung fand. Sie verfügte in etwa 30 Hamburger Betrieben über konspirative Zellen; die größte bestand mit 60 bis 80 Mitgliedern bei der Werft Blohm & Voß. Im Herbst 1942 gelang es der Gestapo, etwa 110 Angehörige der Gruppe festzunehmen. Der Versuch, die Arbeit neu aufzubauen, scheiterte durch weitere Verhaftungen im Jahre 1943. Die meisten dieser Menschen bezahlten ihr mutiges Verhalten mit dem Tod.

Ab Ende 1942 entstand in Hamburg ein Zweig der „Weißen Rose". Anders als in München handelte es sich nicht um eine feste Gruppe, sondern um ein uneinheitlich organisiertes Bündnis von Menschen aus dem Bürgertum, die von der Notwendigkeit des Widerstandes überzeugt waren. Ab Ende 1943 gelang es der Gestapo, diesen Kreis zu zerschlagen.

Auch unter Jugendlichen gab es Bereitschaft zu Verweigerung und Widerstand. Bekannt wurde vor allem die „Swing-Jugend" – junge Menschen, die aus ihrer Vorliebe zur Swingmusik keinen Hehl machten und dafür hart bestraft wurden. Viele von ihnen wurden ins „Jugendschutzlager" Moringen eingewiesen. Aus religiösen Motiven baute der junge Helmuth Hübener eine kleine Widerstandsgruppe auf, deren Mitglieder 1942 verhaftet und zum Tode bzw. zu mehrjährigen Gefängnisstrafen verurteilt wurden.

Die Hinrichtung von Menschen, die zum Tode verurteilt worden waren, erfolgte meist im Untersuchungsgefängnis Holstenglacis durch Enthauptung, bis 1936 per Handbeil, später mit einem mechanischen Fallbeil. Die Zahl der Todesurteile nahm nach Kriegsbeginn stark zu; ab 1942 lag sie in Hamburg bei über 100 pro Jahr. Noch weitaus größer war die Zahl der Gefangenen, deren Exekution die Gestapo ohne Mitwirkung der Justiz anordnete. Den größten Teil von ihnen bildeten ausländische Arbeiter. Sie wurden meist im Konzentrationslager Neuengamme erhängt.[46]

C. Die Beteiligung der Stadt Hamburg an der Gründung des KZ Neuengamme

1938 kam es in Hamburg zu einer ähnlichen Art der Zusammenarbeit mit der SS wie in Berlin.[47] Dort hatte Hitlers Architekt Speer („Generalbauinspektor für die Reichshauptstadt") mit der SS vereinbart, KZ-Gefangene zur Produktion von Ziegeln für die geplanten „Führerbauten" einzusetzen. Speer stellte für die Errichtung des Ziegelwerks einen großzügigen Kredit als Vorauszahlung auf spätere Lieferungen zur Verfügung.[48]

Die Pläne zur „Neugestaltung des Elbufers" in Hamburg entstanden auf Anregung und unter unmittelbarer Mitwirkung Hitlers. Eine überdimensionale Hängebrücke mit einer Spannweite von 700 Metern sollte etwa in Höhe des heutigen Autobahntunnels die Elbe überqueren und den Schiffsreisenden Hamburgs Weltgeltung vor Augen führen. In Altona war ein 250 Meter hohes Gauhaus vorgesehen. Ferner war eine „Volkshalle" für 50.000 und ein Aufmarschplatz für 85.000 Menschen geplant. Zwischen Ottensen und den Landungsbrücken sollten an einer Hochstraße entlang dem Elbufer Bürohäuser für Industrie, Handel und Schiffahrt errichtet werden. Nach einem Wettbewerb bestimmte Hitler Anfang 1939 den Hamburger Architekten Konstanty Gutschow zum Leiter der Planungen. 1940/41 erteilte Gauleiter Kaufmann Gutschow den Auftrag, einen Generalbebauungsplan für die gesamte Stadt zu erarbeiten. Aus dem „Architekten des Elbufers" wurde der „Architekt für die Neugestaltung der Hansestadt Hamburg".[49]

Das SS-Unternehmen „Deutsche Erd- und Steinwerke" (DESt) kaufte am 31. August 1938 ein stillgelegtes Ziegelwerk im Ortsteil Neuengamme mit einem Grundstück von etwa 50 Hektar. Eine Prüfung des Tones in den Elbmarschen hatte ergeben, daß dieser sich ausgezeichnet zur Klinkerproduktion eignete. Mit Hilfe von KZ-Gefangenen eines dazu eingerichteten Außenlagers sollte das Werk wieder in Betrieb genommen werden. Am 12. Dezember brachte die SS 100 Häftlinge aus dem KZ Sachsenhausen nach Neuengamme, die beim Umbau der alten Ziegelei halfen. Das Werk sollte mit neuer Tech-

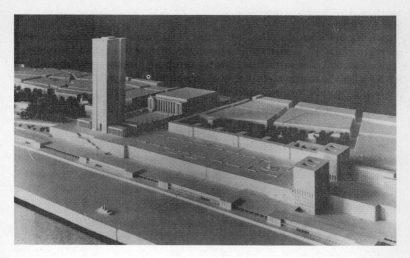

Modell des Elbufers mit Gauhochhaus und Volkshalle. (StA HH)

Das Klinkerwerk Neuengamme mit Lorenaufzug war mit modernster Technik ausgestattet. Trotzdem wurden Hunderte von KZ-Gefangenen mit schweren körperlichen Arbeiten beschäftigt (z. B. Tongrube, Transporte, Sortieren von Steinen). (ANg)

nik ausgerüstet und „vielleicht nicht unerheblich" erweitert werden.[50] Nach der Installation der Maschinen begann der Brennbetrieb, allerdings mit vielen Stockungen und Störungen. Bald zeigte sich, daß der vorhandene Ton für das neue technische Verfahren der Trockenpressung völlig ungeeignet war. Daher faßte man den Entschluß, ein neues Klinkerwerk zu bauen. Ende 1939 errichtete die Werksleitung provisorische Naßpreß- und Trocknungsanlagen, um weitere Versuche und Erprobungen vorzunehmen.

Unmittelbar nach einem Besuch Himmlers in Hamburg im Januar 1940 begannen Verhandlungen zwischen der Stadt und der SS-Wirtschaftsverwaltung mit dem Ziel, die Zusammenarbeit vertraglich zu regeln. Man kam zu folgenden Vereinbarungen:[51]
– Das neue Werk sollte in zwei Ausbaustufen errichtet werden, jede Stufe zur Herstellung von 20 Millionen Steinen jährlich.
– Die Stadt unterstützte die Errichtung mit einem Darlehen von vorerst einer Million Reichsmark und sagte eine weitere Million für den Fall zu, daß sie auch die zweite Ausbaustufe verlangte. Das Darlehen war mit vier Prozent zu verzinsen und sollte innerhalb von fünf Jahren zurückgezahlt werden.[52]
– Die Stadt Hamburg sicherte zu, die SS beim Erwerb der Tonabbaurechte von Vierländer Landwirten zu unterstützen und, falls erforderlich, auch die Enteignungsbefugnis zu verschaffen.[53]
– Die Stadt erklärte sich bereit, die Dove Elbe bis zum Klinkerwerk als Schiffsweg auszubauen und das Gelände mit einem Eisenbahnanschluß zu versehen.[54] Dazu sollten ihr vom Reich (d. h. vom Konzentrationslager) kostenlos Häftlinge als Arbeitskräfte zur Verfügung gestellt werden.
– Die SS-Firma DESt verpflichtete sich demgegenüber, bei der Klinkerherstellung Wünsche der Stadt zu berücksichtigen und sie mit bis zu 75 Prozent der Produktion zu beliefern. Die Preise sollten im gegenseitigen Einvernehmen unter Berücksichtigung der Aufwendungen der Stadt für die Verkehrswege festgelegt werden.

Der Vertrag wurde am 13. April in Hamburg und am 6. Mai in Berlin unterzeichnet. Am 15. Juli 1940 erfolgte der symbolische erste Spatenstich. Die eigentlichen Bauarbeiten begannen jedoch erst 1941. Die DESt-Bauabteilung vergab zahlreiche Aufträge an Privatunternehmen aus der näheren und weiteren Umgebung. Als Arbeitskräfte waren zeitweise weit über tausend KZ-Gefangene auf der Baustelle tätig. Das Werk wurde mit neuester Technik ausgestattet; es sollte ein mustergültiger Betrieb werden, der in der Ziegelindustrie Maßstäbe setzte. Nach genau zwei Jahren, am 15. Juli 1942, konnte die erste Ausbaustufe eröffnet werden. Die zweite Stufe stellte das SS-Unternehmen 1943 fertig, ohne einen weiteren Kredit der Stadt Hamburg in Anspruch zu nehmen. Da die Hamburger Großbauplanungen wegen des Krieges seit 1941 ruhten, ging dieser Werksteil jedoch nie dauerhaft in Betrieb.

Während der Errichtung des Klinkerwerks wurden mehrere hundert KZ-Häftlinge als Maurer ausgebildet. Es war geplant, sie später in „SS-Baubrigaden" zur Errichtung von Stützpunkten der Waffen-SS und deutschen Siedlungen in Germanisierungsgebieten im Osten einzusetzen.

1940–1942 wurde unter städtischer Aufsicht die Dove Elbe vertieft und verbreitert. Schwimmbagger hoben das Erdreich aus. KZ-Gefangene des „Kommandos Elbe" verteilten die Erdmassen im Deichvorland und begradigten und befestigten das Ufer. 1943 wurde auch der Stichkanal zum Klinkerwerk fertiggestellt, nachdem die Stadt die Bauleitung an die DESt abgegeben hatte.[55] Dadurch konnten Sandlieferungen zum Anmischen des Tons und andere Güter per Schiff zum Werk gebracht und Klinker auf dem Wasserweg in die Hamburger Innenstadt transportiert werden. Der Verkauf der Ziegel lag in der Hand des städtischen „Amts für kriegswichtigen Einsatz" (AKE), das 1941 aus der Dienststelle Gutschows hervorgegangen war. An den Hafenanlagen beim Klinkerwerk gingen die Bauarbeiten noch bis 1945 weiter. Auch beim Bau des Gleisanschlusses arbeiteten KZ-Gefangene in großer Zahl unter Leitung der Bergedorf-Geesthachter Eisenbahn, die die Arbeiten im Auftrag der Stadt vornahm. Er wurde im Winter 1943/44 provisorisch fertiggestellt, so daß Züge bis auf das KZ-Gelände fahren konnten.

Im Herbst 1942 nahmen die DESt im Klinkerwerk Neuengamme für den Bedarf des AKE die Herstellung von Betonformsteinen auf, die zu Luftschutzwänden, Behelfshäusern und Benebelungsöfen gegen Luftangriffe zusammengesetzt wurden. Ende 1944 begannen Vorbereitungen zur Einrichtung einer dritten Fertigungsart im Klinkerwerk; es sollten Dreharbeiten für Triebwerkteile eines Jagdflugzeuges ausgeführt werden. Anfang 1945 trafen einige Werkzeugmaschinen ein. Es kam jedoch bis zum Kriegsende nicht mehr zur Aufnahme der Produktion.

Die Zusammenarbeit des Konzentrationslagers mit der Stadt Hamburg erstreckte sich auch auf die Abstellung von Arbeitskommandos. Kleinere Kolonnen von KZ-Gefangenen führten Regulierungsarbeiten an verschiedenen Gewässern in den Vier- und Marschlanden durch und verrichteten gärtnerische Arbeiten in städtischen Parkanlagen. Seit den großen Bombenangriffen auf Hamburg 1943 waren KZ-Gefangene in zerstörten Stadtvierteln, ab 1944 auch im Hafen zu Aufräumarbeiten eingesetzt.

Vertrag zwischen dem Deutschen Reich, dem SS-Unternehmen Deutsche Erd- und Steinwerke und der Hansestadt Hamburg

<u>Abschrift</u>

V e r t r a g

zwischen

    1. dem Deutschen Reich,

vertreten durch den Reichsführer-SS und Chef der Deutschen Polizei im
Reichsministerium des Innern (Hauptamt Haushalt und Bauten) in Berlin-Lichterfelde-West, Unter den Eichen 126/127,

    2. den Deutschen Erd- und Steinwerken G.m.b.H.,

vertreten durch die Geschäftsführer SS-Standartenführer Dr. Salpeter und
SS-Hauptsturmführer Mummenthey in Berlin W 50, Geisbergstrasse 21

und der

Hansestadt Hamburg,

vertreten durch den Reichsstatthalter in Hamburg,
vertreten durch die Verwaltung des Landbezirks
in Hamburg 1, Neuerwall 63/67,

- nachstehend Gemeinde genannt – .

Das Reich hat die Deutsche Erd- und Steinwerke G.m.b.H. beauftragt, Häftlinge in Ziegeleien und Steinbrüchen zu beschäftigen. In Erfüllung dieses Auftrages hat das Unternehmen im Bereich der Freien Stadt Hamburg das „Klinkerwerk Hamburg" bei Neuengamme erworben. Es wird z.Zt. von Häftlingen ausgebaut, um den großen Bedarf an Bauklinkern zu decken.

Dazu ist es erforderlich, daß das vorhandene Werk vergrößert und modernisiert wird. Die Erweiterung des Werkes ist wirtschaftlich nur dann vertretbar, wenn genügend Gelände zum Abbau des Tones für die Herstellung von Klinkern auf lange Jahre zur Verfügung gestellt wird.

Die Gemeinde hat im Hinblick auf die großen Führerbauten, die unmittelbar nach Beendigung des Krieges in Angriff genommen werden sollen, ein lebhaftes Interesse an der Errichtung eines modernen Klinkerwerkes unmittelbar vor den Toren der Stadt, um sich den Baustoffbedarf zu möglichst günstigen Frachtsätzen zu sichern.

Um die Frachtsätze möglichst niedrig zu halten (durch Wasserweg), ist es erforderlich, den Lauf der "Dove-Elbe" von Neuengamme Richtung Hamburg zu regulieren und so auszubauen, daß die üblichen Ziegelkähne bis zur unmittelbaren Nähe des Klinkerwerkes verkehren können.

Beide Arbeitsvorhaben liegen im öffentlichen Interesse. Sie müssen auch mit öffentlichen Mitteln vorgenommen werden, da sonst die Finanzierung dieser beiden Aufgaben mit privaten Geldern (Verzinsung und Amortisation) die Preisbildung für die Klinkererzeugung ungünstig beeinflussen würde. Da in erster Linie der Bedarf der Stadt Hamburg durch das Klinkerwerk sichergestellt werden soll, ist es wirtschaftlicher, daß diese sich an der Schaffung günstiger Voraussetzungen für die Produktion der Klinker von Anfang an auch finanziell beteiligt.

Um die Durchführung des Vorhabens zu sichern, wird folgendes Abkommen getroffen:

§1.
Die Deutsche Erd- und Steinwerke G.m.b.H. baut ihr Klinkerwerk in Hamburg-Neuengamme alsbald für eine Leistung von jährlich 20 Millionen Steinen aus (1. Ausbau). Die Gemeinde kann die Erweiterung des Werkes für eine Jahreserzeugung von 40 Millionen Steinen fordern (2. Ausbau).

Die Deutsche Erd- und Steinwerke G.m.b.H. ist während der Vertragsdauer verpflichtet, das Werk mit vorgenannter Leistung zu betreiben.

§2.
Die Erzeugung des Werkes ist in erster Linie zur Verwendung innerhalb des Gebietes der Hansestadt Hamburg vornehmlich für Maßnahmen der Neugestaltung bestimmt. Demgemäß kann die Gemeinde verlangen, daß bis zu 75 v.H. der jährlichen Erzeugung an sie oder von ihr zu bezeichnende Dritte unmittelbar ohne Einschaltung des Handels geliefert wird.

Die Gemeinde kann Art und Größe der zu liefernden Steine bestimmen.

§3.

Die Gemeinde gibt für den 1. Ausbau des Werkes der Deutsche Erd- und Steinwerke G.m.b.H. ein Darlehen in Höhe von 1 Million RM (in Worten: eine Million Reichsmark).

Das Darlehen ist mit 4 v.H. jährlich zu verzinsen und innerhalb von 5 Jahren, spätestens zum 31. Dezember 1945, zurückzuzahlen. Das Darlehen wird in Raten auf Abruf gewährt. Die erste Rate von 250 000,- RM ist acht Tage nach Vertragsschluß zu zahlen. Die Rückzahlung des Darlehens kann im Einverständnis mit der Gemeinde auch durch Steinlieferungen erfolgen. Über den Verrechnungsschlüssel werden sich die Vertragsparteien noch einigen.

Falls die Gemeinde den 2. Ausbau fordert, ist sie verpflichtet, ein weiteres Darlehen von 1 Million RM der Deutsche Erd- und Steinwerke G.m.b.H. zur Verfügung zu stellen.

§4.

Der „Preis ab Werk" für die zu liefernden Steine wird im gegenseitigen Einvernehmen bis zur Höhe der üblichen Handelspreise festgesetzt. Es ist dabei zu berücksichtigen, daß die Gemeinde die in Ziffer 6 näher beschriebenen Aufwendungen zur Verbesserung der Transportverhältnisse macht.

Kann eine Einigung über den Preis nicht erzielt werden, so soll der Generalbevollmächtigte für die Regelung der Bauwirtschaft nach Befragung des Reichskommissars für die Preisbildung um Preisfestsetzung ersucht werden.

§5.

Das Tonabbaurecht hat sich die Deutsche Erd- und Steinwerke G.m.b.H. von den angrenzenden Anliegern zu verschaffen. Die Gemeinde wird bei Verhandlungen mit den Anliegern behilflich sein, und, falls die Verhandlungen zu keinem Ergebnis führen, dem Reich oder der Deutsche Erd- und Steinwerke G.m.b.H. die Enteignungsbefugnis verschaffen.

Sofern sich die Möglichkeit bietet, durch Gesetz oder Verordnung das Tonabbaurecht als öffentliche Dienstbarkeit auf den

Grundstücken der Anlieger einzutragen, wird die Gemeinde die öffentliche Dienstbarkeit aussprechen.

Ländereien, auf denen Gartenbau betrieben wird, sollen nicht in Anspruch genommen werden. Das für den Tonabbau erforderliche Gelände ist in anliegendem Plan gekennzeichnet.

Ergeben die Bohrungen, daß dieses bezeichnete Gelände nur für kurze Zeit ausreicht, um den Tonbedarf sicherzustellen, wird ein weiteres Gelände auf dem gleichen Wege nördlich der Dove-Elbe für den Tonabbau bestimmt.

Die Deutsche Erd- und Steinwerke G.m.b.H. ist verpflichtet, das abgeziegelte Gelände Jahr für Jahr im Einvernehmen mit dem Wasserwirtschaftsamt der Landbezirksverwaltung wieder aufzuhöhen und in kulturfähigem Zustand an die Eigentümer zurückzugeben. Es soll eine ausreichende Mutterbodenschicht wieder aufgebracht werden. Auch muß eine einwandfreie Ent- und Bewässerungsmöglichkeit erhalten bezw. wiederhergestellt werden.

Die Anlieger sind angemessen zu entschädigen. Ist im Verhandlungswege eine Einigung über die Höhe der Entschädigung nicht zu erzielen, so soll der Reichsstatthalter um endgültige Festsetzung der Entschädigung ersucht werden.

Die Kosten für die Wiederherstellung der Ländereien einschl. der Anlieferung geeigneten Bodens trägt die Deutsche Erd- und Steinwerke G.m.b.H. Die Gemeinde wird Baggergut zur Auffüllung des abgeziegelten Geländes liefern; soweit der Gemeinde durch den Abtransport des Baggergutes nach Neuengamme größere Kosten entstehen, als sie sonst für die Fortschaffung des Baggergutes aufwenden müßte, hat die Deutsche Erd- und Steinwerke G.m.b.H. diese Mehrkosten zu erstatten.

§6.

Die Gemeinde führt folgende Aufgaben durch:

a) Regulierung der abgeschleusten Dove-Elbe zwecks Schiffbarmachung,
b) den Bau des Stichkanals bis zur Ziegelei,
c) die Herrichtung eines Lösch- und Ladeplatzes,
d) die Überführung des Neuengammer Hausdeiches über den Stichkanal,
e) Bau eines Anschlußgleises an die Vierländer Bahn.

Die laufenden Kosten der Unterhaltung nach Fertigstellung des Stichkanals und des Anschlußgleises trägt die Deutsche Erd- und Steinwerke G.m.b.H., soweit sich diese neu zu schaffende Anlage auf ihrem Gelände befindet.

Zu den Regulierungsarbeiten gehört auch die Aufbringung des Baggergutes auf die anliegenden Vorlandflächen der Dove-Elbe.

Das Reich stellt für diese Vorhaben Häftlinge als Arbeitskräfte und die dazu erforderlichen Bewachungsmannschaften unentgeltlich zur Verfügung.

§7.
Der Vertrag wird auf 10 Jahre geschlossen. Ein halbes Jahr vor Ablauf dieser Zeit verständigen sich Gemeinde und Deutsche Erd- und Steinwerke G.m.b.H. über die Verlängerung des Vertrages um weitere 10 Jahre.

§8.
Der Vertrag ist dreimal ausgefertigt. Jede der Parteien hat eine Ausfertigung erhalten.

Die Urkundensteuer tragen die Parteien je zu 1/3.

Berlin, den 13. April 1940

Der Reichsführer-SS und Chef der Deutschen Polizei im Reichsministerium des Innern	Deutsche Erd- und Steinwerke G.m.b.H. gez.: Dr. Salpeter gez.: Mummenthey

Hauptamt Haushalt und Bauten
(L.S.)   gez.: P o h l
SS-Gruppenführer.

Hamburg, den 6. Mai 1940.

Für die Hansestadt Hamburg.
Der Reichsstatthalter

Im Auftrage gez.: Klepp Landherr.	Im Auftrage gez.: Dr. Gutschow Obersenatsrat.

(StA HH, Finanzbehörde I, 21-690-3/1)

D. Das Konzentrationslager Neuengamme 1938-1945

1. Neuengamme als Außenlager des KZ Sachsenhausen 1938-1940

Bei den 100 Gefangenen des KZ Sachsenhausen, die am 12. Dezember 1938 in Neuengamme eintrafen, handelte es sich ausnahmslos um Häftlinge, die als „Kriminelle" eingewiesen und mit dem grünen Winkel gekennzeichnet waren.[56] Die Erweiterungspläne für das Ziegelwerk lassen vermuten, daß schon zu dieser Zeit die spätere Errichtung eines größeren Konzentrationslagers in Betracht gezogen wurde.

Zunächst führten die KZ-Gefangenen Aufräum- und Reparaturarbeiten durch. Die Gebäude wiesen Schäden auf, und die alten Öfen des Ziegelwerks waren für die neue Trockenpreßtechnik unbrauchbar und mußten zum Teil abgerissen und umgebaut werden – eine Arbeit, die, so erinnert sich Hans Groß, „sehr viel Dreck und nochmals Dreck machte".[57] Der Neubau von Tontrockenkammern und Tunnelöfen erfolgte unter Anleitung ziviler Facharbeiter. Zur Unterstützung wurden 1939 mehrfach inhaftierte Handwerker von Sachsenhausen nach Neuengamme gebracht. Die meisten Häftlinge waren zu körperlich anstrengenden Tätigkeiten bei den Bauarbeiten, in der Tongrube und bei Transportarbeiten eingesetzt. Einige erhielten Ämter in den Unterkünften, zum Beispiel bei der Reinigung der Räume, in der Küche, im Krankenzimmer oder als persönliche Bedienstete einzelner SS-Leute. Im Vergleich zu den späteren Bedingungen wird die Zeit von Dezember 1938 bis Februar 1940 von den KZ-Gefangenen als relativ erträglich beschrieben. Manchmal gab es Schläge, doch schwere Mißhandlungen kamen selten vor. Als Strafe wird unter anderem das Torstehen erwähnt; dabei mußten die Häftlinge mehrere Stunden lang am Tor stillstehen und alle SS-Leute, die vorbeikamen, in vorschriftsmäßiger Haltung grüßen.

Die Verpflegung war ausreichend. Mittags gab es in der Regel ein Eintopfgericht, im übrigen das beim Militär übliche dunkle Brot mit Margarine, Marmelade oder Wurst. Die Unterkunft befand sich in der Ziegelei

*KZ-Häftlinge bei der Arbeit im alten Klinkerwerk, ca. 1940.
(Rijksinstituut voor Oorlogsdocumentatie, Amsterdam)*

auf dem Dachboden der Trockenanlage. Die SS weigerte sich zwar, die baupolizeilichen Auflagen des städtischen Hochbauamtes einzuhalten, doch es herrschte Sauberkeit und es gab für jeden Häftling ein Bett mit Strohsack, einen Platz am Tisch und ein Fach im Schrank. Für Kranke und Verletzte stand ein Krankenraum zur Verfügung. Die medizinische Betreuung oblag dem Arzt Dr. Müller aus dem Ort Neuengamme.

2. Die Errichtung des neuen Lagers und sein Ausbau bis 1945

In Zusammenhang mit seinem Besuch in Hamburg im Januar 1940 entschied Himmler, das bisherige Außenlager zum eigenständigen Konzentrationslager auszubauen.[58] Die SS suchte zu dieser Zeit geeignete

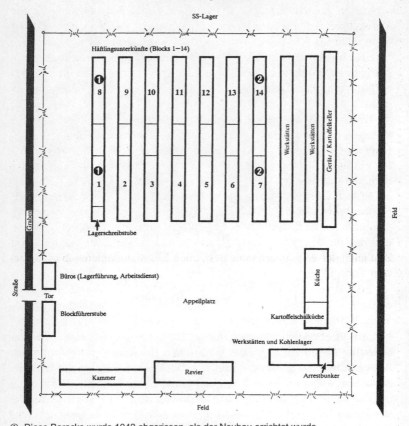

① Diese Baracke wurde 1943 abgerissen, als der Neubau errichtet wurde.
② Unterkünfte der sowjetischen Kriegsgefangenen 1941/42 (gesondert eingezäunt).

Das Gelände des KZ Neuengamme 1941. (Grafik: Wolfgang Wiedey)

Standorte für neue Konzentrationslager, um die seit Kriegsbeginn stark gestiegene Zahl der KZ-Gefangenen unterzubringen. Im Februar und März schickte die Inspektion der Konzentrationslager mehrere Transporte mit Arbeitskräften aus Sachsenhausen nach Neuengamme. Zum Kommandanten ernannte Himmler den SS-Sturmbannführer Walter

Eisfeld[59], der zuvor einige Wochen lang das Konzentrationslager Sachsenhausen geleitet hatte. Dieser baute in der folgenden Zeit eine eigene Verwaltung auf. Es ist davon auszugehen, daß Neuengamme seither nicht mehr als Außenlager von Sachsenhausen geführt wurde, sondern bereits ab Februar oder März 1940 als selbständiges Konzentrationslager galt. Es wurde zum Konzentrationslager für Häftlinge der Stufe II erklärt – eine Zuordnung, die jedoch in der Praxis wenig Bedeutung erhielt.[60]

Bis Ende März erhöhte sich die Zahl der Häftlinge in Neuengamme vermutlich auf etwa 300-350. Die Unterkunft war nun völlig überbelegt. Um Platz zu schaffen, wurden die Betten entfernt. Die Häftlinge schliefen mit ihren Strohsäcken auf dem Fußboden. Schmutz und Ungeziefer breiteten sich aus.

Eisfeld führte in Neuengamme denselben Terror ein, der in anderen Konzentrationslagern üblich war. Mißhandlungen und Schikane bestimmten nunmehr den Alltag der Häftlinge. Auch die Prügel am Bock und das Pfahlhängen[61] wurden nun als Strafen verhängt. Schon kurze Zeit nach der Amtsübernahme des neuen Kommandanten gab es die ersten Todesfälle.

Eisfeld verstarb am 3. April 1940 überraschend während eines Aufenthalts in Dachau. Sein Nachfolger, SS-Hauptsturmführer Martin Weiß, verhielt sich äußerlich distanzierter gegenüber dem Lagergeschehen, sorgte aber nicht weniger effektiv für Terror.[62] Von Februar bis Anfang Juni 1940 wurden offiziell 24 Tote registriert. Mehrere von ihnen kamen durch Schußverletzungen an der Postenkette um, sei es durch gezielten Mord, sei es durch Selbstmord aus Verzweiflung.

Die Bauarbeiten für das neue Lager begannen noch während des Bodenfrostes im April und wurden in schnellstmöglichem Tempo vorangetrieben. Obwohl das feuchte, von Entwässerungsgräben durchzogene Wiesengelände noch nicht planiert und befestigt war, bezogen die KZ-Gefangenen am 4. Juni die ersten drei provisorisch fertiggestellten Baracken.

Der weitaus größte Anteil der Bauarbeiten stand noch bevor. Bis Ende Juni waren offenbar die am Appellplatz liegenden Blocks provisorisch bezugsfertig, bis etwa September/Oktober auch die Baracken der dahinterliegenden, angebauten Unterkünfte. Von den insgesamt 18 Blocks in 9 Doppelbaracken dienten bis 1942 vierzehn zur Unterbrin-

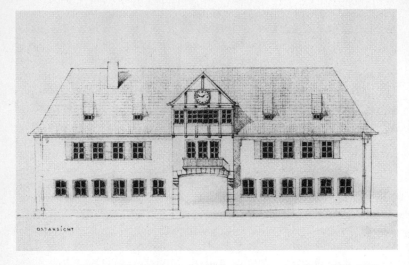

Ein neues Eingangsgebäude für das KZ Neuengamme wurde Anfang 1942 geplant, aber nicht mehr verwirklicht. Die umfangreiche Planung weiterer Bauten (darunter acht massive Häftlingsunterkünfte) in den Jahren 1942/43 zeigt, daß das Konzentrationslager nach einem siegreichen Kriegsende ausgebaut werden sollte.
(Archiv zur Aufbewahrung historisch-dokumentarischer Sammlungen, Moskau)

gung der Häftlinge, die vier übrigen zur Lagerung von Baumaterial und als Werkstätten. Ein eigener Lazarettbau („Revier"), die Häftlingsküche, die Effektenkammer und andere Bauten wurden ebenfalls im zweiten Halbjahr 1940 fertiggestellt. Die Befestigung des Lagergeländes, insbesondere das Zuschütten der Gräben, die Verlegung der Kanalisation und die Betonierung des Appellplatzes wie auch der übrigen Wege und Plätze im Häftlingslager, zog sich noch bis zum Sommer 1941 hin.

In den folgenden Jahren gab es zahlreiche Baumaßnahmen, um das Lager zu erweitern. 1942–1945 wurden mehrere Wirtschaftsbetriebe, außerdem Gebäude für die Zentralbauleitung der Waffen-SS und Polizei in der Nähe des Häftlingslagers errichtet. 1943 begannen umfangreiche Ausbauarbeiten im Häftlingslager. Zwei von insgesamt acht geplanten Massivbauten mit Platz für jeweils etwa 1000 KZ-Gefangene

Lagerstraße mit Wachposten. Rechts der Lagereingang und das neue Häftlingsgebäude, links Schutzunterstände für die SS-Posten.
Zeichnung: H. P. Sørensen (Sørensen, Neuengamme Erindringer)

wurden Mitte bzw. Ende 1944 fertiggestellt; die übrigen hätten 1945 und später folgen sollen. Das Lager erhielt vier massive Wachtürme. Sie waren höher und besaßen ein größeres Schußfeld als die vorhandenen Holztürme. 1944 wurden zusätzliche Zäune und Beleuchtungsanlagen errichtet, um Wachkräfte einzusparen und den Anmarsch zu den Arbeitsstätten auch bei Dunkelheit zu ermöglichen. Bis zum Kriegsende entstand ein umfangreicher Komplex aus Gebäuden und Anlagen für das Konzentrationslager, die SS-Truppen, die SS-Bauleitung und die Wirtschaftsbetriebe. Die Baumaßnahmen und -planungen zeigen, daß Neuengamme auf lange Dauer als Konzentrationslager bestehen sollte.

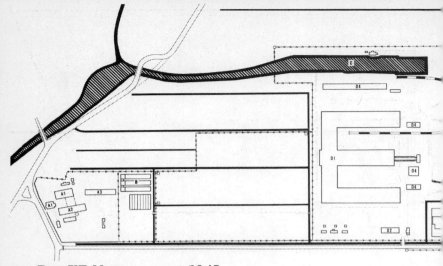

Das KZ Neuengamme 1945

- **A** **Altes Klinkerwerk**
  (Außenkommando des KZ Sachsenhausen 1938-40)
- *A1* Unterkünfte für SS-Wachmannschaften (bis 1940)
- *A2* Klinkerwerk
- *A3* Häftlingsunterkunft (bis 1940)
- **B** **KZ-Gärtnerei, Gewächshäuser**
- **C** **Stichkanal und Hafen**
- **D** **Klinkerwerk mit Nebengebäuden**
- *D1* Klinkerwerk
- *D2* Pförtnerhaus
- *D3* Tonlager
- *D4* Werkstätten, Garagen, Lagerräume
- **E** **Rüstungsfertigung**
- *E1* Werkstätten der Fa. Messap
- *E2* Werkstätten der Fa. Jastram
- **F** **Fertigungsstelle**
- *F1* Baracken
- *F2* Bunker
- *F3* Umspannwerk
- *F4* Heizwerk
- *F5* Werkstätten der Walther-Werke
- *F6* Hammerwerk der Walther-Werke
- **G** **SS- Lager**
- *G1* Kommandantenhaus
- *G2* Luftschutzbunker
- *G3* Werkstätten, Garage
- *G4* Küche, Kantine

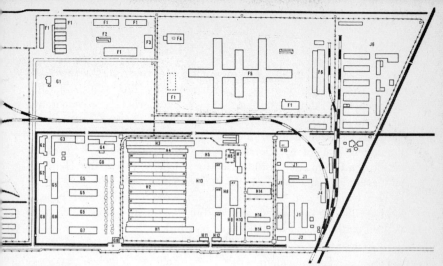

(Grafik: Wolfgang Wiedey)

G5	SS-Unterkünfte
G6	Revier
G7	Kommandanturbaracke
G8	„Führerheim" und Offiziersunterkunft
G9	SS-Wache
H	**Schutzhaftlager**
H1	Häftlingsunterkunft Block 1-4
H2	Häftlingsunterkünfte Block 5-20 (Block 5: Schreibstube)
H3	Häftlingsunterkunft Block 21-24
H4	Kantine, Vorratsräume
H5	Küche
H6	Arrestbunker
H7	Entlausung, Häftlingsbad, Totenkammer
H8	Reviere I-IV
H9	Effektenkammer
H10	Bekleidungskammer
H11	Schutzhaftlagerführer und Arbeitseinsatzführer
H12	Rapportführer
H13	Appellplatz
H14	Sonderbaracken (u. a. Bordell)
H15	Krematorium
J	**Industriehof**
J1	Werkstätten der Deutschen Ausrüstungswerke (DAW)
J2	Zentralbauleitung der Waffen-SS und Polizei, Büro
J3	Zentralbauleitung, Garage und Kfz-Werkstätte
J4	Lagerbahnhof
J5	Kläranlage und Erschießungsanlage
J6	Werkstätten der DAW und Lagerplatz

3. Menschen aus ganz Europa

Im zweiten Halbjahr 1940 stieg die Zahl der Insassen stark an. Am Jahresende beherbergte das neue Lager bereits etwa 2900 Häftlinge.[63] Ein erheblicher Teil dieser Menschen kam, oft körperlich geschwächt, aus Strafkompanien oder besonderen Strafabteilungen anderer Lager in das Aufbaulager Neuengamme mit seinen besonders schweren Lebensbedingungen. Andere KZ-Gefangene sandte die SS wegen ihrer handwerklichen Fähigkeiten dorthin. Seit Ende 1940 wies auch die Hamburger Gestapo Gefangene in das KZ Neuengamme ein.

Der Umfang der Einlieferungen ins Konzentrationslager Neuengamme läßt sich in etwa aus den Häftlingsnummern rekonstruieren, da diese in der Regel nur einmal vergeben wurden.

Jahr	Häftlingsnummern bis	Zahl der eingelieferten männlichen Häftlinge (Haupt- und Außenlager)
1940	ca. 4.000	ca. 4.000
1941	ca. 6.900	ca. 3.900 [64]
1942	ca. 13.300	ca. 6.400
1943	ca. 25.800	ca. 12.500
1944	ca. 69.000	ca. 43.200
1945	ca. 87.000	ca. 18.000

Hinzu kamen etwa 1500 Polizeihäftlinge und etwa 13.500 Frauen mit eigener Numerierung. Insgesamt wurden von 1938 bis 1945 etwa 90.000 Männer und 13.500 Frauen ins Konzentrationslager Neuengamme und seine Außenlager eingeliefert bzw. aus anderen Lagern dorthin gebracht, davon über zwei Drittel nach Mai 1944. Außerdem wurden Gestapogefangene in Neuengamme hingerichtet; ihre Zahl wird auf etwa 2000 geschätzt.

Die Zahl der Insassen lag stets erheblich niedriger als die Gesamtzahl der Eingelieferten. Viele Häftlinge starben nach einigen Wochen oder Monaten im Lager. Wie viele in andere Konzentrationslager überstellt wurden, läßt sich nur sehr lückenhaft ermitteln. Verläßliche An-

Einlieferung in Neuengamme

Als der Hamburger Walter Christensen 1941 nach 6 Jahren Haft wegen politischer Betätigung aus dem Justizstraflager entlassen wurde, lieferte ihn die Gestapo ins KZ Neuengamme ein.

[...] noch ein paar Tage im Gefängnis Hütten in Hamburg. Am 25. Juli 1941 wurde ich mit einigen anderen Häftlingen mit einem Transportwagen, in dem Fahrer und Begleiter SS-Leute waren, ins KZ Neuengamme überführt. Schon beim Verlassen des Wagens, der erst einmal vor dem SS-Lager hielt, ging es los. Ein paar SS-Leute erwarteten uns und nahmen uns in Empfang. Mit Schlägen und Fußtritten wurden wir in die Verwaltungsbaracke getrieben. Hier ging es dann weiter. Nun prasselten die Fragen auf uns herunter. Warum bist du hier? Wenn man dann die Antwort 'politisch' gab, hatte man hier verspielt. Einen unserer Leidensgefährten traf es besonders, da er beim Altonaer Blutsonntag dabei gewesen war. Da ging es los: „SA-Mörder, du kommst hier nicht mehr lebend raus!"

Nach unserer ersten Lektion aus Schlägen, Tritten und sonstigen Quälereien mußten wir uns mit dem Gesicht zur Wand aufstellen. Wehe, es bewegte sich einer! Einzeln kamen wir dann in die Schreibstube zur Aufnahme der Personalien. [...]

Als wir dies überstanden hatten, ging es im Laufschritt ins Häftlingslager. Am Tor wurden wir vom Lagerältesten, der selber Häftling war, empfangen. [...] Nun ging die Jagd über den Appellplatz zur Kleiderkammer. Mit „Auf" und „Nieder" jagte uns unser Mithäftling über den Platz. [...]

Unsere Arbeit begann damit, daß wir unseren dreieckigen Winkel, der für politische Häftlinge rot war, an unsere Kleidung annähen mußten sowie unsere Häftlingsnummer, die gleich unter dem Winkel ihren Platz hatte. Ein Winkel mit Nummer kam an die linke Seite der Jacke und einer an das rechte Hosenbein. [...] Als Menschen hatten wir nun aufgehört zu existieren, hier war man nur noch eine Nummer.

(Walter Christensen: Der Lebenslauf eines Hamburger Arbeiterjungen, S. 50f., ANg, sprachlich überarbeitet)

gaben über die Belegung des Hauptlagers und der Außenlager können nur für folgende Zeitpunkte gemacht werden:

Zeitpunkt	Zahl der Häftlinge im KL Neuengamme	davon in Außenlagern
Ende 1940	ca. 2.900	ca. 50
Ende 1941	4.500-4.800	ca. 50
Mitte 1943	ca. 9.500	ca. 3.700
Ende 1944	ca. 49.000	37-39.000
25. März 1945	ca. 54.000	39.880

In den Einlieferungen spiegeln sich mit einer gewissen zeitlichen Verzögerung der Kriegsverlauf und die Besatzungspolitik der NS-Machthaber wider. Aus Buchenwald und Auschwitz kamen im Dezember 1940 und April 1941 viele polnische Häftlinge nach Neuengamme, so daß sie einige Zeit lang die größte nationale Gruppe im Lager bildeten. Tschechen trafen im Januar 1941 aus Dachau erstmals in größerer Zahl ein. Im Herbst 1941 wurden in mehreren Transporten über 700 Belgier und Niederländer eingeliefert. Die 1000 sowjetischen Kriegsgefangenen, die Mitte Oktober 1941 aus dem Wehrmachtslager Wietzendorf (Stalag X D) nach Neuengamme gebracht wurden, pferchte die SS in zwei besonders abgezäunte Baracken, die durch eine Tafel über dem Eingang als „Kriegsgefangenenarbeitslager" kenntlich gemacht waren. Sie behielten ihre Uniformen und wurden bis zu ihrer Überstellung nach Sachsenhausen im Juni 1942 auch formell als Kriegsgefangene geführt. 652 von ihnen waren bis zu diesem Zeitpunkt durch Entkräftung und Krankheit verstorben.

Anfang 1942 mußte die Einweisung unterbrochen werden, weil in Neuengamme eine Flecktyphusepidemie ausgebrochen war. Ab Mitte 1942 stiegen die Einlieferungen wieder stark an. Insbesondere die Zahl der sowjetischen Häftlinge nahm rasch zu. Es handelte sich überwiegend um Zivilarbeiter und Kriegsgefangene, die meist aufgrund von Verstößen gegen Arbeitsbestimmungen oder nach Fluchtversuchen ins KZ eingeliefert wurden. Die sowjetischen Häftlinge bildeten so bald die größte Gruppe im Lager.

Einlieferung eines „Ostarbeiters"

Ich wurde 1942 nach Deutschland verschleppt. Zuerst arbeitete ich in Kiel bei der Firma Kartens (Charstens) auf einer Insel hinter dem Kieler Kanal, das hieß glaube ich „Friedrichsorter Werkstatt" oder so ähnlich. Von dort flüchtete ich, wurde aber wieder eingefangen. Ich war einen Monat in Kiel [im] Gefängnis eingesperrt und wurde dann an die alte Arbeitsstelle geschickt. Später hat sich eine kleine, aber gut geführte Jugendgruppe gebildet (wir waren alle so jung damals). Alle versuchten, Sabotage zu üben, um Deutschland Schaden zuzufügen. Es waren unter uns auch einige erwachsene Gefangene. Etwas später ging es los: Die Polizei holte bald einen, bald den anderen, und sie kamen alle nicht wieder. So wurde auch ich direkt von der Arbeit abgeholt. Niemand bei der Polizei sagte mir, weswegen ich eingesperrt wurde, und ich weiß es auch bis jetzt nicht. [...]

Im Hamburger Gefängnis war ich einen halben Monat. Dann wurde ich ins KZ Neuengamme überführt, meine Nummer war, wie Sie schon wissen – 19 065.

(Bericht von Andrej Jakowlewitsch Woitenko, NHS)

Außer den Einlieferungen durch die Hamburger Gestapo gab es in großem Umfang Überstellungen aus anderen Lagern. Allein aus Auschwitz übernahm Neuengamme 1943/44 insgesamt über 10.000 KZ-Gefangene. Transporte aus anderen Konzentrationslagern dienten meist dazu, Arbeitskräfte innerhalb des KZ-Systems dorthin zu bringen, wo sie benötigt wurden. In einigen Fällen waren aber auch politische Gründe maßgebend, so etwa Ende Oktober 1944 bei der Überstellung von 2000 Häftlingen aus Dachau, die verlegt wurden, um die Widerstandsarbeit unter den dortigen Funktionshäftlingen zu zerstören. Auch aus Justizgefängnissen kamen zahlreiche Häftlinge ins Konzentrationslager Neuengamme. Besonders nach der Vereinbarung des Justizministers Thierack mit Himmler im September 1942 wurden mehrere hundert Justizgefangene, überwiegend Sicherungsverwahrte und Gefangene mit hohen Strafen, aus norddeutschen Zuchthäusern, Gefängnissen und den Justizstraflagern im Emsland eingeliefert. Sie trugen den grünen Winkel umgekehrt, d. h. mit der Spitze nach oben.

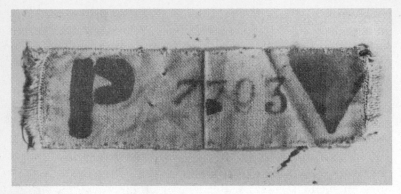

Stoffstreifen mit Häftlingsnummer und Winkel (rot) von Antonia C., die im Herbst 1944 von Warschau nach Hannover-Langenhagen deportiert wurde. Die Farbe Rot wies darauf hin, daß es sich um einen politischen Häftling handelte, das „P" bedeutete „Polin".
(Konzentrationslager in Hannover, Anhang, Abb. 98)

Eintreffen eines neuen Häftlingstransportes.
(N. Jørgensen: Paa det tyske Slavenmarked, Kopenhagen 1945)

In den ersten Jahren waren nur wenige jüdische Häftlinge in Neuengamme inhaftiert. Sie waren in einem Block zusammen mit den Zeugen Jehovas einquartiert und wurden geschlossen zur Arbeit eingesetzt. Einige von ihnen wurden im Frühjahr 1942 in einer der „Euthanasie"-Anstalten in Bernburg / Saale umgebracht. Die übrigen deportierte die SS im Herbst 1942 nach Auschwitz. 1944 wurden über 10.000 Juden, meist aus dem Konzentrationslager Auschwitz, als Arbeitskräfte in die Neuengammer Außenlager gebracht.

Unter besonders unmenschlicher Behandlung litten auch die „NN"-Häftlinge („Nacht und Nebel"). Ihr Haftort wurde geheimgehalten, um ihre Angehörigen über ihr Schicksal im Ungewissen zu lassen. Zu ihnen gehörten unter anderem 16 Luxemburger, die als Mitglieder der großherzoglichen Freiwilligenkompanie verhaftet worden waren, weil sie sich geweigert hatten, als Polizisten im besetzten Slowenien Partisanen zu bekämpfen.

Die Massenverhaftungen und Deportationen aus den besetzten Ländern führten dazu, daß im Konzentrationslager Neuengamme und seinen Außenlagern ab 1944 Menschen aus nahezu allen europäischen und vielen außereuropäischen Ländern vertreten waren. Im Juli 1944 trafen über 300 französische Sonderhäftlinge – Politiker, hohe Geistliche und andere bekannte Persönlichkeiten – in Neuengamme ein und wurden zunächst in zwei Revierbaracken, später in gesondert umzäunten Blocks einquartiert. Aus dem niederländischen Dorf Putten wurden im Oktober 1944 als Vergeltung für einen in der Nähe ausgeführten Partisanenüberfall auf ein Wehrmachtsauto alle männlichen Bewohner ins Konzentrationslager Neuengamme deportiert. Die Frauen und Kinder mußten Putten verlassen, das Dorf wurde niedergebrannt.

Nach dem Attentat auf Hitler vom 20. Juli 1944 lieferte die Gestapo mehrere hundert Verhaftete ins KZ Neuengamme ein (Aktion „Gewitter"). Eine neue Häftlingskategorie stellten ab Mitte 1944 die „Polizei-Häftlinge" dar. Weil das Polizeigefängnis Fuhlsbüttel überfüllt war, verlegte die Gestapo etwa 1500 Gefangene vorübergehend nach Neuengamme. Sie erhielten besondere Nummern. Viele von ihnen trugen Armbinden mit der Aufschrift „Torsperre"; dies bedeutete, daß sie aus Sicherheitsgründen das Häftlingslager nicht verlassen durften, bis die Gestapo über ihr Schicksal entschieden hatte. Die meisten von ihnen wurden hingerichtet.

Putten

Am 30. September 1944 wurde in der Gegend des holländischen Dorfes Putten ein deutsches Wehrmachtsauto mit Offizieren beschossen. Opfer gab es nicht.

Im Morgengrauen des 1. Oktober wurde das Dörfchen von der Wehrmacht und der SS umstellt. Ein Oberst Fullriede trat vor die zusammengetriebenen Männer und verkündete:

1. Das Dorf Putten wird niedergebrannt.
2. Die männlichen Einwohner der Gemeinde zwischen 18 und 50 Jahren werden nach Amersfoort transportiert.
3. Das Dorf muß innerhalb von zwei Stunden völlig geräumt sein.

Das gleiche wurde den Frauen in der Kirche von der Kanzel eröffnet. – Still blieb es in der Kirche, nur die Kinder weinten. Zwei Stunden hatten die Frauen Zeit, um das Nötigste zusammenzuholen. Inzwischen sind die Männer zum Bahnhof transportiert worden. Die Frauen liefen dorthin, um sich von ihren Männern zu verabschieden. Soldaten standen auf den Trittbrettern und verhinderten es. [...]

Um 17 Uhr flogen die ersten Häuser in die Luft. Die Zerstörung dauerte die ganze Nacht bis zum Morgengrauen des nächsten Tages. Die Fischer auf der Zuidersee sahen das brennende Putten. Sieben Männer wurden gleich an Ort und Stelle erschossen.

Die Männer kamen in Amersfoort an. 660 waren es. 58 wurden dort freigelassen. Kein Mensch wußte, nach welchen Gesichtspunkten dies geschah. Die übrigen wurden nach Neuengamme transportiert. Aus dem Zuge flüchteten 13 Mann.

Am 14. Oktober 1944 kamen 589 Männer aus Putten im Konzentrationslager Neuengamme an. Dort wurden sie Sklavenarbeiter wie die anderen Gefangenen auch. Sie kamen nach Husum, nach Ladelund zum Bau der Panzergräben, sie schufteten in Hamburg-Spaldingstraße, in Fuhlsbüttel, bei Blohm & Voss, im Lager Dessauer Ufer, in Wedel. Sie hungerten und starben wie die anderen auch, die Bauern von Putten. [...]

Das ist die Geschichte eines Dorfes, die von Putten: 552 Opfer. 750 Kinder hatten keinen Vater mehr. Das alles war Neuengamme.

(Aus: So ging es zu Ende... Neuengamme, Dokumente und Berichte, Hamburg 1960, S. 33f.)

Frauen und Kinder verlassen das brennende Putten. (NHS)

In den letzten Wochen des Krieges wurden noch über 4000 dänische und norwegische Häftlinge nach Neuengamme transportiert. Das Schwedische Rote Kreuz hatte in Verhandlungen mit Himmler erreicht, daß die skandinavischen Gefangenen aus allen Lagern und Gefängnissen in Deutschland dorthin gebracht werden durften, um sie bei Annäherung der Kriegsfronten evakuieren zu können.[65]

Der Befehlshaber   Kopenhagen, den 17. Januar 1945
der Sicherheitspolizei und des SD
in Dänemark

-IV 6 b- Tgb.Nr.--   /45

An das
Reichssicherheitsamt IV A 6 b.
z.Zt. P r a g

Betrifft: Dänische Staatsangehörige,

     H a n s e n, Emanuel Vieg, geb. 20.7.1896 in Sortsö
     wohnh. Kopenhagen Middelfartsgade 6,
     Wohnungsinspektor, ev., verheiratet.

     N i e l s e n, Tom Denoker, geb. 21.10.21 in Kopenhage
     wohnh. Kopenhagen, Brøndkjärvej 2,
     Disponent, ev., ledig.

     P e t e r s e n, Arild Espensen, geb. 18.12.22 in Kopenhagen
     wohnh. Kopenhagen Strandgade 12,
     Student, ev., ledig.

     K r a b b e, Ole Henrik, geb. 6.12.21 in Kyslinge-Sogn
     wohnh. Kopenhagen Öresundsgade 91,
     Sabotagewächter, ev., ledig.

Vorgang: Dortige F.S. vom 11.9.1944 gez. Obergruppenführer
           Müller.

     Die Obengenannten wurden am 17.5.1944 wegen Sabotageverdacht festgenommen und mit Sammeltransport am 15.9.44 in das Konzentrationslager Neuengamme übergeführt.

     Im Zuge der Vernehmungen wurde festgestellt, dass es sich bei sämtlichen um illegal wohnende Saboteure handelt, die ausserdem noch mit einem feindlichen Agenten eng zusammen arbeiteten.

     Bei Krabbe wurde eine komplette Sende u. Empfangsanlage mit Kartenmaterial gefunden und beschlagnahmt. Die anderen Häftlinge hatten Sprengstoff, Brandbomben, Waffen mit Munition in ihren Wohnungen versteckt.

     Da es sich bei den Obengenannten um Personen handelt, die sich nur reichsfeindlich betätigten, bitte ich gegen dieselben die Schutzhaft, sowie ihre Einweisung in ein Konzentrationslager Stufe III anzuordnen.

                      Im Auftrage :

(Museet for Danmarks Frihedskamp, Kopenhagen)

Notizen von Fritz Solmitz aus dem KZ Fuhlsbüttel

E., der mich vom ersten Tag an mit antisemitischen Schimpfworten verfolgt hatte, trieb mich mit wüstem Schimpfen in die Einzelzelle. Ich hatte keine Zeit, meine Sachen notdürftig zu packen. – Ich übergehe die nächste 1/2 Stunde, die von Beschimpfungen ausgefüllt wurde. Dann wurde ich auf den Korridor geholt, wo mich der Sturmführer des SS-Sturmes mit der Hundepeitsche in der Hand erwartete. Ich wurde in den Keller getrieben, dort in eine Bucht, die wohl früher als Kartoffelkeller gebraucht wurde. Außer E. und dem etwa 25jährigen Sturmführer waren noch 7 Mann dabei. Kommando: „Bück dich". Ich blieb aufrecht stehen, erhielt sofort furchtbare Schläge mit Hundepeitsche und Ochsenziemer ins Gesicht. Ich taumelte, fiel. Kurze Pause. Das Schwein markiert nur. Hoch, Aufstehen, „Bück dich". Dreimal wurde ich so niedergeschlagen. Nach dem 3. Mal hatte ich noch die Kraft zu schreien „Ich bücke mich nicht". Ich glaube aber, zu allerletzt in halb bewußtlosem Zustand hab ichs doch getan. Wie lange die Tortur dauerte, weiß ich nicht. Im Liegen wurde weiter auf mich geschlagen, bis die Kopfhaut sprang und das Blut spritzte. Die ersehnte Ohnmacht war noch immer nicht da. Mit Flüchen und Stößen wurde ich hochgetrieben, mußte schwer blutend im Trab auf meine Zelle rennen. Dort durfte ich mich waschen. Ein Heilgehilfe kam, mich zu verbinden. Ihm sagten meine Peiniger, die Fensterklappe sei mir auf den Kopf gefallen. „Der Jude hat so eine weiche Birne" (Auch dem Arzt, der am nächsten Tage kam, mußte ich, von meinen Hauptschlägern bedroht, dasselbe vorlügen). Dann mußte ich meine völlig blutdurchtränkten Sachen u. m. Blut bespritzte Zelle reinigen. Eine Stunde später brachte E. mir schwarzes Brot und Tee. Als ich durstend nach dem Tee griff, rief er: „Halt, sofort alles zurück, du Jude kriegst 3 Tage nichts zu fressen. Befehl vom Kommandanten".

Notizen des Lübecker Journalisten Dr. Fritz Solmitz aus der Haft im KZ Fuhlsbüttel. Solmitz gelang es, sich in der Haft heimlich Notizen auf Zigarettenpapier anzufertigen. Nach seinem Tod fand seine Frau die Aufzeichnungen. Sie waren in Solmitz' Taschenuhr versteckt.

(Timpke, Fuhlsbüttel, S. 26ff.)

Überblick: Jüdische Gefangene in Hamburger Konzentrationslagern

Die meisten jüdischen Bewohner Hamburgs wurden während des Zweiten Weltkrieges in die besetzten Gebiete Osteuropas deportiert, doch auch in Hamburg wurden mehrere tausend Juden verfolgt, in Gefängnissen und Konzentrationslagern geschunden und zugrunde gerichtet.[66]

Die Juden, die in den ersten Jahren des „Dritten Reiches" in Konzentrationslager eingeliefert wurden, waren meist verhaftet worden, weil sie sich politisch gegen das Regime betätigt hatten. Bereits unter den ersten KZ-Häftlingen in Wittmoor und Fuhlsbüttel („Kolafu") befanden sich mehrere Juden. Sie waren von Anfang an bei den Aufsehern beliebtes Ziel von Willkür und Schikane.

Aufgrund der Nürnberger Rassegesetze von 1935 wies die Kriminalpolizei in steigendem Umfang Juden wegen „Rassenschande" ins „Kolafu" ein. Ein Zeuge berichtet, daß Juden und Homosexuellen dort bei der Einlieferung das Haar geschoren wurde; meist erhielten sie sofort Schläge und mußten militärartigen Drill auf dem Flur oder im Hof über sich ergehen lassen („hinlegen, marsch-marsch").[67]

Nach der „Reichskristallnacht" am 9. November 1938 brachte die Hamburger Gestapo über 700 Juden ins Polizeigefängnis Fuhlsbüttel. Die meisten wurden nach kurzer Zeit weiter ins Konzentrationslager Sachsenhausen überstellt. Auch während des Krieges waren in Fuhlsbüttel häufig vorübergehend jüdische Männer und Frauen inhaftiert. Zu den 213 namentlich bekannten Insassen, die dort an den Folgen von Mißhandlungen, Schikanen und Hunger starben, gehörten mindestens 26 Juden.

Die jüdischen KZ-Gefangenen bildeten im Konzentrationslager Neuengamme zunächst eine vergleichsweise kleine Gruppe; ihre Zahl stieg bis 1942 auf etwa 300 bis 500 an. Als Kennzeichnung trugen sie je nach dem offiziellen Einlieferungsgrund ein rotes, schwarzes oder andersfarbiges Dreieck („Winkel"), das mit einem gelben Dreieck unterlegt war, so daß daraus ein Judenstern entstand. Dadurch waren sie für die SS-Aufseher und Kapos sofort zu erkennen. Bis 1942 waren sie zusammen mit den Zeugen Jehovas in einem Block untergebracht, die ebenfalls zu den besonders schlecht behandelten Inhaftierten gehörten. Da die jüdischen Häftlinge ganz unterschiedlicher sozialer, weltanschaulicher und regionaler Herkunft waren, war es für sie, anders als für ihre Mitbewohner, besonders schwierig, Zusammenhalt untereinander herzustellen. Mitte 1942 wurden sie in den Block der Strafkompanie verlegt.

Bei der Arbeit waren die jüdischen Häftlinge im KZ Neuengamme in besondere Kolonnen zusammengefaßt, deren Arbeitsbedingungen denen der Strafkompanie entsprachen. Sie mußten schwere körperliche Arbeiten im Freien verrichten, unter anderem Gruben für Fundamente und Kanalisation ausheben, beim Bau von Straßen und Wegen im Lagerbereich Steine und Erdreich verladen und mit Karren und Loren befördern. Ähnliche Tätigkeiten verrichteten sie im „Kommando Elbe" bei der Vertiefung der Dove Elbe (eines Seitenarms der Elbe), die als Schiffsweg für den Ziegeltransport ausgebaut wurde. Ausgesucht brutale Kapos prügelten und schikanierten sie von morgens bis abends. Zu den Schikanen gehörte auch, daß Juden bei strömendem Regen und bei eisiger Kälte weiterarbeiten mußten. Selbst während der Frostperiode im Winter 1940/1941, als die meisten Arbeiten eingestellt waren, mußten die jüdischen Häftlinge ohne ausreichende Bekleidung weiter Erdarbeiten verrichten – unter den gegebenen Umständen eine völlig sinnlose Tätigkeit, die nach Ende des Frostes mit weit weniger Aufwand hätte bewerkstelligt werden können und ausschließlich der Schikane und der Vernichtung diente.

Bei der Verteilung des Essens und bei der Ausgabe der KZ-Kleidung wurden Juden oft besonders benachteiligt. Ein polnischer Häftling berichtet, daß die SS 1941 im Kommando Elbe vor der Mittagspause oft den Befehlt erteilte: „Polen, Juden und Zigeuner raustreten!" Diese Gefangenen mußten dann warten, bis alle anderen Häftlinge ihre Portion der wässrigen Suppe erhalten hatten, und bekamen zum Schluß noch den Rest, der übrig blieb.[68] Durch Prügel, schwere Arbeit, Hunger und Schikane gingen viele jüdische Gefangene in kurzer Zeit zugrunde. Allein von Januar bis September 1942 sind in den Totenbüchern und standesamtlichen Sterbeurkunden 130 Namen verstorbener Juden vermerkt. Dies bedeutet, daß in dieser Zeit etwa jeder dritte bis vierte jüdische Häftling getötet worden ist.

Als im April 1942 eine Ärztekommission im Konzentrationslager Neuengamme entkräftete, arbeitsunfähige und andere Häftlinge auswählte, die umgebracht werden sollten, waren auch Juden darunter. Sie wurden einige Wochen später nach Bernburg / Saale transportiert und dort mit Giftgas getötet. Im Laufe des Jahres 1942 brachte die SS auch die übrigen jüdischen Häftlinge aus Neuengamme fort, um das Konzentrationslager „judenfrei" zu machen. Die meisten wurden im September 1942 nach Auschwitz deportiert. Einige wenige, die bei Rüstungsfirmen wie Jastram beschäftigt waren und als Facharbeiter reklamiert wurden, kamen Ende Oktober 1942 auf Transport in das Vernichtungslager. Für fast alle bedeutete dies die Ermordung.

Ab 1942 wurden KZ-Gefangene in zunehmendem Maße in der Kriegswirtschaft außerhalb des Hauptlagers Neuengamme eingesetzt; dazu schickte der Arbeitseinsatzführer „Kommandos" unterschiedlicher Größe an die betreffenden Arbeitsstellen. Wegen des steigenden Bedarfs an Arbeitskräften brachte die SS jüdische KZ-Gefangene, die sie in Auschwitz und anderen Lagern in den besetzten Gebieten als Arbeitskräfte ausgewählt hatte, ab April 1944 wieder in Konzentrationslager im Reichsgebiet. Alte, Kinder, Kranke und Geschwächte wurden dagegen weiter in den Gaskammern ermordet. In vielen Außenlagern des KZ Neuengamme waren jüdische Gefangene inhaftiert. In der Mehrzahl handelte es sich um Frauen. Sie wurden aus den Konzentrationslagern Auschwitz, Ravensbrück, Groß-Rosen und Stutthof meist direkt in die Außenlager befördert. Aus Budapest kam im November 1944 ein Transport direkt ins Hauptlager. Obwohl Juden weiterhin besonders schlecht behandelt wurden, war die Verlegung ins Konzentrationslager Neuengamme für die meisten mit einer Verbesserung der Überlebenschancen verbunden.

Der tschechische Arzt Dr. Adalbert Feher, der im Oktober 1944 mit einer Gruppe von 30 jüdischen Ärzten aus Auschwitz ins Hauptlager Neuengamme verlegt wurde, berichtet, daß die Lagerführung die jüdischen Häftlinge dort wieder separat in einen Block einquartierte. Diejenigen, die nicht arbeiten konnten, erhielten noch geringere Verpflegung und verstarben innerhalb weniger Wochen an Schwäche.[69]

In Hamburg arbeiteten Jüdinnen in mehreren Außenlagern im Stadtgebiet. Im Juli 1944 traf ein Transport mit 1000 überwiegend tschechischen Jüdinnen aus Auschwitz in Hamburg ein. Sie wurden zunächst provisorisch in einem Hafenspeicher am Dessauer Ufer einquartiert, um bei den Aufräumarbeiten an zerstörten Raffinerien, Gleisen, Anlagen und Fabriken im Hafengebiet zu helfen. Ende August / Anfang Sep-

Häftlinge im Konzentrationslager Neuengamme 1938-1945

Herkunftsland	männlich	weiblich	insgesamt
Belgien	4.500	300	4.800
Dänemark	4.800	–	4.800
Deutschland	8.800	400	9.200
Frankreich	11.000	500	11.500
Griechenland	1.250	–	1.250
Italien	850	–	850
Jugoslawien	1.400	100	1.500
Luxemburg	50	–	50
Niederlande	6.650	300	6.950
Norwegen	2.200	–	2.200
Österreich	300	20	320
Polen	13.000	3.900	16.900
Sowjetunion	28.450	5.900	34.350
Spanien	750	–	750
Tschechoslowakei	800	580	1.380
Ungarn	1.400	1.200	2.600
andere Nationen	1.300	300	1.600
	87.500	13.500	101.000
in den Lagerbüchern nicht erfaßte Häftlinge			ca. 5.000
insgesamt			106.000

unter ihnen befanden sich:
ca. 13.000 Juden, ca. 500 Roma und Sinti, 1.000 sowjetische Kriegsgefangene, ca. 1.500 Polizeihäftlinge, ca. 2.000 zur Hinrichtung Eingelieferte

Es handelt sich um Schätzungen auf der Grundlage von schriftlichen Quellen, Aufzeichnungen und Erinnerungen ehemaliger KZ-Gefangener.

tember kamen 500 Jüdinnen aus Polen hinzu. Mitte September brachte die SS je 500 Frauen nach Sasel, Neugraben und Wedel; das Wedeler Kommando wurde im Oktober 1944 nach Eidelstedt verlegt; die Frauen aus Neugraben kamen im Februar 1945 nach Tiefstack. Zu den Arbeiten gehörte die Errichtung von Behelfsunterkünften aus Betonplatten, das Ausheben von Panzergräben und immer wieder Aufräumarbeiten wie zuvor im Hafen.

Unter den etwa 750 Frauen im Außenlager Langenhorn befanden sich etwa 500 Jüdinnen. Die Lebensbedingungen waren dort, auch durch die Fabrikarbeit in den Hanseatischen Kettenwerken, etwas günstiger als in den Kommandos, die Bau- und Aufräumarbeiten verrichteten. Das traf auch für die jüdischen Frauen zu, die in den Drägerwerken in Wandsbek Gasmasken herstellten.

In Bremen wurden im Sommer 1944 KZ-Kommandos jüdischer Frauen ebenfalls zu Aufräumarbeiten eingesetzt.

Das einzige Außenlager des KZ Neuengamme, in dem ausschließlich jüdische Männer inhaftiert waren, befand sich in Hannover. Die KZ-Gefangenen arbeiteten von Anfang September bis Ende November 1944 im Continental-Werk, anschließend in Ahlem, wo sie beim unterirdischen Ausbau von Asphaltstollen tätig waren. Das Kommando gehörte zu den schlimmsten im Bereich des Konzentrationslagers Neuengamme. Viele Häftlinge wurden erschlagen und erhängt; andere starben in großer Zahl durch Mißhandlungen, Hunger, Kälte und Krankheiten. Wie viele der etwa 13.000 jüdischen Gefangenen im Gesamtbereich des KZ Neuengamme in der Haftzeit oder an den Folgen nach Kriegsende starben, ist unbekannt. Die Sterblichkeit in den Frauenkommandos war offenbar relativ niedrig. Im Männerkommando Hannover-Ahlem ist demgegenüber allein in der Zeit von Ende November 1944 bis Anfang Februar 1945 der Tod von 230 der 850 KZ-Gefangenen nachgewiesen.

Als die Kriegsfronten immer näher rückten, wurden das Hauptlager und die Außenlager geräumt. Jüdische Häftlinge ließ die SS meist nach Bergen-Belsen bringen. Als britische Truppen am 15. April 1945 dieses Lager befreiten, fanden sie etwa 60.000 KZ-Gefangene vor. Die meisten waren dem Tod nahe. Auf dem Gelände befanden sich etwa 13.000 unbeerdigte Leichen.

4. Die Lagerorganisation und das System der Lagerbeherrschung

Als Neuengamme 1940 zum selbständigen Konzentrationslager erhoben wurde, übernahm die SS mit dem Aufsichtspersonal und ausgewählten Funktionshäftlingen aus Sachsenhausen und anderen Konzentrationslagern auch die dortigen Methoden der Gefangenenbehandlung. Mit Hilfe eines erprobten Systems der Machtausübung beherrschte die

SS mit relativ geringem Personalaufwand auch Lager mit vielen Tausenden Gefangenen.[70]

Formal waren die Konzentrationslager in mehrere Abteilungen untergliedert. Dies waren vor allem: Kommandant / Kommandanturstab (I), Politische Abteilung (II), Schutzhaftlager (III), Verwaltung (IV) und Lagerarzt (V). Bis 1945 wurden verschiedene Teile der Kommandantur und der Verwaltung organisatorisch zu eigenständigen Abteilungen erklärt.

Für Einweisungen und Entlassungen waren Gestapo und Kripo zuständig. In ihrer Vertretung im Konzentrationslager, der „Politischen Abteilung", wurden die Akten geführt. Dort fanden auch die Verhöre statt.

Der Schutzhaftlagerführer (kurz „Lagerführer") war für das gesamte Geschehen im Lagerbereich verantwortlich. Ihm unterstanden:
– der Rapportführer, zuständig für die Zählappelle, für die offiziellen Bestrafungen, für die Aufsicht über die Blockführer u.a.;
– der Arbeitsdienstführer (bis Herbst 1941); er stellte die Arbeitskommandos zusammen, forderte Wachposten an und kontrollierte die Arbeitsplätze;
– die Blockführer, verantwortlich für die Häftlingsunterkünfte;
– die Kommandoführer; sie waren zur Leitung großer Arbeitskommandos eingesetzt. Überwiegend waren sie zugleich Blockführer.

Ab Oktober 1941 wurde der Arbeitseinsatz zentral von Oranienburg aus gelenkt. Seither unterstand der Arbeitseinsatz in Neuengamme nicht mehr der Verwaltung und dem Lagerführer, sondern dem neu eingeführten „Schutzhaftlagerführer E"; ab März 1942 führte er den Titel „Arbeitseinsatzführer".

Der 1. Lagerarzt („Standortarzt") war für alle sanitären und medizinischen Angelegenheiten im Gesamtbereich des Konzentrationslagers verantwortlich. Er erhielt fachliche Weisungen unmittelbar vom „Leitenden Arzt KL" bei der Inspektion der Konzentrationslager (ab 1942 Amt D III des Wirtschaftsverwaltungshauptamtes). Ihm unterstanden in Neuengamme ein, 1944/45 zeitweise auch zwei Lagerärzte für das Häftlingsrevier.

Außerdem waren dem Konzentrationslager SS-Totenkopf-Einheiten als Wachmannschaften zugeordnet, die wie der Kommandanturstab zur Waffen-SS gehörten. Sie bewachten das Lager und begleiteten die KZ-

SS-Sturmbannführer Martin Weiß   SS-Sturmbannführer Max Pauly

SS-Obersturmführer Albert Lütkemeyer   SS-Obersturmführer Anton Thumann

(Alle Abbildungen in: Arbeit und Vernichtung, S. 200-202.)

Gefangenen zu außerhalb gelegenen Arbeitsstellen. Der Stacheldrahtzaun, der das gesamte Lager umgab, war nachts elektrisch geladen.

Kommandant des Konzentrationslagers Neuengamme war, wie bereits erwähnt, bis August 1942 der SS-Hauptsturmführer Martin Weiß, anschließend SS-Sturmbannführer Max Pauly.[71] Sie betraten das Häftlingslager selten, sorgten jedoch durch Befehle und durch eine entsprechende Personalpolitik für die gewünschte Behandlung der Häftlinge. Die Schutzhaftlagerführer Schitli (bis Herbst 1942),[72] Lütkemeyer (bis April 1944)[73] und Thumann (bis Kriegsende)[74] hielten sich dagegen häufig im Lager auf. Lütkemeyer und besonders Thumann demonstrierten durch persönliches Mißhandeln von Häftlingen auch den untergebenen SS-Leuten, daß das offizielle Verbot des Mißhandelns nur dazu diente, nach außen hin den Schein korrekter Gefangenenbehandlung zu wahren.

Obwohl die Zahl der Häftlinge im Konzentrationslager Neuengamme bis 1945 stark anstieg, wurde das Wach- und Kommandanturpersonal nicht in gleicher Weise verstärkt. Jüngere SS-Angehörige wurden an die Front versetzt und durch ältere und dienstuntaugliche Angehörige der Waffen-SS ausgewechselt. 1944 wurden zunehmend volksdeutsche SS-Angehörige zum KZ-Wachdienst eingesetzt. Im gleichen Jahr übernahm die Neuengammer SS nach Angaben Paulys fast 1000 Soldaten der Wehrmacht. Sie erhielten neue Soldbücher und besondere Uniformen. Auch als „Polizeireserve" eingezogene Zivilisten, die mit Hilfe des Hamburger Arbeitsamtes größtenteils aus öffentlichen Verwaltungen (zum Beispiel der Zollverwaltung) abgezogen wurden, nahmen die SS-Truppen des Konzentrationslagers zur Verstärkung in ihre Reihen auf. Sie verrichteten überwiegend Wachdienst. Außerdem übernahmen Verbände der Wehrmacht, insbesondere Einheiten der Marine und der Luftwaffe, Wachaufgaben in zahlreichen Außenlagern. Insgesamt stieg die Zahl der Wachkräfte im Gesamtbereich des Konzentrationslagers Neuengamme von wenigen hundert Mann im Jahre 1940 bis 1945 auf 4000 bis 5000. Anfang 1945 wurden jedoch nur noch ca. 2200 der Wachkräfte von SS-Verbänden gestellt[75].

Zur Verstärkung der unterbesetzten Wachmannschaften baute die SS ab 1942 auch in Neuengamme eine Hundestaffel auf. Die scharf dressierten Tiere wurden insbesondere bei Fluchtfällen eingesetzt.

Zur Beherrschung der Lager bediente sich die SS ausgewählter Häftlinge, denen sie Ämter übertrug. Diese Funktionshäftlinge erhielten

Vorrechte – z. B. zusätzliches Essen, bessere Kleidung, erträgliche Unterbringung –, um sicherzustellen, daß sie ihre Tätigkeit im gewünschten Sinne ausübten. Unter dem Druck des täglichen Terrors griffen diese Häftlinge nach solch einer Chance wie Ertrinkende nach einem Strohhalm. Himmler selbst hat die Wirkung dieses perfiden Systems 1944 in einer Rede vor Generälen der Wehrmacht mit folgenden Worten dargestellt:

„Also einer ist der verantwortliche Aufseher. [...] In dem Moment, wo er Kapo ist, schläft er nicht mehr bei denen. Er ist verantwortlich, daß die Arbeitsleistung erreicht wird, daß bei keinem eine Sabotage vorkommt. [...] Er muß also seine Männer antreiben. In dem Moment, wo wir mit ihm nicht zufrieden sind, ist der nicht mehr Kapo, schläft er wieder bei seinen Männern. Daß er dann von denen in der ersten Nacht totgeschlagen wird, das weiß er."[76]

Ein ehemaliger Häftling beschrieb die Kapos so:

„Ein Kapo, das ist ein Mann, der einen anderen Menschen schlägt für eine Scheibe Brot mehr, für Suppe, für gute Kleidung, gute Schuh. [...] für das Überleben würde er seine Mutter schlagen. Ein Kapo, das ist ein Lump, ein Schuft – ein Knecht aus Angst, aus Furcht vor dem Tod. Ein Kapo, das ist ein Mensch, der Gewalt tut, um ein besseres Leben zu haben als die anderen, und das, koste es, was es wolle. In jeder Preislage [...] . Das kann ein Leben kosten, das kann ein Stück Brot kosten, das ist ganz egal: Kapos, das sind die Knechte der SS im Lager."[77]

Funktionshäftlinge hatten in ihrem Aufgabenbereich oft große Handlungsspielräume im Rahmen der ihnen erteilten Befehle. Ob ein Kapo einen ihm unterstellten Häftling schikanierte, mißhandelte oder totschlug, war oft in sein Belieben gestellt. Niemand zog ihn dafür zur Rechenschaft.[78]

Es gab jedoch auch Funktionshäftlinge, die versuchten, sich anders zu verhalten. Dies war sehr schwierig und erforderte großen Mut. Es bedeutete, im wesentlichen den SS-Befehlen nachzukommen, zugleich aber dauernd zu prüfen, wo es Handlungsspielräume gab, die sich zugunsten der Mithäftlinge nutzen ließen. Zum Teil gelang es sogar, ein Netzwerk gegenseitiger Unterstützung unter politisch verantwortungsbewußten Funktionshäftlingen aufzubauen, um hinter dem Rücken der SS Hilfe zu organisieren, wenn es möglich war.[79]

Der Lagerälteste als höchster Funktionshäftling besaß Befehlsgewalt über alle Gefangenen im Lager. Zu den übrigen Ämtern gehörten vor allem

- die Blockältesten und ihre Helfer (Stubenälteste, Stubendienste, Tischälteste u.ä.); sie hatten die „Ordnung" auf ihren Blocks zu gewährleisten;
- der „Erste Kapo" oder „Arbeitsdienstkapo" als Leiter des Arbeitsdienstes und die Häftlingsaufseher an den Arbeitsstellen;
- Kapos, Vorarbeiter und „Unterschieber", jeweils für ein Kommando oder Teilkommando zuständig;
- der Kapo des Krankenreviers und ihm unterstellte Pfleger;
- zahlreiche Funktionshäftlinge in verschiedenen anderen Tätigkeitsbereichen des Lagers, z. B. der Küchenkapo und seine Mitarbeiter, die Kapos der Bekleidungskammer, der Effektenkammer, der Werkstätten usw.

Lagerältester war 1940 der Häftling mit der Nr. 1, Richard Maschke. Er gehörte zu den Häftlingen mit grünem Winkel, die im Dezember 1938 nach Neuengamme gekommen waren. Die wichtigsten anderen Leitungsaufgaben wurden zunächst ebenfalls von Häftlingen aus dieser Gruppe wahrgenommen. Einige Ämter besetzte die SS aber auch schon 1940 mit politischen Häftlingen, da sie qualifizierte Handwerker und Verwaltungsfachleute benötigte. Auch als Lagerältesten setzte sie im Januar 1941 einen politischen Häftling ein, den Kölner Kommunisten Jakob („Köbes") Fetz. Mit der Verteilung der Posten konnte sie Funktionshäftlinge gegeneinander ausspielen, um zu verhindern, daß diese gegen die SS zusammenarbeiteten. Die Lagerführung sorgte für gegenseitige Bespitzelung und ersetzte sie bei unerwünschtem Verhalten sofort. Der Anteil der politischen Gefangenen nahm unter den Funktionshäftlingen bis 1945 allmählich zu. Die Aufsicht in den Massenkommandos blieb jedoch meist in der Hand äußerst brutaler Kapos.

Anfangs erhielten nur deutsche Häftlinge Ämter im Lager. Ab 1941 konnte die SS jedoch auf die sprachlichen und beruflichen Kenntnisse einiger ausländischer KZ-Gefangener nicht mehr verzichten. Nach 1942 wurden Ausländer in großer Zahl als Fachkräfte in der Produktion, in geringem Umfang auch in Verwaltungs-, handwerklichen und technischen Tätigkeiten und als Vorarbeiter oder Kapos benötigt.

Walerjan Wróbel mußte mit 16 Jahren sein Heimatdorf Falkow in Polen verlassen, um Zwangsarbeit in Deutschland zu leisten. Er wurde auf diesen Bauernhof bei Bremen geschickt. In der fremden Umgebung unter Leuten, deren Sprache er nicht verstand, bekam er bald Heimweh. In der Hoffnung, zur Strafe nach Hause geschickt zu werden, legte er Feuer in der Scheune. Doch die Polizei lieferte ihn ins KZ Neuengamme ein. Einige Monate später verurteilte ihn ein Bremer Sondergericht zum Tode. Am 25. August 1942 wurde er im Hamburger Untersuchungsgefängnis hingerichtet.

(Näher dazu: Schminck-Gustavus, Walerjan Wróbel)

Erkennungsdienstliche Erfassung bei der Kriminalpolizeileitstelle Bremen. (ANg)

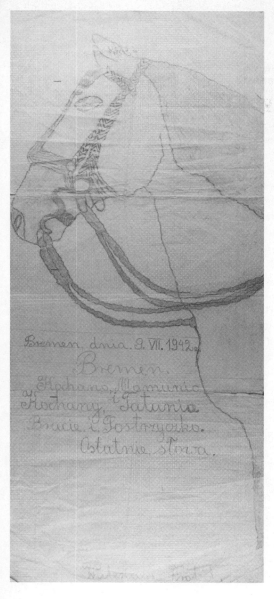

Walerjans Abschiedsbrief, am Tag nach dem Urteil geschrieben und aus dem Gefängnis geschmuggelt:

Bremen,
den 9. VII 1942
Bremen
Liebe Mami,
und
Lieber Papi.
Bruder, und, Schwesterchen.
Letzte Worte
Walerjan Wróbel.

(ANg)

5. Die Existenzbedingungen im Hauptlager

a) Gewalt und Schikanen im Lageralltag

Mißhandlungen und Schikanen bestimmten den Alltag der KZ-Gefangenen.[80] Sie begannen bei der Einlieferung ins Lager. Größere Transporte wurden meist mit der Bahn bis Bergedorf oder Curslack gebracht und mußten dann unter Prügel und scharfer Bewachung in Reih und Glied zu Fuß zum Lager marschieren. Ab Winter 1943/44 fuhren die Züge über den provisorisch fertiggestellten Gleisanschluß bis ins Lagergelände. Sobald bei der Ankunft die Wagen geöffnet worden waren, trieben die bereitstehenden SS-Leute die Gefangenen mit Knüppelschlägen und Fußtritten hinaus. Im Häftlingslager fiel der erste Blick auf den zynischen Spruch, der in großen Lettern auf das Küchendach geschrieben war:

„Es gibt einen Weg zur Freiheit. Seine Meilensteine heißen: Gehorsam, Fleiss, Ehrlichkeit, Ordnung, Sauberkeit, Nüchternheit, Wahrhaftigkeit, Opfersinn und Liebe zum Vaterland."

Häufig mußten neue Häftlinge lange auf dem Appellplatz stillstehen, gleichgültig ob sie unter Hunger oder Durst litten, ob es regnete und stürmte oder ob Erschöpfte auf dem Platz zusammenbrachen. Es war nicht erlaubt, auszutreten. Willkürlich wurden einzelne Häftlinge herausgegriffen und mißhandelt. Auch die Menschen, die nicht direkt betroffen waren, gerieten in Angst und Schrecken. Dann hielt ein SS-Führer in drohendem Ton eine Empfangsrede und zählte Verbote und Strafen auf. 1944 sperrte die Lagerführung „Zugänge" – so der Lagerausdruck für Neuankömmlinge – manchmal mehrere Stunden lang in einen der Neubaukeller. Mit Schreien, Beschimpfungen und Schlägen wurden die Häftlinge im Laufschritt zu den nächsten Stationen der Aufnahme gejagt. Zwischendurch mußten sie immer wieder warten und stillstehen. Bei der Effektenkammer mußten sie sich ausziehen, um die Kleidung und alles, was sie besaßen, abzugeben. Oft standen sie danach wieder lange Zeit nackt im Freien. Dann stießen Aufseher sie unter die Duschen, deren Wasser oft eiskalt oder auch viel zu heiß war. Über das als besonders demütigend empfundene Haarescheren berichtet der französische Häftling Marcel Prenant:

„Kaum stand ich auf der Schwelle zum Duschraum, erblickte ich, starr vor Überraschung, unerwartet 30 Barbiere, die 30 Deportierte vom Scheitel bis zur Sohle rasierten! Um sich die Arbeit zu erleichtern, hängten sie ihre Patienten mit auseinandergespreizten Beinen und dem Kopf nach unten über Holzböcke, die denen ähnelten, die man auf dem Lande zum Abstechen der Schweine benutzt. Diese Vorkehrung diente dazu, den Körper, die Beine und den Unterleib zu rasieren. Die Barbiere handhabten ihre großen Klingen, als wären sie völlig ungefährlich, und schienen sich für die Oberfläche, die sie rasierten, überhaupt nicht zu interessieren [...]."[81]

Anschließend warf man ihnen KZ-Kleidung vor die Füße, oft in der falschen Größe. Ab Anfang 1943 wurde statt der gestreiften Häftlingsanzüge zivile Männer- und Frauen-, zum Teil sogar Kinderkleidung ausgegeben. Vieles war verschlissen, geflickt und zerrissen. Jørgen Barfod berichtet über die Verhältnisse in Neuengamme 1944:

„Oft waren die Hosen zu kurz, und es war nicht außergewöhnlich, daß das eine Hosenbein länger als das andere war; die Jacke mochte eine frühere Soldatenjacke gewesen sein, und oft war ein farbiges Stück Stoff auf dem Rücken dieser Jacke. Die Kopfbedeckung war genauso phantasievoll, entweder ein Herrenhut ohne Krempe oder auch ein Damenhut. Ob Knöpfe am Zeug waren, das war ganz zufällig; und waren keine daran, mußte man sich mit Bindfaden oder Draht behelfen."[82]

In der Unterkunft wurden die neuen Häftlinge noch einmal eingehend über alle Vorschriften belehrt. Jeder mußte ein Tuchstück mit seiner Häftlingsnummer und dem Winkel, der die Haftkategorie anzeigte, an seiner Kleidung befestigen. Außerdem trugen die Häftlinge eine Blechmarke um den Hals, auf der die Nummer eingestanzt war. Sie wurden normalerweise nur mit ihrer Nummer aufgerufen – erniedrigt zu anonymen und rechtlosen Wesen, geprügelt und herumgestoßen wie in einer Viehherde.

An einem der ersten Tage mußten die neuen Häftlinge zum Verhör in die Politische Abteilung. Die Befragungen verliefen selten ohne Mißhandlungen.

Bei der Behandlung der Häftlinge gab es Abstufungen. Die SS richtete sich dabei nach der rassenideologischen Bewertung, außerdem nach der Höhe der Häftlingsnummer[83], der Art der Arbeit und anderen Din-

*Scheren der Körperhaare. Zeichnung: F.L. Bertrand, 1944.
(Musée de l'Ordre de la Libération, Paris)*

gen. Juden wurden am schlimmsten behandelt. Auch sowjetische und polnische Häftlinge und Angehörige anderer slawischer Völker waren in den Augen der SS minderwertige Menschen. Die deutschen KZ-Gefangenen wurden ebenfalls geschlagen und schikaniert, hatten aber größere Möglichkeiten, Arbeitsstellen zu bekommen, die Überlebenschancen boten.

SS und Kapos fanden immer genügend Anlässe für Mißhandlungen. Wer nicht morgens sofort beim Wecksignal den Strohsack verließ, wer sich nicht schnell genug zum Waschraum durchkämpfte, wer nicht pünktlich zur Verteilung des Ersatzkaffees antrat, verstieß gegen die Ordnungsregeln und wurde bestraft. Solange es Schränke gab, war exakt festgelegt, was an welcher Stelle im Schrank aufgehoben werden durfte. Die Holzschuhe mußten sauber sein, obwohl es zum Teil verboten war, sie in den Waschraum mitzunehmen. Die Kleidung mußte in

Ordnung sein, obwohl Nadel und Faden nur zu hohen Tauschpreisen auf dem lagerinternen Schwarzmarkt erhältlich, d. h. für die meisten Häftlinge unerreichbar waren. Der Holländer Albert van de Poel schrieb über die Vielzahl der Vorschriften:

„Es war verboten, irgend etwas zu kaufen oder zu verkaufen. Verboten war es auch, während der Arbeitszeit zu rauchen. Es war verboten, beim Appell zu sprechen. Verboten war es, nach Zapfenstreich den Block zu verlassen. [...] Alles dies wurde schwerstens bestraft. Im übrigen war es grundsätzlich verboten, irgend etwas zu tun oder zu unterlassen, was nicht in den Betrieb des tausendköpfigen Marionettentheaters passen wollte, das hier nach der Pfeife des SS-Regiments genau, mechanisch tanzen sollte. [...] Und obendrein war man noch kollektiv für jeden Verstoß seiner Mitgefangenen gegen die Lagerordnung verantwortlich. Notgedrungen mußte deshalb jeder, so gut es ging, den anderen dabei helfen, ihre Übertretungen zu verheimlichen, und am Schluß lief die Sache darauf hinaus, daß man aus der ständigen Angst vor Bestrafung überhaupt nicht mehr herauskam. Die SS konnte also zu jeder Tages- und Nachtzeit nach freiem Ermessen irgendwelche Strafmaßnahmen in Anwendung bringen."[84]

Die wichtigsten Ordnungsregeln waren am Eingang der Baracken angeschlagen, anfangs nur in deutscher Sprache, später offenbar auch in polnisch und russisch. Doch auf wirkliche Ordnung kam es gar nicht an. Was sich hinter der Fassade verbarg, war bei Inspektionen unwichtig. Wenn die Wäsche verlaust war, die Decken vor Schmutz starrten und die Strohsäcke faulten, sah die Lagerführung dies nicht als Grund für Gegenmaßnahmen an. Aber wehe dem Häftling, dessen Decke nicht vorschriftsmäßig gefaltet auf der Bettstelle lag oder dessen Kleidung bei einer Kontrolle beanstandet wurde. Die „Ordnung" diente vor allem zur Erniedrigung und Demütigung.

Auch die häufigen Zählappelle boten den Aufsehern vielfältige Anlässe für Schläge und Schikanen. Morgens mußten die Häftlinge vor den Blocks in Fünferreihen antreten und dann in strenger Formation auf den Platz marschieren. Auch bei Regen und Kälte standen sie dort still, bis die Zählung stimmte. SS-Leute gingen durch die Reihen, um die Aufstellung zu kontrollieren, und verteilten Schläge. Beim Befehl „Kommandos antreten!" strömten alle zu ihren Arbeitskommandos und stellten sich erneut in Fünferreihen auf. Anschließend marschierten die

Kolonnen im Gleichschritt aus dem Lager hinaus. Der Kapo an der Spitze des Zuges hatte beim Tor Meldung zu erstatten. Dort kontrollierten SS-Leute noch einmal die Zahl der Häftlinge und verteilten Hiebe und Fußtritte, wenn jemand nicht in Reihe und Glied mit der vorgeschriebenen Grußhaltung passierte. An der Arbeitsstelle gab es erneut einen Appell. Dann gingen die Arbeitsgruppen auseinander.

Als wichtigste Zählung galt der Abendappell. Die Außenkommandos traten zunächst an ihren Arbeitsstellen an und marschierten ins Lager. Am Ende des Zuges folgten die, die nicht mehr mithalten konnten, vorwärtsgeprügelt von Kapos und SS. Seit der Lagergründung verging kaum ein Tag, an dem nicht Geschwächte und Verletzte, häufig auch Tote, von den auswärtigen Arbeitsstellen zurückgetragen oder auf dem Rollwagen transportiert werden mußten. Während des Appells wurden sie am Rand des Platzes auf die Erde gelegt, damit die Zählung stimmte. Fehlte ein Häftling – und sei es auch nur auf dem Papier –, konnte der Abendappell über eine Stunde dauern. Wenn ein Häftling geflohen war, mußten die übrigen KZ-Gefangenen stillstehen, bis er gefunden war, manchmal bis spät in die Nacht, in einigen Fällen sogar die Nacht hindurch, geplagt vom Hunger, von Regen und Kälte, von der Müdigkeit und von den Schlägen der Aufseher. Am Ende des Appells befahl der Rapportführer: „Appell stimmt! Ein Lied!" Manchmal mußten die Häftlinge ein Lied, manchmal aber auch acht oder zehn Lieder singen, natürlich in deutscher Sprache. Seit dem Frühjahr 1943 gab es eine Lagerkapelle, die zum Gesang spielte. Erst wenn die Musiker den Schlußmarsch anstimmten und um den Platz marschierten, war der Appell ganz beendet.

Etwas weniger von Strafen bedroht waren die Häftlinge nur in der Zeit zwischen Abendessen und Zapfenstreich sowie sonntags nachmittags, falls nicht auch dann Strafarbeit oder ein zusätzlicher Appell angesagt war. Viele bemühten sich, in der Freizeit ihre Kleidung zu säubern und zu flicken. Manche besuchten Freunde in anderen Blocks oder versuchten, bei Mithäftlingen Brot gegen Zigaretten oder gegen Kleidungsstücke zu tauschen. Ab und zu durften die Häftlinge, die kein Schreibverbot hatten, sonntags eine Postkarte oder einen Brief an Angehörige richten. Die Zensur sorgte dafür, daß nichts Negatives und nur in deutscher Sprache geschrieben wurde.

Besonders schlimme Erinnerungen verbinden die KZ-Gefangenen, die in den letzten beiden Jahren in Neuengamme inhaftiert waren, mit dem Fliegeralarm. Wenn die Sirene ertönte, oft mitten in der Nacht, mußten sie den Keller der Neubauten aufsuchen.

„Die Lichter gehen aus, Gebrüll geht los, es beginnt, Schläge zu regnen. Man muß sich in großer Eile im Dunkeln anziehen und zum Schutzraum hasten. [...] Die Nachtalarme sind wahrer Terror. An jeder Tür, auf jedem Treppenabsatz, in jedem Gang befindet sich ein SS-Mann oder ein Kapo, der, bewaffnet mit einem Gummiknüppel, wie ein Verrückter zuschlägt unter dem Vorwand, die Evakuierung zu beschleunigen. Wehe dem, der auf der Treppe hinfällt! Er wird von der in Panik versetzten Menschenherde zertreten. Diese Alarme dauerten Stunden. Am Ende des Krieges folgten mehrere täglich aufeinander, jeden Tag, jede Nacht. Schlaf, Ruhe und Erholung waren unmöglich."[85]

Wenn achttausend oder noch mehr Häftlinge in den beiden Kellern zusammengepreßt standen, herrschte nach kurzer Zeit Sauerstoffmangel und Atemnot. Trotz der nächtlichen Strapazen mußten alle am nächsten Tag normal zur Arbeit antreten.

Jeder SS-Mann und jeder Kapo konnte entscheiden, wie er einen Häftling bestrafte. Fiel jemand zum Beispiel bei der Arbeit auf, erhielt er vielleicht ein paar Schläge, vielleicht wurde er aber auch dem Lagerführer zur Bestrafung gemeldet. Es stand ebenfalls in der Macht jedes Aufsehers, einen Häftling „fertigzumachen", d. h. umzubringen. Wenn dieser von den Schlägen zusammenbrach, übergoß er ihn oder warf ihn ins Wasser, um ihn wieder zu Bewußtsein zu bringen, und traktierte ihn dann weiter mit Fußtritten und Hieben, bis er starb. In anderen Fällen wurden KZ-Gefangene zu besonders schweren Arbeiten eingesetzt und dabei ununterbrochen angetrieben und geschlagen, bis sie aus Verzweiflung Selbstmord begingen, indem sie über die Postenkette liefen und von den Wachposten „auf der Flucht" erschossen wurden.

Meistens wurden Häftlinge ohne die eigentlich vorgeschriebene Meldung an die Lagerleitung bestraft. Die offiziellen Strafen, die bei bestimmten Vergehen verhängt werden sollten, dienten vor allem der Wahrung des Scheins der korrekten Häftlingsbehandlung. Sie wurden nur wenig angewandt. Neben der Post- und Paketsperre und dem Torstehen (meist in Verbindung mit Essensentzug) gab es vor allem folgende offizielle Strafen:

- Für die *Prügelstrafe* wurde der Sträfling auf einem Holzbock festgeschnallt, dann erhielt er mit einem Knüppel Schläge auf das Gesäß. Meist mußte er selbst die Anzahl der Schläge laut mitzählen. Wer „über den Bock ging", trug oft schwere Verletzungen an den Nieren davon.
- Der *Arrest* in einer der Zellen des Arrestbunkers war häufig mit besonderen Verschärfungen (z. B. keine Pritsche, Essensentzug) und Mißhandlungen verbunden.
- Beim *Pfahlhängen* wurden den Häftlingen die Hände hinter dem Rücken zusammengebunden. Dann hängte man sie an den Handgelenken auf, meist für eine halbe Stunde. Die Opfer konnten danach viele Wochen lang ihre Arme und Hände nicht benutzen. Da sie während dieser Zeit nicht arbeiten konnten, wurde diese Strafart 1942 abgeschafft. Als schärfste Lagerstrafe gab es statt dessen die *Erhängung* am Galgen. Zur Abschreckung fanden diese Hinrichtungen meist auf dem Appellplatz statt, so daß alle Häftlinge zusehen konnten bzw. mußten.
- Die *Strafkompanie (SK)* war ein Arbeitskommando, in dem die Häftlinge besonders schikaniert und geschlagen wurden. Etwa seit Mitte 1942 waren sie auch getrennt von den anderen KZ-Gefangenen einquartiert.

Ein Mitarbeiter des dänischen Konsulats in Hamburg, der ab Herbst 1944 mehrfach nach Neuengamme kam, um Verhandlungen wegen der dänischen KZ-Gefangenen zu führen und Pakete an sie zu übergeben, faßte 1946 seine Eindrücke mit den Worten zusammen:

„Ich sah nicht Menschen, nicht menschenähnliche Wesen, sondern Maschinen, in Lumpen gehüllt, die mit leerem Blick hinausmarschierten, Menschen, denen die Seele aus dem Leib geprügelt worden war und die sich nicht zu rühren wagten, wenn ein SS-Mann sie ansah. [...] ich hätte niemals geglaubt, daß man menschliche Wesen in einen solchen Zustand herabbringen konnte."[86]

b) Ernährung, Kleidung, Unterbringung

Von den Schikanen, mit denen die SS die Menschen im Konzentrationslager Neuengamme zermürbte und zugrunde richtete, war der Hunger die schlimmste. Zum Frühstück gab es nur etwas zu trinken – etwa

Pfahlhängen

Unsere Gruppe wurde zur Handwerkerbaracke geführt. Unter dem Balken waren Stricke heruntergelassen. Ich mußte einen Schemel besteigen und mir am Rücken an den Händen die Fessel anlegen lassen. Der Strick wurde angezogen, der Schemel weggestoßen, und ruckartig hing ich etwa einen Meter über dem Boden in der Schwebe. Nur meinen Schmerzen überlassen, die Zähne zusammengebissen und dumpf stöhnend meinen Peiniger, den Oberscharführer, vor Augen. Ich empörte mich über das sadistische Treiben der SS, die auf die durchdringend schreienden, wehrlosen Menschen einhieben oder, um ihre Qualen zu erhöhen, die Körper hin- und herschaukelten.

Qualvolle 1½ Stunden mochten vergangen sein, als ich vom Lagerältesten von den Fesseln befreit wurde [...] Meine Arme waren schlaff und hingen kraftlos an mir herunter, als gehörten sie mir nicht. Jegliches Gefühl war darin erstorben. Nur die Augen sagten mir, daß ich noch Arme hatte. Der Lagerälteste schwenkte sie hin und her, ohne daß ich ihre Bewegung verspürte. Tagelang noch hielt dieser Zustand an und es dauerte Wochen, bevor ich die Arme wieder gebrauchen konnte. Anderen Kameraden waren die Arme ausgekugelt worden.

(Bericht von Walter Heise, NHS)

einen halben Liter Kaffee-Ersatz oder Brühe. Brot hatten nur die, die es sich am Abend vorher aufgehoben hatten.[87] Doch wer versuchte, sein Stück in der Kleidung oder im Strohsack aufzubewahren, merkte bald, daß Brot schwer zu verstecken war – es wurde meistens gestohlen; denn jeder kämpfte um sein nacktes Überleben. In der Mittagspause mußten sich die KZ-Gefangenen in langen Schlangen an den Kesseln aufstellen. Die Suppe enthielt meist ein paar Kartoffeln, Kohl oder Steckrüben, doch die meisten Häftlinge erhielten nur eine Kelle wäßrige Flüssigkeit in ihre „Miska"[88]. Das Beste behielten die austeilenden Kapos zurück, um ihren eigenen Hunger zu stillen. Häftlinge der Strafkompanie, Juden und Neuankömmlinge wurden bei der Essensverteilung besonders benachteiligt. Sie kamen häufig als letzte an die Reihe und erhielten das, was übrigblieb. Das wichtigste Nahrungsmittel war das Stück Brot (im Lager „Kuhle" genannt), das beim Abendessen verteilt wurde. Es han-

> **Hunger**
>
> Aber Sie können sich nicht vorstellen, was Hunger ist [...]. Ich möchte mit dem Hunger Nr. 1 beginnen: Wenn jemand einen recht herzhaften Hunger hat, um seine Mahlzeiten einzunehmen und nichts bekommt. Das 2. Stadium ist: Wenn man schon Schmerzen im Inneren hat und wenn Sie Visionen von Ihren Lieblingsleckereien haben. Das 3. Stadium ist schon viel schlimmer. Da haben Sie ein Gefühl, als ob sich Ihr Körper vermindert. Sie haben nicht nur den Eindruck, Sie sehen die Oberschenkel und sie sind eingeschrumpelt. Ich muß sagen, daß schon dieser Hunger Nr. 3 furchtbar ist [...]. Dann kommt das letzte Stadium, das ist das Schlimmste. Ein tatsächliches Verhungern, wo es nichts mehr gibt [...]. Ich habe einen Mann gesehen, der vor Hunger irrsinnig geworden ist und versuchte, eine Ratte zu fangen, die er, während sie noch lebte, mit Haut und Haaren auffraß.
>
> *(Aussage H. Le Druillenec, Curiohaus-Prozeß, Bd. 1, S. 299)*

delte sich um dunkles Roggenbrot, wie es beim Militär üblich war. Dazu gab es etwas Margarine und ein Stück Wurst, Sülze oder einfachen Käse, manchmal statt dessen auch Marmelade oder Gelee. Da es kein Besteck gab, mußte die Margarine mit den Fingern auf dem Brot verteilt werden.

Die Verpflegung war minderwertig. Es fehlten vor allem Fett, Eiweiß und Vitamine. Die Qualität der Lebensmittel war oft unerträglich. Gemüse und Kartoffeln waren oft angefault. Das wenige Fleisch, das es gab, kam von der Freibank. Wie der Küchenkapo Anton Pötzl berichtet, roch es häufig so übel, daß es abgekocht werden mußte. Auch von anderen Lebensmitteln wie Wurst, Käse und Marmelade wird berichtet, daß sie kaum noch genießbar waren. Manche Verpackungen sollen die Aufschrift „Nur für Gefangene" getragen haben. Das Brot war 1944/45 oft nicht ganz durchgebacken und enthielt offenbar Substanzen, die zum „Strecken" beigegeben wurden. Der französische Häftling Louis Martin-Chauffier schrieb später:

> „Es kam sogar vor, daß ich die scheußliche Suppe vom Mittag nicht aufessen konnte, und von dem Käse, der zweimal wöchentlich die Margarine ersetzte, wurde mir übel. Da ich nun von allen zusätzlichen Quellen abgeschnitten war und gelegentlich auch noch bestoh-

Ausgabe der Morgensuppe. Zeichnung: H. P. Sørensen.
(Sørensen, Neuengamme Erindringer)

len wurde, war ich so geschwächt, daß ich kaum noch die Kraft besaß, die Kellertreppe hinabzusteigen. Was das Hinaufgehen betrifft, so mußte ich meine Hände zu Hilfe nehmen. Dieser Zustand außerordentlicher Schwäche [...] (ließ) nur noch eine kurze Frist bis zum Krematorium [...]."[89]

Der Hunger beherrschte den ganzen Tag das Denken und Verhalten der KZ-Gefangenen. Sie griffen nach allem, was sie auftreiben konnten. Manche aßen Gras, Regenwürmer, Kartoffelpellen, Küchenabfälle und in einigen Fällen sogar aus Leichen herausgeschnittenes Fleisch. Sogar Gefangene, die gut ernährt ins Lager eingeliefert wurden, waren nach wenigen Monaten völlig entkräftet.

Ein erheblicher Teil der Lebensmittel verschwand vor und während der Verteilung durch Schiebungen von SS-Leuten. Sowohl einzelne SS-Leute als auch die SS-Küche griff bei Bedarf gern und reichlich auf die Lebensmittel der Häftlinge zurück. Natürlich sorgten auch die Funktionshäftlinge, die das Essen verteilten, dafür, daß sie selbst nicht zu kurz kamen.

Der Tagesablauf im Lager

4.15 Uhr Aufstehen, um 5.00 Uhr gab es „Kaffee", um 6.00 Uhr hieß es „Abrücken zur Arbeit!". Von 9.00 bis 9.15 Uhr war die erste Pause, und von 12.00 bis 13.00 Uhr war Mittagszeit. Danach wurde bis 18.00 Uhr durchgearbeitet. Nach dem Wiedereinrücken der Kommandos fand der Zählappell statt. Es mußte blockweise auf dem Appellplatz angetreten werden. Zunächst prüfte der Blockälteste, ob die angetretenen Häftlinge mit dem Bestand im Blockbuch übereinstimmten. Dann ließ er sie strammstehen und meldete dem jeweiligen Blockführer die Stärke der angetretenen Häftlinge. Dieser nahm die Kontrolle vor und gab die Meldung dem Rapportführer weiter. Stimmte der Häftlingsbestand des Konzentrationslagers, mußte der Rapportführer es dem Schutzhaftlagerführer melden. Zuvor gab es das Kommando „Stillgestanden! Mützen ab!" Die Mütze mußte dabei vom Kopf gerissen und gegen den rechten Oberschenkel geschlagen werden. Erklang es nicht wie ein einziger Schlag, mußte nach dem Appell das „Mützen ab!" so lange geübt werden, bis der Rapportführer zufrieden war. Danach konnten die Blocks aufgesucht und das Abendbrot eingenommen werden.

Die Verpflegung bestand 1942/43 aus morgens dreiviertel Liter sogenannter Milchsuppe, besser gesagt: warmes Wasser mit etwas Magermilchpulver in einem 50 Liter-Kessel oder auch einem halben Liter Ersatzkaffee. Mittags gab es eineinviertel Liter Suppe, meist Weißkohl, Rotkohl oder Steckrüben mit wenig Kartoffeln, Fleisch- oder Fetteinlage. Abends wurden 300 Gramm Brot, abwechselnd 20 Gramm Margarine oder ein Löffel Marmelade oder eine Scheibe Wurst oder Käse ausgegeben. Von Ende 1942 bis Ende 1943 wurde die sogenannte Schwerarbeiterzulage eingeführt, die es aber nur in der Mittagszeit auf dem betreffenden Arbeitskommando gab. Sie bestand meistens aus zwei Scheiben Brot mit einer Scheibe Wurst oder Käse in der Mitte als Belag. Diese Zulage erhielten alle Fach- und Schwerarbeiter, nur etwa 20 Prozent der Häftlinge.

1944/45 gab es morgens, wie beschrieben, die Suppe, mittags einen bis eineinviertel Liter Suppe, noch weniger Fett- oder Fleischeinlage oder Kartoffeln – meistens Steckrüben –, abends 300 Gramm Brot und etwas Zuckerbrot, dessen Qualität immer schlechter wurde. Es war naß und glitschig und nicht mehr, wie früher, trockenes Schwarzbrot.

> Die Verpflegung stand in keinem Verhältnis zur körperlichen Belastung. Ein Gewichtsverlust hatte schwere körperliche Schäden zur Folge. Hungerödeme waren sehr verbreitet; geschwollene Füße und Gesichter zeigten den Gesundheitsverfall an. Trotz dieser Krankheiten trieb die SS die Häftlinge zur Arbeit. Oft brachen die Kranken schon am Vormittag zusammen. Sie wurden auf die Seite gelegt und nach Beendigung der Arbeit ins Lager getragen oder auf Rollwagen transportiert, die von Mithäftlingen gezogen werden mußten. Sie wurden dann aber nicht ins Krankenrevier gebracht, sondern mußten während des Appells auf dem kalten und nassen Betonboden liegen.
>
> *(Bericht von Fritz Bringmann; Bringmann, Neuengamme, S. 29)*

Die Versorgung unterlag Schwankungen. 1940 fanden viele KZ-Gefangene das Essen in Neuengamme besser als in den Lagern, aus denen sie kamen. Offenbar sollten die Häftlinge 1940 für den Aufbau des Lagers einigermaßen bei Kräften gehalten werden. Nach einigen Monaten verschlechterte sich die Verpflegung. Obwohl die SS die Möglichkeit besaß, für einen Teil der Häftlinge Schwerarbeiter- und Langarbeiterzulagen zu beziehen, forderte sie diese bis Ende 1942 kaum an. Nur in Ausnahmefällen, wenn Arbeiten nicht schnell genug vorankamen, weil viele Häftlinge nicht mehr zu schwerer Arbeit in der Lage waren, ließ die SS manchmal Zulagen austeilen, so etwa, als im Frühjahr 1941 die Bauarbeiten am Klinkerwerk in Verzug zu geraten drohten. Im Monatsbericht des Werks für Mai 1941 hieß es in zynischer Sprache:

„Ein Teil der von Auschwitz nach Hamburg überstellten Häftlinge fiel wegen Körperschwäche aus. Der Häftlingsbestand hat sich daher um ca. 100 vermindert."[90]

Für Juni meldete die Werksleitung, daß sich die Leistungen durch eine Brotzulage gebessert hätten.

Im April 1942 wurden die Rationen noch weiter gesenkt. Im Winterhalbjahr 1942/1943 verschlechterten sich die Verhältnisse derart, daß jeden Monat über zehn Prozent der Lagerinsassen starben. Im Herbst 1942 klagte die Leitung des Klinkerwerks erneut mehrfach über die schlechte körperliche Verfassung der Arbeitskräfte, die auch auf längere Sicht „normale" Leistungen unmöglich erscheinen lasse.[91] In einem Fernschreiben der Phrix-Werke in Wittenberge vom 25. Januar

1943 hieß es über die kurz zuvor aus Neuengamme eingetroffenen Häftlinge:

„[...] daß der Gesundheitszustand der KZ-Leute tatsächlich katastrophal ist, da sie außerordentlich schwach und demzufolge auch anfällig sind."[92]

Nachdem Himmler wegen der steil angestiegenen Todesrate in den Konzentrationslagern im Dezember 1942 Gegenmaßnahmen angeordnet hatte, gab es auch in Neuengamme einige Verbesserungen. Dazu gehörte vor allem die vermehrte Ausgabe von Schwerarbeiterzulagen. Sie bestanden meist aus zwei Scheiben Brot, die vormittags am Arbeitsplatz ausgegeben wurden.[93] Außerdem erhielten viele Häftlinge die Erlaubnis, Pakete zu empfangen. 1944 wurde die Verpflegung wieder schlechter.

Viele Inhaftierte verdanken ihr Überleben Paketsendungen, die sie von ihren Angehörigen erhielten. Vor allem unter den Polen und Tschechen war bis 1944 die Zahl der KZ-Gefangenen, die Sendungen erhielten, relativ hoch. Die dänischen Häftlinge in Neuengamme wurden ab November 1944 nach Überwindung zahlreicher Schwierigkeiten regelmäßig vom Dänischen Roten Kreuz mit Paketen versorgt. Das Internationale Rote Kreuz in Genf schickte ab 1943 Pakete an KZ-Gefangene. Ab Ende 1944 trafen größere Sendungen mit Rotkreuzpaketen in Neuengamme ein, doch die Lagerführung hielt sie mehrere Monate lang zurück und verteilte sie erst im März / April 1945. Auch dies zeigt, daß nicht kriegswirtschaftlicher Mangel Ursache der ungenügenden Versorgung war.[94] Der Hunger gehörte zu den Methoden, mit denen die SS die Widerstandsbereitschaft und den Selbstbehauptungswillen der Inhaftierten zu brechen versuchte.

Als *Kleidung* trugen die Neuengammer Häftlinge die 1938 eingeführte Einheitskleidung aus blauweiß bzw. blaugrau gestreifter Reiß- oder Zellwolle, die schlecht gegen Kälte schützte. Eine Hose, eine Jacke und eine Mütze gehörten zur Ausstattung, außerdem ein Hemd, eine Unterhose, Socken und Schuhe. Allerdings gab es nicht immer alle Kleidungsstücke. Oft waren sie abgenutzt, geflickt und zerschlissen oder eingelaufen. Häftlinge, die 1940/41 aus Lagern wie Dachau oder Buchenwald kamen, waren von den Zuständen in Neuengamme schockiert; Edgar Kupfer-Koberwitz schreibt darüber:

„Als wir einmarschierten, stieß ich Otto an und flüsterte ihm zu: [...]

Hast du gesehen, wie die Häftlinge hier angezogen sind? In Dachau würde einer, der so herumläuft, über den Bock gehen: Knöpfe offen, Mantel zerrissen, einen Schal um den Hals, es ist kaum zu glauben. [...]."[95]

Anstelle von Socken gab es oft Fußlappen. Als Schuhe trugen die Häftlinge fast ausschließlich Holzschuhe verschiedener Machart, deren lautes Getöse beim Gleichschritt auf den betonierten oder gepflasterten Straßen weit zu hören war. Im Winter wurden bis 1942/43 Mäntel aus demselben Stoff wie die KZ-Uniform ausgegeben. Außerdem war es manchmal erlaubt, Kleidungsstücke aus privatem Eigentum zusätzlich zu tragen. Viele KZ-Gefangene versuchten, sich mit leeren Papiersäcken, manchmal auch mit Stücken von Wolldecken oder mit Stoffetzen, die sie unter der Kleidung trugen, gegen die Kälte zu schützen. Dies war streng verboten. Sie riskierten Schläge oder sogar eine Strafmeldung.

Die Unterwäsche wurde anfangs etwa alle 14 Tage, später immer seltener ausgewechselt. Zum Waschen ließ die KZ-Verwaltung sie in die Wäscherei Kolzen am Hamburger Stadtpark bringen. Die Oberbekleidung wurde nie gewaschen. Die Häftlinge konnten sie unter kaltem Wasser notdürftig säubern, aber das Trocknen war schwierig. Auch das Reparieren zerrissener Kleidungsstücke war kaum möglich.

Ab Anfang 1943 erhielten die Häftlinge im Hauptlager statt der gestreiften Bekleidung zivile Kleidungsstücke aus Beständen, die waggonweise aus Auschwitz und Lublin nach Neuengamme kamen. Sie stammten überwiegend aus dem Besitz getöteter Juden, zum kleineren Teil von polnischen und sowjetischen KZ-Gefangenen. Nach den großen Bombenangriffen auf Hamburg ließ die Lagerführung auch Kleidung, die bei den Aufräumarbeiten in der Stadt requiriert wurde, mit ins Lager bringen. Die Jacken und Hosen wurden durch Einnähen von Versatzstücken aus dem Stoff der KZ-Uniformen oder durch Auftragen von Kreuzen und Strichen mit gelber bzw. roter Ölfarbe kenntlich gemacht, damit die KZ-Gefangenen außerhalb des Lagers auffielen. Zum Teil war die gebrauchte Zivilkleidung noch gut erhalten. Die besten Stücke sicherten sich allerdings meist Funktionshäftlinge und andere KZ-Gefangene in gehobener Stellung.

1944/45 wurde die Versorgung immer schlechter. Viele Häftlinge trugen völlig zerlumpte Kleidung. Schuhe, Unterhosen, Pullover und Mäntel gab es so gut wie gar nicht mehr.

Kopfbedeckungen waren bezeichnenderweise bis 1945 vorrätig. Den Grund dafür beschrieb Marcel Prenant:
„Schließlich eine 'Mütze', ein Ausdruck, der hier jedoch nur irgendeine Form der Kopfbedeckung meinte, die nur dazu dienen sollte, die SS-Leute entsprechend dem Reglement grüßen zu können, um nicht in die größten Schwierigkeiten zu kommen."[96]

Schuhe kamen ebenfalls seit 1943 aus Auschwitz bzw. Lublin. Die Versorgung besserte sich dadurch zum Teil etwas. Die Schuhe wurden im Industriehof zu einer großen Halde angehäuft. Unbrauchbare Überreste verarbeiteten die DAW.[97] Die Mehrzahl der Inhaftierten trug aber weiter Holzschuhe oder Schuhe mit Holzsohlen. Vor allem die sowjetischen Häftlinge besaßen oft gar kein Schuhwerk. Einige wickelten sich notdürftig Lumpen um die Füße. Trotz der schwierigen Versorgungslage erlaubte die SS neuen Häftlingen nicht, ihre Kleidung bei der Einlieferung zu behalten. Die lächerliche Ausstaffierung gehörte zum System der Erniedrigung und Entwürdigung. Erst als Ende 1944 / Anfang 1945 die Bestände völlig verbraucht waren, aber dennoch Monat für Monat Tausende von Häftlingen neu eintrafen, gestattete die SS ihnen zum Teil, mitgebrachte Schuhe zu tragen.

Bereits in der Aufbauzeit des Lagers waren die *Unterkünfte* stark überfüllt. Die etwa 50 Meter langen und 8 Meter breiten Baracken – in der Lagersprache „Block" genannt – waren für etwa 200 Häftlinge vorgesehen, wurden aber von Anfang an mit etwa 300 Häftlingen, später mit noch mehr Menschen belegt.

Die Unterkunftsbaracken wurden 1940 nur provisorisch errichtet. Erst im Frühjahr 1941 begann man, sie besser gegen Wind, Kälte und Regen abzudichten. Bis 1941 schliefen die Häftlinge auf dem Fußboden. Zur Abgrenzung waren Flächen für je etwa 20 Strohsäcke durch senkrecht am Boden stehende Bretter abgeteilt. Im ersten Halbjahr 1941 wurden die Blocks der Reihe nach mit dreistöckigen Bettgestellen, zusammengezimmert aus Vierkanthölzern und Brettern, sowie mit Tischen, Stühlen und Spinden ausgestattet.

Für die 1000 sowjetischen Kriegsgefangenen, die im Oktober 1941 nach Neuengamme kamen, ließ die SS die Möbel in den beiden abgezäunten Blocks 7 und 14 wieder völlig entfernen. In einen der beiden wurden etwa 600 Menschen gepfercht, in den anderen, von dem ein kleiner Revierbereich abgeteilt war, etwa 400.

Durch die Verlegung von Werkstätten entstanden 1942 vier neue Häftlingsblocks; davon wurden jedoch einer, später sogar zwei bis 1943 zur Krankenbehandlung benötigt, und die westlich an der Straße gelegene Doppelbaracke mußte 1943 den Bauarbeiten für die Neubauten weichen. Mitte und Ende 1944 wurden die beiden großen Unterkunftsgebäude fertiggestellt.

Nach der Flecktyphusepidemie Anfang 1942 stieg die Belegung der Unterkünfte in Neuengamme auf etwa 350, zum Teil sogar 400 Häftlinge pro Block an. Ein Teil der Tische, Bänke und Schränke wurde entfernt und durch zusätzliche Bettgestelle ersetzt. Die meisten der eingelieferten Häftlinge schickte die Lagerführung seit 1943 nach kurzer Quarantäne in die Außenlager. In die Quarantäneblocks pferchte sie 1944 schließlich 600 und mehr KZ-Gefangene. Um Platz für mehr Schlafstellen zu schaffen, mußte das übrige Mobiliar noch weiter reduziert werden. Zum Teil blieben nur zwei Tische im Eingangsbereich stehen. In vielen Baracken teilten sich zwei, in den Quarantäneblocks ab Mai 1944 zum Teil drei Häftlinge eine Bettstelle. Die Neubaublocks waren aufgrund der hohen Einlieferungszahlen innerhalb kurzer Zeit genauso überbelegt wie die alten.

Mit zwei oder drei eisernen Öfen und einer minimalen Zuteilung von Brennstoffen waren die Baracken nur spärlich zu beheizen. Im Winter waren zwei Bettdecken pro Häftling vorgesehen; meist gab es jedoch nicht genügend. Im Winter 1944/45 reichten auch die Decken nicht mehr für alle Häftlinge aus.

Für Sauberkeit und Hygiene fehlten die wichtigsten Voraussetzungen. Bis zur Betonierung des Appellplatzes im Sommer 1941 wurde bei Regen Schlamm und Schmutz in die Blocks getragen, weil das Lagergelände oft knöcheltief mit Morast bedeckt war. Die sanitären Einrichtungen waren primitiv. In den Waschräumen erhielt man Wasser anfangs nur mit einer Handpumpe. Auch nach Fertigstellung der Wasseranschlüsse 1941 drängten sich morgens in den wenigen Minuten, die zur Verfügung standen, Hunderte von Häftlingen im Waschraum an 15-20 Wasserhähnen. Seife und Handtücher gab es nur für wenige. Die Latrinen in den Baracken bestanden aus Holzabdeckungen mit ein paar Löchern in Sitzhöhe, unter denen sich die Jauchegrube befand. Die Neubauten waren zwar etwas besser ausgestattet; doch an Waschbecken und Klosetts herrschte genauso großer Andrang wie in den Holzbaracken. Wegen der fehlenden sanitären Anlagen wurden auch Strohsäcke und Decken mit Schmutz und Exkrementen verunreinigt.

Von 1942 an wurden die Häftlinge ab und zu in Gruppen zum Duschbad geführt. Ein während der Flecktyphusepidemie provisorisch eingerichtetes Bad befand sich in einer der Werkstattbaracken. Im ersten Halbjahr 1943 wurde östlich des Reviers ein größeres Bad und eine Entlausungsstation für Kleidung errichtet. In der darauffolgenden Zeit erhielten die Häftlinge etwa alle drei bis vier Wochen ein kurzes Duschbad, später jedoch immer seltener. Seit Mitte 1944 wurden die meisten Häftlinge nur noch bei der Einlieferung, manchmal auch bei der Aufnahme ins Revier oder bei der Überstellung in ein Außenlager zur Dusche geführt. Während die unsinnige Ziegelproduktion des Klinkerwerks 1944/45 täglich 30 bis 40 Tonnen Kohle verbrauchte, gab es trotz entsetzlicher hygienischer Zustände im Lager für die KZ-Gefangenen 1944 häufig kein warmes Wasser mehr im Duschbad. 1945 konnte, wenn überhaupt, nur noch kalt geduscht werden.

Eine weitere Belastung stellte die Verlausung dar, gegen die die Lagerleitung wenig unternahm. Eine radikale Desinfektionsaktion befreite während der Flecktyphusepidemie Anfang 1942 das Lager einige Monate lang von Läusen und anderem Ungeziefer. Ab und zu wurde diese Behandlung später in einzelnen Unterkünften wiederholt. Auch die Decken und Strohsäcke besprühte man gelegentlich mit einer chemischen Lösung. Doch das reichte nicht aus, weil Kleidung und Decken nicht gründlich gereinigt und die Strohsäcke nur äußerst selten ausgewechselt wurden. 1944/45 waren Läuse und auch Wanzen, Krätzmilben und Flöhe wieder eine große Plage.

Die Enge beeinträchtigte die Ruhe und Erholung, die die Häftlinge nach der schweren täglichen Arbeit gebraucht hätten. Jeder Sitzplatz am Tisch, jede Minute am Wasserhahn, jede Benutzung der Latrine mußte erkämpft werden. Sogar um einige Zentimeter Platz auf der Bettstelle gab es Streit. Das wenige Hab und Gut – vor allem die Kleidung – mußte man wegen der Diebstahlgefahr abends unter der Matratze verstauen oder zusammengerollt als Kopfkissen benutzen. Nachts waren die übervollen Säle vom Husten und Niesen, vom Schnarchen und vom Knarren der hölzernen Bettgestelle erfüllt. „Die Luft war zum Durchhacken", heißt es in einem Erinnerungsbericht,[98] und an anderer Stelle ist von der

„schwitzende(n) und gestankerfüllte(n) Atmosphäre der vollgestopften Baracke" die Rede.[99]

Nur einige wenige Baracken waren nicht überbelegt. Dort herrschten Sauberkeit und Ordnung. Diese Sonderstellung erhielten die Häftlinge, die bei ihrer Arbeit regelmäßig mit SS-Leuten in Berührung kamen, also alle, die im SS-Lager und in den Büros tätig waren, sowie die übrigen Häftlinge mit wichtigen Funktionen im Lager und in den Wirtschaftsbetrieben. Sie waren in Block 1 untergebracht, später zum Teil auch in anderen Blocks. Auch die Facharbeiter von Messap und Jastram,[100] die zusammen in einer Baracke lebten, gehörten dazu. Einige besonders Privilegierte wohnten in der „Fürstengruft", einem für sie abgeteilten Raum im Anbau zwischen den Blocks 18 und 20. Es handelte sich vor allem um Häftlinge, die in der geheimen, von dort durch eine Tapetentür erreichbaren Kommandanturwerkstatt beschäftigt waren, wo sie kunsthandwerkliche Gegenstände für SS-Leute anfertigten.

c) Der Umgang mit Kranken und Entkräfteten

Die meisten Häftlinge im Konzentrationslager Neuengamme litten unter Erkrankungen und Verletzungen.[101] Einfache Erkältungen weiteten sich häufig zu hohem Fieber und zu Lungenentzündungen aus. Am meisten verbreitet waren schwerer Durchfall und Magen-Darm-Katarrhe, die durch die schlechte Wasserqualität, durch Verzehr von Gras, von verdorbenen Lebensmitteln und Abfällen und durch Unterkühlung entstanden. Viele Häftlinge litten an Kreislaufstörungen und an Hungerödemen („Wassersucht"). Die Tuberkulose, 1940 noch eine Ausnahme, griff ab 1941 ebenfalls als Folge der Entkräftung stark um sich. Im Winter kam es regelmäßig zu Frostbeulen und zu Erfrierungen an Gliedmaßen.

Der größte Teil der Verletzungen war auf Arbeitsunfälle und Mißhandlungen zurückzuführen. Besonders aus den Tiefbau- und Transportkommandos kamen regelmäßig Häftlinge mit Prellungen, Quetschungen, Kopf-, Fuß- und Handverletzungen, Brüchen und anderen Folgen von Schlägen und Unfällen zum Krankenrevier.

Wer medizinische Behandlung benötigte, reihte sich nach dem Abendappell, in dringenden Fällen auch des Morgens, in die Warteschlange am Eingang des Krankenreviers ein. Vor dem Eingang nahmen

„Kein Fieber. Der Nächste!"

Ich konnte nicht so weitermachen. Nachts hatte ich Fieber und schwere Träume, von denen ich am Morgen ganz zerschlagen aufwachte. Eine einzige Sehnsucht nur war in mir: ins Bett – schlafen und ruhen! Jeden Abend ging ich ins Revier. Vierzig bis sechzig Kameraden warteten dort immer. In einer Stunde waren sie alle abgefertigt, viele wurden in dieser Zeit sogar verbunden. An den Wänden des kleinen Eingangs lehnten Elendsgestalten, die sich kaum aufrecht halten konnten. Und doch wurden fast alle wieder weggeschickt: „Kein Fieber. Der Nächste." [...] Nur Verwundungen wurden behandelt, alle ohne Ausnahme, aber auch ohne Narkose natürlich. [...] So wurden Fleischstücke abgeschnitten, mit Scheren und Messern ganze Finger amputiert, als wäre es nichts. [...]

Auch zu mir sagten sie jeden Abend: „Kein Fieber. Ab!" Aber nachts sprangen mir die Lippen vor Fieber auf, ich phantasierte und schlug um mich. Am Morgen konnte ich dann kaum aufstehen, meine Glieder waren wie Blei. Ach, wenn ich doch abends Fieber hätte! [...] So mußte ich mit ausrücken, zählte voll wie jeder, mußte voll arbeiten. [...] Wie ich den Tag hinbrachte, ich weiß es nicht. Die Kameraden – diesmal kann ich Kameraden sagen – waren so gut und arbeiteten für mich mit. Es waren Männer, von denen ich heute noch nicht begreife, wie es möglich war, daß sie es taten, denn es war nicht Mode, anderen zu helfen, man ließ sie einfach verrecken. Ein älterer, sonst brummiger Kerl, sagte: „Halt wenigstens die Schaufel in der Hand, daß keiner was merkt. Und tu so, als ob du was tätest, wir werden dein Teil schon mitschaffen, wir sind ja vier Mann." [...]

Der Tag an dem das alles geschah, war ein Samstag. Wie er endete, weiß ich nicht mehr, doch ich erinnere mich, daß ich im Revier wieder nicht aufgenommen wurde. In der Nacht schlief ich besser. Am nächsten Tag, am Sonntag, wurde nicht gearbeitet. Nur morgens trugen wir Steine. [...] Wie ich in meinen Block zurückgekommen bin, weiß ich nicht mehr. [...] Die Erschütterung ließ mich tief und fest schlafen. Niemand weckte mich, doch erwachte ich selbst zur gewünschten Stunde. [...] Es war schon spät, und ich kam als letzter an die Reihe. Der Pfleger maß die Temperatur und sagte dann zum Schreiber. „Aufnahme ins Revier, Fieber vierzigeinhalb, wahrscheinlich Grippe."

(Edgar Kupfer-Koberwitz: Die Mächtigen und die Hilflosen, Bd. 1, Stuttgart 1957, S. 363ff.)

häufig Blockführer eine erste Aussonderung vor und schickten diejenigen fort, die nicht krank aussahen. Wem der Zutritt zum Revier gelang, erhielt meist im Ambulanzraum eine kurze Wundbehandlung. Wegen des Platzmangels konnten selbst Kranke mit Fieber und mit schweren Verletzungen oft nicht aufgenommen werden. Andere mieden die Aufnahme von sich aus, weil sie Infektionen oder schwerwiegende operative Eingriffe fürchteten. Juden und Häftlinge der Strafkompanie hatten kaum Chancen, behandelt zu werden. Auch für Polen war dies 1940 und 1941 noch mit großen Schwierigkeiten verbunden. Viele Kranke versuchten, über Beziehungen bessere Behandlung zu erreichen. KZ-Gefangene in guten Positionen besaßen daher eine größere Chance, medizinische Hilfe zu erhalten.

Im Revier herrschte besondere Infektionsgefahr, weil Häftlinge mit ansteckenden Krankheiten wegen des Platzmangels nicht ausreichend isoliert werden konnten. Auch für Desinfektionen gab es nicht genügend Mittel. Es fehlte Personal, um alle bettlägerigen Patienten zu pflegen. Insbesondere die vielen Magen- und Darmkranken waren oft nicht in der Lage, die Latrinen aufzusuchen. An Medikamenten waren lediglich einige Standardsalben ausreichend vorhanden. Es gab nicht einmal genug Kohletabletten. Das Verbandmaterial aus Kreppapier war so knapp, daß Verbände von Wunden und Geschwüren nur im Abstand von mehreren Tagen gewechselt wurden, obwohl die Binden bereits nach einigen Minuten durchfeuchtet waren. Nur für Operationen war das Revier ausreichend ausgestattet. Daher zeigte die SS den Operationsraum gern den Besuchergruppen vor, die sie manchmal durchs Lager führte.

Zuständig für die Krankenversorgung der Häftlinge waren die SS-Lagerärzte.[102] Sie wechselten häufig. Fast alle kamen nur gelegentlich zur Visite und zeigten wenig Interesse an den Häftlingen. Ärzte unter den Häftlingen durften bis Herbst 1941 nicht im Revier arbeiten. Die Häftlingspfleger versuchten trotz alledem, irgendwie Hilfe zu leisten. Mit Ausdauer und Hartnäckigkeit forderten sie Medikamente, Verbandsstoffe und anderen Pflegebedarf an. Über Kameraden, die im SS-Revier oder in der SS-Apotheke arbeiteten, konnte gelegentlich medizinisches Material ins Lager geschmuggelt werden. Einige Male fand sich sogar ein SS-Sanitäter (SDG) bereit, mit Bargeld von KZ-Gefangenen in Hamburg Arzneien einzukaufen.[103] Im übrigen versuchten die Pfleger, sich mit einfachen Mitteln zu behelfen. Wunden verband man mit Zeitungspapier. Kohle wurde aus Holz selbst gebrannt. Wer Zahnschmerzen hatte, versuchte die Schmerzen mit Priemtabak zu lindern.

Der Jugoslawe Stane Tusar, der im Herbst 1942 mit einer schweren Magen-Darm-Erkrankung ins Lazarett kam, berichtet über seinen Revieraufenthalt:

„Die Verhältnisse im Revier waren traurig. In den Betten lagen kranke Häftlinge, die schon in Agonie lagen. Der Revierpfleger war ein Tscheche namens Paulek. Und obwohl er gut und menschlich war, konnte er den Kranken [...] nicht viel helfen. Medikamente gab es nicht. Die Heilmethode für Durchfall war 5-7 Tage Hungern, täglich zweimal eine Kohletablette, etwas Tee und noch einen Löffel Gipsmasse. Nach einigen Tagen wurde ich so schwach, daß ich nicht mehr selbst aus dem Bett zur Notdurft konnte."[104]

Der Revierkapo Mathias Mai, zuvor Leiter des Reviers in Sachsenhausen, hatte sich im Lager aus Büchern einige medizinische Kenntnisse angeeignet. Er vermittelte in Neuengamme auch einigen Häftlingspflegern grundlegendes Wissen. Maßnahmen wie die Amputation von Gliedmaßen, die Operation von Knochenbrüchen, das Öffnen von Phlegmonen, das Stillegen von Teilen der Lunge oder Hauttransplantationen waren oft riskant. Sie retteten aber unter den vorherrschenden Umständen viele vor einem qualvollen Tod.

Nach dem Einzug ins neue Lager im Juni 1940 waren zunächst in Block 3 zwei Räume für die Versorgung von höchstens 20 Kranken eingerichtet worden. Die große Revierbaracke mit anfangs 40, später 60 bis 70 Betten wurde im September eröffnet.

Ende 1941 brach in Neuengamme eine Flecktyphusepidemie aus. Das Häftlingslager wurde unter Quarantäne gestellt. Niemand durfte die Umzäunung verlassen. Die SS mied das Lager. Die Arbeiten außerhalb wurden fast völlig eingestellt. Außer dem Revier wurden zwei Unterkunftsblocks mit Kranken belegt. Günther Wackernagel, der dort als freiwilliger Pfleger tätig war, berichtet darüber:

„Ich trug Gummistiefel und hatte mir die Hosenbeine und die Ärmelöffnungen mit Gummis dicht gemacht, denn ich mußte aufpassen, daß mich keine Laus erwischt. Nicht wir hatten Läuse, sondern die Läuse hatten uns. Wenn ein Körperschwacher die Jacke oder den Mantel öffnete, glitzerten einem die Nissen in großen Scharen entgegen. Es war erschreckend. Diese Menschen waren meist in einem

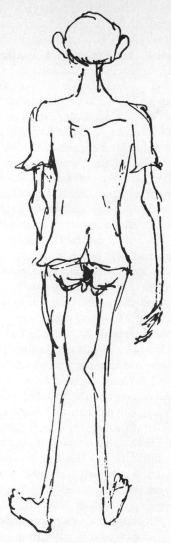

„Muselmann".
Zeichnung: Per Ulrich. (Ulrich, Tegninger)

Zustand, wo ihnen das alles gleichgültig war und sie die Läuseplage nicht mehr bekämpften."[105]

Hilfe gab es kaum. Die einzige Erleichterung bestand darin, den Kranken, die hohes Fieber bekamen, gelegentlich den Mund auszuspülen, damit die Atemwege frei blieben. Geimpft wurden nur 170 Facharbeiter, die die SS zur Weiterführung der Bauarbeiten am neuen Klinkerwerk aus dem Lager herausholte und in der alten Ziegelei einquartierte. Ende Januar trafen schließlich Medikamente ein. Zum Teil handelte es sich um neue Präparate, deren Wirkung an den erkrankten KZ-Gefangenen erprobt werden sollte.[106] Schließlich begann die SS mit der systematischen Entlausung des Lagers. Sie ließ die Unterkünfte der Reihe nach mit Zyklon-B-Gas behandeln. Kleidung und Decken wurden desinfiziert. Als am 31. März 1942 die Quarantäne aufgehoben werden konnte, waren der Epidemie mindestens 728 Häftlinge zum Opfer gefallen, darunter allein 477 der sowjetischen Kriegsgefangenen im abgezäunten Bereich.[107]

Im Herbst 1941 ließ die SS zur Betreuung der Kranken auch fünf Häftlinge zu, die von Beruf Arzt waren, zunächst in den Krankenstuben der Kriegsgefangenen, ab Anfang 1942 auch im Hauptrevier. Dies führte zu spürbaren Verbesserungen. Als besondere Erleichterung empfanden die polnischen Häftlinge die Neuregelung. Sie konnten sich im Revier nun mit Ärzten verständigen, denn mehrere von diesen waren Polen. Eine weitere Verbesserung stellte die Einrichtung einer Zahnstation im Revier dar. Ab 1942 war dort ein Häftling als Dentist tätig. Die Behandlung beschränkte sich allerdings im wesentlichen auf das Ziehen von Zähnen. Für andere Behandlungen fehlte die Ausrüstung.

Im übrigen verschlechterte sich die Situation im Revier 1942 erheblich. Die Senkung der Verpflegungsrationen führte dazu, daß viele Menschen im Lager schneller als zuvor ihre Kräfte verloren. Um die vielen Kranken überhaupt irgendwo unterzubringen, wurde zunächst ein, später noch ein zweiter Häftlingsblock mit Kranken belegt. Der polnische Arzt Dr. Tadeusz Kowalski, der ab April 1943 dort mehrere Wochen lang als Häftlingspfleger arbeitete, berichtet, daß in dieser Baracke etwa 600 Häftlinge lagen.

1943 führte die SS einige Verbesserungsmaßnahmen durch. Sie standen offenbar in Zusammenhang mit Himmlers Befehl, die hohe Sterblichkeit in den Konzentrationslagern zu senken. Vor allem wurden drei neue Revierbaracken errichtet. Revier II war im Frühjahr, Revier

IV zu Beginn des Sommers und Revier III im Herbst 1943 fertiggestellt. Insgesamt verfügte das Lazarett des Lagers damit über etwa 750 Betten. Die Ausstattung mit Medikamenten und Verbandsmaterial wurde etwas verbessert.

Seit ab Mai 1944 Woche für Woche Massentransporte eintrafen, verschlechterten sich die Bedingungen auch in der Krankenbehandlung wieder. Im Sommer 1944 befahl die Lagerleitung, die Zahl der Kranken auf zehn Prozent der Lagerbelegschaft zu begrenzen und zwei Reviere für die Unterbringung der französischen Sonderhäftlinge frei zu machen. In die Reviere I und IV wurden noch mehr Betten gezwängt. Innerhalb kurzer Zeit herrschten dort infernalische Zustände. In manchen Bettstellen lagen schließlich drei oder noch mehr Kranke.

Vom Herbst 1944 an entwickelte sich das Hauptlager immer mehr zu einem Sterbelager für die steil ansteigende Zahl der Häftlinge, die geschwächt und arbeitsunfähig aus den Außenlagern hierher gebracht wurden – eine Folge der ruinösen Bedingungen in den vielen neugegründeten Außenlagern. Statt in Neuengamme die Möglichkeit zur Heilung und Wiederherstellung der Arbeitskraft zu schaffen, begann die SS mit der Errichtung eines zweiten Krematoriums. Dies zeigt, daß sie sich der bevorstehenden Katastrophe bewußt war. Der inhaftierte polnische Arzt Dr. Zygmunt Szafranski sagte über die Situation in Neuengamme aus,

„[...] daß mindestens die Hälfte der Häftlinge im Lager menschliche Schatten waren, die kaum laufen und sich bewegen konnten – zumal der Herbst kam und der Winter mit dem schrecklichen Hamburger Klima [...]. die Menschen starben in den Blocks ohne Hilfe. Sie fielen beim Appell und bei der Arbeit um." [108]

Obwohl die geräumten Reviere II und III ab Mitte Oktober wieder für Kranke zur Verfügung standen, mußten immer mehr Häftlingsunterkünfte in „Schonungsblocks" für entkräftete KZ-Gefangene umgewandelt werden. Diese Häftlinge erhielten einfache Verpflegung ohne Zulagen und wurden im übrigen mehr oder weniger sich selbst überlassen. Einige erholten sich, aber die meisten gingen in den vollgepferchten Unterkünften elend zugrunde. Auch im Außenlager Bullenhuser Damm ließ die SS Anfang 1945 eine Station für langfristig kranke und geschwächte Häftlinge einrichten. Etwa zur selben Zeit wurde der Block 10 in Neuengamme offiziell als fünftes Revier eingerichtet. Nach Schät-

*Essensausgabe im „Schonungsblock". Zeichnung: H. P. Sørensen.
(Sørensen, Neuengamme Erindringer)*

zung des französischen Häftlings Marcel Prenant, Professor für Anatomie, wogen Anfang 1945 nur noch wenige Häftlinge im Hauptlager über 50 Kilogramm. Es gab Menschen, die nur noch 25 Kilogramm Gewicht besaßen und bis auf die Knochen abgemagert waren. Im Lager wurden diese Häftlinge „Muselmänner" genannt.

Ende März 1945 benötigte die SS in Neuengamme Platz für die skandinavischen Gefangenen, die unter Leitung des schwedischen Roten Kreuzes aus ganz Deutschland nach Neuengamme transportiert wurden. Die Lagerführung ließ deshalb die Schonungsblocks im westlich gelegenen Neubau räumen. Der Norweger Odd Nansen berichtet darüber in seinem Tagebuch:

„[...] ein zwei Stockwerk hoher Steinbau, der von außen ganz imponierend wirkt, aber von innen derart aussieht, daß man lange nicht vergessen wird, was man gesehen hat. Da herrscht ein Elend, das alle Grenzen und Begriffe sprengt. In jedem Bett lagen drei bis vier, ja auch fünf oder sechs Mann. Es klingt unglaublich, aber ich habe es

„... vielleicht liebte er das Leben"

Er kommt den Rand des Appellplatzes entlang und ist wohl auf dem Weg zu einem Ort, wo er seine Notdurft verrichten kann. Er geht sehr langsam, vornübergebeugt, mit schlurfenden Schritten, wie wenn kleine Kinder Eisenbahn spielen. Die Stiefel sind ohne Schnürband und schlappen um seine nackten Füße herum. Ab und zu bleibt er kurz stehen. Vielleicht hat er seine Decke über den Kopf geworfen, und unten sieht man nur die langen, zum Skelett abgemagerten Beine herausgucken.
Deshalb heißt er „Muselmann".
Er ist das eigentliche Endprodukt der meisten Krankheiten und der lebende Ausdruck für das Ziel der Verbrecher. Er ist die Folge von Rüben und Zellstoffen.
Er prägt das Revier, er prägt das ganze Lager.
Die Augenhöhlen sind groß, leere Augen starren aus ihnen hervor, um sich an die Umgebung zu heften. Die Kiefer treten scharf hervor da, wo ein Kinn sein sollte, Lippen und Mund sind trocken und verkrustet.
Vielleicht sieht man ihn eines Tages nackt, wenn er auf einem polternden Blockwagen zu einer Baracke geschafft wird, die näher beim Krematorium liegt. Dann kann man die Rippen in seinem Brustkorb zählen und genau sehen, wie dieser sich von dem eingesunkenen Unterleib abhebt. Unter der strammen Haut sieht man die Beckenknochen so deutlich wie bei einem Skelett, und ebenso ist es bei den Armen und Beinen, an denen die Gelenke hervortreten und die Form der Knochen für jeden erkennbar ist, der es über sich bringt, ihn anzusehen.
Aber da ist niemand, der für seine Anatomie Interesse hätte – längst ist er in die stumpfen Bilder der Gewohnheit eingegangen, wo er sich im Unterbewußtsein als ein ganz natürliches Phänomen des Alltags findet.
Er ist stumpf, abgestumpft – ohne stolze Träume und Gedanken. Er ist verdreckt, und er hat immer Exkremente in der Hose. Eines Tages stirbt er, ohne es selbst zu bemerken.
Es kann eine Zeit dauern, bis andere es bemerken, denn er verändert sich nicht mehr. Aber einmal war er ein Mensch – und vielleicht liebte er das Leben.
Der dänische Arzt Paul Thygesen war als Häftling im Krankenrevier des Außenlagers Husum-Schwesing tätig.

(Thygesen, Arzt, S. 28f.)

Tötung mit Spritzen

Eines Morgens konnte ich mich nicht mehr bewegen. Ich war bis zu den Hüften unbeweglich steif. Dabei plagten mich starke Schmerzen. Um nicht auf dem Block bleiben zu müssen, steckte mich der Sani Rudi auf den damals eingerichteten Seuchenblock. Eines Tages stürzte Rudi in den Block, sprang auf mich zu und sagte, ich solle sofort den Block verlassen und an den Rollwagen gehen. Eine Kommission käme gleich in den Block, um die kranken Muselmänner zur Abspritzung auszusuchen. Wenn es für mich damals fast unmöglich schien, am Rollwagen zu gehen, ging es doch. Dort konnte ich mich an den Wagen hängen. Beim Tor-durchfahren, bekam ich von den Torposten, der mein Anhängen sah, einige Schläge mit dem Gewehrkolben ins Kreuz, daß mir Hören und Sehen verging. Ich hielt aber fest. Durch diese Gewaltkur, waren meine Schmerzen und meine Steifheit nach einigen Tagen verblaßt. Aufgehört haben sie bis heute noch nicht.

(Georg-Fritz Merten: Erinnerungen aus meiner Haftzeit, Bericht v.30.3.1962, NHS)

selbst gesehen. Sie lagen allerdings aufeinander. Die meisten waren nur Skelette und brauchten nicht viel Platz. Ganz ruhig lagen sie, sie hatten keine Kraft, sich zu rühren. Sie lagen nur da, um zu sterben. Viele waren bereits tot. Das ganze Innere des Gebäudes war ein einziges Inferno, ein Wartezimmer des Todes, schlimmer, als man es sich in der wildesten Phantasie vorstellen kann. Ohne Betreuung lagen die armen Menschen in den Betten, einige mit Tuberkulose, andere mit Durchfall und Typhus, wieder andere mit offenen Wunden und eiternden venerischen Krankheiten, kurz, allen denkbaren und undenkbaren Leiden jeder Art. Diejenigen, die Durchfall hatten und zu kraftlos waren, um sich aus den Betten zu heben, machten alles dorthin, wo sie lagen. Man kann sich vorstellen, wie es in den Betten aussah! Das Stroh war uralt, und die Wolldecken waren seit Jahren nicht ausgeschüttelt, geschweige denn gewaschen worden [...]. Wenn man das Gebäude betrat, kam einem ein Gestank entgegen, von dem man sich keinen Begriff machen kann. In den Fluren, im Waschraum, im Treppenhaus, auf dem Abort, in den Sälen und in den Betten lagen Leichen herum."[109]

Häftlinge, die durch die ungenügende Ernährung, den mangelnden Schutz gegen Nässe und Kälte und die schwere Arbeitsbelastung geschwächt und arbeitsunfähig geworden waren, schickte die SS 1940 bis 1943 in unregelmäßigen Abständen ins Konzentrationslager Dachau. Der erste Transport mit 160 Invaliden verließ Neuengamme bereits am 25. August 1940. Weitere folgten bis September 1941 im Abstand von einigen Monaten. Auch 1942/43 wurden Geschwächte nach Dachau transportiert, jedoch in geringerer Zahl.[110] Im ersten Halbjahr 1944 schob die SS arbeitsunfähige Häftlinge nach Lublin-Majdanek ab, von Herbst 1944 an nach Bergen-Belsen. Noch Ende März / Anfang April 1945 verließen mehrere Transporte mit zusammen über 4000 Entkräfteten Neuengamme in Richtung Hannover, Braunschweig und Bergen-Belsen.

Zwischen Anfang 1942 und Sommer 1943 wurden zahlreiche geschwächte und langfristig kranke Häftlinge in Neuengamme getötet. Seit dem Frühjahr 1941 reiste eine Ärztekommission nacheinander in alle Konzentrationslager, um Häftlinge auszusondern, die umgebracht werden sollten. Es handelte sich vor allem um Arbeitsunfähige, in geringerer Zahl auch um Behinderte, Juden und politisch Mißliebige. Etwa im April 1942 kam die Kommission nach Neuengamme. Einige Wochen später wurden die betroffenen Häftlinge nach Bernburg / Saale verschickt und dort durch Giftgas umgebracht.[111]

Noch vor dem Besuch der Ärztekommission begann in Neuengamme die Ermordung entkräfteter Häftlinge mit Spritzen. Auf Anordnung der SS-Ärzte tötete der SS-Sanitäter Bahr ab Ende Januar 1942 mehrfach sowjetische Kriegsgefangene auf diese Weise. Einige Wochen später wurden die Tötungen auf Kranke und Entkräftete im gesamten Lager ausgeweitet. Die Lagerärzte Böhmichen und Jäger ließen in unregelmäßigen Abständen je 30 bis 60 langfristig kranke und entkräftete Menschen, vor allem stark TBC-Kranke, in einen Raum im Revier tragen. Dort brachten sie sie mit einer Spritze um. Häufig führte auch der Sanitäter Bahr die Aktionen durch.

Bis zur Einstellung dieser Tötungen im Sommer 1943 waren nach Schätzungen mehrerer Zeugen 1000-1100 Menschen umgebracht worden. Später wurden noch mehrmals einzelne Häftlinge mit Spritzen getötet.

Den Überlebenden des Konzentrationslagers Neuengamme sind diese Morde mit als das Schrecklichste aus ihrer Haftzeit in Erinnerung geblieben. Viele sahen mit eigenen Augen, welches Schicksal Freunde und Bekannte traf. Sie wußten, daß sie dasselbe Los erwartete, wenn sie den ruinösen Existenzbedingungen nicht standhielten. Selbst Häftlinge mit schweren Verletzungen wagten es 1942 aus Angst vor den Tötungsaktionen oft nicht, sich krank zu melden. Andere entkamen dem Morden durch rechtzeitige Warnungen von Häftlingspflegern.

SS Standartarzt
Kl.Hmb.-N e u e n g a m m e   Hamburg-Neuengamme 29.3.45

Az.: 14 h(Kl) 3.45/Tr./Nue
Betreff: 1/4 - jaehriger Bericht über die Krankenbewegung der Häft-
    linge im Kon.Lager Hmb.Neuengamme.

Bezug: Pert.Rundschreiben vom 27.12.1944 Nr.242/Az.14 h(KL)
    12.44/Dr.Lg.-/Wy.-

Anlagen: 2 Kurven

Termin: 1.4.45

An den
Leiter des Sanitätswesens
im SS Wirtschafts-Verwaltungs-Hauptamt
und Chef des Amtes D III,

O r a n i e n b u r g .

I. Konz.-Lager.

1.) Die durchschnittliche Belegstaerke im Konzentrationslager
Hmb.-Neuengamme bezifferte sich im Berichts-Vierteljahr auf 40.393
Häftlinge(einschliesslich der angeschlossenen Arbeitslager. Dazu
kommen durchschnittlich 11.768 weibliche Häftlinge.)

2.) 6.224 Todesfälle sind im Verlaufe des Berichtsvierteljahres
eingetreten.(Vom 26.12.1944 bis 25.3.1945) darunter 95 weibliche
Häftlinge.
Davon entfallen auf die Aussenlager:

         Stuetzpunkt Hamburg   - 944 Todesfälle
                "   Bremen   - 515   "
                "   Druette   - 102   "
                "   Watenstedt - 298   "
                "   Helmstedt   -   9   "
                "   Perta   - 89   "
                "   Hannover   - 453   "
                "   Braunschweig- 198   "
         Aussenlager Meppen-Versen- 379   "
                "   Woebelin   - 53   "

                    insgesamt   3040 Todesfälle
         im K.L. Hmb.-Neuengamme 3089   "

                insgesamt Todesfälle 6129 "
         Hinzu kommen bei den weibl.Häftlingen 95 "

3.) Die durchschnittliche Belegstaerke in den Krankenbauen
1,2,3,4,5. bezifferte sich im Verlaufe des Berichtsvierteljahres auf
1.711 Häftlings taeglich

4.) 815 Häftlinge wurden in erhalb der Berichtszeit im Tages-
durchschnitt ambulant behandelt.

5.) Innerhalb der Berichtsperiode wurde im Krankenbau K.Z. Hmb.-
Neuengamme ein Haeftling entmannt.
Neue diesbezgl.Anträge wurden nicht gestellt.

6.) 51 Häftlinge mit einer offenen Lungentuberoolose und 190
Häftlinge mit einer geschlossenen Tuberkelose befinden sichgegenwärtig
in stationärer Behandlung.

Trotz der nasskalten Witterung in verflessenen Berichtsvierteljahr konnten Magen- und Darmerkrankungen in K.L.Hmb.-Neuengamme auf einer
durchaus tragbaren Höhe gehalten werden.
Zur Zeit befinden sich 71 Häftlinge mit Magen- und Darmerkrankungen in
stationärer Krankenbaubehandlung.
89 Häftlinge mit Oedemen befinden sich gegenwärtig in Behandlung. Magen-
und Darmkranke erhalten auch weiter Dietkost mit Weissbrot. In der
aseptischen Abteilung wurden im verflessenen Berichtsvierteljahr
gemeldet:

– 2 –

```
      7 Fälle Scharlach
    254   "   Offene Tbc
    292   "   Geschlossene Tbc
     34   "   Erysipele
     17   "   Diphterie
      2   "   Gonorrhe
      1 Fall Lues
      6 Fälle Paratyphus B
      8   "   Typhus abdominale
```

7.) Der hygienische Zustand der Wohnblöcke im K.L. Hmb.-Neuengamme gab zu Beanstandungen keinen Anlass. Ebenso war die Wasserversorgung im einwandfreien Zustand.
Sämtliche Lager und Krankenblöcke werden durch ein besonderes Kommando mittels Chlorkalk oder Kresol regelmässig desinfiziert. Ein weiteres Sonderkommando kontrolliert ebenfalls alle Lager und Krankenblöcke auf das Vorhandensein von Ungeziefer und Krätze. Die vorgefundenen Läuseträger wurden entsprechend entlaust. Bei stärkerem Befall wurde jeweils der Gesamtblock entwest.
Es darf wohl erwähnt werden, dass "Cyclon B" nicht mehr vorhanden ist und ein fühlbarer Mangel "an Läusete" besteht.
Die Lagerinsassen werden wöchentlich 1 mal gebadet. Soweit verfügbar, wird frische Wäsche ausgegeben.
Im Verlaufe der Berichtsperiode wurden wieder grössere Transporte zum Arbeitseinsatz nach den angeschlossenen Arbeitslagern durchgeführt. Mehrere Krankentransporte waren im Verlaufe der Berichtszeit erforderlich. Der grösste Teil der rückgeführten Kranken musste in den Krankenbauen aufgenommen werden.
Die angeschlossenen Arbeitslager wurden innerhalb der Berichtsperiode durch den SS-Standortarzt und den SS-Lagerärzten wiederholten Inspektionen unterzogen. Bestehende Mängel wurden abgestellt und Verbesserungen getroffen.
Nach dem Stande vom 25.3.45 sind den K.L.Hmb.-Neuengamme die folgenden Arbeitslager angeschlossen:

```
        Drütte              -     2862 Häftlingen
        Stahlw. Braunschweig      1654    "
        Büssing NAG                817    "
        Bauleitg Verden              8    "
           "    Goslar              15    "
           "    Meolla              20    "
           "    Neustadt            15    "
        Truppenwirtschaft           10    "
        Schandelah                 782    "
        Fallersleben               656    "
        Hannoverwerke Porta        172    "
        A I Lengerich              198    "
        A II Porta                 983    "
        A III Helmstedt            749    "
        Hannover-Stoecken         1470    "
        Hannover Miesburg          672    "
        A 12 (Ahlem)               630    "
        Woebbelin                  648    "
        Geilenberg Hamburg        3444    "
        Bombensuchen Hamburg        35    "
        Jung Wilhelmsburg           24    "
        SS Oberabschnitt            28    "
        Bullenhuserdamm            592    "
        Deutsche Werft
        Finkenwärder               308    "
        Stuelckewerft              230    "
        Kaltenkirchen              470    "
        Leerbeck Porta             469    "
        Meppen-Versen             1773    "
        Islum                      807    "
        Lustjenburg                197    "
```

Oberbaurat Meiners

Farge	2092 Häftlinge
Dachimag-Blumenthal	929 "
Dachimag-Schuetzenh.	582 "
✓ Hornisse	869 "
Wilhelmshafen	1129 "
Hildesheim RBD	500 "
✓ Hanomag Hannover	469 "
Blohm & Voss	419 "

weiblich:

Stahlw.Braunschweig	729 Häftlinge
✓ Luebberstedt	497 "
Salzwedel	1518 "
Bremen Behelfswohnbau	789 "
A III Helmstedt	2021 "
Hornburg	299 "
Langenhora	740 "
Draegerwerk Hamburg	526 "
✗ Eidelstedt	469 "
Thomsen Beizenburg	400 "
Fallersleben	644 "
Salzgitter	472 "
Görlitz	2 "
✗ Conti-Hannover	1011 "
✗ Diag- Tiefstaak	492 "
Sasel	497 "
Hammerwerke Porta	967 "

Oberregierungsrat Bäcker

Frauen

SS - Truppe.

1.) Die durchschnittliche Stärke der SS Truppe(einschl. Führer, Kommdtr Stab, SS-Truppe) bezifferte sich im Berichtsmonat bezw. Berichtsvierteljahr auf 2211 SS-Angehörige.(einschl. der angeschlossenen Arbeitslager).

2.) 7 SS-Angehörige sind im Laufe der Berichtszeit verstorben.

3.) 82 SS-Angehörige wurden innerhalb des Berichtsvierteljahres in Lazarette, SS-Genesungsheime und zur G.u.V.-Pruefstelle DACHAU eingewiesen.

4.) 1265 SS-Angehörige wurden im Verlaufe des Berichtsvierteljahres ambulant behandelt.

5.) An Infektions-Krankheiten sind im Verlaufe der Berichtsperiode aufgetreten:

        4 Fälle Diphterie
        1 Fall Tbc
        5 Fälle Gonorrhe
        1 Fall Lues

6.) 53 SS-Angehörige wurden innerhalb der Berichtszeit stationär behandelt.
Im Verlaufe des Berichtsvierteljahres waren 376 Zugänge und 208 Abgänge zu verzeichnen.

IV. Sonstiges.

1.) Versuche mit Phrix-Hefe werden zur Zeit nicht durchgeführt. Die vorhandene Phrix-Hefe wird an die kranken Häftlinge zusätzlich verteilt.

2.) Die ärztliche Versorgung im Stammlager K.L.Hmb.-Neuengamme ist gewährleistet durch den SS-Standortarzt und die SS-Lagerärzte, SS-Hauptsturmführer Dr.KITT und SS-Obersturmführer Dr.KLEIN.
Ein geschulter Stab von Pflegern und eine entsprechende Anzahl von Häftlingsärzten stehen zur Verfügung.
Die angeschlossenen männlichen und weiblichen Arbeitslager sind neben den Vertrags- und Betriebsärzten durchweg ausreichend mit Häftlingsärzten und Häftlingspflegern besetzt.

- 4 -

3.) "Zyclon B" ist aufgebraucht. Eine Entwesung der Kleider und
Wäsche wird mit Behilfsmitteln durchgeführt.

4.) Die Verpflegung bei der SS-Truppe ist gleichbleibend gut und
ausreichend. Die Verpflegung der Häftlinge wird durch den Lagerarzt
ständig überprüft und ist eben ausreichend.
Um festzustellen, ob die Häftlinge auch die ihnen zustehenden Mengen
an Nährmitteln bekommen, wurde durch den Standortarzt K.L. Hmb.-
Neuengamme angeordnet, dass die gesamte Häftlings-Verpflegung 8 Tage
lang und zwar je ein vollständiger Portionssatz für Normal- und
Schwerarbeiter in der chemischen Untersuchungsstelle des Wehrkreises X
WANDSBECK auf Kaloriengehalt untersucht wurden.

Das Resultat war zufriedenstellend. Im grossen und ganzen entsprechen
die den Häftlingen verabreichten Nahrungsmittelmengen den im Speisezettel angegebenen. Es wurden Minuswerte errechnet für Eiweiss und
Kohlehydrate, die sich durch eine bedeutend höhere Fettgabe als im
Speisezettel angegeben, soweit ausgleichen, dass an Gesamtkalorien
bei der Normalkost in minus von nur 4,1% übrigbleibt. Dieses Minus
kann als normal angesehen werden, wenn man berücksichtigt, dass nur
kleine Mengen untersucht wurden und auch bei diesen die Ungunst der
zufälligen Probeentnahme besonders gross ist. Es wurde auch peinlich
darauf geachtet, dass die eingesandten Proben nicht nur aus den
dicken Bestandteilen des Eintopfes bestanden und die normalen Mengen
nicht überschritten wurden, um ein objektives Untersuchungsergebnis
zu bekommen.

Nach den im Untersuchungsergebnis angeführten Tablen entspricht die
Normalkost den Kostsätzen eines ruhenden bis leicht tätigen Arbeiters,
die Schwerarbeiterkost der Kost eines Arbeiters bei leichter bis
mittleren Tätigkeit.
Hierzu ist zu bemerken, dass diese Berechnungen Kalorienwerte zugrunde gelegt werden, die im Jahre 1937 errechnet wurden, als man
noch aus dem Vollen schöpfen kohnte.
Es ergibt sich aber daraus, dass die den Häftlingen zustehende, und
wie das Untersuchungsergebnis beweist, auch tatsächlich gereichte
Kost bei Berücksichtigung der von den Häftlingen geforderten Arbeit
dazu ausreicht, sie gerade über Wasser zu halten, dass zusätzliche
Arbeitsreserven durch die Ernährung aber nicht aufgespeichert werden
können und infolgedessen mit einem langsamen aber stetigen Absinken der
Arbeitskraft eines jeden Häftlings gerechnet werden muss.

Die Zubereitung der Mahlzeiten in der Häftlingsküche ist sauber und
einwandfrei. Die Verteilung gerecht.
Die Schwerarbeiterzulagen werden auch weiterhin an die Häftlinge
zur Verteilung gebracht.

Diejenigen Häftlinge, die nicht voll arbeitsfähig sind, werden mit
leichten, sitzenden Arbeiten beschäftigt.(Weben, Flechten). Diese
Arbeiten werden in geschützten Räumen durchgeführt und dienen aus-
schliesslich wehrwirtschaftlichen Zwecken.

Die Lagerblöcke 15 und 16 wurden speziell für die skandinavischen
Häftlinge als Revierblöcke eingerichtet. Eine eigene Ambulanz ist in
Vorbereitung.
Schwere septische Fälle, sowie Häftlinge mit Lungentuberkulose und
operative Fälle werden in den Krankenbauen I-IV behandelt und durch-
geführt.
Weitere Besonderheiten sind nicht zu melden.

SS-Standortarzt
KL.Hmb.-Neuengamme

SS-Hauptsturmführer.

*Vierteljahresbericht des SS-Standortarztes Trzebinski vom 29. 3. 1945.
(NHS, 13-6-11, Herkunft der handschriftlichen Randbemerkungen unbekannt)*

d) Die Arbeit der Häftlinge im Hauptlager

Arbeitszeit und Arbeitsorganisation

Die Arbeitszeiten richteten sich nach der Organisation im Lager und in den Betrieben, außerdem nach dem Tageslicht, da die SS bei ungenügenden Lichtverhältnissen Fluchtversuche befürchtete. Nach der Anweisung Pohls vom 30. April 1942 sollte die Arbeitszeit „an keine Grenzen gebunden" sein.[112]

Im Hauptlager fand der Morgenappell im Sommer meist um 5.30 Uhr oder 6.00 Uhr statt. Etwa eine halbe Stunde später traten die Kommandos an. Danach marschierten die Häftlinge zu ihren Arbeitsplätzen. Zum Abendappell, der normalerweise zu dieser Jahreszeit um 19 Uhr begann, kehrten alle Kommandos wieder zurück. Mit dem Kürzerwerden der Tage wurde der Morgenappell schrittweise hinausgeschoben und der Abendappell vorgezogen.

Die Mittagspause dauerte im Sommer bis zu einer Stunde, im Winter aber meist nur 15 bis 20 Minuten. Insgesamt betrug die reguläre Arbeitszeit zehn bis zwölf Stunden pro Tag, im Winter mindestens acht Stunden. Im Winter 1944/45 konnte die Lagerführung auf die Verkürzung der Arbeitszeit im Hauptlager weitgehend verzichten, nachdem der gesamte Lagerkomplex in Neuengamme mit zusätzlichen Zäunen und Beleuchtungsanlagen versehen worden war. Samstags wurde den ganzen Tag gearbeitet. Der Sonntag war in den ersten Jahren eigentlich arbeitsfrei, vormittags wurden aber meist Arbeiten im Lager verrichtet. Ab Juni 1942 mußte an den meisten Arbeitsstellen auch sonntags vormittags regulär gearbeitet werden. Einige Häftlinge im Klinkerwerk, bei den DAW und in den Walther-Werken arbeiteten in zwei bzw. drei Schichten.

Die Aufsicht an den Arbeitsstellen war geteilt. Die Mitarbeiter der Werks- und Bauleitungen gaben die fachlichen Anweisungen. Für die Ausführung waren die SS-Aufseher aus dem Lager oder von ihnen eingesetzte Funktionshäftlinge zuständig. Die Zusammenstellung der Kommandos und die Auswahl der Arbeitskräfte war Aufgabe des Arbeitsdienstes. Damit die Verteilung morgens beim Appell rasch ablief, erhielten Häftlinge, die auf einem neuen Arbeitsplatz antreten sollten,

"Die Arbeitskommandos rücken aus". Zeichnung: Per Ulrich. (Ulrich, Tegninger)

meist am vorhergehenden Abend über ihre Blockältesten eine schriftliche Mitteilung. Gefangene, die beim Morgenappell noch keiner Arbeitsstelle zugewiesen waren – dies kam insbesondere nach dem Eintreffen größerer Transporte vor –, wurden zunächst in Gruppen zusammengefaßt. Die Kapos und Vorarbeiter konnten sich dann nach Bedarf und Gutdünken Arbeitskräfte aus dieser Gruppe auswählen.

> „Wir Zugänge wußten nicht, wohin. Die Kapos begannen, die Häftlinge [...] auszusuchen. Das sah wie auf einem Viehmarkt aus. Wir wurden angeschaut, angetastet, nur die Zähne brauchten wir nicht zu zeigen. Alle wollten nur kräftige Arbeiter haben."[113]

Die übrigen wurden kurzfristig zu den verschiedensten Tätigkeiten eingesetzt. Da die Art der Arbeit über Leben und Tod entscheiden konnte, ließ kaum ein Häftling es unversucht, durch persönliche Beziehungen, durch Gefälligkeiten gegenüber Kapos, durch Bestechung mit Zigaretten oder auf andere Weise an bessere Arbeitsstellen zu gelangen.

Prämien und „Hafterleichterungen"

KZ-Gefangene, die bei ihrer Verhaftung Geld bei sich getragen hatten oder später Beträge von Angehörigen geschickt bekamen, konnten in den ersten Jahren davon monatlich eine begrenzte Summe erhalten, um in der Kantine Waren einzukaufen.[114] 1942 wurde der Besitz von Bargeld verboten. Seither verbuchte die Häftlingsgeldverwaltung Eingänge und Ausgaben beim Einkauf. Durch die Prämienvorschrift des WVHA vom Mai 1943, die in den Lagern einige Monate später verwirklicht wurde, änderte sich das System grundlegend. Geldsendungen von Angehörigen durften zunächst gar nicht mehr, später nur mit Einschränkungen zum Kantineneinkauf verwendet werden. Stattdessen erhielten 30 bis 50 Prozent der Häftlinge für ihre Arbeitsleistungen Prämiengutscheine („Lagergeld"). Ihre Höhe sollte sich nach der Gruppenleistung und nach der Art der Arbeit richten; die Verteilung war aber in der Praxis oft von der Willkür der Aufseher abhängig. Die Beträge reichten von 50 Pfennig bis zu 5 Reichsmark, in wenigen Sonderfällen bis zu 10 Reichsmark pro Woche. Zeitweise existierten außerdem Zigarettenkarten, auf denen Beträge eingetragen und durch Stempel gegen Fälschung geschützt wurden. Es gab häufig Schwierigkeiten und Unregelmäßigkeiten bei der Austeilung.

Die Prämiengutscheine waren vor allem wegen der Zigaretten begehrt. Das übrige Warenangebot in der Kantine war meist nicht sehr attraktiv: eingelegtes Gemüse – Rote Beete, Sauerkraut oder andere sauer konservierte Kohlarten –, gelegentlich Fischpaste, ferner ein wechselndes Angebot verschiedenster Gegenstände, so etwa Kämme, Federhalter oder Zahnpulver. Häftlinge in besonderen Positionen erhielten auch dünnes Bier. Da vieles schlecht verkäuflich war, wurden die Artikel in der Kantine stets nur in willkürlichen Kombinationen angeboten, so daß die Käufer auch Dinge miterwerben mußten, die sie gar nicht wollten. Die meisten Artikel waren völlig wertlos für die KZ-Gefangenen. Auch das sauer eingelegte Gemüse rief bei den vom Hunger geplagten Häftlingen leicht Verdauungsbeschwerden hervor. Wie aus einer Beschwerde der DAW-Werksleitung hervorgeht, erschien selbst den SS-Betrieben das Angebot in der Kantine zum Teil nicht ausreichend.[115]

Weitere Vorrechte gewährte die SS wenigen Häftlingen in gehobener Stellung: das Tragen eines zivilen Haarschnitts (jedoch „kurz und

Prämienschein. (ANg)

militärisch"[116]) und der Besuch im neuerrichteten Lagerbordell, in dem seit Mai 1944 zunächst sechs, später zwölf Frauen aus dem KZ Ravensbrück zur Prostitution gezwungen wurden.

Auch die vermehrte Erlaubnis zu kulturellen und sportlichen Aktivitäten im Jahre 1943 stand in Zusammenhang mit dem Arbeitseinsatz. 1943 und 1944 fanden sonntags nachmittags auf dem Appellplatz manchmal Fußballspiele und mehrmals auch Boxkämpfe statt. Die Zuschauer verfolgten sie häufig mit starken nationalen Emotionen; denn für die Angehörigen der im Krieg unterworfenen Völker war ein solcher Einzelschaukampf zugleich Symbol für Sieg oder Niederlage ihrer eigenen Nation. Die Musikkapelle trug unter Leitung ihres Dirigenten, des tschechischen Komponisten und Theaterregisseurs Emil F. Burian, sonntags gelegentlich Werke klassischer Musik vor. Burians Werk „Unsere Kuhle" entstand in Neuengamme. Es wurde 1944 erstmals aufgeführt. Mehrmals organisierten Häftlinge in eigener Regie Veranstaltungen wie literarische Lesungen, Theateraufführungen oder „bunte Abende" zur Unterhaltung. Im übrigen gab es kulturelle Tätigkeiten verschiedenster Art in kleinerem Kreis. Die Bibliothek wurde erweitert und 1944 in einem Raum neben der Lagerschreibstube untergebracht. Die SS erteilte zwar die Erlaubnis zu diesen Aktivitäten, trug jedoch nicht zur Realisierung bei. Die meisten dieser Tätigkeiten kamen nur für jene Häftlinge in Frage, die noch bei Kräften waren. Sie waren das Privileg einer kleinen Oberschicht im Konzentrationslager. So erfuhren zum Beispiel französische Häftlinge erst viele Jahre nach dem Krieg von der Existenz einer Häftlingsbibliothek in Neuengamme.

Ab Herbst 1944 schränkte die Lagerführung die kulturelle Betätigung nach und nach wieder ein. Sie konnte allerdings nicht verhindern, daß sie zum Teil heimlich fortgeführt wurde. Für die Häftlinge bedeutete dies eine Möglichkeit der geistigen und moralischen Selbstbehauptung.

Die Arbeitskommandos des Hauptlagers

Die wichtigsten Arbeitsbereiche des Hauptlagers waren:[117]
1. Die *Errichtung des Lagers.* 1940, zum Teil auch 1941, verrichteten viele Häftlinge Planierungs- und Transporttätigkeiten und Bauarbeiten.
2. Das *„Kommando Klinkerwerk".* Im zweiten Halbjahr 1940 waren Häftlinge beim Zuschütten der Entwässerungsgräben, bei der Planierung und bei den Ausschachtungen eingesetzt. 1941 arbeiteten im Jahresdurchschnitt 1200 Häftlinge an allen Teilen der Baustelle. Nach der Inbetriebnahme der westlichen Hälfte des neuen Werks im Juli 1942 stieg die Zahl der Arbeitskräfte zunächst auf über 1000, 1943 pendelte sie sich auf 700 bis 800 ein. Etwa ein Viertel von ihnen verrichteten Arbeiten in der Produktion (Aufbereitung, Formgebung, Trocknung, Brennen, Sortieren), etwa ebenso viele Bauarbeiten. Die übrigen arbeiteten in der Tongrube, schoben mit Ton und Sand beladene Loren und verrichteten Lade- und andere Hilfsarbeiten.

In steigendem Umfang stellten Häftlinge des Kommandos Klinkerwerk seit Ende 1942 Betonteile her. Zunächst handelte es sich vor allem um „Splitterschutzbalken" – Betonkästen, die als Schutz gegen Bombensplitter mit Sand gefüllt und aufeinander gestapelt wurden. Im Herbst 1943 kam die Fertigung von Behelfsheimen hinzu, für die auch die Inneneinrichtungen angefertigt wurden. Seit dieser Zeit arbeiteten schätzungsweise etwa 100 Häftlinge in der Betonabteilung.

„Die Arbeitskommandos rücken ein". Links die Häftlingsunterkünfte, im Hintergrund die Küche des Häftlingslagers, dahinter die Walther-Werke; rechts Revier II.
Zeichnung: Per Ulrich. (Ulrich, Tegninger)

3. Das „*Kommando Elbe*" – so die lagerübliche Bezeichnung für die Regulierungsarbeiten an der Dove Elbe. Unter Leitung der Hamburger Bauverwaltung arbeiteten hier ab Juli 1940 zunächst 300 bis 500 Häftlinge bei der Vertiefung und Verbreiterung des toten Elbarms, gegen Jahresende bis zu 800. Nach kurzer Winterpause stieg die Stärke 1941 zeitweise auf über 1000 Arbeitskräfte. Es gab mehrere Teilkommandos, die an verschiedenen Stellen arbeiteten. Die SS-Mannschaften bildeten Postenketten zur Bewachung. Ende 1941 war die Regulierung der Dove Elbe abgeschlossen. Beim Bau des Stichkanals zum Klinkerwerk wurden mehr Maschinen eingesetzt; die Zahl der Häftlinge sank auf einige hundert. Der Kanal war 1942 bereits provisorisch mit Schuten befahrbar, die Kohle und Sand lieferten und Steine abholten. Am Hafen beim Klinkerwerk wurde noch bis Kriegsende weitergearbeitet.

4. Ab 1942 erhielten die Arbeiten für die *Rüstungs- und Kriegsproduktion* besonderes Gewicht:
    a) 1942 wurden zwischen Klinkerwerk und SS-Lager Baracken für die Firmen *Deutsche Meßapparate GmbH (Messap)*, eine Tochterfirma des Schwarzwälder Uhrenherstellers Junghans, und

Hamburger Motorenfabrik Carl Jastram errichtet. Bei Messap montierten 120 bis 150 Häftlinge Zeitzünder für Granaten. Der Betrieb von Jastram bestand vorwiegend aus Werkstätten für den Motoren- und den Schiffsbau; die Zahl der dort eingesetzten Häftlinge stieg bis 1944/45 auf 250 bis 300.

b) Nach dem Erwerb eines Erweiterungsgrundstückes östlich des Lagers begann die Zentralbauleitung der Waffen-SS und Polizei im zweiten Halbjahr 1942 unter der Tarnbezeichnung „Fertigungsstelle" mit der Errichtung der *Metallwerke Neuengamme,* eines Zweigwerkes der *Walther-Werke* in Zella-Mehlis (Thüringen). Die Bauarbeiten zogen sich bis 1944 hin. Eine provisorische Produktion von Waffenteilen für die Pistole Pi 38 begann im Januar 1943. Später wurde das Selbstladegewehr K 43 hergestellt. Erst im zweiten Halbjahr 1944 kam die Fertigung im Hauptgebäude nach Anlieferung aller Maschinen mit etwa 900-1000 Häftlingen annähernd vollständig in Betrieb. Da die SS darauf drängte, die Erzeugung des Gewehrs vollständig in Neuengamme zu ermöglichen – sie wollte den Betrieb später in eigene Regie übernehmen –, wurden 1944/45 noch ein Schießstand und ein Schmiedegebäude („Hammerwerk") errichtet.

5. Im Neuengammer Betrieb des SS-Unternehmens *Deutsche Ausrüstungswerke* (DAW) arbeiteten ab Februar 1943 KZ-Gefangene. Ab Mai waren dort im Durchschnitt 250-350 Häftlinge in der Holzverarbeitung, der Metallverarbeitung, im Holzhof und in der Transportkolonne sowie in der Verwaltung tätig. Außerdem führten geschwächte Häftlinge bei den DAW Flechtarbeiten im Auftrag der Firmen H. C. Meyer jr., Schwarz & Co., G. F. W. Hamester und K. Teichert Nachf. durch.[118] Die Flechtabteilung gehörte zu den größten Kommandos des Hauptlagers. Je nach Auftragslage arbeiteten dort zwischen 450 und 1500 Häftlinge.

6. Auch die *Zentralbauleitung der Waffen-SS und Polizei,* die alle Baumaßnahmen im Bereich des Hauptlagers mit Ausnahme des Klinkerwerks ausführte, beschäftigte in großer Zahl Häftlinge als Hilfskräfte. Zu den größten Bauprojekten gehörten 1942 die Verwaltungsbauten und der „Industriehof" (Bauhof und Werkstätten) der Zentralbauleitung südlich des Häftlingslagers, 1943/44 die Walther-Werke („Kommando Fertigungsstelle"), die Erweiterungs-

gebäude im Lager und die DAW, 1944/45 die SS-Siedlung in Kirchwerder und die Schmiede der Walther-Werke (Hammerwerk).
7. Nur eine Minderheit der Häftlinge erhielt einen der begehrten Arbeitsplätze, die dem *Betrieb des Konzentrationslagers* dienten. Dazu gehörten Tätigkeiten im SS-Lager, z.B. in Büros, in der Friseurstube, in den Badeeinrichtungen für Offiziere und Mannschaften, in der Küche, im Speisesaal, im Führerheim, im Revier, in der Apotheke, in der Schneiderei und in den Kraftfahrzeugwerkstätten. Benötigt wurden außerdem Reinigungs- und Aufräumpersonal, ferner Häftlinge, die SS-Führern als persönliche Hilfskräfte zur Verfügung standen („Kalfaktoren"), manchmal auch für Arbeiten in deren Privathaushalten.
Andere arbeiteten im Häftlingslager, sie hatten z. B. Funktionen in der Lagerschreibstube und im Arbeitsdienstbüro, in der Küche, der Kantine und dem Proviantlager, im Revier, Bad und der Entlausung (ab Anfang bzw. Frühjahr 1942), in der Bekleidungs-, der Geräte- und der Effektenkammer. Ferner gab es die Läufer und Dolmetscher, die Lagerreiniger, das Latrinenkommando, verschiedene Transportkolonnen einschließlich der Abladekommandos für Elbschiffe in Zollenspieker und am Bahnhof; außerdem das Blockpersonal (Blockälteste, Stubendienste).
Auch in der Gärtnerei und in den Pferde-, Schweine- und Kaninchenställen arbeiteten Häftlinge, nicht dagegen bei den Wach- und Suchhunden, die beim Einsatz scharf sein mußten und sich daher nicht an Häftlinge gewöhnen durften.

Auf Anweisung der Inspektion der Konzentrationslager sollte die Zahl der Häftlinge, die in den Lagerkommandos arbeiteten, Anfang 1942 auf zehn Prozent (etwa 400), Mitte 1944 auf sechs Prozent (600-700) der arbeitsfähigen Häftlinge gesenkt werden, doch in Wirklichkeit lag sie wahrscheinlich weiterhin etwas höher.

Außerdem gab es einige *kleine Außenkommandos* beim Hauptlager. Dazu gehörten die Häftlingskolonnen bei privaten Handwerksbetrieben und Händlern in Bergedorf und den Vier- und Marschlanden, zu denen das Konzentrationslager geschäftliche Beziehungen unterhielt (z. B. Eisenhandlung Glunz, Holzhandlung Behr, Bäckerei Ohde). Überdies waren gelegentlich kleine Arbeitsgruppen unter Leitung städtischer Behörden bei Arbeiten an Gewässern in den Vier- und Marschlanden und in der Stadt eingesetzt. Nach den großen Bombenangriffen Ende Juli 1943 wurden *Aufräumkommandos* in die Stadt entsandt, zunächst eine SS-Einheit, wenige Tage später eine Gruppe ausgewählter Funktionshäftlinge und bald darauf ein Kommando aus mehreren hundert anderen Häftlingen. Sie mußten Leichen bergen, Trümmer und Schutt beseitigen, Bomben entschärfen und Hilfsarbeiten bei den Bestattungen in Massengräbern auf dem Ohlsdorfer Friedhof verrichten. Nach einigen Tagen wurden sie provisorisch in der Stadt einquartiert und in die 2. SS-Baubrigade eingegliedert.

Ein großes Außenkommando von 1000 Häftlingen, das täglich ins Lager zurückkehrte, mußte im Herbst 1944 in Hamburg-Oortkaten Panzersperrgräben ausheben.[119]

Die Arbeitsbedingungen

Die Mehrzahl der Häftlinge in Neuengamme verrichteten bis 1945 *schwere körperliche Arbeiten im Freien*.[120] Dazu gehörten vor allem die Tiefbau- und Wasserbauarbeiten, die verschiedenen Transporttätigkeiten sowie das Be- und Entladen von Fahrzeugen.

Wie die SS bei diesen Masseneinsätzen Arbeit und Terror miteinander verband, zeigen die Regulierungsarbeiten an der Dove Elbe. Die Arbeiten hätten mit stärkerem Einsatz von Maschinen, ergänzt durch die Arbeitskraft weniger, erfahrener Zivilarbeiter in kürzerer Zeit bewältigt werden können. Stattdessen setzte man Hunderte von Menschen unter Zwang zur Arbeit ein, die meist für diese Tätigkeit die denkbar schlechtesten körperlichen und beruflichen Voraussetzungen mitbrachten.

Die meisten Kolonnen im Kommando Elbe verteilten Erdreich, das von Baggern ausgehoben wurde. Die Häftlinge luden den Schlick mit Spaten und Schaufeln in Schubkarren, schoben sie auf Bohlenbrettern über den schlammigen Untergrund ans Ziel und planierten den Boden mit Schaufeln und Handwalzen. Bei längeren Transportwegen wurden Loren verwendet. Je drei bis sechs Häftlinge schoben eine Lore. An mehreren Stellen – so z. B. in der Nähe der Blauen Brücke – mußten auch Arbeiten am Deich verrichtet werden.

Um alle Häftlinge unter Kontrolle zu halten, gliederte die SS die Arbeitsabläufe wie in einer Fabrik in Einzelschritte auf und ließ jede Arbeitsgruppe immer ein- und dieselbe Tätigkeit verrichten. Beim Erdtransport mußte zum Beispiel eine Gruppe schaufeln, eine andere

KZ-Häftlinge bei Ausschachtungsarbeiten. (ANg)

Karren schieben und eine dritte das Erdreich verteilen. Dabei wurden alle Bewegungen streng reguliert. Der polnische Häftling Michal Piotrowski schildert das Beladen der Schubkarren folgendermaßen:

„In einem Abschnitt standen, sagen wir, 50 Häftlinge, jeder mit Schaufel, und 80 Häftlinge mit Karren. [...]
Hier standen die Häftlinge mit den Schaufeln im Abstand von etwa 1 m in einer Reihe. [...] Die Häftlinge mit den Karren fuhren hintereinander – auch in engem Abstand – an den schaufelnden Häftlingen vorbei. Jeder Häftling mußte auf jede Karre eine Schaufel Erde werfen. [...] Ein Häftling mit Karre durfte nie stehen bleiben. Er erhielt von jedem der schaufelnden Häftlinge eine Schaufel Erde aufgeladen, vom ersten der Reihe bis zum letzten, gleichgültig, ob die Karre voll war oder nicht. Es mußten also zum Beispiel immer 50 Schaufeln Erde auf eine Karre. Was nicht darauf paßte, fiel wieder herunter. Nach dem Beladen schob der Häftling die Karre weiter nach dort, wo die Erde hinsollte zur Planierung. [...] Nach dem Abladen fuhr der Häftling mit der Karre zurück zur Auflade-Reihe, d. h. die Häftlinge mit den Schubkarren fuhren immer im Kreis."[121]

Zur Aufsicht bediente sich der SS-Kommandoführer eines umfangreichen Systems von Funktionshäftlingen. Jede Kolonne wurde von einem Vorarbeiter kommandiert, mehrere Gruppen von einem Kapo und das ganze Kommando vom Oberkapo. Die Vorarbeiter und ihre Helfer („Unterschieber") trieben die Häftlinge mit Knüppeln und Schaufelstielen an. Oft mußten die Karren und die Loren im Laufschritt geschoben werden. Es durften keine Lücken entstehen; sie mußten so dicht hintereinander fahren, daß es leicht zu Auffahrunfällen kam. Wer auffiel, bekam einen Aufseher zur Seite gestellt. Er wurde besonders geschlagen, erhielt noch schwerere Arbeit und mußte zusätzliche Schikanen ertragen. Eine besondere Strafe bestand darin, die Schubkarre auf schlammigem Untergrund ohne Bohle zu schieben, während der Aufseher prügelnd hinterherlief.

Erholungspausen waren verboten. Es wurde bei fast jedem Wetter gearbeitet, auch bei Regen, Sturm und eisiger Kälte, wenn möglich sogar bei Frost und Schnee. Schutzhütten gab es nur für SS-Leute und Kapos. Es war auch nicht erlaubt, nasse Kleidung zu wechseln. Hinzu kam

KZ-Häftlinge beim Lorentransport auf der Ostseite des SS-Lagers. Zeichnung: H. P. Sørensen. (Sørensen, Neuengamme Erindringer)

Im Komando „Elbe"

Damals, als ich gekommen bin, Mai Einundvierzig, da war das noch weit bis zum Klinkerwerk. Das ging so: Da ist ein Schwimmbagger auf dem Wasser im Kanal. Und der schmeißt den Schlamm auf die Ufer, nach links, nach rechts. Das ist die einzige Maschine bei dem Kommando – alles andere geht von Hand: Häftlingsarbeit. Wir stehen da am Rand, am Ufer. Jeder hat eine Schaufel. Und wir schaufeln die Erde weg, die der Schwimmbagger hingeschmissen hat. Aber wohin? Also, wissen Sie, das ist so: Die einen haben die Schaufel, die andern haben die Schiebkarre. Und die mit der Schaufel schaufeln auf die Schiebkarre – und dann weg mit der Erde oben auf die Böschung, wo das planiert werden muß. [...] Du darfst nicht anhalten, nicht ausruhen. Die Karren schieben wir auf solchen Unterlagen, wissen Sie, Brettern – bis dahin, wo sie ausgekippt werden. Dann zurück, ohne Halt, weiter im Ring, zurück zu den Häftlingen mit der Schaufel: wieder Erde drauf auf den Karren, weiter im Ring, oben auskippen und so weiter. Niemand darf raus aus dem Ring. Von früh bis Mittag und von Mittag bis Abend und du darfst nicht einen Moment absetzen: Die Kapos und Vorarbeiter stehen doch daneben. [...] Das ist die erste Gruppe [...]

Die zweite Gruppe arbeitet mit den Loren. Die laufen auf Gleisen, wissen Sie: Eisenschienen. Die Loren werden genommen, wenn viel Erde weggeschafft wird auf weite Entfernung. Die dritte Gruppe arbeitet mit Spaten am Ufer und die rücken vor mit dem Schwimmbagger. Die stehn im Wasser und planieren die Uferböschung, denn der Bagger arbeitet doch nicht so sauber, aber das Ufer muß gerade sein. Und die Häftlinge stehn im Schlamm und wühlen mit Schaufeln in der Erde, um das gerade zu machen – egal welcher Monat, ob das ist Dezember oder Juli, spielt keine Rolle: immer mit den Füßen im Wasser. Und viele sind dann krank. Das ist doch ganz normal: Die stehn im Wasser mit nassen Kleidern – da wird man krank. Das im Wasser ist das schwerste Kommando. Kann man nicht lange aushalten. Aber mancher kriegt Geld von zu Hause, gibt es dem Kapo und dann kommt er vielleicht in ein besseres Kommando und wird schonungsvoll behandelt. Aber alle die andern werden angetrieben: brutal und rücksichtslos. Ohne Mitleid.

Auf dem Elbe-Kommando arbeiten zwischen 800 und 1200 Gefangene. Es ist das größte Kommando im Lager gewesen. Da

> sind ganz verschiedene Nationalitäten: Deutsche, Polen, Tschechen, auch Juden. Viel Intelligenz: Lehrer, Ingenieure, Beamte, Gymnasiasten, Ärzte. Alle müssen arbeiten: mit der Schaufel, am Schiebkarren, im Wasser am Ufer. Manche Deutsche sind Funktionshäftlinge gewesen: Kapos, Vorarbeiter. Das Schlimmste an dem Kommando war aber, daß man nichts konnte organisieren zum Essen. Kein lebendes Wesen zu sehen: Katzen, Hunde, Vögel – alle halten sich fern von den grau-blauen Streifenjacken. Nur Wasser, Schlamm, Erde. Und Hunger. Manche haben Gras gegessen und die Wurzeln vom Löwenzahn. Das war ein Todeskommando.
>
> *(Bericht von Michal Piotrowski, in: Schminck-Gustavus, Walerjan Wróbel,*

der dauernde Hunger. Kaum ein KZ-Gefangener brachte längere Zeit genügend Kräfte für diese schwere Arbeit auf.

Wenn die Reichweite der Schwimmbagger zu gering war, wurde der Schlick zunächst in Schuten ausgeleert. Von dort mußten ihn Häftlinge mit Schubkarren über 40 bis 50 cm breite Holzbohlen an Land befördern. War Erdreich auf das gegenüberliegende Ufer zu bringen, wurden ähnliche Bohlenstege über mehrere Schuten hinweg zur anderen Seite gelegt. An diesen Stegen kam es oft zu Arbeitsunfällen, die zum Teil auch von Aufsehern provoziert wurden. Durch Nässe und Schlamm waren die Bretter glitschig. In ihren Holzschuhen besaßen die Häftlinge keinen festen Halt, so daß sie leicht abglitten. Dann wurden sie gezwungen, ins Wasser zu springen und die Karre herauszuholen. Manchmal machten sich SS-Leute oder Kapos ein Vergnügen daraus, mit dem Brett zu wippen oder Häftlinge auf andere Weise zu behindern, so daß diese ins Wasser stürzten.

Kleinere Arbeitsgruppen von etwa fünf Häftlingen hatten die Aufgabe, nach Abschluß der Ausbaggerung das Ufer an beiden Seiten zu begradigen und zur Befestigung mit Grasnarbe zu belegen. Diese Tätigkeit war besonders gefürchtet; denn man mußte dabei oft im Wasser stehen.

Die KZ-Gefangenen wurden zu einem ständigen Konkurrenzkampf untereinander gezwungen, indem man den Kräftigsten und Brutalsten bessere Bedingungen gewährte, Schwache und Langsame dagegen bestrafte. Häftlinge, die sich bei der Ausgabe der Gerätschaften oder bei

Der Schwimmbagger im Elbe-Kommando; die Häftlinge verteilen Baggergut. (SS-Aufnahme von 1941/42, RvO)

der Verteilung der Mittagssuppe nicht rücksichtslos vordrängten, mußten schwerere Arbeit leisten und erhielten weniger zu essen. Wer sich brutal und mitleidlos gegenüber Mithäftlingen verhielt, hatte dagegen die Chance, als Aufsichtskraft eingesetzt zu werden.

Viele Häftlinge versuchten, ihre Kräfte zu schonen, wenn es ging. Manchmal gelang es sogar, sich untereinander auf Gefahren aufmerksam zu machen.

„Unter den Häftlingen gab es eine Parole: Du sollst mit den Augen arbeiten. [...] Wie lange wird dein Leben dauern? Wenn eine Aufsicht da ist, arbeitet man schnell, sonst nicht. Wenn ein Kamerad irgendwo ‚Achtzehn' rief [...], dann wußte man, daß dort eine Gefahr war."[122]

Ab Ende 1940 entwickelte sich das Kommando Elbe zur schlimmsten Arbeitsstelle des Lagers. Jeden Abend wurden Schwerverletzte, nicht mehr Arbeitsfähige und Tote zurückgetragen. Ihre Zahl stieg so stark, daß ein Rollwagen zu ihrem Transport bereitgestellt werden mußte.

Das Elbe-Kommando: rechts die Schienen für die Loren, im Hintergrund zwei Kapos mit Armbinde. Der eine hat die Hände in der Tasche, der andere die Arme auf dem Rücken verschränkt.
(SS-Aufnahme von 1941/42, RvO)

Die hohe Zahl der Toten war zum Teil auch auf Morde zurückzuführen. Immer wieder starben Häftlinge durch schwere Mißhandlungen. Andere wurden mit Knüppelschlägen gehindert, aus dem Wasser der Dove Elbe herauszukommen, bis sie ertranken. Es gab Kapos, die für ein halbes Päckchen Tabak Häftlinge über die Postenkette trieben. Häu-

„...die Männer fielen einer nach dem anderen um"

Ungefähr einen Monat arbeitete ich im Kommando Elbe. Wir beluden Kähne mit Sand, den wir vom Grund des Kanals holten. Dies war eine kräftezehrende Arbeit. Es kam vor, daß ein schwankender Gefangener in den Kanal fiel. Man durfte ihn nicht herausziehen [...].

Nach dem Kommando Elbe arbeitete ich im Klinkerwerk, wir nannten es einfach „Klinker". Wir schoben die Loren von der Lehmgrube zum Werk, das war eine sehr schwere Arbeit, die SS-Leute schlugen uns besonders. Als die Armee von General Paulus vor Stalingrad in Gefangenschaft geriet, trugen sie drei Tage lang Trauerflor. Wir wurden bei der Trockenlegung der Sumpfwiesen eingesetzt (das war hinter dem Proviantblock[1]); wir rodeten Baumstümpfe, hoben Gräben aus, im Herbst, im Regen, die Männer fielen einer nach dem anderen um. Nach der Arbeit zog man einen ganzen Wagen voll Muselmänner hinter der Kolonne her, das waren Gefangene, die sich nicht mehr auf den Beinen halten konnten. Der ganze Zug bewegte sich in Richtung Krematorium.

Ich kam auf einen Transport nach Osnabrück, dann nach Bremen, wo ich in einen Bombenhagel geriet. Ich wurde am Rückgrat verletzt und nach Neuengamme ins Krankenrevier geschickt. [...]

Ich war in Hamburg nach einer Bombardierung [...]. Einmal gruben wir aus den Trümmern eine Bombe aus. Auch in der Stadt verrichteten wir also Höllenarbeit. Die ganze Zeit stand man unter Angst, bis die Bombe herausgezogen war.

[1] *Dort wurden in den folgenden Monaten die Walther-Werke errichtet*

(Bericht von Nikolai Simonow, o.D. [1984], ANg, Übersetzung: Horst Koop)

fig überschritten Häftlinge auch aus Verzweiflung die Linie. Die Wachposten wurden für Todesschüsse mit einigen Tagen Urlaub oder mit Alkoholzuteilungen belohnt.

In anderen Kommandos, in denen Erdarbeiten verrichtet wurden, waren die Bedingungen ähnlich wie an der Dove Elbe. Bei der Errichtung des Lagers und der Wirtschaftsbetriebe mußten die Häftlinge Wassergräben mit Erde auffüllen, das Erdreich transportieren und anschließend den Boden planieren. In den Tongruben mußte der schwere Marschton mit Spaten gestochen, in Loren geladen und zum Werk geschoben werden. Der polnische Häftling Kazimierz Antecki war dort im März / April 1943 eingesetzt:

> „[...] beim Ausgraben und Transport des Tons hat man uns fix und fertig gemacht; es war noch schlimmer als in den Auschwitzer Bunawerken. Ich mußte vom Tonabstechen flüchten, sonst hätte ich nach 2-3 Wochen nicht mehr gelebt."[123]

Auch die Transportarbeiten gehörten zu den besonders gefürchteten Tätigkeiten. Ob es sich um die Planierwalzen bei den Erdarbeiten handelte, um Wagen mit Zement für Baustellen oder um die Jaucheabfuhr auf nahegelegene Felder – stets wurden KZ-Gefangene vor die Wagen gespannt. SS-Leute und Kapos wachten mit Brüllen und Schlägen darüber, daß alle gleichmäßig zogen. Das Be- und Entladen von Fahrzeugen erfolgte ebenfalls meist per Hand. Oft ließ die SS mehrere hundert Meter lange Menschenketten bilden. Die Häftlinge mußten Ziegelsteine ohne Arbeitshandschuhe von Mann zu Mann werfen, so daß ihre Hände nach kurzer Zeit verletzt waren.

Ab 1942 gehörten außer den Tongruben vor allem die Baustellen zu den Arbeitskommandos, bei denen diese Methoden herrschten. Eine der schlimmsten dieser Arbeitsstellen war 1943 das Kommando Fertigungsstelle, wo mehrere hundert Häftlinge bei der Errichtung der Walther-Werke arbeiteten. Kommandoführer war zunächst der SS-Unterscharführer Johann Reese, später der SS-Rottenführer (1944 Unterscharführer) Adolf Speck; sie gehörten zu den brutalsten Schergen im Konzentrationslager Neuengamme. Kommandant Pauly erschien mehrmals pro Woche persönlich auf der Baustelle, um sich davon zu überzeugen, daß die Häftlinge genügend angetrieben wurden.[124] Im April 1943 wurden auf dieser Baustelle viele der Sicherungsverwahrten umgebracht, die nach dem Abkommen zwischen Himmler und Justizminister Thierack vom September 1942 aus Gefängnissen und Justizstraflagern eingeliefert worden waren.[125] Mehrere Wochen lang verging kaum ein Tag, an dem nicht einige von ihnen erschlagen, ertränkt oder an der Postenkette in den Selbstmord getrieben („auf der Flucht erschossen") wurden.

Bis 1945 war die Mehrzahl der Häftlinge in Neuengamme unter derartigen Bedingungen bei Massenkommandos im Freien eingesetzt. Auch nachdem der KZ-Arbeitseinsatz ab 1942 größere wirtschaftliche

Verlegung der Feldbahngleise.
Zeichnung: H. P. Sørensen (Sørensen, Neuengamme Erindringer)

Bedeutung erlangte, blieben die Bedingungen in diesen Kommandos bestehen. Trotz des allgemeinen Arbeitskräftemangels war es keineswegs so, daß die SS dort auf eine bessere Erhaltung der Arbeitsfähigkeit geachtet und rationellere Arbeitsmethoden eingeführt hätte. Es gab zwar einige Anordnungen aus Berlin in dieser Richtung.[126] Doch hätten wirtschaftliche Überlegungen im Vordergrund gestanden, so hätte man die Arbeit anders organisiert. Prügel, Schikanen, die Strafmethoden und der rücksichtslose Kräfteverschleiß behinderten das Voranschreiten der Arbeiten. Auf normierte Tagesleistungen, die eine einfachere Kontrolle ermöglicht hätten, wurde bewußt verzichtet. Prämien und Verpflegungszulagen, die eigentlich als Anreiz zu höheren Leistungen dienen sollten, wurden in den Tiefbau- und Transportkolonnen von den SS-Leuten und Kapos nach ihrem Gutdünken verteilt. Die Häftlinge wurden dadurch noch stärker von der Gunst der Aufseher abhängig.

Nur in kleineren Kommandos, z. B. in den Kolonnen, die zur Entkrautung von Entwässerungsgräben, zu Mäharbeiten und ähnlichen

Panzergrabenbau in Hamburg-Oortkaten

Nach Oortkaten, südlich von Hamburg, wurden jeden Tag ca. 1000 Mann hingeschickt zum Ausheben von Panzergräben. Mit dem Zug dauerte das ca. 1 1/2 Stunden vom Lager bis zur Arbeitsstelle. Das war ein sehr langer Tag, wenn man bedenkt, daß die Gefangenen um 4 Uhr morgens geweckt wurden und erst heimkehrten um sechs – halbsieben Uhr abends zur regelmäßigen Appellzeit. Ein 3–4 km langer kanalähnlicher Graben sollte tiefer ausgehoben werden. Nachdem das Wasser ausgepumpt worden war, wurde die Arbeit folgendermaßen ausgeführt: Eine Kolonne mußte den schweren Lehmboden auf einen höheren Absatz hochwerfen, von dort aus wurde der Lehm dann von einer anderen Kolonne weiter nach der Oberkante gehoben. Die Kapos, Vorarbeiter und SS-Soldaten versuchten, je auf ihre Art, das Arbeitstempo zu forcieren. Stöcke, Stäbe und Peitschen wurden fleißig benutzt zu diesem Zweck. Das ganze Aufgebot von Sklaven und Einpeitschern hat uns erinnert an die pharaonischen Arbeitsarmeen. Natürlich gab es Unterschiede unter den Vorarbeitern. Die Vorarbeiter in der dänischen Kolonne gehörten zu den besseren. Dabei lernte man schnell, wie wichtig es ist, mit den Kräften zu haushalten, ja sogar zwischendurch bei Gelegenheit ein bißchen zu faulenzen. Trotz allem war es nicht zu vermeiden, daß die ungewohnte Arbeit für uns sehr ermüdend war. Und dann nach Feierabend, nach der rumpelnden Reise im Viehwagen war der oft sehr lange Abendappell für uns sehr entnervend.

(Barfod, S. 178; Übersetzung: Kai Reiflin)

Aufgaben in den Vier- und Marschlanden und in der Stadt abkommandiert waren, wurde zum Teil etwas weniger geschlagen und angetrieben. Für diese Arbeiten wählte die SS häufig Zeugen Jehovas aus. Da diese es aus Glaubensgründen ablehnten zu fliehen, konnten Wachkräfte eingespart werden.

Bestimmte Häftlinge behandelte die SS bei der Arbeit besonders brutal. Dazu gehörten vor allem die Juden, außerdem Angehörige der slawischen Völker. Die Juden waren bis 1942 in besonderen Kolonnen zusammengefaßt, in denen die meisten durch Mißhandlungen, Schikanen, Hunger und Entkräftung zugrunde gingen. 1940/41 mußten Juden,

Polen und Tschechen manchmal abends nach Feierabend, zeitweise auch sonntags, wenn die übrigen Häftlinge Freizeit hatten, zusätzliche Arbeiten verrichten, z. B. 1941 beim Bau der Kläranlage. Dort hatten sie unter besonders scharfer Bewachung Erde, Sand oder Steine zu befördern, zur Schikane mit hölzernen Tragen statt mit Schubkarren, manchmal auch völlig sinnlos von einer Stelle zu einer anderen und wieder zurück. 1944/45 waren die jüdischen Häftlinge überwiegend in Außenlagern mit besonders schweren Arbeitsbedingungen inhaftiert.

Auch die Häftlinge in der Strafkompanie wurden besonders unmenschlich behandelt. 1940/41 gab es nur inoffizielle Strafkolonnen, z. B. die gefürchtete „Walze 3". Erst 1942 wurde eine Strafkompanie eingerichtet, in der die Häftlinge Strafpunkte als Kennzeichen trugen und in einem gesondert umzäunten Block einquartiert waren.

Bessere Bedingungen gewährte die SS nur einer Minderheit unter den KZ-Gefangenen.[127] Dazu gehörten vor allem Handwerker und andere Insassen mit wichtigen beruflichen Kenntnissen. Auch wer an einen Aufsichts- oder Verwaltungsposten im Lager, in den Werken oder bei der Bauleitung gelangte, hatte es leichter. Die Zahl dieser Häftlinge ist für den Bereich des Hauptlagers 1940 bis Anfang 1942 auf 300 bis 500 zu schätzen. 1943 stieg sie auf über 1000 an. Ende 1944 gehörten durch den Ausbau der Wirtschaftsbetriebe etwa 2500 Häftlinge dazu.

Harte Bedingungen, die sich von denen der Häftlinge in den Massenkommandos nur wenig unterschieden, herrschten bei den Bauhandwerkern vor. Betonarbeiter, Maurer und Zimmerleute verrichteten schwere Arbeiten auf den Baustellen. Allerdings konnten die Aufseher Häftlinge, die Steine aufeinanderfügten oder ohne Kran schwere Dachbalken richteten, nicht andauernd prügeln; sonst wären die Bauarbeiten zu sehr behindert worden. Zbigniew Piotrowski, der 1943 als Glaser auf der Baustelle der Walther-Werke arbeitete, berichtet:

„Wenn man eine Scheibe in den Händen hatte, hat kein SS-Mann geschlagen, weil er Angst hatte vor Scherben. [...] Wenn einer von ihnen schimpfend auf uns zu kam, nahmen wir eine Scheibe in die Hände, dann schlug er uns nicht [...]."[128]

Bauhandwerkern gelang es auch manchmal, sich in einem unbewachten Winkel zu verstecken, um Pause zu machen.

Bei den anderen Handwerkerkommandos waren die Arbeitsbedingungen im allgemeinen besser. Die Häftlinge wurden sehr selten geschlagen. Die Vorarbeiter waren ausnahmslos deutsche Häftlinge mit Berufserfahrung; sie arbeiteten im allgemeinen selbst mit. Die SS verzichtete meist auf stärkere Beaufsichtigung und kontrollierte nur die Arbeitsergebnisse. Trotzdem konnten die Handwerker es sich nicht leisten, nachlässig zu arbeiten; denn sie mußten befürchten, den guten Posten zu verlieren und wieder Prügel, Schmutz und Hunger ertragen zu müssen. Da die Kolonnen normalerweise aus höchstens 20 Häftlingen bestanden, entstand oft guter Zusammenhalt untereinander. Die meisten Handwerker besaßen die Möglichkeit, bei Regen und Kälte in Gebäuden Schutz zu finden und manchmal unbemerkt eine Pause zu machen. Sie litten selten unter Hunger; denn sie konnten sich durch Tausch oder Dienstleistungen im Lager zusätzliche Lebensmittel organisieren. Handwerkliche Arbeiten waren zum Teil so begehrt, daß sie „bezahlt" wurden. Wenn SS-Angehörige Handwerker für persönliche Belange im Lager und in Privatwohnungen brauchten, steckten sie ihnen zum Beispiel ein halbes Brot, ein Stück Margarine oder einige Zigaretten zu, damit sie den Materialverbrauch nicht notierten und gegenüber Vorgesetzten schwiegen.

Die Arbeiter, die in den Rüstungsbetrieben (Jastram, Messap, Walther), in den DAW und im Klinkerwerk in der Produktion tätig waren, und die Häftlinge in Kleinbetrieben in Bergedorf und den Vier- und Marschlanden standen stärker unter Kontrolle als die Handwerker. Sie arbeiteten überwiegend in geschlossenen Räumen. Im Winter wurde zumindest bei großer Kälte geheizt. Schwere Mißhandlungen kamen selten vor. Dagegen gab es hier andere Nachteile und Gefahren. Durch fehlende Schutzvorkehrungen kam es zu Arbeitsunfällen an Maschinen. Im Klinkerwerk mußten viele Facharbeiter täglich bei großer Hitze arbeiten. Die Belastung der Augen führte bei Häftlingen im Kommando Messap zum Teil zur langfristigen Schädigung der Sehkraft. Das Schlimmste war für die Rüstungsarbeiter die schlechte Verpflegung. Dienstleistungen oder Waren wie die Handwerker hatten sie nicht zu bieten; daher war es für sie sehr viel schwieriger, sich Lebensmittel oder Kleidung zu „organisieren".

Als 1942 beim Konzentrationslager Neuengamme Rüstungsfertigungen eingerichtet wurden, versuchte die SS zunächst, ihre Antreibemethoden auch dort anzuwenden. Der Niederländer Jan van Bork berichtet über die Arbeit bei Jastram:

Häftlinge bei der Arbeit im Kommando Messap. (Illegale Aufnahme eines Zivilarbeiters; ANg)

„Es ist oftmals vorgekommen, daß ein Dreher an seiner Drehbank stillstand, um nach seiner Arbeit zu sehen. [...] Die SS schlug ihn dann von seiner Arbeit fort. Es ist einige Male vorgekommen, daß das Werkstück aus den Backen der Drehbank flog oder daß sich alles festlief."[129]

Nach einiger Zeit wurde deshalb die Aufsicht bei Jastram und Messap neu geregelt. Die SS-Kommandoführer durften keine Arbeitsanweisungen mehr erteilen, sondern die Häftlinge nur noch zum Werk bringen und abholen. Die Aufsicht bei der Arbeit führten zivile Betriebsangehörige. Bei den Walther-Werken war es ähnlich; allerdings machte der Kommandoführer Speck mehrmals pro Woche im Werk Kontrollrundgänge, obwohl er keinerlei Fachkenntnisse besaß – schon das Anfertigen schriftlicher Meldungen bereitete ihm Mühe. Er beschränkte sich darauf, einzelne KZ-Gefangene willkürlich herauszugreifen, sie zu schlagen oder zur Bestrafung zu melden.

Die zivilen Angestellten und die Werksleiter hielten sich in der Behandlung der Häftlinge zumeist an die Vorschriften, verhielten sich aber nicht unmenschlich. Einige werden als „laut" oder „großschnauzig" charakterisiert. Andere erteilten schon bei kleinen Vergehen Strafen. Einzelne Zivilarbeiter waren sogar bereit, Häftlingen, mit denen sie täglich Kontakt hatten, zu helfen. Sie ließen ab und zu unauffällig ein Stück Brot liegen oder setzten sich dafür ein, daß Strafen gemildert wurden. Im allgemeinen beachteten die zivilen Aufseher aber aus Furcht vor der Gestapo das Verbot privater Kontaktaufnahme.

Um Störungen und Sabotage zu verhindern, hatten die Rüstungsunternehmen von Anfang an umfangreiche Kontrollen eingerichtet. Meist wurde ein normiertes Leistungspensum vorgeschrieben. So hatte zum Beispiel bei Messap jeder Häftling Montagearbeiten an 120 Uhrwerken für Zeitzünder pro Tag zu erledigen. Daher gab es in den Rüstungsbetrieben nur wenige Kapos und Vorarbeiter. Über die meisten äußerten sich ihre Mithäftlinge später anerkennend, weil sie zusätzliche Verpflegung „organisierten", für Arbeitserleichterungen eintraten und Hilfe leisteten, wenn sie konnten.

Die schlimmste Strafe war der Verlust der Arbeitsstelle. Außerdem gab es betriebsinterne Disziplinierungsmethoden wie z.B. Versetzung auf einen schlechteren Arbeitsplatz, Entzug der Zulage oder Kürzung der Prämie. Strafmeldungen an die SS waren relativ selten. Am härtesten wurde Sabotage bestraft. Eine Meldung an die SS hatte ab 1944 meist die Hinrichtung zur Folge. Der bekannteste Fall war der des Belgiers Pierre de Tollenaere, der bei Jastram eine Schweißnaht nicht vorschriftsmäßig ausgeführt hatte. Das Werk meldete den Vorfall dem Kommandanten. De Tollenaere wurde Anfang Dezember 1944 auf dem Appellplatz erhängt.

Die Arbeitsbedingungen der Häftlinge, die Tätigkeiten im Bereich des Häftlings- und des SS-Lagers ausübten, waren meist ebenfalls besser als bei den Masseneinsätzen. Es gab allerdings große Unterschiede; die Tätigkeiten reichten von Transportarbeiten aller Art über handwerkliche Tätigkeiten etwa in den Schneider-, Schuhmacher- und Kfz-Werkstätten bis zum Lagerältesten. Die günstigsten Bedingungen hatten die, die mit der Verteilung von Waren zu tun hatten; ähnlich wie die Handwerker konnten sie häufig Gegenleistungen erhalten oder Tauschgeschäfte machen. Selbst die Häftlinge, die die Latrinengruben entleerten – dazu wurden fast ausschließlich Russen eingeteilt –, erhielten für ihre unangenehme Arbeit hier oder da etwas Suppe oder ein Stück Brot von Blockältesten als Anreiz für rasche oder bevorzugte Leerung der Gruben.

„Kiesarbeit"

Während der Quarantäne wurde ich einem kleinen Kommando zugeteilt, das „Kiesarbeit" hieß. Wir waren etwa acht bis zehn Gefangene. Wir marschierten neben den SS-Unterkünften in Richtung Klinkerwerk. Dort lagen Betonblöcke, die von den Zerstörungen in Hamburg stammten. Jeder mußte sich einen Betonblock vornehmen und sich in einem großen Kreis in den Schneidersitz setzen, so daß jeweils zwei bis drei Meter Abstand zum nächsten Gefangenen war. Mit einer etwa 40 Zentimeter langen Eisenstange mußten wir von den Betonblöcken kleine Brocken abschlagen, die so groß wie eine Nuß sein sollten. Es war verboten, zu sprechen oder die Stellung zu wechseln, außer wenn man einen neuen Block holte. Die abgeschlagenen Brocken mußten wir hinter unserem Rücken aufhäufen. Wehe dem Gefangenen, der zu wenig schaffte oder der einem schwachen Nachbarn etwas abgab. Der Kapo, der dies kleine Kommando befehligte, vertrieb sich die Zeit, indem er mit einem Gummiknüppel links und rechts Schläge austeilte. Diese Arbeit dauerte den ganzen Vormittag. Erschöpft kehrten wir ins Lager zurück. Unsere Arme waren steif, die Händen waren blutig mit offenen Wunden von den Kanten der Eisenstange. Der abgeschlagene „Kies" wurde danach vor dem Pavillon der SS verstreut.

(Bericht von Jean Méry 1986, ANg)

In den Schonkommandos arbeiteten kranke und geschwächte Häftlinge, denen im Krankenrevier eine entsprechende Bescheinigung ausgestellt worden war.[130] Sie jäteten Unkraut und sammelten Papier im Lagergelände, schälten Kartoffeln, stopften Strümpfe für die SS-Bekleidungskammer, zerkleinerten Briketts im Klinkerwerk oder verrichteten einfache Hilfsarbeiten für die Werkstätten wie Schrauben sortieren, Nägel aus Hölzern entfernen und gerade klopfen u.ä. mehr. Die Arbeit fand oft im Freien statt, wo es keinen Schutz gegen Nässe und Kälte gab. Das Flechtkommando war in die Abteilungen „Flechten" und „Tarnung" aufgeteilt. Die Häftlinge mußten mit Hilfe von Nagelbrettern Stoffreste in Streifen reißen, sie zu Gurten und Bändern flechten, in Säcke füllen, um Schiffsfender herzustellen, oder in Netze einflechten, die als Tarnmatten dienten. In der Kartoffelschälküche arbeiteten bis zu

200 Häftlinge. Beim Kartoffelschälen und Gemüseputzen bestand in unbewachten Augenblicken ab und zu die Möglichkeit, heimlich etwas zu verzehren. Aber man riskierte auch, Opfer einer der derben Späße der SS-Leute zu werden, die es auf die „Muselmänner" besonders abgesehen hatten. Der Küchenchef Bladowski warf zum Beispiel mehrmals Häftlinge in das große Wasserbecken, das zum Spülen der Kartoffeln diente.

Auch die Kinder und Jugendlichen im Lager erhielten zum Teil in der Flechterei, bei der Lagerreinigung und in anderen Schonkommandos leichtere Arbeit. Sie kamen vor allem durch die Räumung von Lagern im Osten 1944 nach Neuengamme, unter anderem eine Gruppe von 30 bis 50 Kindern ab etwa acht Jahren aus Lettland.

Arbeit beim Bau des neuen Klinkerwerks

Als Edgar Kupfer im Januar 1941 aus dem KZ Dachau nach Neuengamme gekommen war, blieben die Häftlinge wegen des Frostes tagelang in die Baracken eingesperrt. Deshalb war er froh, als er hörte, daß die Arbeit wieder begann.

Eines Tages kam auch das Kommando an die Reihe, dem ich zugeteilt war: „Klinker", die große Ziegelei. Wir waren alle voller Erwartung. Unsere dicken weißen Porzellaneßnäpfe und unsere Löffel mußten wir mitnehmen. Wir knoteten sie in unsere Geschirrtücher. Nach dem Morgenappell schlossen wir uns dem anderen Haufen des Kommandos an. Zusammen waren wir siebenhundert Mann. Die Capos liefen die Reihe ab. [...] Endlich setzte sich die lange Kolonne in Bewegung. Wir marschierten zum Tor hinaus. [...] Die Posten marschierten neben uns, Gewehr im Arm, Finger am Hahn. Wir mußten so eng hintereinander gehen, daß wir kaum ausschreiten konnten. Außerdem wollten die Holzpantoffeln nicht halten. Mit den Zehen krampfte man sich gegen das Holz, um sie nicht zu verlieren, aber es nützte nicht viel, da der Boden gefroren und uneben war. Die Pantoffeln glitten über die glatte Fläche wie Schlittenkufen. Draußen wäre das zum Lachen gewesen, hier aber war es eine Tragödie. Unter allen Umständen mußte gleicher Schritt gehalten werden. Stürzte einer, so brachte er die Reihen in Unordnung, weil andere über ihn fielen oder ihn umgehen mußten und dadurch den Gleichschritt verloren. Aus der Reihe treten bedeutete den Tod, wenn es auch nur ein Schritt gewesen wäre. Die Posten schossen sofort. [...]

Wir hatten festgefrorene Schienen loszuschlagen. Die Geleise sollten verlegt werden. Wir mußten die Mäntel ausziehen und irgendwo nebeneinander auf den Boden legen, die Eßschalen dazu. Wir arbeiteten im Schweiße unseres Angesichts [...]. Es war eine schwere Arbeit, die Schienen loszuschlagen. Große Stemmeisen mußten unterlegt werden, um die Schienen zu heben. Es ging nur langsam vorwärts. [...] Endlich hoben sich die Schienen. Nun mußten sie „verlegt" werden. Wie das geschehen sollte, war mir völlig unklar, denn wir alle waren schwache, unterernährte Menschen. Der [Capo] Pieronie gab den Befehl, uns in die Geleise zu stellen, in Abständen von etwa zweieinhalb Metern. Dann mußten wir uns alle gleichzeitig auf Befehl bücken, zufassen und auf sein Kommando die Schiene heben und – tragen. Es ging. Zwar war jedem anzusehen, daß er die letzte Kraft einsetzte. Hätte einer losgelassen, so wären andere verletzt worden. Also biß jeder die Zähne zusammen. Wir machten das scheinbar Unmögliche möglich, wir trugen die schweren Schienen etwa dreißig Meter weit. Dabei fluchte Pieronie natürlich auf das Gräßlichste, aber er schlug keinen, aus Angst, der Geschlagene könnte sonst die Geleise fallen lassen. Ich habe später viele solche Gleisverlegungen erlebt, habe gesehen, wie manchen Kameraden dabei zwei, drei Finger abgequetscht wurden. Pieronie [...] behandelte den Fall so leicht, als hätte ein junges Mädchen sich mit der Nähnadel gestochen. Geh zum Sanitäter! Damit war der Fall erledigt. Und ich hörte später andere Capos bei ähnlichen Fällen sagen: „Halt's Maul, schrei nicht wegen so einer Kleinigkeit, hast ja immer noch sechs Finger!"

Nun begann eine leichtere Arbeit, so schien es wenigstens. Wir mußten die Erde mit Pickeln loshacken, um sie später in die Loren schaufeln zu können. Das ganze Erdreich ringsum sollte abgetragen, das heißt, geebnet werden. Wir begannen drauf los zu pickeln. [...] Der Lehmboden war noch steinhart gefroren. Es erforderte Kraft und auch Geschicklichkeit, größere Schollen abzuspalten. Das Ohr tat mir weh. [...] Der Vormittag schien eine kleine Ewigkeit zu dauern. Es war besser, nicht zu denken, wieviel Uhr es sein konnte, sonst verging die Zeit überhaupt nicht.

Kaum hatte ich mich zu diesem Entschluß durchgerungen, als ein greller Pfiff über das ganze Werk hin ertönte. [...] Pieronie schrie: „Los, Mittag! Schüsseln nehmen! Im Laufschritt los! [...]" Wir rannten im Laufschritt fort, zum Hof der Ziegelei. Wahrscheinlich waren wir verspätet. Aber wir täuschten uns. Das Rennen wurde nur deshalb befohlen, damit keine Minute der kostbaren Arbeitszeit verloren ging. Eßkübel standen in der Mitte des Hofes. Die Capos und Hilfscapos schöpften aus. Jede Gruppe rannte, Mann hinter Mann, zu den Kübeln. Jeder erhielt eine dreiviertel Kelle voll in seinen Napf, dann rannte er wieder zurück zu seinem alten Standort, wo sofort wieder vorschriftsmäßige Fünferreihen gebildet wurden. [...]

Welche Wohltat: die Suppe war heiß! Heiß! Die Kessel wurden bis zu einer gewissen Tiefe ausgeschöpft, das obenschwimmende Wasser hatten wir bekommen, die kleinen Fleischbrocken und Kartoffelstücke blieben unten liegen, das Dickere der Suppe, der Satz, gehörte den Capos. In edler Bescheidenheit schöpften sie erst uns das Wasser ab. Sie selbst erhielten jeder zwei Schüsseln voll vom Bodensatz. [...]

Einige von uns löffelten noch den Rest ihrer Suppe, als ein scharfer Pfiff ertönte. War das möglich? Hatten wir denn keine Mittagspause, keine Minute Zeit, um uns von der Arbeit zu erholen? Nein! Im Laufschritt ging es zurück zur Arbeit. Wieder pickelten wir die harte Erde los. Es war ein wenig wärmer geworden. Plötzlich begann Pieronie ohne jeden ersichtlichen Grund zu schreien: „Ihr Hunde [...]! Wollt ihr arbeiten! Säue, dreckige! Nur fressen, immer fressen! Pieronie, ich werd' euch zeigen!" Und schon sauste sein Prügel auf uns nieder. Ein SS-Mann ging gerade grinsend vorüber. „Besorg's ihnen, recht so, nur feste druff!" Als er wegschlenderte und außer Sicht- und Hörweite kam, ließ Pironie mit dem Schlagen nach und sparte auch seine Lungenkraft. „Hurensohn!" sagte er noch zu einem, aber er schrie schon nicht mehr und trat ihn dabei nur leicht. [...]

Es dämmerte, als wir den schrillen Pfiff hörten, der zum Antreten rief. Wir stürzten zu unseren schmutzigen, ungespülten Schüsseln, rafften unsere Mäntel auf, rannten auf den Weg und zogen die Mäntel im Laufen an. Vorher hatten wir noch unsere Pickel und Schaufeln in den Kasten zurückzulegen, aus dem wir sie genommen hatten. Der Capo stand dabei, fluchte und schrie, weil sie nicht gewaschen waren. Aber dazu reichte die Zeit nicht mehr. Im Laufschritt ging es auf den Hof der Ziegelei. Dort waren schon die meisten Gruppen angetreten und bildeten Reihen. "Stillgestanden!" Einer der Capos zählte ab. Wir verharrten mit abgenommenen Mützen. Dann kam der Kommandoführer und zählte nach. Nun durften wir die Mützen wieder aufsetzen, machten links um und marschierten gleich darauf durch das Ziegeleitor auf die Straße. [...]

Die Arbeit fiel uns von Tag zu Tag schwerer, das Tempo war mörderisch und das Klima auch. Wenn es einen ganzen Tag lang geregnet hatte und wir durch und durch naß waren, kam wieder Frost, sogar das schmutzige Wasser gefror, das in großen Pfützen auf dem Eis der Straßen und der Felder stand. Das Leben wurde immer unerträglicher. Hatten wir zuerst gedacht, daß Arbeit schön sei, so empfanden wir sie jetzt als eine Hölle. Keine Ruhepause wurde uns gegönnt. Schon nach acht Tagen hatten wir die ersten Halbleichen, Kameraden, die wir auf den Schultern ins Lager zurücktragen mußten, weil sie so erschöpft waren, daß sie mehr Toten als Lebendigen glichen. Wir verfielen alle. Bei manchen ging es rasch abwärts, sie konnten sich kaum mehr schleppen, mußten aber doch arbeiten. [...] Und plözlich, mitten in der Arbeit, schwankten sie, fielen um wie ein Stück Holz und rührten sich nicht mehr. Dann kam der Hilfscapo und rüttelte sie. Meist fand sich auch noch ein SS-Mann ein, trat sie in die Seite, und wenn das nichts nützte, hieß es: "Das faule Schwein verstellt sich. Holt Wasser!" Dann goß man den Halbtoten zwei oder drei Eimer eiskaltes Wasser über den Kopf und über die Kleider. Das erweckte viele, und sie machten den Versuch, sich aufzurichten. Die meisten sanken gleich wieder zurück. Dann ließ man sie liegen, auf Schnee, auf Eis, im Dreck, wo sie eben gerade waren. Ein besonders menschlicher Hilfscapo gab vielleicht den Befehl, sie in irgendeinen Winkel oder gar in einen Schuppen zu tragen, aber das war selten.

Am Abend wiederholte sich das gleiche: Tritte, Wassergüsse für die Leblosen. Wenn sie noch atmeten, sich aber trotzdem nicht mehr bewegten, wurden sie von uns auf den Schultern nach Hause getragen. Beim Appell lagen sie dann auf dem Boden neben der Blockgruppe und wurden mitgezählt. Oft waren sie schon tot, als abgezählt wurde. Wenn nicht, dann mußten wir sie ins Revier bringen. Das wurde ungern getan, denn alle fühlten sich müde und elend, und jeder war sich selber so fremd geworden, daß ihm der andere ebenfalls fremd und gleichgültig war.

(E. Kupfer-Koberwitz: Die Mächtigen und die Hilflosen, Bd. 1, Stuttgart 1957, S. 320-328)

6. Die Außenlager

Die Lebens- und Arbeitsbedingungen in den Außenlagern des Konzentrationslagers Neuengamme waren sehr verschieden.[131] In einigen von ihnen haben trotz schwerer Arbeit, mangelhafter Ernährung und harter Strafen die meisten der Inhaftierten überlebt, in vielen anderen gingen dagegen die Menschen innerhalb weniger Wochen in großer Zahl zugrunde. Die Gründe für die Unterschiedlichkeit der Existenzbedingungen sind vielfältig. In den Außenlagern wirkten zahlreiche Einflüsse zusammen. Für die SS waren die KZ-Gefangenen Verbrecher und Feinde, die eine Gefahr für das Regime darstellten und dementsprechend zu behandeln waren. Die Unternehmen und Behörden, die KZ-Gefangene beschäftigten, waren vor allem daran interessiert, daß die Arbeiten voranschritten; oft nahmen sie dabei rücksichtslos unmenschliche Bedingungen für die KZ-Gefangenen in Kauf. Von erheblicher Bedeutung für die Verhältnisse in den Lagern und an den Arbeitsstellen war das persönliche Verhalten der Aufsichtskräfte, insbesondere der SS-Aufseher, der aufsichtsführenden Zivilisten und der Kapos. Auch andere Menschen, mit denen die KZ-Gefangenen in den Außenlagern in Berührung kamen, konnten ihnen das Leben erschweren oder sich um Erleichterungen bemühen.

Die Zahl der Außenlager des Konzentrationslagers Neuengamme stieg ab 1942 langsam an. Ende 1942 existierten zwei Außenlager und eine mobile SS-Baubrigade. 1943 kamen zwei weitere Außenlager und eine Baubrigade hinzu. Der massenhafte Einsatz von KZ-Gefangenen in der Kriegswirtschaft begann 1944; in diesem Jahr wurden über 60 Außenlager in ganz Norddeutschland eingerichtet. 1945 gab es noch mindestens zehn Neugründungen. Mitte 1943 waren ca. 3700 Häftlinge

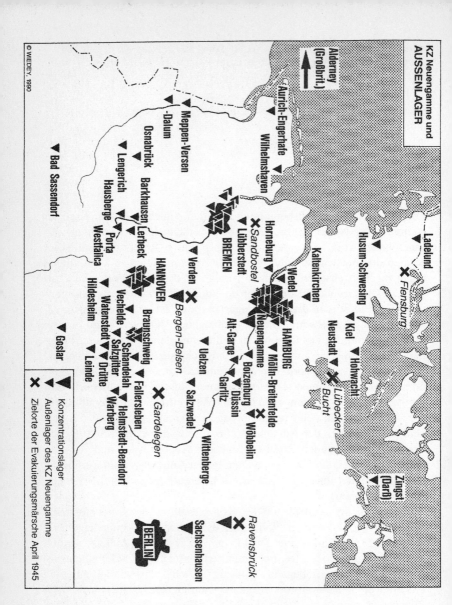

Unterirdische Ausbauarbeiten an der Porta Westfalica

Sind alle Schubkarren so schwer wie diese? Haben alle Karren so dicke Holme? Und ich hatte geglaubt, es sei leicht, sie zu handhaben ... Sauerei! Die rohen Holzgriffe rutschen mir aus der Hand, ich fasse wieder zu, und los geht's; aber das Rad sinkt in den Boden ein, ich schiebe weiter. An der Krümmung des Stollens sehe ich das Tageslicht; das ist der schwierigste Abschnitt, der Boden steigt an, am Ende des Stollens noch eine schlimme Steigung. Oben angekommen, wird die Karre umgekippt und entleert. Zum Glück ist heute der SS-Kommandoführer nicht da; drei Tage nach unserer Ankunft hat er einen Russen mit dem Stiel einer Kreuzhacke zusammengeschlagen, weil er nicht schnell genug gearbeitet hatte: ein Kumpel hat mir sogar erzählt, der arme Kerl sei daran gestorben. [...]

Obwohl Henri mir nur wenig auf die Karre lädt, habe ich bei jeder Fahrt Angst, es nicht bis oben auf diese elende Steigung zu schaffen, und oben angekommen habe ich nicht mehr die Kraft, meine Schubkarre genügend hochzuheben, um sie mit einem Schlag umzukippen. [...]

Mechanisch schiebe ich meine Karre; obwohl ich mich nicht besonders müde fühle, habe ich den Eindruck, als sei mein ganzer Körper ausgelaugt. Seit Neue Bremm* werde ich meinen Durchfall nicht mehr los; sobald ich meine, es ginge mir besser, erkälte ich mich oder vertrage die Suppe nicht: Wenn man mir nicht zuviel Arbeit abverlangt, kann ich es aushalten. Noch eine Schubkarre auskippen; ich lasse sie ungeschickt auf die Seite fallen, und die Hälfte der Ladung fällt auf den Boden, während die andere in der Karre bleibt. Mist, Mist und nochmals Mist! Trotzdem bleibe ich ruhig, ich will mich nicht sofort aufregen. Ich schaue einem Russen zu, der nicht weit von mir entfernt arbeitet; der kann zupacken, mit einer Armbewegung hat er die Schubkarre umgekippt und seine Erde zu einem sauberen kleinen Haufen aufgeschüttet, dann dreht er seine leere Karre spielend wieder um, überholt mich und verschwindet wieder im Stollen. Neben ihm muß ich erbärmlich aussehen [...].

Warum schreit er da herum? Ich sag ihm doch, daß ich die Karre schiebe und mein Kamerad sie vollädt. Gut, mecker nicht mehr, ich nehme ja schon eine Schaufel ... So, jetzt ist sie voll, es war nicht der Mühe wert. Wie, noch nicht genug? Noch eine Schaufel, zwei, drei ... ich werde sie niemals vom Fleck bringen. Er reißt mir die Schaufel aus der Hand, lädt selbst auf und schlägt die Erde mit dem Schaufelrücken fest. Mistkerl, hör auf! Du mußt ja nicht schieben!

Ich fahre dennoch los, mit Mühe, und das Rad rutscht immer wieder in die bereits tief eingefahrenen Spuren. Zum Glück steht ein Freund an der Steigung und hilft mir. Mein Aufpasser ist mir gefolgt und verschwindet. Gut dabei weggekommen! [...]

Da ist er wieder; er war nur aus dem Stollen gegangen, um einen Knüppel zu holen. Ich bin froh, daß der Stollen so lang ist: er wird viel Arbeit haben, wenn er auf alle aufpassen will. Ich lege los mit einer ordentlichen Ladung; hinter mir beeilt sich ein anderer mit seiner Schubkarre. Rudi ist bei ihm und macht uns mit seinem Gebrüll und seinem Knüppel Beine. Er baut sich an der Biegung auf; von dort aus beherrscht er die Leute, die aufladen, und zugleich die Stelle, wo die Karren ausgekippt werden: das ist das Ende. Ich höre auf, mir etwas vorzumachen, und lege wieder los. Wie lange wird das noch so gehen? Mit Schwung nehme ich die Steigung, kippe die Karre aus und kehre wieder um. Als ich an Rudi vorbeifahre, schreit er mich an: er hat bemerkt, daß meine Karre nicht ganz voll war. Als ich die Griffe loslasse, brennen mir die Hände; um mit der Schaufel arbeiten zu können, muß ich erst die Schultern lockern, sie sind noch ganz steif von der Anstrengung, die sie aushalten mußten. Ich lade schnell wieder auf, ohne ein Wort zu sagen.

Au! Nicht der Schlag von Rudis Knüppel macht mich wütend, es ist vielmehr die zusätzliche Erde, die er von den Leuten in seiner Reichweite auf meine Karre werfen läßt. Ich ziehe den Kopf ein und fahre wieder los; ich darf nichts sagen, man muß das Spiel mitspielen. Hinter mir geht das Gebrüll wieder los; der alte Fritz ist dazugekommen, und jetzt kontrollieren sie zusammen den ganzen Gang. Mein Rad sinkt tief in den Sand ein und bleibt stehen. Ich ziehe die Karre zurück und versuche, freizukommen; das Rad bleibt wieder stecken. Fritz geht auf mich los; jetzt klappt's, ich bin vorbei. Zu allem Unglück kippt meine Schubkarre auf der Steigung um. Das ist der Anlaß für Prügel, ich habe keine Zeit, daran zu denken; ich sehe eine Schaufel, lade wieder auf, fahre wieder los. Es kommt mir vor, als vollführte ich schwindelerregende Übungen, aufgehängt an einem Seil über einem Abgrund. Meine Arme zittern, meine Beine zittern, und dennoch arbeite ich mit äußerster Geschwindigkeit weiter.

Das ist schon fast ein Wettlauf. Unter den Schlägen beschleunigen die Karrenschieber einer nach dem anderen ihr Tempo. Wenn ich nicht auffallen will, darf ich mich nicht überholen lassen. Ich falle auf die Knie, stehe wieder auf. Jetzt ist es die Karre, die mich voranzieht. Meine Hände, meine Arme sind nur noch Seile, die meine Schultern mit den Griffen verbinden. Ich muß nur aufrecht bleiben, und die Beine müssen weitergehen; zum Glück sind sie daran gewöhnt. Wie lange noch bis zum Feierabend?

* *Lager in Saarbrücken*

(Bericht von Pierre Bleton; Bleton, S. 15-18)

in den Außenlagern inhaftiert. Im März 1945 waren es fast 40.000, davon etwa 12.000 Frauen in Außenlagern für weibliche Häftlinge[132].

Die Außenlager trugen offiziell die Bezeichnung „Arbeitslager der Waffen-SS". Im damaligen Sprachgebrauch war allerdings die Bezeichnung „Außenkommando" häufiger. Einige Außenlager bestanden nur wenige Wochen. Vor allem im letzten Halbjahr des Krieges wurden die KZ-Gefangenen oft kurzfristig zu neuen, besonders dringlichen Arbeiten hin- und hertransportiert. In einigen Fällen zogen Häftlingskommandos geschlossen in andere Lager um, zum Beispiel um die Wege zu den Arbeitsstellen zu verkürzen oder weil Lager durch Bombenangriffe zerstört wurden. Diese Verlegungen trugen mit zu der hohen Zahl von über 80 Außenlagern bei, die zu verschiedenen Zeiten zum KZ Neuengamme gehörten.

a) Die Entstehung der Außenlager ab 1942

Die Häftlinge des Konzentrationslagers Neuengamme waren vor allem in folgenden Bereichen eingesetzt:
- in Industriebetrieben,
- bei Bauarbeiten zur Untertageverlagerung von Rüstungsfertigungen,
- bei Aufräumarbeiten nach Bombenangriffen und bei der Errichtung von Behelfsunterkünften für Ausgebombte,

Konzentrationslager Neuengamme KL. Neuengamme den 1. Sept. 1942
Häftlingseinsatz
Dienststelle

239 140

Buchungsbeleg
Forderungsnachweis Nr.
über den Häftlingseinsatz

bei Phrix-Werke, Wittenberge b. Potsdam

für die Zeit vom 29. - 31. August 1942

Gemäss umseitiger Aufstellung sind zu entrichten:

für 138	Facharbeiter	(Tagesbeschäftigung)	à RM 6,00	RM 828,00
für	Facharbeiter	(Halbtagsbeschäftig.)	à RM	= RM
für 312	Hilfsarbeiter	(Tagesbeschäftigung)	à RM 4,00	RM 1248,00
für	Hilfsarbeiter	(Halbtagsbeschäftig.)	à RM	= RM
			Summe:	**RM 2076,00**

Der Betrag von RM 2076,00 ist bis 1. Oktober 1942 auf das Konto des SS-Wirtschafts-Verwaltungshauptamtes, Amt D IV, Oranienburg, bei der Reichsbankstelle Berlin-Charlottenburg Nr. 15/1917 oder auf das Postscheckkonto Berlin Nr. 11156 zu überweisen.

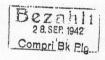

Sachlich richtig und festgestellt:
Der Leiter der Verwaltung
Der Lagerkommandant

SS-Obersturmführer
(Dienstgrad)

(Brandenburgisches Landeshauptarchiv Potsdam, Pr. Br., Rep. 75, KZZW, Bd. 61, Bl. 239)

- bei Bau- und Befestigungsarbeiten der Wehrmacht und der Organisation Todt,
- bei der Reparatur zerstörter Eisenbahnverbindungen.

Die ersten Außenlager des Konzentrationslagers Neuengamme befanden sich auf der Ostseehalbinsel Darß. Im Januar / Februar 1941 und erneut von Dezember 1941 bis April 1942 waren je 50 Häftlinge – bis auf den Koch und den Lagerältesten ausnahmslos Zeugen Jehovas – einige Wochen lang dort eingesetzt, um Schilf für die SS-Rohrmattenflechterei im Frauen-KZ Ravensbrück zu schneiden.

Bei *Industriebetrieben* entstanden erstmals 1942 Außenlager.[133]

Bei dem ersten Einsatz in einem Industriebetrieb, der von Neuengamme aus geleitet wurde, handelte es sich um einen besonderen Fall. Das Lager beim Volkswagenwerk in „K.d.F-Stadt" (dem heutigen Wolfsburg) wurde formal nicht als Außenlager, sondern als eigenständiges Konzentrationslager mit der Tarnbezeichnung „KL Arbeitsdorf" geführt. Die Leitung lag jedoch in der Hand des Neuengammer Kommandanten Weiß, der offenbar nach einiger Zeit seinen Schutzhaftlagerführer Schitli als Kommandanten dorthin sandte. Die KZ-Gefangenen sollten Hallen für eine Leichtmetallgießerei errichten. Als Gegenleistung sagte Ferdinand Porsche die Lieferung von 4000 Kübelwagen für die Waffen-SS zu. Das Bauvorhaben wurde wegen veränderter rüstungswirtschaftlicher Ziele im Oktober 1942 beendet und die Häftlinge abgezogen.[134]

Auch zwei weitere Außenlager bei Industriebetrieben kamen 1942 durch Gegenleistungen an die SS zustande. Für den Einsatz von KZ-Gefangenen beim Phrix-Werk in Wittenberge ließ sich das SS-Wirtschaftsverwaltungshauptamt 75 Prozent der erwarteten Hefeerzeugung zusichern.[135] Den Reichswerken „Hermann Göring" in Watenstedt-Salzgitter stellte die SS Häftlinge zur Verfügung, nachdem diese einer fünfzigprozentigen Gewinnbeteiligung zustimmten.[136]

Nachdem Hitler im September 1942 den Einsatz von KZ-Gefangenen in der Kriegswirtschaft angeordnet hatte, war das Tor für eine erhebliche Ausweitung der Außenlager in der Industrie geöffnet. Der Einsatz bei der Accumulatorenfabrik in Hannover-Stöcken (der heutigen VARTA) kam 1943 auf Initiative des Reichsministeriums für Bewaffnung und Munition unter Mitwirkung des Rüstungskommandos Hannover und des Oberkommandos der Marine zustande, für deren

Konzentrationslager Neuengamme   (24) Hbg.Neuengamme, den 22-5-4
    Kommandantur
Az. Abt. IV 3/1/44.

Betrifft: Häftlings-Arbeitslager D r ü t t e
Bezug: Pers. Unterredung des ⁂-H'Stuf. Jetzel mit Herrn
             Dr. Wesseling am 15. 5. 1944 .
Anlagen: - o -

An die
Reichswerke Aktiengesellschaft für Erzbergbau
           u. Eisenhütten
         " Hermann Göring "

D r ü t t e   über Braunschweig.

Betreffend des für das dortige Werk eingerichteten Häftlings-
Arbeitslager wurden folgende Abmachungen getroffen:

1.) Das K.L. Neuengamme bezw. Aussenlager Drütte stellt die für
    die Reichswerke Hermann Göring (HGW) benötigten bezw. dem
    Lager zur Verfügung stehenden Häftlinge gegen eine Vergütung
    von
            RM 6.00 pro Tag für Facharbeiter
             " 4.50 "   "   " Hilfsarbeiter
    Zu bezahlen sind sämtliche Häftlinge, auch diejenigen, welche
    zur Instandhaltung des Arbeitslagers , der Bekleidung, wie
    Schuster, Schneider, sowie Küchenpersonal, Krankenpfleger usw.
    eingesetzt sind.-
    Für den internen Lagerbetrieb dürfen bis zu 5% der Gesamtstärke
    beschäftigt werden.-
    Kranke Häftlinge, die nicht eingesetzt sind, werden nicht
    berechnet.-

2.) Die Berechnung erfolgt zu ganzen Tagessätzen.
    An Sonn- und Feiertagen wird der halbe Tagessatz in Anrechnung
    gebracht, wenn die reine Arbeitszeit unter 4 Stunden liegt.
    Die Berechnung erfolgt monatlich durch das Konzentrationslager
    Hbg.-Neuengamme.

3.) Die Bewachung der Häftlinge erfolgt ⁂-Angehörige des K.L.
    Neuengamme bezw. Arbeitslager Drütte.

4.) Die ärztliche Betreuung der Häftlinge erfolgt durch den Lager-
    arzt Neuengamme bezw. deren Beauftragten im Arbeitslager Drütte.
    Versorgung mit Medikamenten, Verbandstoffen, Krankenpflegemittel
    aller Art hat durch die " H.G.W. " kostenlos zu erfolgen.-

5.) Verpflegung der ⁂-Wachmannschaften und Häftlinge erfolgt durch
    das K.L. Neuengamme, bezw. Arbeitslager Drütte.-

6.) Unterkunft für ⁂-Männer und Häftlinge mit elektr. Licht, Wasseran-
    schluss, Heizung, ist kostenlos durch die " H.G.W. " zu stellen.
    Eventl. erforderliche Entwesungen etc. gehen zu Lasten der"H.G.W."

7.) Die Einrichtung der Unterkünfte für ⁂-Wachmannschaften und Häft-
    linge , sowie Küchen, Reviere einschliesslich sämtlicher er-
    forderlichen Einrichtungsgegenständen und Geräten für ⁂-Männer
    und Häftlinge haben die " H.G.W. " kostenlos zur Verfügung zu
    stellen.-
    Unterhaltung, sowie bauliche Veränderungen und Reparaturen im Lager

*Vertrag über die Beschäftigung von Häftlingen zwischen dem KZ Neuengamme
und den Reichswerken „Hermann Göring" vom 22. Mai 1944.
(Wysocki, Drütte, S. 53f.)*

Bericht des SS-Wirtschaftsverwaltungshauptamtes (Amtsgruppe C – Bauwesen) über den Einsatz der SS-Baubrigaden im 3. Quartal 1943

Abschrift

Wirtschafts-Verwaltungshauptamt   Berlin, den 9. 11. 1943

Betr.: Einsatz der SS-Baubrigaden

Bericht Nr. 5

Berichterstatter: SS-Brigadeführer Dr. Ing. Kammler

                                    SS-Hauptsturmführer (F) Prinzl.

[...]

I. SS-Baubrigade I   Führer: SS-Hauptsturmführer List,
                                     Aufstellung: K.L. Hamburg-Neuengamme.

Einsatz Alderney mit 700 Häftlingen

Die I. SS-Baubrigade ist in der Berichtszeit auf der Insel Alderney vorwiegend mit Befestigungsarbeiten beschäftigt. Die Häftlinge sind zum überwiegenden Teil bei der Durchführung von reinen Festungsarbeiten mit den zugehörigen Arbeiten wie Stollenbau, Straßenbau, Baustoffgewinnung und Nachschub einschließlich feldmäßiger Verteidigungsanlagen eingesetzt. Der Einsatz der Häftlinge erfolgt im Einvernehmen mit der O.T. [...]

Beim Festungsbau wurden [sie!] im Gesamteinsatz aller beteiligten Stellen in der Zeit vom 1.1.43 bis 30.9.43 gegenüber 1942 eine Leistungssteigerung von 60% erzielt. Diese erhöhte Leistungssteigerung ist durch erhöhte Arbeitsleistungen auf den Häftlingseinsatz zurückzuführen. Bei den Arbeiten im Steinbruch wurde eine neue Leistungssteigerung von 20% gegenüber dem 2. Quartal erzielt.

II. SS-Baubrigade II   Führer: SS-Hauptsturmführer Weigel

                                     Aufstellung: K.L. Hamburg-Neuengamme.

Einsatz Bremen mit 600 (jetzt 272) Häftlingen.

Die II. SS-Baubrigade ist in Bremen laufend mit Aufräumungs- und Bergungsarbeiten beschäftigt, sie ist außerdem bei Luftschutzbunkerbauten, die ins Führerprogramm fallen, eingesetzt. [...]

Einsatz Wilhelmshaven mit 175 Häftlingen.

Das Kommando der schwer zerstörten Stadt Wilhelmshaven war für Abbruch- und Aufräumungsarbeiten bei einer Arbeitszeit von

10,5 Std. eingesetzt. In der Berichtszeit wurde an 27 Einsatzstellen gearbeitet, hiervon sind 4 bereits beendet. [...]

Einsatz Hamburg mit 930 Häftlingen.

Die II. SS-Baubrigade wurde am 7.8.43 auf Grund der Großangriffe vom 24.7. – 3.8.43 in Hamburg eingesetzt. Beim Baustab Bremen verblieben 250 Häftlinge, während das Kommando Wilhelmshaven aufgelöst wurde. In Hamburg wurde die Baubrigade auf 930 Häftlinge aufgefüllt. Am 11.8.43 wurden die Arbeiten aufgenommen. Die Baubrigade ist in Hamburg bei der Freilegung der Luftschutzkeller, Bergung der Gefallenen und Aushebung der Massengräber für die beim Luftangriff ums Leben gekommene Zivilbevölkerung eingesetzt. Straßen werden freigelegt, einsturzgefährdete Häuser abgebrochen. Ein Kompressorkommando bohrt Sprenglöcher zur Anbringung der Sprengladungen. Ein Bergungskommando ist bei der Bergung von Maschinen, Lebensmitteln usw. bzw. bei der Freilegung der Eingänge zu diesen Lagern eingesetzt. Die Arbeiten an den Massengräbern für die Gefallenen werden bald zum Abschluß kommen; in der nächsten Zeit wird dortselbst die Gedenkfeier stattfinden. Um die Bevölkerung von der „Toten Zone" fernzuhalten, mußten mehrere Straßen durch Mauern oder Drahtzäunung abgeriegelt werden. [...]

Arbeitsleistung der II. SS-Baubrigade:

Bewegung von Schuttmassen	348.063 m³
Geborgene und gestapelte Mauersteine	1.662.400 Stck
geborgenes und gestapeltes Brennholz	3.093 m³
geborgenes und gestapeltes Nutzholz	1.714 fm
geborgenes Nutzeisen	2.307,5 to
geborgenes Schrotteisen	1.346 to

Insgesamt wurden an Straßensperren errichtet:
650 lfdm. 2 m hohe Mauern, 75 cm stark aus anfallenden Steinen

1900 lfdm Stacheldrahtzaun mit
1100 Stck eingerammten Pfählen.

Ferner wurden größere Mengen Lebensmittel, Bekleidungsstücke, Einrichtungsgegenstände, 1716 Öfen, 100.000 RM usw. geborgen.

92 Bomben wurden ausgegraben und gesprengt,

13.240 Leichen bestattet,

3.367 Leichen geborgen.

(BAK)

Fertigungsprogramm der Betrieb arbeitete. 1944/45 gab es mindestens 30 Neugründungen bei Industriebetrieben im Bereich des Konzentrationslagers Neuengamme, davon 14 für Frauen.[137] In zunehmendem Maße entschieden die Krisenstäbe (Jägerstab, Geilenbergstab, Rüstungsstab) über die Einsätze. Zum Teil wurden KZ-Gefangene den Wirtschaftsunternehmen auch über regionale Behörden angeboten.[138] Die Zuweisung erfolgte dann aufgrund von Anträgen und Bedarfsmeldungen der interessierten Betriebe. Sie erhielten häufig die Erlaubnis, sich geeignete KZ-Arbeiter in einem Konzentrationslager auszuwählen.

Trotz der staatlichen Planung und Organisation war aber kein Unternehmen gezwungen, KZ-Kommandos zu beschäftigen, wenn zu große organisatorische Probleme oder andere Gründe dem entgegenstanden. So lehnten zum Beispiel die Firmen Conz, Vidal, C. A. F. Müller und andere Hamburger Unternehmen 1944 die Beschäftigung von KZ-Gefangenen wegen verschiedener Schwierigkeiten ab, und die Werft Blohm & Voß weigerte sich trotz Drängens des Hauptausschusses Schiffbau im Rüstungsministerium beharrlich, die Zahl der KZ-Gefangenen zu erhöhen, da diese nicht gemeinsam mit anderen Arbeitern bei der U-Boot-Montage eingesetzt werden durften.[139]

Die *unterirdischen Ausbauarbeiten für Rüstungsfertigungen* im Bereich des KZ Neuengamme unterstanden dem SS-Sonderstab Kammler. Im März 1944 begannen die KZ-Arbeitseinsätze der Führungsstäbe A I (Lengerich), A II (Porta Westfalica) und A III (Beendorf bei Helmstedt), im November der des Führungsstabes A 12 (Hannover-Ahlem). Nur in geringem Umfang schritten die Bauarbeiten soweit voran, daß noch Maschinen aufgestellt und die Produktion aufgenommen werden konnte. In Beendorf arbeiteten ab August 1944 über 2000 Frauen in der unterirdischen Rüstungsfertigung, unter anderem für die Askania-Werke und Siemens, in den Stollen an der Porta Westfalica waren ab Anfang März 1945 1000 Frauen für Philips beschäftigt.[140]

Die ersten Außenkommandos, die zu *Aufräumarbeiten in bombardierten Stadtvierteln* eingesetzt wurden, entstanden ebenfalls 1942. Die 2. SS-Baubrigade, eine der ersten auf Befehl Himmlers gegründeten mobilen Einsatzkommandos, wurde Ende September / Anfang Oktober in Neuengamme zusammengestellt. Ab Mitte Oktober 1942 arbeiteten unter Leitung der SS-Bauverwaltung 750 Häftlinge in Bremen und 250

```
                Fernspruch · Fernschreiben · Funkspruch · Blinkspruch

         g.S.-Stelle                Nr.                    Befördert
         R.S.Si...                                  an    Tag    Zeit    durch    Rolle
                                   1074
                                           Kommand...stur
                                           Konzentrat...,Stutthof
                                           Eing.:  -9 SEP 1944

              Aufgenommen oder aufgenommen
         von    Tag    Zeit    durch
                8.9.  2337

  Abgang:                                                           Absendende Stelle
  Tag:         An
  Zeit:
  Dringlichkeits-
  Vermerk      ++ORANIENBURG NR.  9485    8.9.44  2324  =KOE=

               AN KOMMANDANTEN KL. STUTTHOF.==

               KOMMANDANTEN KL.NEUENGAMME.==  G E H E I M

  BETR.: HAEFTLINGSUEBERSTELLUNG.==

  1.) KL.STUTTHOF UEBERSTELLT PAPIERMAESSIG ZUM KL.NEUENGAMME
      UND SETZT ZUM AL. BRINKERWEKE ,HANNOVER, 500 ARBEITSFAEHIG
      WEIBLICHE HAEFTLINGE SO IN MARSCH,) DASS TRANSPORT NICHT
      VOR DEM 15.9.44 DORT EINTRIFFT, BESTIMMUNGSBAHNHIEF GIBT
      KL. NEUENGAMME DEM KL.STUTTHOF DIRCH.FS. BEKANNT.==

  2.) TRANSPORTBEGLEITMANNSCHAFT STELLT KL.STUTTHOF. SIE KEHRT
      NACH TRANSPORTUEBERGABE SOFORT ZURUECK.==

  3.) AUSREICHENDE MARSCHVERPFLEGUNG IST AUSZUHAENDIGEN.==

  4.) ABGANGSMELDUNG AN AMTSGRUPPE D UND KL.NEUENGAMME DURCH
      FS. KL. NEUENGAMME MELDET ZUGANG UND ERFOLGTEN
```

Erste Seite eines Fernschreibens der SS-Wirtschaftsverwaltungshauptamtes vom 8. September 1944 an die Lagerkommandanten von Stutthof und Neuengamme bezüglich des Transports von 500 weiblichen Häftlingen nach Hannover in das Außenlager bei den Brinker Eisenwerken.
(Muzeum Stutthof w Sztutowie, Polen; Abb. in: Konzentrationslager in Hannover, Anhang)

Häftlinge in Osnabrück, im Sommer 1943 auch ein kleines Teilkommando dreimal für kurze Zeit in Wilhelmshaven. In Osnabrück wurden die Tätigkeiten Ende Mai 1943 beendet. In Bremen verblieben ab August 1943 nur 300-350 Häftlinge, weil alle verfügbaren Kräfte in Hamburg konzentriert wurden, wo die Großangriffe vom 24. Juli bis 3. August verheerende Zerstörungen angerichtet hatten. Die Baubrigade wurde durch Häftlinge aus Neuengamme auf 900 verstärkt. Die KZ-Gefangenen waren bis zum Sommer 1944 wechselnd in verschiedenen Schulen und im Gefängnis Holstenglacis untergebracht. Dann wurde die Baubrigade nach Berlin verlegt.[141]

Ab 1944 waren dem Konzentrationslager Neuengamme auch Außenlager für Frauen unterstellt. Weibliche Gefangene wurden ursprünglich ins Frauen-KZ Ravensbrück eingewiesen. Die weit verstreuten Außenlager dieses Konzentrationslagers wurden 1944 den regionalen Konzentrationslagern unterstellt, in denen bis dahin nur Männer inhaftiert waren. Außerdem entstanden zu dieser Zeit in großer Zahl neue Außenlager für Frauen.

Wegen der Zunahme der alliierten Bombenangriffe wurden 1944 neue Außenkommandos für Aufräumarbeiten in Hamburg, Kiel, Bremen und Hannover gebildet. In Hamburg waren ab Juli 1000 überwiegend tschechische Jüdinnen aus dem KZ Auschwitz in Hafenspeichern am Dessauer Ufer untergebracht. Ende August / Anfang September kamen 500 jüdische Frauen aus Polen hinzu. Sie verrichteten Aufräumarbeiten bei Raffinerien und Treibstoffanlagen im Rahmen des Geilenbergprogramms. Mitte September teilte die SS die Häftlinge auf. Je 500 Frauen kamen nach Wedel, Neugraben und Sasel. Dort wurden sie Bauunternehmen zugewiesen, die Behelfsunterkünfte für Ausgebombte errichteten. Außerdem mußten sie immer wieder Aufräumarbeiten leisten. Das Kommando Wedel wurde bereits im Oktober nach Eidelstedt, das Kommando Neugraben im darauf folgenden Februar nach Tiefstack verlegt. In die Speicher am Dessauer Ufer quartierte die SS Ende September 1944 1500 (nach anderen Angaben 2000) männliche KZ-Gefangene aus Neuengamme ein. Nach einem Bombenangriff Ende Oktober wurde das Kommando vorübergehend im Zuchthaus Fuhlsbüttel untergebracht. Im Oktober wurden außerdem 1500-2000 KZ-Gefangene in ein Bürogebäude in der Spaldingstraße einquartiert. Die Häftlinge der beiden Lager arbeiteten unter anderem im Geilenbergpro-

In der 2. SS-Baubrigade in Osnabrück

Die Turnhalle, die als Unterkunft für das Kommando hergerichtet war, konnte beheizt werden, sie war im Verhältnis zu den Unterkünften im Konzentrationslager wärmer und trockener. Jeder verfügte über ein eigenes Bett. Hierdurch, und [dadurch] daß wir keine SS-Bewachung hatten, waren die allgemeinen Bedingungen günstiger als in Neuengamme. Die Kapos schliefen in einem gesonderten Raum, in dem früher die Turngeräte aufgehoben wurden. [...]

In den ersten Tagen, als noch die SS-Angehörigen die Arbeitsstellen beaufsichtigten, wurde ein Häftling vor den Augen der Bevölkerung von einem dieser Arbeitskommandoführer derart mißhandelt, daß er bewußtlos zusammenbrach. Als nach einer Weile einige Mithäftlinge den Kameraden aus dem abbruchgefährdeten Arbeitsgebiet forttrugen und ihn auf die Seite legten, ging der SS-Mann erneut zu Mißhandlungen über. Durch die Menschenansammlung auf der Straße bahnte sich plötzlich eine Frau den Weg, ging auf den SS-Mann zu, stellte sich zwischen diesen und den mißhandelten Kameraden und protestierte mit erregter Stimme gegen diese Unmenschlichkeit. Sie nannte dem SS-Mann ihren Namen und verließ in großer Erregung die Baustelle.

Ein kleines Ereignis nur, aber es wurde am Abend in allen Sprachen diskutiert. War es doch, wenn auch nur ein kleiner Beweis, daß es im Deutschland des Jahres 1942 noch Menschen gab, die den Unterschied zwischen Menschlichkeit und Unmenschlichkeit nicht vergessen hatten und auch den Mut hatten, dies zum Ausdruck zu bringen.

Aber es blieb nicht nur bei diesem Beispiel. Mitte November 1942 heulten mittags plötzlich die Sirenen und verkündeten Fliegeralarm. Die Sirenen waren noch nicht einmal verstummt, da hörten wir schon Flugzeugmotorengeräusche und das Fallen von Bomben, so daß die Menschen gar nicht dazu kamen, die Schutzräume aufzusuchen.

Keine 100 Meter von unserer Unterkunft entfernt fielen einige Bomben. Mehrere Häuser und eine Bäckerei wurden getroffen. Unter den Trümmern der Bäckerei befanden sich mehrere Menschen. Wir wurden von SS-Hauptscharführer Brinkmann zur Bäckerei geführt, um mit der Bergung der Menschen anzufangen. Keine Antreiberei war hier nötig, alle setzten sich ein, um zu helfen. Als nach der Entwarnung auch von der Bevölkerung Hilfe kam, trug unser Einsatz dazu bei, bestehende Vorurteile uns gegenüber abzubauen. Bald waren zwei Verschüttete geborgen. Kurz darauf wurde ich als Sanitäter in verschiedene Häuser geholt, um erste Hilfe zu leisten.

Zwischenzeitlich waren auch die Feuerwehr und zwei Ärzte eingetroffen, so daß wir unsere Hilfe abbrechen mußten und in die Unterkunft zurückgingen. Dieser Einsatz hinterließ gegenüber den Anwohnern einen für uns sympathischen Eindruck, der nicht mehr in das Bild des „Nur Verbrechers", wie es von der SS gezeichnet worden war, hineinpaßte.

Da am nächsten Tag ein Kommando von uns zu Aufräumungsarbeiten dieser zerbombten Häuser eingesetzt wurde, kam die Sympathie in Form von Brot- und Lebensmittelgaben, die offen und direkt gegeben wurden, zum Ausdruck. Für zwei bis drei Tage ließ die SS es zu, dann untersagte sie die Übergabe von Lebensmitteln an die Gefangenen. So leicht war es aber wiederum nicht, diese Menschen von einer Übergabe von Lebensmitteln abzubringen. Andere Möglichkeiten wurden gesucht und gefunden. Drei Jungen im Alter von 12 und 13 Jahren, mit denen einige Kameraden mehrere Male gesprochen hatten, organisierten auf ihre Art die Hilfe. In den Morgenstunden, kurz bevor unser Kommando auf der Baustelle eintraf, wurden diverse Lebensmittel sauber eingewickelt zwischen die Trümmer gelegt und von unseren Kameraden mit großer Freude und Anerkennung entgegengenommen.

(Bringmann, Neuengamme, S. 38-43)

gramm bei Firmen wie Rhenania (Shell), Schindler und Jung-Ölwerke sowie bei der Reichsbahn. Sie unterstanden wie die Aufräum- und Behelfsbaukommandos der Hamburger Bauverwaltung unter Senatssyndikus Tegeler.[142]

Auch die ungarischen Jüdinnen, die Anfang August 1944 aus Auschwitz nach Bremen gebracht wurden, arbeiteten in zerstörten Stadtvierteln und beim Bau von Behelfsunterkünften. Ende August kam eine Gruppe mit 300 polnischen Jüdinnen hinzu. Nach einem Bombenangriff wurde das Kommando ins 12 Kilometer südwestlich von Bremen gelegene Obernheide verlegt. Anfang Februar zogen 200 von ihnen in ein Lager bei der Firma Rodieck in Uphusen südöstlich von Bremen um.[143]

Wehrmachtsstellen und die Organisation Todt nutzten ebenfalls die Arbeitsleistung von KZ-Insassen. Die anfangs über 800 KZ-Gefangenen der Baubrigade Nr. 1 waren von März 1943 bis Mitte 1944 bei der Errichtung militärischer Stellungsbauten durch Organisation Todt und Wehrmacht auf der Insel Alderney im Ärmelkanal eingesetzt. Während dieses Einsatzes unterstanden die Häftlinge der Verwaltung des Konzentrationslagers Neuengamme.[144] Ab Sommer 1943 arbeiteten KZ-Gefangene auf einer Baustelle der Marine in Bremen-Farge, wo der Großbunker „Valentin" für eine U-Boot-Werft errichtet wurde. Später kam die Baustelle des Bunkers „Hornisse" in Bremen-Blumenthal hinzu. 1944/45 wurden Tausende von KZ-Gefangenen bei der Errichtung von Panzersperranlagen eingesetzt. Da man eine Landung alliierter Verbände an der Nordseeküste befürchtete, erließ Hitler auf Betreiben des Gauleiters Kaufmann, der als Reichsverteidigungskommissar für den Küstenschutz zuständig war, im Benehmen mit der Wehrmacht im August 1944 einen Führerbefehl zum Bau des „Friesenwalles" mit mehreren Verteidigungs- und Riegelstellungen, vor allem entlang der Küste Ost- und Nordfrieslands sowie zwischen Nord- und Ostsee. Das Oberkommando der Wehrmacht richtete dafür am 18. September 1944 den „Führungsstab Nordseeküste" ein. Nur ein Bruchteil der Pläne wurde verwirklicht. Zwischen September und November 1944 entstanden fünf Außenlager zum Bau von Sperranlagen für den Friesenwall: Engerhafe/Ostfriesland (2000 Häftlinge), Meppen-Dalum und Meppen-Versen (2500 Häftlinge), Husum-Schwesing (1500 Häftlinge) und Ladelund an der dänischen Grenze (2000 Häftlinge). Die Lager existierten zumeist nur für einige Wochen. Auch im Raum Hamburg waren KZ-Gefangene verschiedener Außenlager beim Bau derartiger Verteidigungsstellungen eingesetzt.[145]

Einen neuen Arbeitsschwerpunkt bildete Anfang 1945 die *Instandsetzung zerstörter Bahngleise* unter Leitung der Reichsbahn. Als Quartier für die „11. SS-Eisenbahnbaubrigade", deren Häftlinge bei ihrem Einsatz bei Soest / Bad Sassendorf dem KZ Neuengamme unterstellt waren, diente ein Zug aus 40-50 Wagen, die bei den DAW in Neuengamme mit vierstöckigen Pritschen und andereren Einrichtungen ausgestattet worden waren. Reparaturarbeiten an Bahngleisen wurden ebenfalls in den Außenlagern Uelzen und Hildesheim durchgeführt, vielfach auch in den Geilenbergkommandos.[146]

Außenlager für Frauen in Hamburg

Im Jahre 1944, und zwar Anfang Juli, wurden wir in Auschwitz II (Birkenau) für einen Arbeitstransport ausgesucht. Ursprünglich waren wir nach einer halbjährigen sogenannten Quarantäne in Birkenau zur Sonderbehandlung (Vergasung) bestimmt, so wie es dem früheren Transport aus dem sogenannten Ghetto Theresienstadt geschah (4000 Personen wurden binnen einer Nacht in den Gaskammern umgebracht), aber nachdem die Nazis Arbeitskräfte benötigten, absolvierten wir 2 Selektionen vor Mengele. Die gesunden und jungen Leute wurden in einige Transporte eingereiht, die alten Leute, Kinder und ihre Mütter, die sie nicht verlassen wollten (alle freiwillig), wurden vergast.

In Lastwagen einwaggoniert, kamen wir Anfang Juli nach Hamburg ein und wurden am Dessauer Ufer [...] in Getreidespeichern, die als Ubikationen für Kriegsgefangene und Häftlinge dienten, untergebracht. Täglich mußten wir um 3 Uhr früh aufstehen, bekamen ein wenig sogenannten Kaffee, kaum warm, und um 4 Uhr, nur in leichter Bekleidung (graue Sommerhäftlingskittel) ohne Strümpfe, in Holzpantoffeln, bei Wind und Wetter warteten wir auf den Dampfer, der uns zu unseren Arbeitsplätzen brachte, welche vorwiegend Benzin- und Oelraffinerien waren, die bei Bombenanflügen beschädigt oder teilweise vernichtet wurden. [...]

Von 6 Uhr früh bis spät am Nachmittag arbeiteten wir bis auf die Mittagspause ununterbrochen. Dann wanderten wir wieder auf den Dampfer zurück und am Abend kamen wir auf unsere Ubikationen, wo wir nach einem spärlichen Nachtmahl schlafen gingen. Anfangs wurden wir während Bombenanflügen in unseren Ubikationen eingesperrt, erlebten einen schweren Bombenangriff in der Nacht, später mußten wir bei Alarm sofort in den Keller, wo wir täglich den Abend bis Mitternacht verbrachten und morgens um 3 Uhr früh begann wie gewöhnlich der Arbeitstag, dessen Abend wir frierend, hungry und todmüde sehnlichst erwarteten. [...]

Ich verletzte mir bei einem Marsch zum Arbeitsplatz derart die Füße von den Holzschuhen, daß ich einige Wochen in der Krankenabteilung verbringen mußte. Vielleicht war das auch mein Glück, da ich von Vielem verschont blieb. Ich hatte aber wieder Angst, wegen Arbeitsunfähigkeit nach Auschwitz oder Ravensbrück zur Vergasung zurückgeschickt zu werden. Unsere schwangeren Frauen mußten sich melden und wurden abtransportiert, niemand wußte wohin. Keine von ihnen kehrte zurück nach der Befreiung. [...] Vom Dessauer Ufer wurden wir im Oktober nach Neugraben übersiedelt. Ich kehrte, obwohl noch nicht genesen, zu den Gesunden zurück, weil ein Gerücht verbreitet wurde, daß die Kranken zur Vergasung wegtransportiert würden. Ich glaube, daß diesmal jedoch nichts geschah.[...]

Der Winter 1944/45 schien uns besonders frostig zu sein. Es war meistens schwere Arbeit mit Schaufel und Spitzhacke, einige Meter tiefe Bunker oder wieder Planierungsarbeiten. Zu Mittag gab es keine warme Suppe mehr, nur am Abend, und ein 1/4 Brot mit etwas Marmelade oder Margarine. Am Sonntag mußten wir in den Wald Bäume fällen gehen und Holzvorrat für die Küche für die ganze Woche vorbereiten. Erst am Nachmittag, nachdem wir die Ubikationen und den Waschraum gewaschen haben, durften wir uns ein wenig ausruhen. Ich bekam eine schwere Phlegmone in der linken Ferse und lag wochenlang im Krankenbau.

Nach der Entlassung aus dem Krankenbau arbeitete ich, trotzdem meine Ferse noch wund war, wie vorher. Während unseres Aufenthaltes in Neugraben überraschte eine Arbeitskolonne unserer Frauen ein schwerer Bombenangriff und unsere Kameradinnen mußten die Toten und die Verletzten bergen. Es war eine fürchterliche und grausige Arbeit. Sie kamen, trotzdem die meisten von uns schon vollkommen apathisch waren, vollkommen erschöpft zurück. Von Neugraben wurden wir nach Tiefstack abtransportiert. [...]

Auch dort erlebten wir natürlich nichts Erfreuliches: schwere Arbeit, wenig Essen, Wind und Wetter, Peitschenhiebe, oder wenigstens Ohrfeigen, ab und zu als Bestrafung kein Nachtmahl usw. Der SS-Lagerführer wurde, wie ich hörte, nach dem Krieg zu einigen Jahren Zuchthaus verurteilt. An seinen Namen erinnere ich mich nicht mehr. Die SS Frauen wurden auch bestraft, nichts Näheres ist mir aber darüber bekannt.

Der SS-Mann schickte die schwangeren Frauen weg, wahrscheinlich zur Vergasung. Auch sonst mißhandelte er viele meiner Kameradinnen grundlos bei seinen Tobsuchtsanfällen. Einmal verbrachten wir einen Sonntag – während unseres Aufenthaltes in Tiefstack – auf dem Weg zu einem neuen Bunker und zurück. Alle Häftlinge wurden nämlich in den Bunker hineingetrieben, und erst als einige ohnmächtig wurden, durften sie den Bunker wieder verlassen. Wahrscheinlich mußten wir den Bunker ausprobieren; einige tausend Häftlinge waren da versammelt. Unser Lager in Tiefstack wurde, während wir in der Arbeit waren, bei einem Bombenangriff fast vollkommen vernichtet. Fast alle, die im Lager blieben, waren tot oder verletzt und erlagen später ihren Verletzungen. Das Leben war dann ganz unerträglich. Einige Nächte lagen wir 3–4 auf einem Strohsack, Waschmöglichkeit gab es keine mehr. Bald darauf waren wir verlaust, Mittel zur Entlausung bekamen wir keine oder so schlechte, daß sie uns nicht halfen. Nach der schweren Tagesarbeit noch abends und am Sonntag mußten wir an Wiederaufbauarbeiten unseres Lagers arbeiten; das war wirklich schon ganz unerträglich. Und so freuten wir uns, als wir Anfang April einmal früh nicht in die Arbeit geführt wurden, sondern zum Bahnhof. Wie groß aber war unser Entsetzen, als wir in Bergen-Belsen ankamen! Dort wurden wir fast alle in einen Block hineingepreßt. Wir hockten die ganze Nacht dicht aneinandergepreßt, da wir wegen Platzmangel nicht liegen konnten. Einige Kameradinnen wurden noch in Bergen-Belsen erschossen. Die letzten Tage vor der Befreiung waren die fürchterlichsten und forderten die meisten Lebensopfer. Die meisten von uns bekamen Flecktyphus. Endlich kam die Befreiung, doch für viele von uns war es schon zu spät. Sie waren schon viel zu schwach und verkommen, um sich wieder aufraffen zu können. [...] Ich hatte viel Glück, daß ich dies alles überlebte. Ich darf auch nicht vergessen, daß uns in Hamburg Kriegsgefangene, besonders Franzosen, halfen. Sie gaben uns ihre Pullover, so daß wir weniger froren, auch Essen, wenn sie [die] Möglichkeit hatten, uns ungesehen etwas zu reichen. Doch allen konnte nicht geholfen werden.

(Bericht von Liza Neumannova, Prag, 23.11.1964; NHS)

b) Leitung und Bewachung

Die Außenlager standen unter der Leitung von Kommandoführern. Außerdem existierte das Amt des Lagerführers. Auch im übrigen glich die Leitungsstruktur der Außenlager der des Hauptlagers. Oft übten SS-Leute aus Personalmangel mehrere Ämter zugleich aus. 1944 wurden die Lager in Ballungsgebieten Stützpunktleitern unterstellt – unter anderem in Hannover, im Raum Salzgitter-Braunschweig, in Porta Westfalica, Bremen und Hamburg. Die Stützpunktleiter waren für alle wichtigen organisatorischen Angelegenheiten ihrer Außenlager verantwortlich. Die Leitung der Außenlager vom Hauptlager Neuengamme aus erfolgte zum einen durch schriftliche Anweisungen und Meldungen; zum anderen besuchten der Kommandant und seine Abgesandten die Lager reihum.

Zur Bewachung waren in den ersten Außenlagern SS-Wachtruppen eingesetzt.[147] Die SS-Baubrigaden wurden bereits ab Herbst 1942 von Polizeiverbänden bewacht, die zum Teil aus städtischem Personal verstärkt oder zusammengestellt worden waren. Ferner übernahmen Wehrmachtseinheiten in vielen Außenlagern ganz oder teilweise die Bewachung. Bei der Accumulatorenfabrik in Hannover-Stöcken, bei den Kommandos im Hamburger und Bremer Hafenbereich und bei anderen Einsätzen, die zum Rüstungsprogramm der Marine gehörten, waren Marineinfanteristen zur Bewachung eingesetzt. Auch in den Außenlagern zum Bau militärischer Sperranlagen in Ost- und Nordfriesland kamen die Wachtruppen zum größten Teil von der Marine. Für das KZ-Kommando im Continental-Werk Hannover-Stöcken, beim Flugplatzbau in Kaltenkirchen und bei den Bauarbeiten zur Untertageverlagerung in Hannover-Ahlem, Beendorf bei Helmstedt und an der Porta Westfalica stellte die Luftwaffe Soldaten zur Bewachung zur Verfügung. Im Winterhalbjahr 1944/45 kam der größte Teil der Wachposten von der Wehrmacht, zum Teil durch Versetzung von Soldaten zur SS, zum Teil durch Bereitstellung von Wachverbänden[148]. Auch Werkschutzpersonal übernahm manchmal vorübergehend die Bewachung wie in Lerbeck oder, wie in Hannover-Misburg, Landesschützenverbände, die aus nicht mehr frontverwendungsfähigen Männern meist älterer Jahrgänge gebildet wurden. Wehrmachtsangehörige und Landesschützen erhielten zum Teil sogar Leitungsaufgaben im Lager, so zum

Beispiel in Hannover-Misburg. Bei der Reichsbahn in Hildesheim wurden die KZ-Gefangenen Anfang 1945 schließlich von einem lokalen „Volkssturm" bewacht.

In den letzten Kriegsjahren bestand ein steigender Anteil der Wachmannschaften aus älteren Soldaten und Kriegsverletzten. Über sie wird oft berichtet, daß sie den Häftlingen gegenüber weniger hart auftraten. Dagegen gab es beim Volkssturm in Hildesheim besonders brutale und unmenschliche Wachposten.[149]

Für die Frauenlager wurden ursprünglich Aufseherinnen in Ravensbrück ausgebildet. Wegen der sprunghaften Zunahme der Außenlager im Jahre 1944 beschritt die SS dann völlig neue Wege, um an Aufsichtspersonal für Frauen zu gelangen. Unternehmen, die weibliche KZ-Gefangene anforderten, schickten Mitarbeiterinnen ihres Betriebes zu ein- bis zweiwöchigen Lehrgängen nach Ravensbrück, wo sie auf ihre Tätigkeit als Aufseherinnen vorbereitet wurden. Auch die Arbeitsämter sandten Frauen dorthin. Später fanden derartige Lehrgänge offenbar auch bei der alten Ziegelei in Neuengamme statt. Anfang 1945 waren über 300 Frauen als Aufseherinnen in den Außenlagern des KZ Neuengamme tätig.[150]

Im Vergleich zu den Wachmannschaften waren die Lagerstäbe, zu denen auch Aufseher wie Blockführer und Kommandoführer gehörten, relativ klein; so waren etwa im Außenlager Hannover-Misburg für 1000 Häftlinge knapp 100 Wachposten und höchstens 15 SS-Männer im Lagerstab eingesetzt.[151]

c) Die Einlieferung in die Außenlager

In die Außenlager schickte die SS vor allem Menschen, die neu ins Konzentrationslager eingeliefert oder aus anderen Lagern überstellt wurden. 1942 und 1943 waren dies überwiegend polnische und sowjetische Häftlinge. Ab Mai 1944 kamen in großer Zahl Franzosen, ab September 1944 Dänen hinzu. Im übrigen waren Menschen aus fast allen Ländern Europas in den Außenlagern des Konzentrationslagers Neuengamme vertreten. Über 10.000 von ihnen waren Juden, in der Mehrzahl Frauen. Sie kamen vor allem aus Polen, Ungarn und der Tschechoslowakei.

Das Arbeitsdienstbüro des Hauptlagers stellte die Transporte in die Außenlager zusammen. Ab 1944 fuhren die Güterzüge mit KZ-Gefangenen aus Auschwitz, Ravensbrück oder anderen Lagern immer häufiger direkt zu den Einsatzorten der Außenkommandos. So gab es z. B. im März 1944 drei große Häftlingstransporte aus Buchenwald nach Porta Westfalica. Männer und Frauen, die beim Warschauer Aufstand verhaftet wurden, kamen über die Konzentrationslager Stutthof, Ravensbrück und Sachsenhausen nach Hannover-Langenhagen, Beendorf bei Helmstedt, Hamburg-Dessauer Ufer und Alt-Garge. Aus Auschwitz gingen 1944 unter anderem Transporte nach Braunschweig, Vechelde, Bremen und Hamburg. Zum Teil verlegte die SS ganze Fabriken mitsamt der Arbeitskräfte ins Reich. So wurde z. B. die Oberschlesische Gerätebau GmbH (Rheinmetall-Borsig) von Laurahütte, wo ein Nebenlager des KZ Auschwitz bestand, Anfang 1945 nach langer Hin- und Herfahrt einschließlich der KZ-Gefangenen und vieler anderer Arbeitskräfte über Wien und Mauthausen nach Hannover gebracht.[152]

Die meisten der Menschen, die aus Auschwitz kamen, waren kurz zuvor aus dem Lodzer Getto, aus Theresienstadt und aus Ungarn nach Auschwitz gebracht worden und hatten dort miterlebt, wie ihre Kinder, Eltern und Freunde umgebracht wurden. Sie selbst hatten eine unvorstellbar brutale Behandlung, Hunger, Kälte und andere Strapazen durchlitten.

Die Verhaftung

Die Tochter des französischen Widerstandskämpfers J.D. Depalle, der am 11. Dezember 1944 im Außenlager Ladelund starb, berichtet über die Verhaftung ihres Vaters und ihres ebenfalls im KZ umgekommenen Bruders:

Meine Eltern lebten auf einem abgelegenen Bauernhof mitten im Wald mit dreien ihrer fünf Kinder – einem 20jährigen Jungen und zwei Mädchen, neun und zehn Jahre alt. Die Widerstandsbewegung organisierte sich von allen Seiten, und meine Eltern hatten eine Gruppe von 40 Männern jeden Alters hergebracht, um sie zu beherbergen. Sie waren Widerstandskämpfer, das soll heißen, Männer, die sich weigerten, Arbeit in Deutschland anzunehmen, um den Krieg nicht zu verlängern. [...]

Es gab eine gewaltige Schießerei, die lange dauerte, und wir Kinder, die wir aus dem Schlaf auffuhren, wären fast vor Angst gestorben. Bis zu dem Augenblick, in dem der Deutsche, der den Angriff befehligte, uns, die wir im dunklen Zimmer am Fußende des Bettes versteckt waren, mit aufgepflanztem Seitengewehr entdeckte. [...]

Ich werde diesen Augenblick nie vergessen und dieses harte Gesicht, das von einem Helm bedeckt war. Er veranlaßte uns, hinabzusteigen, [...] wir flüchteten zu unserer Mutter. Der Unteroffizier, der bei uns war, wurde zur gleichen Zeit wie wir entdeckt, aber er wurde geschlagen und nach wenigen Augenblicken war sein Gesicht unkenntlich. Ich weiß nicht, wie lange wir da gestanden haben zwischen all diesen brüllenden Männern, die im Haus alles zerschlugen. Ich nehme sogar an, daß sie getrunken hatten. Alles wurde geplündert, Wäsche und Geschirr. Sie schlachteten das Geflügel, steckten es in Säcke, führten die Kühe fort und veranlaßten, daß zwei Paar Ochsen angespannt wurden, um zwei Verwundete auf Matratzen mit Hilfe von Karren transportieren zu können, bevor sie den Hof in Brand setzten. Nach einer letzten Schießerei fuhr der Konvoi los, mit meinen Eltern, die für die Anführer der Verschwörer gehalten wurden. Im ersten Ort, 4 km entfernt, wurden wir Kinder und Mama freigelassen. Ich erinnere mich, meinen Bruder weinend umarmt zu haben, der mich tröstete! Und das war die Trennung. Wir haben sie niemals wiedergesehen.

(Konzentrationslager Ladelund, S. 22f.)

Zu Fuß durchs verschneite Riesengebirge

Etwa 400 holländische und ungarische Jüdinnen, die im Februar 1945 nach Porta Westfalica gebracht wurden, um im unterirdischen Philips-Werk zu arbeiten, kamen aus einem Lager beim Telefunkenwerk Reichenbach (Sudetenland). Obwohl sie durch den Hunger ausgezehrt waren, mußten sie im tiefen Winter zu Fuß durch das verschneite Riesengebirge marschieren.

Das Ärgste war der Hunger. Wir waren elf Stunden am Tag mit dem Hunger beschäftigt. Für einen Kanten Brot wäre ich katholisch geworden. Zu Beginn gab es jüdische Mädchen, die Essen bestimmt verweigerten, weil es nicht koscher war. Ich sah immer zu, daß ich [bei der Essensausteilung] dicht bei ihnen in der Reihe stand: vielleicht bekam ich dann wohl ihr Essen. Aber die Mädchen hielten nicht lange an ihren Prinzipien fest. Ich habe einmal elf Tage kein Essen gehabt. Ich werde verrückt! Du fängst tatsächlich an – so wie Charlie Chaplin in einem Film – einen Schuh zu essen. Ich entdeckte bei Telefunken, daß es nach Erdnüssen schmeckte, wenn man die Finger an eisernen Federn anbrannte* und daran leckte. Ich habe das öfter getan: eben meine Finger anbrennen und dann ablecken. Die Illusion, daß du gebrannte Erdnüsse essen würdest.

Es schneite, als wir wegzogen. Fürchterlich kalt. Anfangs kam uns unterwegs niemand entgegen. Eine leergefegte Welt mit zugeschneiten Feldern. In Viererreihen mußten wir dreißig Kilometer pro Tag laufen. Daneben Deutsche mit Hunden an der Leine. Sie trugen Zivilklamotten über dem Arm.

Man lief Arm in Arm, denn dann hattest du es noch ein bißchen warm. [...] Beim Laufen erzählte ich Filme, und jeder bei mir in der Reihe hörte zu, um aufrecht zu bleiben. Denn was man um sich herum sah, war so schrecklich ... wenn du hinfielst, wurdest du totgeschossen, und die Tote erfror noch im Sturz.

*Rita Koopmann hatte bei der Arbeit mit geschmolzenem Glas zu tun.

(Bericht von Rita Koopmann; in: Fröbe, Porta, S. 267)

Aus dem Getto Lodz nach Hannover-Ahlem

Hannover, den 28.5.45

Ich, Widawski, Moritz, geb. 12. 5. 1896 in Litzmannstadt[1] und mein Sohn, Widawski, Bendiek, geb. 15.4.26 in Litzmannstadt, lebten mit meiner Familie in Litzmannstadt, als die Deutschen hereinkamen. [...] Wir waren 4 Jahre im Getto, wo alle Kinder ab 10 Jahren und alle älteren Personen arbeiten mußten. Für die tägliche zehnstündige Arbeit bekamen wir 250 gr Brot, 3/4 Liter Steckrübensuppe. Eine besondere Lebensmittelration für 14 Tage bestand aus 350 gr Mehl, 100 gr Zucker, 50 gr Margarine oder Marmelade. Von Zeit zu Zeit fanden Aussiedlungen im Getto statt. [...] Das Rollkommando kam in die einzelnen Häuser und ließ uns auf den Höfen antreten. Dann wurden diejenigen, die fort mußten, aussortiert. [...]

Dann kam ich mit meiner ganzen Familie nach Auschwitz. [...] Es kamen 80 Personen in einen geschlossenen Waggon, der nach 3 Tagen in Auschwitz geöffnet wurde. Dort wurde ich von meiner Frau und Tochter getrennt. Meiner Frau wurde meine Tochter dann fortgenommen und wir haben sie nicht mehr gesehen. Auch meine Frau habe ich nicht mehr wiedergesehen. Meinen 16-jährigen Sohn habe ich auch nicht mehr wiedergesehen. Mit meinem Sohn Bendiek kam ich zusammen in einen Baderaum, wo wir gewaschen, untersucht und auch geschlagen wurden. Wir haben selbst gesehen, daß man einen Juden totgeschlagen hat. Zwei Wochen blieben wir in Auschwitz, wo wir sehr viel Schläge bekamen.

Dann kamen wir nach Hannover zum Arbeiten in der Conti. Wir waren 3 Nächte und 2 Tage unterwegs. Es waren 80 Leute in einem geschlossenen Waggon. Das Essen, welches wir für die ganze Transportzeit bekamen, reichte knapp für einen Tag. Die andere Zeit haben wir nichts gegessen. In Stöcken mußten wir das Lager selbst einrichten. Ich gab mich mit meinem Sohn als Schlosser aus. Zur Arbeit sind wir ohne jede Unterwäsche nur in den K.-Z.-Häftlingsanzügen. Als ich gesagt habe, daß mir ohne Hemd kalt wär und ich könnte nicht zur Arbeit gehen, bekam ich Schläge. Wir mußten 12 Stunden arbeiten. Um 4 Uhr morgens mußten wir aufstehen. 20 Minuten nach 4 Uhr mußten wir auf dem Appellplatz abmarschbereit stehen. Wenn wir zur Arbeit gingen, bekamen wir 70 gr Brot. Dann bekamen wir um 12 Uhr 1 Liter Steckrübensuppe. Am Abend bekamen wir 220 gr Brot. [...]

An einem Sonntag bekam ich nur die Hälfte Essen. Als ich fragte, warum, bekam ich von einem Kapo so viel Schläge, daß ich besinnungslos wurde. Dann bekam ich einen Eimer Wasser übergeschüttet, daß ich wieder zu mir kam. Danach mußte mein Sohn mich jeden Tag zur Arbeit führen, denn ich war zu krank, um allein gehen zu können. Wäre ich gar nicht zur Arbeit gegangen, hätte man mich totgeschlagen. So haben wir 3 Monate gearbeitet.

Dann mußten wir das Lager verlassen und kamen alle nach Ahlem. Dort war überhaupt kein Lager errichtet. Wir mußten uns erst selbst ein Lager bauen. Der Kapo Hans Decker hat jeden bei dem geringsten Anlaß halb totgeschlagen. Wir mußten jede Nacht im Stollen arbeiten. 12 Stunden lang. Wenn wir uns danach ins Bett legen wollten, mußten wir gleich wieder aufstehen, und Strohsäcke stopfen, so daß wir Tag und Nacht keinen Schlaf bekamen. Nach 2 Wochen war das Lager ungefähr eingerichtet. Während dieser 2 Wochen hatten wir kein Wasser, so daß wir alle sehr schmutzig waren und viel Läuse bekamen. Wenn ich von der Arbeit nach Hause kam, wurde ich von dem Kapo Gustav, ohne daß ich wußte warum, geschlagen, und zwar mit einem Hammer. Nachher erfuhr ich, daß er mich geschlagen hatte, weil ich ihm meine Prämie, bestehend aus 4 Zigaretten, nicht gegeben hatte. Als ich dieses tat, hörte er auf, mich zu schlagen. Wir mußten uns jeden Tag bei 16 Grad Kälte mit kaltem Wasser waschen. Wer es nicht tat, wurde von dem Kapo totgeschlagen. Danach wurde die Person von dem Kapo an einem Riemen aufgehängt, und es hieß dann, er hätte Selbstmord begangen. Wenn wir von der Nachtschicht kamen, durften wir uns nicht ausziehen, denn wir mußten bei Alarm sofort in den Bunker laufen. Wenn der Kapo durch das Lager ging und es schlief dort jemand in der Unterhose, wurde er gleich im Bett totgeschlagen. Der Kapo Johannes schlug mir einmal einen Schemel auf den Kopf, daß mein Kopf aufgespalten wurde. Trotz dieser Kopfverletzung mußte ich arbeiten. Nachher wurde ich krank und lag 2 Tage im Revier. Der Arzt kam zu mir und sagte mir, wenn ich noch weiter leben wollte, sollte ich wieder arbeiten. Sonst käme der Lagerführer Hans Wechsler und schlug alle, die nicht mehr arbeitsfähig wären, tot.

[...] Von 1000 Leuten, die nach Ahlem kamen, sind 123 übergeblieben. Diese 123 waren alle krank, denn die Gesunden sind noch kurz vor dem Einmarsch der Amerikaner fortgekommen. Nachher sollten wir Kranken auch noch weggeführt werden. Wir hörten davon und versteckten uns 3 Nächte lang im Stollen, bis die Amerikaner kamen.

* *Lodz wurde unter deutscher Besatzung als „Litzmannstadt" bezeichnet.*

(Aussage Moritz Widawski v. 28. 5. 1945, NHS)

d) Unterbringung, Versorgung, Krankenbehandlung

Es war von jeher ein Grundsatz der SS, organisatorische Probleme, die bei der Gründung neuer Lager auftraten, auf dem Rücken der Häftlinge auszutragen.[153] Wie bei der Errichtung des Hauptlagers 1940/41, so verfuhr sie später bei vielen Außenlagern. Sie setzte Häftlinge auch dann ein, wenn die organisatorischen Voraussetzungen zur Unterbringung und Verpflegung in keiner Weise ausreichen. Je schwieriger die Kriegslage wurde, desto rücksichtsloser ging man mit den inhaftierten Menschen um. KZ-Gefangene, die nach kurzem Zwischenaufenthalt im Hauptlager Neuengamme in Außenlager verlegt wurden, empfanden dies oft als Wechsel von der Ordnung ins Chaos.

Die Unterbringung war oft noch primitiver und schmutziger als im Hauptlager. Wenn geeignete Gebäude vorhanden waren, wurden sie für die Aufnahme der KZ-Gefangenen hergerichtet und mit Stacheldraht umzäunt. Zum Teil errichtete man auch provisorisch und schnell neue Baracken. Oft genügten der SS in der Nähe der Arbeitsstellen gelegene Häuser oder Schuppen. Bei den Einsätzen der SS-Baubrigaden wurden ab Herbst 1942 Gebäude abgesperrt und bewacht, um sie vorübergehend als Unterkunft für KZ-Gefangene zu verwenden. Im Außenlager Drütte bei Salzgitter lag das Quartier der KZ-Gefangenen in ehemaligen Vorratskammern und Waschkauen unter einer Hochstraße, über die bei Tag und Nacht der Werksverkehr dröhnend hinwegrollte. In Bremen-Farge diente ab Herbst 1943 ein großer Treibstoffbunker als KZ-Unterkunft – eine mit Beton verkleidete runde Grube mit 15 Meter Tiefe und 50 Me-

KURMÄRKISCHE ZELLWOLLE UND ZELLULOSE
AKTIENGESELLSCHAFT
WITTENBERGE BEZ. POTSDAM

An das
SS-Kommando
Herrn Oschar. Kierstein

W i t t e n b e r g e

Fernruf: Wittenberge Bez. Potsdam 681
Drahtwort: Zellwolle Wittenberge Bez. Potsdam
Fernschreiber: 01 1589
Bankverbindung:
   Dresdner Bank, Berlin
   Deutsche Bank, Berlin
   Reichskreditgesellschaft A.-G., Berlin
   Commerzbank Aktiengesellschaft Filiale Perleberg
   Berliner Handelsgesellschaft, Berlin
   Reichsbank-Girokonto
   Reichsbanknebenstelle Wittenberge 141|816
Postscheckkonto: Berlin 934
Bahnstation: Wittenberge Bez. Potsdam,
   Anschlußgleis

Ihre Zeichen	Ihre Nachricht vom	Unsere Zeichen	Tag
		Ing.A.-Ru/Wi VII	15.4.43/S

Betr.:

Die Firma Grün & Bilfinger beschwert sich dauernd
über KZ-Häftlinge, die nicht einsatzfähig sind.
Es ist doch zwecklos, nicht einsatzfähige Leute
zur Arbeit einzusetzen. Ausserdem beschwert sich
die Firma, dass ihr die ganzen Zimmerleute wieder
weggenommen worden sind. Solange von hier aus keine Änderung kommt, sind die Leute so einzusetzen
wie wir es angeben. Sie können nicht einfach
die Leute dirigieren wie Sie wollen, denn in dem
Falle sind uns die KZ-Leute vollständig überflüssig.

Bei dieser Gelegenheit bestätigen wir Ihnen nochmals, dass wir für die 54 kranken und zurückgegebenen KZ-Häftlinge nur dann Ersatz annehmen,
wenn es sich um Fachleute handelt, Irgendwelche
Schuster, Schneider, Friseure usw. können wir
nicht gebrauchen. Wir müssen Sie dringend bitten,
uns in jeder Weise zu unterstützen, da wir uns
dieserhalb nicht an Ihre vorgesetzte Dienststelle
wenden möchten.

Das gesamte Kesselhaus gehört zur Hefefabrik und
ist genau so dringend.

                    Heil Hitler!
         Kurmärkische Zellwolle und Zellulose
                Aktiengesellschaft

(Brandenburgisches Landeshauptarchiv Potsdam, Pr. Br., Rep. 75, KZZW, Bd. 62, Bl. 35)

tern Durchmesser, in die man nur über schmale Treppen hinein gelangte. An der Porta Westfalica wurde der Große Festsaal des Hotels „Kaiserhof" in ein KZ umgewandelt. Die Fenster wurden verbarrikadiert, der Hof mit Stacheldraht umzäunt. In Hannover-Misburg lebten die Häftlinge anfangs in Zelten, anschließend in eilig errichteten Pferdestallbaracken, die nur durch Oberlichter im Dach etwas Helligkeit erhielten. Für die 1000 Jüdinnen, die im Juli 1944 nach Hamburg kamen, erschienen der Baubehörde und der SS leerstehende Speicher im Freihafen ausreichend. Ihre Leidensgenossinnen, die zwei Wochen später in Bremen ankamen, wurden wie zuvor die Häftlinge der 2. SS-Baubrigade zunächst in den Pferdeställen der Hindenburgkaserne untergebracht. In Meppen-Versen schliefen die Häftlinge auf dem Barackenfußboden; in den ersten vier Wochen gab es nicht einmal Stroh als Unterlage. In den vielen anderen Lagern waren die Baracken dagegen bis auf den letzten Fleck mit mehrstöckigen Bettgestellen vollgestellt. So lebten in Husum-Schwesing 1500 Häftlinge in Baracken, die für 400 Menschen gedacht waren. Im Treibstoffbunker bei Bremen-Farge waren zeitweise 3000 KZ-Gefangene auf weniger als 2000 Quadratmetern untergebracht.

In Arbeitskommandos mit Schichtarbeit wurden die Bettstellen tagsüber von den Häftlingen der Nachtschicht belegt. Außerdem mußten sich in Hannover-Stöcken, Hannover-Misburg, Hannover-Ahlem, Obernheide bei Bremen, Schandelah bei Braunschweig und in vielen anderen Lagern schließlich mehrere Häftlinge eine Bettstelle teilen. In Wittenberge wurde dies angeordnet, weil zuwenig Decken vorhanden waren. Viele Unterkünfte waren nicht beheizbar oder wurden bewußt nicht beheizt, weil die SS es bei KZ-Gefangenen nicht für erforderlich hielt.

Bis 1944 trugen die Häftlinge in den Außenlagern noch die gestreiften KZ-Uniformen aus Zell- oder Reißwolle, darunter manchmal ein Unterhemd, häufig gar nichts. Wer Glück hatte, fand Lumpen, um die Füße in den Holzschuhen gegen Schürfwunden zu schützen. 1944 teilte die SS in mehreren Außenlagern wie im Hauptlager Zivilkleidung aus, die besonders gekennzeichnet war, um die Flucht zu erschweren. In den meisten Außenlagern wurde die Kleidung der KZ-Gefangenen so gut wie nie gereinigt.

Waschmöglichkeiten waren überall zuwenig vorhanden, manchmal gab es gar keine. Ein Häftling berichtet über die Situation in Hannover-Misburg:

Um Viertel vor vier Ansturm auf den Waschraum

Um Viertel vor vier, Gebrüll des Kapos Alfred (vom „Rollwagen"): in dem stinkenden Saal sind achthundert (in den beiden letzten Monaten waren wir vierzehnhundert) Menschen zusammengepfercht, stumpfsinnige Gestalten, die sich gegenseitig beschimpfen und herumstoßen. Allgemeiner Ansturm auf den Waschraum, wo es den Stärksten gelingt, etwas Wasser zu ergattern und sich damit zu bespritzen, während die der folgenden Reihen ihre Blase an den Beinen entlang leeren. Die tägliche Leiche ist da, soll wenigstens sie nicht aufheulen, wenn man ihr auf die Füße tritt. Die zuerst Angekommenen haben ihr bereits Schuhe und Hosen weggenommen, ein Manöver, das mir erst in Wöbbelin gelingen wird. Im übrigen, solange der „Häftling" lebt, trägt er beim Schlafen und beim simulierten Waschen alles bei sich, wie die Weisen der Antike: was die Hand losläßt, ist verloren, und unsere Gruppe erinnert sich an Jean-Marie, der ohne Hosen in den gefrorenen Hof hinauskam.

Felix, „Volksdeutscher", dem sein Vorleben als Hotelportier Höflichkeitsformen beigebracht hat, verteilt das Frühstück: jede Fünfergruppe erhält sechshundert Gramm und 5/32 eines Margarinewürfels von 500 Gramm. Das macht 120 Gramm Brot und 16 Gramm Margarine pro Kopf, aber es muß weiter geteilt werden! Dem „Westlichen", der in einer russisch-polnischen Gruppe gelandet ist, bleiben oft nur seine Finger zum Ablecken. Diejenigen, die eine „miska" [einen Deckel einer Munitionskiste] besitzen, drängen sich um die Kübel voll lauwarmer und schwarzer Brühe.

Um 4.30 Uhr jagt der dicke Poppenhauer, unser „Lagerältester" mit dem grünen Zeichen für allgemeine Rechte, alle auf den Hof. Es ist noch Nacht, als die Gruppen – schweigend und unruhig – beginnen, unter dem Winterregen das Brot zu verteilen, eine unangenehme Arbeit für diejenigen, die ein Messer und ein Gewissen haben. Delaunay wird wie in den vorhergehenden Tagen weinen, denn er wird wieder das kleinste Stück erhalten. Die große Sorge ist, die 15 Gramm Margarine nicht in den Schlamm fallen zu lassen. Und das Warten, das Warten ohne Ende beginnt. Von 4.30 Uhr bis 6 Uhr im Stehen, fast ohne sich zu bewegen, mit eingezogenem Kopf und

> dem Bauch zwischen den Schenkeln, ganz gleich, ob es regnet oder schneit, mit gefrorenem Schlamm an den Füßen, während die Scheinwerfer über diese elenden Schlafwandler hinwegfegen.
>
> *(Albert Rohmer: Helmstedt Salzbergwerk, NHS)*

„Hinter dem Zelt war die sogenannte ‚Waschanlage'. Ein gewöhnliches Wasserrohr war links und rechts durchbohrt. Nur morgens wurde das Wasser aufgedreht. Die ganze Anlage lag im Freien und 1000 Häftlinge wollten sich waschen. Die dünnen Strahlen, die aus dem Rohr kamen, reichten zu gar nichts. Morgens fehlte dazu die Zeit und kaum einer konnte sich sein Gesicht benetzen."[154]

In mehreren Lagern fiel die Wasserversorgung nach Bombenangriffen aus. In anderen Lagern gab es nie fließendes Wasser. Überall hatten die Häftlinge mit Ungeziefer zu kämpfen. Luzer Salcberg berichtet, daß in Ahlem sogar SS-Leute von Läusen geplagt wurden.[155] Die wenigen Latrinen waren meist stark verschmutzt. In Engerhafe diente nur eine Grube im Freien mit Balken davor als Abort, in Schandelah einige Tonnen, über die Bretter gelegt waren.

Da die SS die wichtigsten Fragen der Häftlingsbehandlung in ihrer Hand behalten wollte, wurde in den Vereinbarungen, die sie mit Wirtschaftsunternehmen und Behörden abschloß, stets festgelegt, daß die Verpflegung Angelegenheit der KZ-Verwaltung in Neuengamme war.[156] Die Versorgung war jedoch nur formal auf diese Weise geregelt, denn die meisten Lager waren weit vom Hauptlager entfernt. In der Praxis übernahmen entweder Küchen in den Außenlagern oder in der Nähe befindliche Großküchen die Versorgung der Häftlinge, bei den Industriebetrieben oft die Werksküchen. Die Verpflegung reichte nicht aus, um die Menschen bei Kräften zu halten. 1944 wurde sie so schlecht, daß die meisten Häftlinge nach wenigen Wochen oder Monaten zugrunde gingen. In den meisten Außenlagern gab es wie im Hauptlager morgens ein warmes Getränk (Kaffee-Ersatz oder wässerige Brühe), mittags eine Suppe und abends die Brotration. Die Häftlinge mehrerer Kommandos – unter anderem in Aurich und Meppen-Versen – erhielten tagsüber weder zu essen noch zu trinken; wahrscheinlich war es der SS zu aufwendig, das Essen an die fortdau-

Tagelang kein Wasser zum Waschen

Verdreckt waren wir in der Tat. Es gab ja keinen Wäschewechsel und keine Bademöglichkeit, ja, tagelang nicht mal Wasser zum Waschen. Durch die Bombardements wurde nämlich die Wasserzufuhr fortwährend unterbrochen. Dann konnte nur der dringendste Bedarf der Küche durch Tankwagen herangebracht werden. Die Aborte gerieten in einen fürchterlichen Zustand. Rasiert wurde aus Mangel an Material höchstens um die 14 Tage. Wir sahen grausig aus.

(Bericht von Arthur Lehmann über Hannover-Mühlenberg; in: Keller, KZ Mühlenberg, S. 477)

ernd wechselnden Arbeitsstellen zu transportieren – es handelte sich ja „nur um KZ-Gefangene". Oft hatten einfache Mängel wie das Fehlen von Eßnäpfen gravierende Folgen. Wer zu schwach war, sich im Kampf um den Besitz eines Gefäßes durchzusetzen, bekam keine Mittagssuppe. In vielen Lagern mußte das Trinkwasser in Behältern zum Lager gebracht werden. Häftlinge bei Blohm & Voß tranken vor Durst manchmal Wasser aus der Elbe. In vielen Außenlagern führten SS-Leute Schiebereien mit Lebensmitteln der Häftlinge durch. Zur Behandlung besonders schwer erkrankter und verletzter Häftlinge wurde meist ein Raum oder eine Ecke in der Unterkunft eingerichtet. Ins Revier kamen vor allem Häftlinge mit den typischen Folgen der Unterernährung und Unterkühlung, zum Beispiel mit schwerem Durchfall, Lungenentzündung und Hungerödemen sowie mit Verletzungen von den Arbeitsstellen. Besonders in den Trümmerkommandos und auf den unterirdischen Baustellen entwickelten sich einfache Verletzungen manchmal zu gefährlichen Entzündungen.

Lucille Eichengreen berichtet über die Arbeit im Aufräumkommando in Hamburg:

„Ich hatte mir beim Anheben eines scharfen Glasstückes in die rechte Handfläche geschnitten. Während der folgenden Tage war der tiefe Schnitt angeschwollen und gerötet. Ein schmaler, bläulicher Streifen begann sich deutlich von der Handfläche ausgehend abzuzeichnen, er stieg langsam an meinem Unterarm bis kurz über dem Ellbogen hoch. Meine Freundin Sabina, die neben mir arbeitete, sah mein schmerzverzerrtes Gesicht und meine seitlich schlaff herunterbaumelnde Hand. ‚Was ist es?' fragte sie. ‚Sieh dir meine Hand und meinen Arm an!' Sie holte tief Luft: ‚Das ist ernst, du mußt es melden, es muß sofort etwas geschehen!'"[157]

Offiziell waren Vertragsärzte für die Krankenbehandlung zuständig, doch sie wurden in der Regel nur zum Bescheinigen der Todesfälle gerufen. Als Pfleger waren anfangs oft Häftlinge ohne medizinische Kenntnisse eingesetzt. Später arbeiteten in den meisten Außenlagern inhaftierte Ärzte oder Medizinstudenten im Krankenrevier. Wegen der großen Zahl der Kranken und Geschwächten und des geringen Umfangs an Medikamenten und Verbandsmaterial konnten sie jedoch wenig ausrichten. Sie durften meist nur eine festgelegte Zahl von Kranken im Revier aufnehmen.

Geschwächte Häftlinge waren oft Opfer besonderer Mißhandlungen und Schikanen. Von einem Vorfall in Hannover-Mühlenberg berichtet Abram R.:

„Ein Häftling mußte zur Toilette. Er schaffte es aber nicht mehr und machte deshalb neben der Baracke. Der Kapo Jacobi [...] sah das und drückte diesen Häftling mit dem Gesicht in den Kot. Dann warf er den Häftling zu Boden, legte ihm ein[en] Stock über den Hals und stellte sich mit den Füßen auf den Stock. Auf diese Weise erwürgte er den Häftling."[158]

Ein französischer Zeuge berichtet über den dortigen Küchenkapo, der geschwächte Häftlinge als Kartoffelschäler beschäftigte:

„Ich selbst habe gesehen, wie er Gefangenen in die Magengegend trat, um Blutungen zu erzeugen, die unweigerlich den Tod herbeiführten – das war seine Spezialität. [...] Im August 1944, während eines Streites, hob er mich hoch und tauchte mein Bein in einen Kessel mit kochendem Wasser."[159]

Häftlinge, die auf längere Sicht arbeitsunfähig waren, wurden im Abstand von mehreren Wochen oder Monaten ins Hauptlager geschickt; in gleicher Anzahl sandte der Arbeitsdienst von dort andere KZ-Gefangene als Ersatz. Daher gab es in den meisten Außenlagern nur wenige Häftlinge, die nicht zur Arbeit ausrückten, und die Sterblichkeit lag trotz der fürchterlichen Lebens- und Arbeitsbedingungen eher niedrig, weil die meisten Häftlinge erst nach ihrem Abtransport im Hauptlager starben.

Kleiderappell

Es regnete dauernd und wir standen bis früh um zwei Uhr auf dem Appellplatz. Nicht einmal die Notdurft konnten wir verrichten, es durfte niemand die Fünferreihen verlassen. Wer nicht mehr stehen konnte und sich hinsetzte, bekam von der SS die Peitsche über den Kopf. Alle Häftlinge hatten sich leere Zementsäcke im Werk organisiert, welche unter unserer dünnen Zebrakleidung als „Weste" gute Dienste leisteten. Diese Säcke waren aus drei Schichten Papier, man schnitt oben zwei Löcher für die Arme und eines für den Hals kunstgerecht aus, und dann konnte man diese Säcke wie einen Pullover anziehen. In dieser Fluchtnacht aber wurden die Säcke von den SS-Leuten entdeckt. Ein fürchterliches Geprügel hob an, und alle Papiersäcke mußten so schnell wie möglich ausgezogen werden. Einige Kameraden hatten statt eines Sacks ein Handtuch um die Brust gebunden. Drei dieser Kameraden wurden da halb tot geschlagen, dies sei fluchtverdächtig hieß es von der SS. Ich selbst rührte mich nicht und tat so, als ob ich weder einen Papiersack noch ein Handtuch untergezogen hätte.

Wäre ich aber genauer untersucht worden, wäre mir eine Kugel sicher gewesen. Ich hatte nämlich von einem Beamten der Werksfeuerwehr eine alte Weste bekommen, welche ich vorsichtshalber unter dem Hemd auf dem nackten Körper trug. Ich machte bei der Kontrolle, die ja von den SS-Leuten in ihrem blinden Haß rasend schnell vorgenommen wurde, nur meine Jacke auf, hielt diese weit genug auseinander, und ich hatte Glück. Wieder einer der tausend Glücksfälle, um zu überleben.

(Bericht von Heinrich Mehringer; in: Konzentrationslager in Hannover, Bd. 1, S. 256)

Obwohl es etwa ab September 1944 in Neuengamme nicht mehr genügend arbeitsfähige Häftlinge gab, schickte der Arbeitsdienstführer Letz noch mehrere Monate lang weiter Häftlinge in die Außenlager; er ließ sie sogar aus den Schonkommandos und aus dem Krankenrevier holen, obwohl viele vor Schwäche kaum in der Lage waren, eine Schaufel voll Erde hochzuheben oder einen Stapel Ziegel zu tragen.

Der dänische Häftlingsarzt Paul Thygesen, der im Herbst 1944 die Krankenabteilung im Außenlager Husum leitete, berichtet, daß sich unter den Häftlingen, die als Ersatz für Arbeitsunfähige nach Husum kamen, mehrere befanden, die er kurz zuvor mit einem Krankentransport nach Neuengamme geschickt hatte. Trotz anfänglichen Widerstands des Kommandoführers Griem wurden in Husum immer mehr Baracken für Kranke und Entkräftete reserviert; schließlich waren nicht einmal mehr 30 Prozent der Häftlinge des Lagers arbeitsfähig.[160]

Ab Ende 1944 schickte der Arbeitsdienst keine Häftlinge mehr aus dem Hauptlager in die Außenlager. So hieß es in einer betriebsinternen Mitteilung des Phrix-Werks Wittenberge im Januar:

„Herr Grimm [der Arbeitseinsatzführer des KZ Neuengamme, H. K.] erklärte einleitend, daß es unvorteilhaft wäre, wenn wir von den bei uns befindlichen Häftlingen nach Neuengamme abgeben und von dort entsprechende Ersatzkräfte für die Hefefabrik bekommen würden, da das zurzeit verfügbare Arbeitskräftematerial in Neuengamme sehr schlecht ist. Von den in Neuengamme befindlichen Häftlingen seien die meisten wegen Krankheit nicht einsatzfähig."[161]
Nach Bremen-Osterort sandte die SS offenbar Häftlinge aus dem Außenlager Farge als Ersatz für Kranke, die nach Neuengamme abtransportiert wurden.[162]

Schwangere Frauen wurden ebenfalls aus den Außenlagern abtransportiert, zum Teil nach Ravensbrück, in anderen Fällen nach Auschwitz oder Bergen-Belsen; kaum eine von ihnen überlebte. Ruth Elias berichtet, daß sie bereits am vierten Tag nach ihrer Ankunft im Lager Dessauer Ufer nach Ravensbrück und von dort wieder nach Auschwitz gebracht wurde. Um sich selbst vor der Gaskammer zu retten, mußte sie ihr neugeborenes Kind töten. In einigen Fällen gelang es Frauen, ihre Schwangerschaft zu verheimlichen. Die SS nahm ihnen jedoch meist die Neugeborenen weg und brachte sie um.[163]

„... lassen Sie mich mit Ihren falschen humanitären Wahnvorstellungen in Ruhe!"

Paul Thygesen über das Außenlager Husum

Der Atlantikwall war von den Alliierten durchbrochen worden. Nun sollte ein neues Befestigungswerk errichtet werden, der „Friesenwall" in der sumpfigen Marschgegend Schleswig-Holsteins entlang der Nordseeküste. Die billigsten und wohl einzigen vorhandenen Arbeitskräfte waren KZ-Häftlinge. SS-Untersturmführer Griem wurde „Gefangenenmaterial" aus Neuengamme überlassen, und ein Arbeitslager, das dem KZ Neuengamme direkt unterstand, wurde in der Nähe Husums in einer Gegend eingerichtet, wo es ununterbrochen regnete und stürmte – und in der Regel beides.

Der Untersturmführer versprach, die Befestigungsanlagen, die im wesentlichen aus Panzergräben bestanden, im Laufe von sechs Wochen fertigzustellen, aber die Arbeit war, obwohl noch ein ähnliches Lager nicht weit von Husum entfernt in Ladelund eingerichtet wurde, weder ganz noch halb fertig, als beide Lager im Laufe des Dezembers 1944 aufgelöst wurden – zum Teil auf Grund der ständig sinkenden Arbeitsleistung, zum Teil, weil die Gräben in der sumpfigen Marsch, wo das Wasser bereits in einem halben Meter Tiefe steht, ständig in sich zusammensackten.

Wir waren zu 1000 – eine Zeitlang sogar 2000 – Gefangenen in einem Lager untergebracht, das für 400 berechnet war, in neun alte Holzbaracken zusammengepfercht, die man wiederum vom Boden bis zur Decke und von Wand zu Wand mit Bettgestellen vollgestopft hatte. Die Baracken selbst waren schief und krumm, für Zug und Kälte offen. Nur in den wenigsten Stuben befanden sich die Öfen in einem solchen Zustand, daß sie überhaupt geheizt werden konnten – und wir lebten die letzten drei Monate des Jahres 1944 in dem Lager. Hier schliefen und aßen die Häftlinge, und sie versuchten in den wenigen Stunden, die sie nicht schliefen oder damit zubrachten, sinnlose Löcher in die Marsch zu graben, eine armselige Form von Leben zu entwickeln. Hierher kamen sie abends zurück, oft nachdem sie zwölf Kilometer von der Arbeitsstelle marschiert waren und den ganzen Tag im Wasser gestanden hatten – und zwar mitunter bis zum Bauch –, und hier krochen sie dann zu zweit auf einem Strohsack und mit einer Decke für jeden oder jeden zweiten in den Bettgestellen zusammen. Und von hier aus wurden sie morgens um fünf Uhr in Dunkelheit, Kälte und Regen gejagt, nachdem sie einen Blechnapf lauwarmer, brauner Wassersuppe in sich geschlürft hatten – das Brot war bereits am vorhergehenden Tag ausgegeben und immer umgehend verschlungen worden.

Die unbeschreiblich schmutzigen Toilettenbaracken lagen abseits der Schlafstellen – über einfachen Erdlöchern errichtet und mit einem Abfluß, der überhaupt nicht in der Lage war, den Inhalt der überlasteten Klosetts abzutransportieren. Die Überlastung resultierte einerseits einfach aus der Überbelegung des Lagers, andererseits aus dem Umstand, daß die Häftlinge durchschnittlich ein halbes Dutzend mal am Tag Stuhlgang hatten. [...]

Probleme gesundheitlicher Art interessierten die SS überhaupt nicht, und wenn ich derartige Fragen etwa dem Lagerkommandanten in Husum vortrug, erhielt ich viele Male die Antwort: „Hier gibt's nur Lebendige und Tote." Zu keinem Zeitpunkt habe ich bei einem führenden SS-Angehörigen auch nur ein klein wenig Interesse oder gar den Willen zur Hilfe für die Kranken gefunden. Derselbe hohe Herr und Lagerkommandant von Husum, SS-Untersturmführer Griem, äußerte z. B.: „Die Häftlinge, die hier nicht am Leben erhalten werden können, haben auch keine Berechtigung, in einem neuen Europa zu existieren, und sie können ebenso gut jetzt wie später sterben. Dies hier ist keine Versorgungsanstalt, und ich werde einfach neues Häftlingsmaterial anfordern – lassen Sie mich im übrigen mit Ihren falschen humanitären Wahnvorstellungen in Ruhe!" [...]

In Husum versuchte ich, eine Statistik über den Krankenstand und die Sterblichkeit zu führen, und versteckte die Aufzeichnungen in einer leeren Thermometerhülle, die einmal in den Mastdarm eingeführt aus dem Lager herausgeschmuggelt werden sollte. Leider wurden die Aufzeichnungen entdeckt und konfisziert, bevor es soweit kam, und die Folge war eine Reihe Unannehmlichkeiten auch körperlicher Art für den Statistiker. Aber es gelang mir, einen von den Rapporten zu bewahren, den ich jeden Monat zur Weitersendung nach Neuengamme abliefern mußte. Er ist zu einem Zeitpunkt geschrieben worden, wo wir rund 1000 Gefangene im Lager waren, und der Leser kann sich so selbst einen Eindruck vom Umfang der aktiven Arbeitsleistung in den Panzergräben bilden.

Arbeitslager Husum, den 25. 11. 1944

Im Revier befinden sich 734 kranke Häftlinge.

Spezifizierung:

I. *Darmkrankheiten: 125.*

1. *45 schwere Fälle von Blut-Diarrhöe, für die man vorläufig keine Heilung erwarten kann, und von welchen bezüglich eines großen Teils überhaupt nicht erwartet werden darf, daß sie geheilt werden können.*

2. *80 Fälle von allgemeiner, mittelschwerer bis schwerer Diarrhöe, die möglicherweise im Laufe von vierzehn Tagen bis zu einem Monat geheilt werden können (Viele Häftlinge mit weniger schwerer Diarrhöe arbeiten im Kommando.)*

II. *Andere innere Krankheiten: 139.*

1. *12 Fälle von Lungenentzündung*
   6 Fälle von Rippenfellentzündung
   6 Fälle von Blasen- und Nierenentzündungen
   4 Fälle von Nierenentzündung
   11 Patienten, die wahrscheinlich an Herzkrankheiten leiden
   2 Fälle von rheumatischem Fieber
   3 Fälle von Magengeschwüren
   9 Gesichtsrosen
   1 Fall von Gallenblasenentzündung
   1 Fall von Venenentzündung
   4 Diphteriefälle
   6 Patienten, die wahrscheinlich Lungentuberkulose haben
   9 Patienten mit schweren Ödemen.
   Von keinem dieser Patienten kann vorläufig erwartet werden, daß er arbeitsfähig wird.

2. *35 Fälle allgemeiner Schwächung und Abmagerung – überhaupt nicht arbeitsfähig.*

3. *30 Fälle von allgemeinen Fieberkrankheiten.*
   Diese Patienten werden wahrscheinlich im Laufe von vierzehn Tagen arbeitsfähig sein. Hierzu zahlreiche Fälle von allgemeinem Rheumatismus sowie viele Fälle von Mundschleimhautentzündung, wahrscheinlich durch Vitaminmangel hervorgerufen. Alle arbeiten im Kommando.

III. Offene Wundleiden: 470

1. *242 schwere Fälle von Patienten mit Phlegmonen, Abzessen, ausgedehnten, tiefen Wunden usw., die vorläufig unter keinen Umständen werden arbeiten können, und von denen eine sehr große Anzahl sterben wird.*

2. *228 Fälle leichterer Wundleiden, von denen möglicherweise nach vierzehn Tagen Ruhe und Wundbehandlung ein Teil wieder arbeiten kann.*

Die eigentliche Dysenterie-Epidemie scheint vorläufig ihren Höhepunkt überschritten zu haben. In den letzten vierzehn Tagen sind keine neuen Diphterie-Fälle festgestellt worden. Die Zahl der Erkältungskrankheiten, anderer innerer Krankheiten sowie die Fälle allgemeiner Entkräftung nehmen hingegen ständig zu.

Die langwierige – und in vielen Fällen ergebnislose – Behandlung von Wunden muß auf den Mangel an Verbandstoffen, Salben und Desinfektionsmitteln sowie die kriegsbedingte, mangelhafte Ernährung zurückgeführt werden.

Im letzten Moment gab es insgesamt 188 Todesfälle. [...]

Erst als rund vierzehn Tage vor der Aufhebung des Lagers eine Kommission ins Lager kam, die offenbar hat einsehen müssen, daß da etwas nicht stimmte, und als der Traum vom Friesenwall aufgegeben wurde, durften wir die Kranken im Lager behalten. Und als gleichzeitig die erwähnten großen Sendungen mit Verbandstoffen und Medikamenten ankamen und damit zusammen auch ein hervorragender, französischer Arzt, wurde uns die Möglichkeit für einen aktiven Einsatz gegeben. Aber zu diesem Zeitpunkt waren bereits 700 Schwerkranke nach Neuengamme geschickt worden, und ein Drittel von uns war tot – eine dreimonatige Hölle und ein Massenmord ohne Sinn.

Der dänische Häftling Paul Thygesen war als Arzt im Neuengammer Außenlager Husum-Schwesing tätig.
(Thygesen, S. 8–27)

e) Die Arbeit der Häftlinge in den Außenlagern

Die Arbeitszeit

Bei der Arbeitszeit richtete sich die SS weitgehend nach den Wünschen der Betriebe und Einsatzleitungen. Je länger der Krieg dauerte, desto mehr wurde die Arbeitsdauer ausgedehnt. In einem Aktenvermerk der Stadtverwaltung Bremen über die Aufräumarbeiten der SS-Baubrigade im Oktober 1942 hieß es:
„Die Arbeitszeit dauert solange Tageslicht ist. Es darf auch sonntags gearbeitet werden. Durchschnittliche Arbeitszeit 12 Stunden am Tage."[164]

In den meisten Rüstungsunternehmen gab es ab 1944 Schichten von 12 Stunden. Bei den Kommandos, die Panzersperrgräben aushoben und Aufräumarbeiten verrichteten, war die Arbeitszeit im Winter auf die Dauer der Helligkeit begrenzt. Sonntags war in manchen Kommandos noch bis 1944 arbeitsfrei; andere mußten schon 1942 sonntags halbtags, später sogar den ganzen Tag arbeiten. In der arbeitsfreien Zeit ließ die SS die Häftlinge in vielen Außenlagern noch Ordnungsarbeiten verrichten. Häufig mußten KZ-Gefangene länger arbeiten als andere Beschäftigte. In einem Aktenvermerk der Firma Blohm & Voß über einen Besuch im Drägerwerk im Spätsommer 1944 hieß es:
„Arbeitsleistung sehr zufriedenstellend. Ausbringung größer als mit etwa der gleichen Zahl deutscher Arbeiter, weil Arbeitszeit länger und weniger Fehlzeiten. 12stündige Schicht, 1 Stunde Mittagspause, auch Sonntags."[165]

In vielen Außenlagern bedeuteten die weiten Wege zu den Arbeitsstellen eine große zusätzliche Belastung. Besonders in den Aufräum- und Behelfsbau-Kommandos, zum Teil auch beim Bau der militärischen Sperranlagen mußten die Häftlinge oft weite Strecken zurücklegen und entsprechend früh aufstehen. In vielen dieser Lager wurde bereits um drei Uhr und selbst im Winter gegen vier Uhr morgens geweckt. Manchmal konnten die KZ-Gefangenen einen Teil des Weges mit Lastwagen fahren, im Hamburger und Bremer Hafenbereich auch mit Barkassen; dabei machte ihnen wegen der schlechten Kleidung oft die Kälte zu schaffen. In der Stadt benutzten sie häufig auch S-Bahnen und Vorortzüge. Im übri-

René Baumer: Im Schnee ziehen Häftlinge einen Wagen ins Lager hinein. Vor dem Pfosten des Lagertors ein prügelnder Kapo.
(Musée de l'Ordre de la Libération, Paris; Abb. in: Konzentrationslager in Hannover, Anhang)

gen mußten sie weite Wege mit ihren schlechten Schuhen zu Fuß zurücklegen. In Bremen marschierten Frauen des Aufräumkommandos einige Male, als die Bahn nicht verkehrte, etwa sechzig Kilometer pro Tag. Außerdem gab es unterwegs immer wieder Wartezeiten und Zählappelle, so daß Hin- und Rückweg in vielen Außenlagern täglich mehr als vier Stunden in Anspruch nahmen. Auch die Appelle im Lager verringerten die Zeit, die zum Ausruhen und für den Schlaf verblieb. Viele KZ-Gefangene hatten nachts regelmäßig nur 5-6 Stunden Zeit zum Schlafen. Wegen des zunehmenden Fliegeralarms wurde diese Zeit häufig noch verkürzt. Besonders wenig Ruhe erhielten die Häftlinge der Nachtschichten, da sie tagsüber oft nicht genug schlafen konnten, zum Beispiel, wenn die SS sie noch zum Aufräumen des Lagers oder zum Kartoffelschälen heranzog wie etwa in Hannover-Stöcken.[166]

Die Arbeitsbedingungen

Bei der Arbeit der Häftlinge in den Außenlagern handelte es sich meist um Tätigkeiten, die für die unterernährten KZ-Gefangenen sehr schwer, außerdem oft gefährlich und gesundheitsschädlich waren. Bei den Ausbauarbeiten unter Tage mußten die Häftlinge in langen Kolonnen Schubkarren mit abgesprengtem Gesteinsschutt und Erde ins Freie befördern. Größere Brocken wurden zum Teil mit bloßen Händen hinausgetragen. Andere Häftlinge schoben die beladenen Loren auf schlecht befestigten Schienen durch die Stollen und schleppten Zementsäcke und andere Baumaterialien durch die engen Gänge mit unebenem Untergrund. In den Asphaltstollen in Hannover-Ahlem mußten Gänge zum Teil mit Hämmern und Spitzhacken verbreitert werden. Aus den Stollen des Jakobsberges an der Porta Westfalica wurden innerhalb weniger Monate ohne Rücksicht auf Menschenleben über 40.000 Kubikmeter Gestein hinausbefördert. In den Salzbergwerken beim Außenlager Beendorf litten die Häftlinge unter der unerträglich trockenen und salzhaltigen Luft, die die Atmung beeinträchtigte und starken Durst verursachte. In den Kommandos, die Verteidigungsstellungen bauten, mußten die Häftlinge vor allem Erdreich ausheben und abtransportieren. Als Werkzeug gab es nur Schaufeln und Hacken. Karren und Loren wurden per Hand beladen und von KZ-Gefangenen geschoben. Die Häftlinge in den Aufräumkommandos mußten nach Bombenangriffen zwischen brennenden Häusern in Hitze und Qualm Zugänge zu verschütteten Kellern freilegen und Leichen aus den Kellern bergen, zum Teil auch bei Löscharbeiten helfen. Sie schleppten Ziegel, Balken, Eisenträger, geborstene Fenster und andere Überreste aus den zerstörten Häusern, um noch brauchbares Material auszusortieren. Andere mußten Schuttsteine zermahlen und mit Zement neue Bausteine daraus herstellen. Beim Wegräumen von Trümmern kam es immer wieder vor, daß Schutthalden und einstürzendes Mauerwerk Menschen unter sich begruben. Lucille Eichengreen berichtet über ihre Arbeit in Hamburg:

„Wir mußten Bombenschäden in der Hamburger Innenstadt und der näheren Umgebung beseitigen. Wir arbeiteten auf Werften, wo wir schwere, verzogene, zerfetzte Stahlträger und Glasscherben, Überbleibsel riesiger Fensterscheiben, wegschaffen mußten. Nur mit un-

Als KZ-Gefangener im Hamburger Hafen

Wir waren in umzäunten Lagerhäusern untergebracht[1], genauer gesagt, wir schliefen dort, und morgens brachte man uns auf Kähnen nach Hamburg, wo wir in einer ehemaligen Ölraffinerie arbeiteten, bis zu den Knöcheln in Paraffin-Öl. Das Essen: morgens „Tee" mit einem Stück Brot (über die Qualität des Brotes soll man lieber schweigen), abends „Suppe" – Wasser mit Steckrüben. Jeden Tag gab es Tote, Hunderte von Menschen waren nicht in der Lage, sich auf den Beinen zu halten. Die Kleidung war gestreifte Sackleinwand, und es war schon kalt. Hunger und Prügel verdreifachten sich. Nicht endendes Appellstehen; der Kapo, ein Verbrecher, verdiente sich durch grausames Schlagen das „Recht" eines „komfortablen" Lebens. Während des Antretens schlug man uns mit Gummi- und Holzknüppeln und übergoß uns mit kaltem Wasser.

In unserer Gruppe gab es Russen, Polen, Franzosen, Deutsche, Belgier, Holländer und andere.

An einem dieser Tage gab es einen amerikanischen Luftangriff auf Hamburg. Die Bombardierung hatte schwere Folgen [...]: Zerstörungen im Hafen, zerstört unsere Unterkünfte, fast alle Kranken im Lagerrevier starben. Zum Glück war der größte Teil von uns in Hamburg. Aber war es wirklich Glück?

Am Abend kamen die Übriggebliebenen an. Das Gebiet war abgeriegelt, damit niemand fliehen konnte. Aber die Leute konnten ohnehin kaum gehen. Alle mußten antreten und wurden ins Gefängnis Fuhlsbüttel transportiert. [...]

Ich wurde im Kommando Blohm & Voß als Hilfssanitäter gebraucht.

500 Leute wurden in einem Block in der Form eines Bügeleisens direkt an der Elbe einquartiert. Daneben war eine große Werkstatt, in der Schlosser-, Drechsel- und andere Arbeiten verrichtet wurden. Das Ganze war doppelt mit Draht eingezäunt, und es wurden Wachen aufgestellt. Gearbeitet wurde von sechs Uhr morgens bis in die tiefe Dunkelheit hinein. Die Verpflegung war folgendermaßen: ein Stück Brot (200 g), Suppe mit Steckrübe, manchmal eine faule Kartoffel, 10 g Margarine oder ein Stück Wurst. Bald erfuhren wir, daß aus der Kantine Lebensmittel beim Lagerführer Pelz, Scharführer der SS, verschwanden, und

aus den Kesseln verteilten die Kapos den Bodensatz unter sich. Der eine hieß Willi, der andere, ein Buckliger, war ihm unterstellt (Jakob). Beide verprügelten Häftlinge, unterschlugen Suppe und Brot und zwangen Häftlinge, auf der nassen Erde zu liegen und zu kriechen. [...]

Ich erinnere mich, daß einmal ein großer, respekteinflößender Herr in Begleitung von SS-Leuten in das Krankenrevier kam. Das war Blohm, der Werftbesitzer! Er war ganz gut aufgelegt und fragte, ob die Medikamente ausreichen. [...]

Unser Lager schmolz zusammen. Jeden Tag drei bis vier Tote. Im April [1945, H.K.] hielten sich nur noch wenige auf den Beinen. Hunger und Durchfall – viele tranken Wasser aus der Elbe. Durst quälte alle, besonders nach den Rationen gesalzener Fischpaste.[2] Bis zu dieser Zeit starben von 500 Menschen die Hälfte – innerhalb von vier Monaten. [...]

Im April 1945 wurde das Kommando ins Zentrallager Neuengamme überführt. Das übrige ist bekannt.

Heute lebe ich in Odessa [...]. Ich begegne häufig deutschen Touristen. Bei den Alten denke ich:„

Wer bist du?"

[1] *Außenlager Dessauer Ufer.*
[2] *Fischpastete gehörte zu den wenigen Lebensmitteln, die KZ-Gefangene mit Hilfe des Prämiengeldes im Lager kaufen konnten.*

(Bericht von Miron Dawidowitsch Tschernoglasow, Odessa, o.D. [1984], ANg, Übersetzung: Horst Koop).

geheurer Anstrengung gelang es uns, diese zu bewegen und anzuheben. Doch wir hatten keine Wahl. [...]
Wir waren 500 Frauen verschiedener Altersstufen, die jüngsten knapp vierzehn, die ältesten in den späten Fünfzigern, und alle waren wir hoffnungslose, geschlagene Kreaturen. Unsere Hände waren voller blauer Flecken, geschnitten und schmerzhaft entzündet nach tagelanger Arbeit mit den schmutzigen, rauhen Überresten von dem, was einst Gebäude, Fenster und Türen waren [...]."[167]
Die weiblichen KZ-Gefangenen in den Behelfsbaukommandos stellten

Werksgelände der Werft Blohm & Voß nach einem Bombenangriff 1943. Das KZ-Außenlager befand sich in einem dieser Gebäude. (StA HH)

vor allem Betonplatten her und errichteten daraus Schnellbauwohnungen für Ausgebombte. Dabei mußten sie auch Zementsäcke tragen, Baumaterial transportieren, Gräben ausheben und andere schwere Tätigkeiten verrichten, die auf den Baustellen anfielen. Die Bombensuchkommandos hatten die Aufgabe, unter Leitung städtischer Feuerwerker Blindgänger zu sprengen. Dabei gab es immer wieder Tote.

In den Industriekommandos waren ebenfalls viele Häftlinge zu schweren körperlichen Arbeiten im Freien eingesetzt, zum Beispiel als Hilfskräfte auf Baustellen, bei Transport- und Ladearbeiten, bei Aufräumarbeiten nach Bombenangriffen und beim Abbau von Ölschiefer. In den Außenkommandos des Geilenbergprogramms verrichteten Männer und Frauen überwiegend Aufräum-, zum Teil auch Bauarbeiten bei zerstörten Öl- und Treibstoffanlagen, die so schnell wie möglich wieder in Gang gesetzt werden sollten. Sie mußten Rohre, Mauerreste, Eisenträger, zerborstene Fenster und andere Überreste der Bombenangriffe auf Raffinerien beseitigen. Andere hoben Schächte für Rohr- und Elektroleitungen aus. Bei der Reparatur von Gleisanlagen mußten die Häftlinge Schienen und Schwellen schleppen, Schotter laden und Erdarbeiten verrichten. Dabei standen sie zum Teil unter starker Gefährdung durch Tieffliegerangriffe.

Andere Häftlinge arbeiteten in der Produktion. In acht Außenlagern waren Häftlinge in Munitionsfabriken eingesetzt, in sechs Außenlagern stellten sie Teile für Fahrzeuge, Panzer, Flakgeschütze und Flugzeuge her. Adolf Diamant berichtet über Vechelde bei Braunschweig:

„Die Bremstrommeln waren natürlich sehr, sehr schwer, und für uns jahrelang geschwächte Häftlinge war dies eine Sisyphusarbeit, die Bremstrommeln vom Boden hochzuheben, auf die Drehbank zu schleppen und von dort am Drehfutter zu befestigen; eine Weile lang der Drehvorgang, dann mußte die Bremstrommel wieder abgenommen werden, und, wenn immer zehn Bremstrommeln fertig waren, mußten diese von uns zum Bohrwerk getragen werden, damit dann dort die entsprechenden Löcher gebohrt wurden."[168]

In mehreren Betrieben arbeiteten die KZ-Gefangenen bei großer Hitze. In der Norddeutschen Hütte in Bremen mußten sie glühende Schlacken in Stücke schlagen, in den Stahlwerken Braunschweig heiße Granaten tragen. George Jidkoff berichtet darüber:

„Drei Monate arbeitete ich am schlechtesten Arbeitsplatz, von Juni bis September 1944: an der Presse für 150 mm-Granaten. Die Öfen wurden auf 1300 Grad erhitzt. Wir mußten Granaten tragen, die anfangs 60, später achtzig Kilogramm schwer waren. Sechshundert bis achthundert dieser Granaten mußte man aus den Öfen ziehen, auf die Presse legen usw."[169]

Auf den sechs Werften in Hamburg, Bremen und Boizenburg, bei denen Außenlager des Konzentrationslagers Neuengamme bestanden, arbeiteten Häftlinge häufig in Fertigungsabteilungen statt in der Montage, da sie von anderen Arbeitern getrennt bleiben sollten. In den Elektronik- und Feinmechanikbetrieben und bei der Herstellung von Gasmasken standen die KZ-Gefangenen – überwiegend Frauen – oft unter besonderem Druck durch Fließbänder und Arbeitsnormen. Geneviève Helmer berichtet über die Arbeit im Continental-Werk in Hannover-Limmer:

„Unser Leben in der Fabrik begann, ein Leben, bei dem man nur verkommen und verdummen konnte mit seinen 12 Stunden Arbeit am Fließband, eine Woche Tag-, eine Woche Nachtarbeit. Die Lehrzeit ist schwer: Man muß im Rhythmus eines rollenden Bandes 3 kg schwere Gußeisenformen im Tempo von 3 Stück pro Minute heben

Panzergraben. (Konzentrationslager Ladelund 1944, S. 25)

und das von 6.00 Uhr morgens bis 6.00 Uhr abends. [...] Die Luft in der Abteilung war nicht zu atmen: Dünste von Benzin, von Gummi, die Luft auf 35°, ohne Möglichkeit zu lüften wegen des Luftschutzes."[170]

Wie Jerzy Jaroch berichtet, litten auch im Phrix-Werk Wittenberge viele Häftlinge durch die chemischen Dünste unter Augenreizungen und Kopfweh.[171] In der Accumulatorenfabrik in Hannover-Stöcken riefen die Bleidämpfe Gesundheitsbeschwerden hervor:

„In der Fabrik sollten Gitterplatten für Akkus mit Bleimasse gefüllt werden. Deutsche Zivilarbeiter bekamen Masken, damit sie nicht die giftigen Dämpfe der warmen Bleimasse einatmen mußten, was man aber für Häftlinge nicht für erforderlich hielt. Sie bekamen zerrissene Gummihandschuhe [...], so daß das Blei sich in die Haut setzte. Auch in die Kleidung drang das Blei ein, deswegen brachte man die giftige Atmosphäre mit in die Baracken hinein. Mehr oder weniger wurde man von der Bleivergiftung angegriffen, die sich in heftigen Schmerzen und Magenkrämpfen äußerte."[172]

Meppen-Versen

Die Verhältnisse im Lager waren im allgemeinen sehr schlecht. Die Baracken waren ohne Kojen, ohne Bettgestelle. In den ersten Monaten gab es auch kein Stroh. Die meisten mußten also auf dem blanken Boden liegen, und da es sehr viel regnete, das Dach kaputt war und es durchregnete, waren wir in der Zeit vom 16. November [1944] bis zum 10. Januar 1945 nie in trockenen Kleidern. Stroh bekamen wir erst einige Tage vor dem großen Krankentransport, das war am 13. Dezember 1944. Die Dänen bekamen – wie gesagt – am 10. Januar 1945 die ersten Pakete. Darin waren Kleider, kein Essen. Von diesem Tage konnten wir uns wenigstens umkleiden und hatten ein wenig Interesse am Waschen und Baden. Eine Badeeinrichtung gab es zwar, aber sie war nicht für uns zugänglich.

In den ersten Monaten war die Essensausgabe schlecht organisiert. Beim Ausmarsch zur Arbeit wurde im Freien ein Viertelliter warmes Wasser – Suppe genannt – ausgeliefert. Am 7. 11. 1944 wurde ein Zuckerzusatz zugegeben. Vielleicht Sirup oder dergleichen. Am Abend wurde dann eine Suppe und zwei kleine Scheiben Brot ausgeliefert. Ebenfalls im Freien. Was aber am schlimmsten war: Sämtliche Kranke, auch die Schwerkranken, sollten das Essen im Freien erhalten. Diese Prozedur hat vielen das Leben gekostet.

Die Arbeit war bestellte Arbeit für die Wehrmacht. Wir hoben Schützengräben um Meppen herum aus. Die Arbeit war zwar völlig zwecklos, weil der „Feind" gar nicht durch die Wälder kam, sondern ganz einfach über die Landstraße. Wir hatten also schöne Gräben gemacht in den Wäldern rund um Meppen, und zwar im Sand, so daß alle Gräben wieder einstürzten. Die Arbeitszeit war sehr lang, der ewige Regen ermüdend. Trotzdem konnte man die Arbeit nicht außergewöhnlich schwer nennen. Was die Häftlinge so sehr mitnahm, die vielen Toten kostete, das war nicht die Schwere der Arbeit, sondern die lange Arbeitszeit, die völlig ungenügende Bekleidung, die dauernde Nässe und die völlig ungenügende Nahrung und vor allem keine Wärme.

(Bericht von Morton Ruge; in: Kosthorst/Walter, S. 114)

In vielen Kommandos machten vor allem Kälte und Nässe die Arbeit zu einer unerträglichen Belastung. Beim Bau der Panzersperrgräben standen Häftlinge oft mit den Füßen im Wasser. Vor allem im Herbst und Winter kamen viele KZ-Gefangene nie aus der durchnäßten Kleidung heraus. Bei den Aufräumarbeiten war es meist verboten, in den Trümmern Schutz vor Regen, Schnee und Wind zu suchen. Auch bei den Untertagearbeiten war es teilweise kalt; z. B. herrschten in den Asphaltstollen bei Hannover-Ahlem konstant etwa zehn Grad Celsius. In den Fabrikhallen war es meist nicht besser, weil Brennstoff fehlte und Fensterscheiben vom Luftdruck der Bombendetonationen zerbrochen waren. Arnost Basch schreibt über die Arbeit im Hanomag-Werk in Hannover:

„Das Werk war durch Luftangriffe stark demoliert, das Dach der Werkhalle zur Hälfte zerstört, und in dem Stockwerk, wo auch an Maschinen gearbeitet wurde, fehlte z. B. eine ganze Seitenwand, so daß man keinen Schutz vor Kälte und Regen hatte. Im übrigen arbeiteten wir im Monat Februar, wo grimmige Kälte herrschte und niemand Gelegenheit hatte, sich vor dieser zu schützen."[173]

Eine wachsende Gefahr, vor allem in den Aufräum- und den Fabrikkommandos, bildeten die immer häufigeren Bombenangriffe. KZ-Gefangene durften bei Fliegeralarm meist nicht in die Bunker. Oft mußten sie ohne Schutz auf ihren Arbeitsstellen oder im Lager bleiben. In manchen Kommandos wurden sie bei Fliegeralarm in Erdbunker oder Splitterschutzgräben getrieben, doch diese boten nur ungenügend Schutz; manchmal wurden Menschen sogar darin verschüttet. Häufig kamen KZ-Gefangene bei Bombenangriffen um. Einer der schwersten Fälle war ein Bombenangriff auf das Lager Dessauer Ufer am 25. Oktober 1944, bei dem unter anderem das Krankenrevier von Spreng- und Brandbomben getroffen wurde. Überlebende berichten, daß dabei über 100 KZ-Insassen ums Leben kamen. Bei einem Angriff auf das Außenkommando Reiherstieg der Deutschen Werft starben am 31. Dezember 1944 mindestens 129 KZ-Gefangene, etwa 100 wurden verletzt.[174]

Die Bestrafungsmethoden, die in den Außenlagern angewandt wurden, waren sehr unterschiedlich. Da die KZ-Gefangenen den Wirtschaftsbetrieben und Behörden als geschlossene Kolonnen zur Verfügung gestellt wurden, war die Behandlung einschließlich der Bestrafungen vereinbarungsgemäß Sache der SS und der von ihr eingesetzten Kapos. Wenn SS-Angehörige und die von ihnen eingesetzten

Bau des U-Boot-Bunkers „Valentin". (Johr/Roder, Der Bunker, S. 14)

Funktionshäftlinge allein die Aufsicht über die KZ-Gefangenen führten, herrschte meist derselbe Terror wie bei den Masseneinsätzen im Hauptlager. Bei den unterirdischen Ausbauarbeiten, in den Panzergrabenkommandos und in vielen Aufräumkommandos trieben oft besonders brutale Kapos die Häftlinge an und zwangen sie mit Schlägen und Schikanen, ihre Kräfte bis zur Erschöpfung zu verausgaben. Eines der berüchtigtsten Außenlager von Neuengamme war Hannover-Ahlem, wo Juden aus dem Lodzer Getto Stollen für die Rüstungsproduktion ausbauten. Kommandoführer war der Untersturmführer Otto („Tull") Harder; er selbst hielt sich zwar weitgehend zurück, ließ aber dem Wüten seiner Untergebenen freien Lauf.[175] Motek Diament berichtet, wie er sich mit einer Gruppe von erschöpften und frierenden Kameraden am Abzugsrohr eines Kompressors wärmen wollte:

„Palästina [SS-Mann, H.K.] kam und die Häftlinge rannten weg. Einer konnte nicht entwischen und Palästina fing ihn. Ich habe gehört, daß dieser Gefangene Lokiec genannt wurde. [...] Palästina begann, Lokiec mit dem Kolben seines Karabiners zu schlagen und sagte dem

KZ-Häftlinge bei Aufräumarbeiten im zerstörten Hammerbrook, ca. August 1943. (StA HH)

Sinn nach die Worte: ‚Du entwischst mir nicht. Ich häng' dich heute nacht auf. Du kommst morgen nicht mit mir ins Lager' [...]. Als wir nach der Arbeit Appell hatten und gezählt wurden, fehlte ein Häftling. [...] Ich stand nahe dem Ausgang der Grube und ich sah, wie Lokiec hinausgetragen wurde, tot. Er hatte eine Schlinge um den Hals."[176]
Der Lagerälteste bestrafte Häftlinge oft auf besonders grausame Weise. Zeugen berichten, daß er einen Häftling wegen angeblicher Sabotage an der Händen aufhängen ließ, bis dieser starb. Andere ertränkte er in einer Wassertonne oder pumpte ihnen mit einem Schlauch Wasser in den Körper.[177]

In den Frauen-Kommandos, die zu Aufräumarbeiten eingesetzt wurden, trieben vor allem die KZ-Aufseherinnen die Häftlinge mit Schlägen und Fußtritten zur Arbeit an. Auch die Poliere, die in den Bauunternehmen die Aufsicht führten, verhielten sich manchmal rücksichtslos und brutal. Dagegen wird z. B. vom Einsatz bei der Firma Rodieck in Uphusen bei Bremen berichtet, daß die überwiegend älteren, nicht mehr kriegsverwendungsfähigen Aufsichtskräfte etwas menschlicher eingestellt waren.[178]

In den Fabrikhallen war die SS kaum präsent. Zivile Werksangehörige führten die Aufsicht. Sie stützten sich in unterschiedlichem Umfang auf Kapos und Vorarbeiter aus den Reihen der Häftlinge. Die zivilen Aufseher prüften die fertigen Produkte und den Ausschuß. Fanden sie etwas zu beanstanden, so erstatteten sie dem zuständigen SS-Mann oder Kapo eine Meldung, und dieser sorgte für die Bestrafung durch Schläge, Strafmeldungen oder Essens- und Prämienentzug. In den meisten Betrieben wurden Bestrafungen nicht während der Arbeit, sondern nach Feierabend im Lager durchgeführt. Von Continental in Hannover-Limmer wird berichtet, daß die KZ-Aufseherinnen aus Unsicherheit gegenüber Betriebsangehörigen anfangs Häftlinge in die Toilettenräume mitnahmen, um sie dort zu schlagen; später teilten sie Strafen nur noch im Lager aus.[179] In der unterirdischen Röhrenfertigung von Philips an der Porta Westfalica setzte die Werksleitung durch, daß die Aufseherinnen sich „in einigem Abstand" von den arbeitenden Frauen aufhalten mußten, um Störungen der Produktion zu vermeiden.[180] In einigen Betrieben wurde jedoch auch während der Arbeit geprügelt. In den Accumulatorenwerken in Hannover-Stöcken schleppten die Kapos manchmal Häftlinge aus den Produktionshallen in den Keller zu einem Vorarbeiter, der sie mit einem Gummischlauch oder einem Knüppel schlug.[181]

Prämien und Essenszulagen

Eines der Mittel, mit denen die Häftlinge in vielen Außenlagern unter Arbeitsdruck gesetzt wurden, waren die Prämien. Die Verteilung war oft ähnlich willkürlich und mit Unregelmäßigkeiten verbunden wie im Hauptlager. Dennoch waren sie meist begehrt, denn in der Kantine konnten die Häftlinge damit Zigaretten, sauer eingelegtes Gemüse und andere Waren kaufen. In manchen Außenlagern bestand nur einmal in der Woche die Möglichkeit zum Einkauf. In anderen gab es gar keine Kantine; dort wurden manchmal Zigaretten und Lebensmittel als Prämien verteilt. Wer es nicht mehr schaffte, die Belohnung zu erhalten, verlor oft auch die Hoffnung aufs Überleben; denn der Verlust der Prämie bewirkte eine Kette von Benachteiligungen. Ohne Zigaretten konnte man vor allem Funktionshäftlinge nicht mehr bestechen. Die Schwachen zogen außerdem die besondere Aufmerksamkeit der Kapos auf sich, weil diese sich ihre eigene Prämie sichern wollten. Viele Unternehmen setzten auch zusätzliche Verpflegung ein, um den Arbeitsdruck zu erhöhen: Für gute Leistungen gab es Zulagen; den Häftlingen, die nicht genügend schafften, wurden sie entzogen. Ein Werksangehöriger von Blohm & Voß berichtet über die Wirkung:

„Habe auch einmal mit einem Häftling gesprochen und hab gefragt, warum er kein Essen bekommt, da sagte er mir, daß er vor Schwäche nicht mehr arbeiten kann und darum bekomme er nichts zu essen."[182]

Konzentrationslager Bremen-Blumenthal

Mitten in der Nacht kamen wir in Bremen an. Es war gerade wieder Fliegeralarm, und wir mußten bis zur Entwarnung in den Waggons bleiben. Als wir draußen waren, versuchten wir zuerst herauszufinden, wer unsere Bewacher sein würden. Wir sahen junge Leute von einem Marinekorps, die nicht allzu haßerfüllt aussahen.

Es war Brandgeruch in der Luft. Die Soldaten sprachen nicht zu uns, und wir konnten nicht sprechen, weil wir zu durstig waren. Wir konnten in der Dunkelheit nicht viel sehen, aber die meisten Häuser waren ausgebrannt oder zusammengestürzt. Nach einem längeren Marsch erreichten wir unseren Bestimmungsort, Bremen-Blumenthal. Wir hofften, es würde ein gutes Lager sein. Jedenfalls war es sehr klein. Wir sahen nur wenige Baracken, und nach dem Zählappell betraten wir eine davon. Wir fanden Wasser, aber nichts zu essen. Wir fielen auf die Pritschen und schliefen sofort ein.

Bereits nach drei Stunden wurden wir mit den Worten geweckt: „Aufstehen, ihr Idioten. Dies ist kein Sanatorium. Dies ist ein Konzentrationslager!" Es war der Blockälteste von der anderen Baracke. Er befahl uns, vor der Baracke anzutreten, damit der „Lagerälteste" uns begrüßen könne. Wir bekamen Malzkaffee und etwas Brot. Um sechs Uhr gingen die Gefangenen zur Arbeit. Wir zählten etwa 800, ohne uns. Innerhalb des Lagers sahen wir keine Wachen, sie beobachteten den Zaun von draußen. Nach einer Weile kam der gleiche Blockälteste zurück. Er war ein Weißrusse und befahl uns, zu exerzieren, damit wir warm würden. Während wir noch sprangen, Kniebeugen machten und um den kleinen Hof herum liefen, kamen zwei sauber aussehende Gefangene, der Lagerälteste und der Lagerschreiber. Beide kamen aus Polen und waren erfüllt mit Haß, und zu unserem Unglück haßten sie die Juden am meisten. Sie sagten uns, daß unser Block der „Judenblock" heißen würde und daß alle anderen Gefangenen Polen oder Russen wären. Sie sagten weiter, daß wir auf der Werft arbeiten würden und daß jede Sabotage mit dem Tod bestraft würde. Wir erfuhren außerdem, daß die Marinesoldaten nur unsere Wachen seien, daß aber ein SS-Oberscharführer das Lagerkommando habe. Wir konnten die antisemitische Haltung unserer Mitgefangenen spüren und wußten, daß wir eine harte Zeit vor uns hatten.

Der Oberscharführer kam eine Stunde später mit einer Liste derjenigen Berufe, die auf der Werft benötigt wurden. Sie wurden ausgerufen, und die übrigbleibenden sechzig Leute kamen in das Transportkommando. Krankheit, so sagte der Oberscharführer, sei nicht erlaubt, und wenn wir nicht mehr arbeiten könnten, würde er einen Weg finden, uns loszuwerden. [...]

Nachdem der Oberscharführer erfahren hatte, daß einige von uns ursprünglich aus Hamburg kamen, machte er Martin Stock zum Blockältesten, und ich wurde Stubenältester. Es gab vier Räume in unserer Baracke, und ich war für einen davon verantwortlich. Es gab Pritschen für jeden, ein bißchen Stroh und sogar einige dünne Decken. In meinem Raum waren viele junge Leute, und jedesmal, wenn wir an Sonntagen Extrarationen bekamen, ein Pfund Zucker für 15 Mann oder einen Topf Marmelade oder übriggebliebene Suppe, teilte ich dies unter den jungen Leuten auf, natürlich mit Erlaubnis der übrigen Rauminsassen. Wir wollten, daß diese jungen Leute unter allen Umständen überleben sollten, damit sie der Welt von unseren Leiden berichten könnten. Aber trotz allem überlebte fast niemand von ihnen.

Der Werktag begann hier schon um vier Uhr dreißig. Die Wachen brachten uns um fünf Uhr fünfzehn zu einer Pier im Hafen. Dort wartete eine alte offene Barke auf uns, ohne Heizung oder Sitze, und ein kleines Dampfboot zog die Barke dann zur Werft, das dauerte anderthalb Stunden. Wir kamen total durchfroren in die Fabrik.

Die Arbeit dauerte von sieben bis fünf Uhr, mit einer halben Stunde Pause. [...] In der Fabrik gab es keine Heizung. Die deutschen Arbeiter hatten ein paar kleine Kanonenöfchen in der Nähe ihres Arbeitsplatzes, aber für uns gab es nichts dergleichen. Mittags bekamen wir eine Schüssel Kartoffelsuppe und ein Stück Brot. Es war den Deutschen streng verboten, uns Lebensmittel zuzustecken, jede Art von „Verbrüderung" war gefährlich.

Nach der täglichen Rückkehr ins Lager gab es Zählappell und die übliche Bestrafung der aufgeschriebenen „Faulen". Der Lagerälteste fand im jüdischen Block immer etwas, was bestraft werden mußte. Manche Nacht mußten wir außerhalb der Baracke exerzieren, als Strafe dafür, daß wir nicht den saubersten Raum hatten oder sonst „auffielen". Wenn der Lagerälteste uns in Ruhe ließ, fand der Oberscharführer etwas, um uns zu strafen. Jedesmal, wenn wir einschliefen, hofften wir, der nächste Tag würde besser sein. Aber diese Hoffnung bewahrheitete sich niemals. Bremen brannte uns seine Spuren ein. [...]

Bremen hatte übrigens auch seine besonderen Strafarten. Im Winter wurde man beispielsweise für dreimaliges Auffallen durch sogenannte Faulheit folgendermaßen bestraft: Die Wachen füllten ein großes Faß mit Wasser. Dem Gefangenen wurden die Hände gebunden, und er wurde in das Faß gesteckt, so daß der Kopf noch heraussah. Bei sehr kaltem Wind und Frost fror das Wasser, und der Gefangene erfror zur gleichen Zeit. Dies war ein grauenvoller, langsamer Tod. Bei mildem Wetter konnte ein Gefangener vielleicht überleben, war er aber mehr als zwei Stunden im Wasser gewesen, war seine Gesundheit ruiniert. Es war ein kleines Lager, aber sehr erfinderisch in Grausamkeiten.

Sonntags arbeiteten wir nur sechs Stunden und hatten gewöhnlich Zeit, uns selbst und die Baracke ein wenig zu säubern. Als wir an einem solchen Sonntag, einem klaren, schönen Tag, in den Hof kamen, wußten wir sofort, daß uns Schlimmes erwartete, denn da standen ungefähr fünfzig SS-Männer mit Maschinenpistolen. Ein Galgen war errichtet worden, und wir mußten Aufstellung nehmen zwischen den Marinesoldaten hinter und den SS-Soldaten vor uns. Das hatte es noch nie gegeben. Als alle Gefangenen auf dem Hof waren, erklärte uns der SS-Kommandant, daß zwei Gefangene wegen Sabotage gehängt werden würden. [...]

Der Blockälteste mußte die Stricke dreimal rauf- und runterziehen, um sicherzugehen, daß sie auch halten würden. Wir vermuteten, die Verurteilten würden danach tot sein. Aber das war ein Irrtum.

Mit sehr lauter Stimme rief einer der Todeskandidaten: „Dowidenzia Polski!" In diesem Augenblick stießen die SS-Wachen die Plattform weg, und die Schlingen zogen sich zu. Wir sahen, wie die Gesichtsfarbe der Gehängten sich änderte; nach etwa drei

Minuten wurden sie vom Blockältesten abgeschnitten. Da sie aber noch Lebenszeichen zeigten, gab ein SS-Offizier beiden einen Kopfschuß – wir sahen das nicht mehr, wir hörten es. Die Leichen blieben drei Tage liegen, als Warnung vor jeder Art von Sabotage. Es war ein entsetzlicher Anblick, den man nicht wieder vergessen konnte. [...]

Die Lebensmittelrationen nahmen ständig ab. Die Suppe wurde dünner, das Brot immer ungenießbarer. Aber da wir so hungrig waren, aßen wir es trotzdem. [...]

Mein Amt als Blockältester behielt ich nur drei Wochen. Der SS-Oberscharführer inspizierte unseren Block, fand ein Messer (zum Brotschneiden) und Extradecken und schimpfte über den Schmutz. Die Bestrafung war einfach: Jeder Mann erhielt einen Streich mit der Peitsche, die Stubenältesten je fünf und ich, als der Blockälteste, fünfzehn, wobei ich laut mitzuzählen hatte, oder die Bestrafung würde von vorne beginnen. Während des Vollzugs war die ganze Lagerprominenz anwesend. Vier Marinesoldaten mußten die Streiche austeilen. Ich kam zuletzt dran. Jeder Hieb, den meine Kameraden bekamen, hatte mich schon mitgetroffen. Nun mußte ich mich über einen Stuhl beugen, meine Hosen wurden heruntergerissen, und der erste Streich ging wie ein Messer durch meine Haut. „Eins, zwei, drei, vier, fünf ...", und so fort; es wurde immer schwieriger, die Zahlen zu rufen. Aber ich schaffte es bis fünfzehn. Anschließend halfen mir meine Freunde auf meine Pritsche. Sie brachten kaltes Wasser und ein Tuch, daß sie mir auf das Gesäß legten. Ich hatte kein Gefühl mehr in diesem Teil meines Körpers, und ich konnte die ganze Nacht nicht schlafen. Alle halfen mir aufzustehen, zum Zählappell und zur Arbeit zu gehen. Die jungen Burschen, denen ich früher die Extrarationen ausgeteilt hatte, kamen mir nun zu Hilfe. Sie trugen mich fast zur Barke und halfen mir, so weit es überhaupt möglich war. Auf der Arbeitsstelle mußte ich dem Vorarbeiter sagen, daß ich am Abend vorher bestraft worden war, und daraufhin gab er mir weniger Arbeit. Mein Hinterteil war noch lange Zeit empfindlich, aber mit jedem Tag, der verging, verringerte sich die Pein.

Bericht von Heinz Rosenberg, der als jüdischer Häftling insgesamt zwölf Konzentrationslager erleben und erleiden mußte.
(Rosenberg, Jahre des Schreckens, S. 129-136)

f) Der Einfluß der Betriebe und des Aufsichtspersonals auf das Leben in den Außenlagern

Die Existenzbedingungen in den Lagern unterschieden sich sehr. Dies lag vor allem daran, wie stark die Betriebs- und Einsatzleitungen und ihr Aufsichtspersonal jeweils eingriffen. Ihre Einflußmöglichkeiten beschränkten sich nicht auf die Meldung zur Bestrafung und die Verteilung der Prämien und Zulagen. Die Behandlung war zwar formal Angelegenheit des KZ-Personals. Doch die Unternehmen und Behörden stellten die Unterkünfte zur Verfügung; außerdem hatten sie sich in den schriftlichen Vereinbarungen mit dem Konzentrationslager Neuengamme verpflichtet, für Licht, Wasser, Beheizung und Desinfektion gegen Ungeziefer („Entwesung") zu sorgen, die Einrichtung der Häftlingsküche und Medikamente für das Krankenrevier zu beschaffen und die Kleidung der Häftlinge zu reinigen. Zum Teil sollten Firmen auch Arbeitskleidung bereitstellen. Damit lag es in ihrer Hand, ausreichende Rahmenbedingungen für Unterbringung und Hygiene zu schaffen.

Einige Wirtschaftsunternehmen trugen von sich aus zur Verbesserung von Unterbringung und Versorgung bei, um die Arbeitsfähigkeit der Häftlinge zu erhalten. Zum Beispiel erhielten die Häftlinge des Lagers Vechelde auf Druck des Büssing-Werks größere Essensportionen. Auch in Hamburg-Langenhorn war nach Berichten mehrerer KZ-Häftlinge die Verpflegung besser als in vielen anderen Außenlagern; in der Krankenstube gab es sogar Bettwäsche, und in der Küche erhielten die Frauen gelegentlich warmes Wasser, um ihre Kleidung zu waschen. Das Phrix-Werk Wittenberge errichtete 1943 eine neue Wasch- und eine Küchenbaracke für das Häftlingslager; die Unterkunftsbaracken waren nicht überfüllt; die Behandlung war zwar schlecht, aber doch eher zu ertragen als in anderen Konzentrationslagern. Beim Bauunternehmer Rohlfs in Bremen brauchten die Frauen nicht immer das vorgeschriebene Leistungssoll zu erfüllen. Rohlfs beschaffte offenbar gelegentlich etwas zusätzlich zu essen und setzte gegen die KZ-Aufseherinnen durch, daß die Frauen bei der Arbeit Jacken und Mäntel tragen durften, die sie sich aus alten Decken nähten. Die Deurag-Nerag in Hannover-Misburg stellte Häftlingen einige Male zusätzliche Kleidungsstücke zur Verfügung.[183] Manchmal versuchten Unternehmen auch, Einfluß auf das Personal des KZ-Kommandos zu nehmen. Das Phrix-Werk Wittenberge sandte z. B. zwei Kommandoführern Anerkennungsschreiben, die mit der Zahlung eines Geldbetrages verbunden waren. Sogar der Lagerälteste erhielt eine solche Anerkennungssumme, und das Werk schlug dem Konzentrationslager vor, ihn zu entlassen – allerdings ohne Erfolg.

Andere Einsatzleitungen versuchten, mit Beschwerden etwas zu erreichen. Die Bauunternehmer Lüning in Bremen und Grün & Bilfinger in Wittenberge beklagten sich, daß oft kranke Häftlinge zur Arbeit geschickt wurden.[184] Die Marine in Bremen-Farge unternahm Anfang 1944 den Versuch, durch ein medizinisches Gutachten des Universitätskrankenhauses Hamburg-Eppendorf Veränderungen herbeizuführen. Das Gutachten stellte unmißverständlich klar, daß Ödeme, Tuberkulose und andere Krankheiten Folgen von Unterernährung waren und schlug vor, in aussichtsreichen Fällen Häftlinge „aufzufüttern" und die Ernährung der Arbeitsfähigen zu verbessern. Außerdem hieß es darin:

„Vorsicht mit dem Beschneiden von Rationen als Strafmaßnahme. [...] Versuch, die zusätzlichen Wärmeverluste bei Transporten und Außenarbeit durch Verbesserung der Kleidung einzuschränken."[185]

Die Eingabe blieb jedoch ohne Erfolg.

Die SS schritt mehrfach gegen Verbesserungsversuche ein. Als die Accumulatorenfabrik in Hannover-Stöcken anbot, den Häftlingen in der Bleiabteilung eine zweite Garnitur Kleidung zu beschaffen, lehnte die SS ab, weil angeblich in Zivilkleidung zu große Fluchtgefahr bestehe. Ein Maurerpolier des Werks, der Häftlingen seiner Kolonne 1944 Essensreste aus der Werksküche besorgen wollte, berichtet, daß der Lagerführer dies verhinderte und drohte, ihn verhaften zu lassen. Der Kommandant des Konzentrationslagers Neuengamme, SS-Sturmbannführer Pauly, versuchte, gegenüber Rudolf Blohm, dem Mitinhaber der Werft Blohm & Voß, durchzusetzen, daß die Häftlinge nicht aus der Werksküche verpflegt wurden, sondern aus einer von SS-Personal geleiteten Küche im Häftlingslager. Leitenden Mitarbeitern des Phrix-Werks riet er bei einem Besuch in Wittenberge im Juli 1944, „nur das Notwendigste" in die Unterkünfte zu investieren, „damit in der jetzigen Zeit nicht unnötig Material verschwendet wird".[186]

Die SS war jedoch nicht allmächtig. Blohm setzte die Werksverpflegung gegen Pauly durch. Auch in Wittenberge hielt man sich nicht an die Empfehlung des Kommandanten; das Unternehmen lehnte im

Abschrift
1. Medizinische Klinik des   Hamburg 20, den 4. März 1944.
Universitäts-Krankenhaus Eppendorf   Martinistraße 52
Direktor: Professor Dr. H.H.Berg   Fernsprecher: 53 10 41

Gutachten

über den Ernährungszustand der Kriegs- usw.-Gefangenen in den Lagern Russenlager Bremen-Blumenthal, Arbeitserziehungslager und KL.

Geheim

Auf Veranlassung von Herrn Marineoberstabsarzt Dr. Fölsch, dessen Bericht vom 18. 2. 1944 mir vorlag und der Marineoberbauleitung Bremen habe ich am 2. 3. 1944 in Gemeinschaft mit meinem Mitarbeiter Stabsarzt Dozent Dr. Heinrich Berning in den oben bezeichneten Lagern folgende Feststellung gemacht:

[...] An der Identität der gesehenen Ernährungsschäden mit dem aus den früheren Kriegen wohlbekannten klinischen Bild der Ödemkrankheit bzw. präödematöser Zustände kann kein Zweifel sein [...]. In der Regel werden sich in der Praxis Kalorien- und Eiweißmangel kombinieren. [...] [Die] an einem genau klinisch beobachteten hospitalisierten Material über mehrere Jahre hindurch weitergeführten Versuche haben zu der beachtlichen Feststellung geführt, daß mit der Dauer der Ödemzustände der Befall an Tuberculosen laufend stieg. [...] Sozusagen ausnahmslos verliefen die Tuberculosen unbeeinflußbar in rascher Progression zum Tode, so daß die Lungentuberculose als wichtigste Komplikation der Hungerkrankheit anzusehen ist, welche die Prognose des Hungerzustandes – und das ist das Entscheidende – hoffnungslos und irreversibel gestaltet. [...] Das Auftreten der Hungererscheinungen mit den Zeichen der Ödemkrankheit und der präödematösen Erschöpfungszustände ist eine die Einsatzfähigkeit der Arbeitskräfte nachhaltig und langfristig schädigende Erkrankung. Es muß damit gerechnet werden, daß bei Beibehaltung der derzeitigen Ernährungsverhältnisse fortlaufend progressive Ausfälle von Arbeitskräften entstehen, von denen ein großer Teil unrettbar verloren ist. [...]

Für das Bauvorhaben der Marineoberbauleitung Bremen erlaubt sich der Unterzeichnete daher folgende Vorschläge zu machen:

1. Aussonderung aller Ernährungsgeschädigten in möglichst frühen Stadien der Ernährungsstörung.

2. Aussonderung der Tuberculösen und der schwer Darmkranken als hoffnungslos Geschädigten, die niemals für den Arbeitsprozeß mehr in Frage kommen.

3. Auffütterung der ernährungsgeschädigten reversiblen Fälle mit ausreichender Ernährung mit biologisch hochwertigem Eiweiß und ausreichendem Gesamtkaloriengehalt, wobei der Gehalt an beidem das Tempo der Rekonvaleszenz bestimmen wird.

4. Erwirkung einer kalorisch ausreichenden Ernährung für den noch einsatzfähigen Teil der Lagerinsassen.

Zu diesem Punkt werden folgende Vorschläge gemacht: Revision der Beurteilungskriterien für Drückebergerei unter Kenntnis der Symptomatologie und der Frühsymptome des Ernährungsödems bzw. der präödematösen Stadien. Vorsicht mit dem Beschneiden von Rationen als Strafmaßnahmen. [...] Versuch, die zusätzlichen Wärmeverluste bei Transporten und Außenarbeit durch Verbesserung der Kleidung einzuschränken. Ferner ist bei der Verteilung der Lebensmittel natürlich wie in allen Betrieben auf Gerechtigkeit der Verteilung und gerechte Bemessung der Rationen zu achten. [...]

Nur so ist der Unterzeichnete davon überzeugt, daß sich weitere unrettbare Ausfälle von Arbeitskräften vermeiden und die noch rettbaren nach einer gewissen Zeit wieder in den Arbeitsprozeß eingliedern lassen.

(Abschrift im Archiv der VVN Bremen; Auszug nach: Johr/Roder, S. 38)

August 1944 ausdrücklich ab, weitere KZ-Gefangene aufzunehmen, bevor die Unterkünfte für sie fertiggestellt waren.[187] Auch außerhalb der Wirtschaftsunternehmen sprach sich herum, wie die KZ-Gefangenen behandelt wurden. In Hamburg schaltete sich schließlich sogar der Gauleiter ein. In einem Rundschreiben der Gauwirtschaftskammer, Abteilung Industrie, vom 6. Januar 1945 hieß es:

„Wenn auch der SS die Kontrolle des in den KZ-Lägern verabreichten Essens obliegt, so wünscht der Gauleiter trotzdem, daß sich auch

die Betriebsführer um die Verpflegung kümmern, da gerade sie an einer ordnungsgemäßen Ernährung der bei ihnen arbeitenden KZ-Häftlinge interessiert sein müssen."[188]
Dies war eine direkte Aufforderung an die Unternehmen, sich gegen die SS durchzusetzen.

Die meisten Betriebs- und Einsatzleitungen erbrachten jedoch nur die Leistungen, die die SS ihnen abverlangte. Sie verzichteten darauf, durch Verteilung zusätzlicher Verpflegung etwas gegen den Hunger und seine Folgen zu tun. Obwohl sie nach den Vereinbarungen dafür zuständig waren, kümmerten sie sich nicht um eine menschenwürdige Unterbringung, um eine Verbesserung der katastrophalen hygienischen Verhältnisse und um ausreichende Versorgung mit Medikamenten, sei es aus Rücksicht auf die Machtstellung der SS, aus Gleichgültigkeit oder aus anderen Gründen. Sie unternahmen auch nichts gegen die Schikanen und die brutalen Bestrafungsmethoden. Sie verließen sich vielmehr darauf, daß kranke und entkräftete Häftlinge ersetzt wurden, und trugen dadurch zu den katastrophalen Existenzbedingungen bei.

Es gab sogar Unternehmen, die sich gegenüber der SS weigerten, die ursprünglich vereinbarten Verpflichtungen zu erfüllen. Als das KZ-Außenlager bei der Hütte Braunschweig der Reichswerke „Hermann Göring" in Watenstedt-Salzgitter im Juli 1944 die kostenlose Lieferung von Häftlingskleidung anforderte, lehnte die Werksleitung dies ab, da nicht einmal für deutsche Facharbeiter genügend Material vorhanden sei. Zwei Monate später wurde das Unternehmen vom SS-Wirtschaftsverwaltungshauptamt darauf hingewiesen, daß sich in den Unterkünften unter der Hochstraße zum Teil noch immer zwei Häftlinge eine Schlafstelle teilten, obwohl die erforderliche Anzahl der Bettkonstruktionen schon seit zwei Jahren bekannt war.[189]

Die Unterschiede bei den Lebensumständen in den Außenlagern waren großenteils auch auf das jeweilige Verhalten der Aufseher zurückzuführen. Weil die SS in den meisten Außenlagern nur wenig Personal hatte, eröffneten sich für die SS-Angehörigen und Funktionshäftlinge größere Handlungsspielräume. Sie konnten häufig Befehle unterschiedlich auslegen, widersprüchliche Anordnungen verschiedener Dienststellen nach eigenem Ermessen befolgen oder ignorieren und auch gelegentlich wegschauen, wenn im Lager oder bei der Arbeit Anweisungen nicht streng eingehalten wurden. Wenn es darum ging, sich materielle

Kurmärkische Zellwolle und
Zellulose Aktiengesellschaft

Aushang Nr. 13/44

Betr.: Umgangsverbot mit KZ.-Häftlingen.

Wir haben unsere Gefolgschaft durch Aushang wiederholt darauf hingewiesen, daß jeder Verkehr mit KZ.-Häftlingen, der über das unbedingt notwendige Maß während der Arbeitszeit hinausgeht, strengstens verboten ist.-

Ungeachtet dieser Hinweise haben sich die beiden Gefolgschaftsmitglieder

        Anna Schwerdtfeger und
        Anneliese Burmeister

in private Unterhaltungen mit KZ.-Häftlingen eingelassen.

Wegen dieses Vergehens wurden die beiden Vorgenannten mit 21 Tagen Haft bestraft.-

Wir erwarten, daß sich unsere Gefolgschaftsmitglieder im Umgang mit den KZ.-Häftlingen die allergrößte Zurückhaltung auferlegen, so daß in Zukunft das Einschreiten der Polizei nicht mehr erforderlich wird.-

Die Werkleitung:

(Brandenburgisches Landeshauptarchiv Potsdam, Pr. Br., Rep. 75, KZZW, Bd. 62, Bl. 119)

Vorteile zu verschaffen, war dies weit verbreitete Praxis. Das Hauptlager Neuengamme war ja weit entfernt, und der Kommandant und seine Beauftragten kamen selten zur Kontrolle. Besonders wichtig war die Haltung der Kommando- und Lagerführer. Wenn sie die Auffassung vertraten, daß effizienter Arbeitseinsatz wichtiger war als die repressive Behandlung der KZ-Gefangenen, gab dies den Inhaftierten größere Überlebenschancen. Einer der wenigen Kommandoführer, die ihre Handlungsspielräume auf diese Weise nutzten, war der Leiter des Außenlagers Kaltenkirchen, Otto Freyer.

Freyer war von der Luftwaffe als Hauptsturmführer der Reserve zur SS versetzt worden und übernahm das Außenlager im August 1944. Zeugen berichten, daß er Häftlinge menschlich behandelte und ihnen beachtliche Freiheiten ließ. Er sorgte dafür, daß die Kolonnen nach der Rückkehr von der Arbeit am Flughafen nur selten kontrolliert wurden, so daß sie Holz zum Heizen und andere Dinge mit ins Lager bringen konnten. Er duldete sogar, daß einige Häftlinge sich einen Hund hielten, den sie nach einiger Zeit schlachteten, um ihren Hunger zu stillen. Freyer beschaffte leichtere Arbeiten in Privatwohnungen. Er verhinderte allerdings nicht, daß seine Untergebenen die KZ-Gefangenen schikanierten und sich an deren Lebensmitteln vergriffen.[190]

In völligem Gegensatz dazu standen Kommandoführer wie der Unterscharführer Dreimann und der Untersturmführer Griem. Über Griems Verhalten im Außenlager Husum berichtet der dänische Arzt Paul Thygesen:

„[...] ein Mann, den ich nach siebenmonatiger Bekanntschaft genauestens kennengelernt hatte, und den ich ohne Zögern zu den größten Kriegsverbrechern in einer Linie mit dem Lagerchef von Neuengamme, dem Lublin-Mörder und SS-Obersturmbannführer Thumann, zählen würde.

[...] man konnte in der Regel davon ausgehen, daß, wenn ein Kapo einen Gefangenen für arbeitsunfähig erklärte, dieser nicht länger einen Spaten in der Hand halten und auch nicht durch Fußtritte oder Schläge zur Arbeit getrieben werden konnte. Im Lager wurde nun ein schmales Brett über einen Wassergraben gelegt und den Kranken befohlen, darüber zu balancieren. Diejenigen, die es ohne zu stürzen überqueren konnten (es war im Monat Februar), waren nicht

krank genug, um ins Revier zu kommen. Diejenigen, die ins Wasser fielen, konnten eingeliefert werden – und einer von ihnen starb am Tag darauf an einer schweren Lungenentzündung. [...]
Seine [Griems] Lieblingsbeschäftigung [...] bestand darin, Kaninchen mit dem Revolver zu schießen, und selbst in stark betrunkenem Zustand bewies er dabei eine erstaunliche Treffsicherheit. Aber ab und zu hatte er offenbar einen Drang nach größerem Wild, und das nächste vorhandene ‚Material' waren ja wir. Bestenfalls hatte er nur Spaß daran, Schreckschüsse in die Luft abzugeben, aber wenn es zum Beispiel beim Aufstellen zu einem der unerträglichen Appelle nicht schnell genug ging, zielte er auch tiefer. Einmal gelang es ihm, mit einer Kugel durch das Fenster der Kartoffelschälküche zu schießen, den Unterarm eines Polen zu durchlöchern und einen Niederländer in der Leistengegend zu verwunden. Einen hungrigen Russenjungen, der sich eines Abends einige Kartoffeln anzueignen versuchte, traf er direkt ins Herz – mit einem, wie er das selbst ausdrückte, ‚wunderbaren Schuß'."[191]

Dreimann war wegen seiner Neigung zu Quälereien berüchtigt. Von August 1942 bis März 1943 war er in Wittenberge, anschließend in Drütte eingesetzt. Wie Häftlinge später aussagten, wurde er in beiden Fällen versetzt, weil durch sein brutales Verhalten die Arbeitsfähigkeit vieler Häftlinge zu sehr beeinträchtigt wurde.[192]

Auch die zivilen Aufsichtskräfte, die Wachposten und die Funktionshäftlinge besaßen durch die verringerte Präsenz der SS 1944/45 größere Entscheidungsspielräume. Manche nutzten sie zugunsten der KZ-Gefangenen; doch die meisten paßten sich an die Erwartungen der SS an, um ihre Stellung zu behaupten und sich Vorteile zu sichern. Über einen Kapo des Kommandos „Abbruch" im Außenlager Hannover-Misburg berichtet Heinrich Mehringer:

„Ein sehr schlechtes Arbeitskommando war das Abbruchkommando. Eine Zivilfirma hatte dieses Unternehmen. Die Aufgabe bestand darin, die zerbombten Teile des Werkes abzumontieren und das Alteisen in die Waggons zu verladen. Dieses Kommando hatte die meisten Verletzten. Selbst die Ärzte schüttelten die Köpfe, als [sie] die Verletzungen sahen. Leider war auch hier ein Kapo – ein SAWler[193], der aus Esterwegen kam – der vieles dazu beitrug, daß dieses Kommando noch schlechter wurde, als es schon war. Ich

kannte ihn gut. Er arbeitete [vorher, H. K.] bei mir als Spengler im Kommando. Eines Tages hieß es, Deutsche würden als Vorarbeiter gebraucht und schon meldete er sich. So wurde er Vorarbeiter beim Kommando Abbruch. Zwei Tage danach hörten wir schon Klagen über sein Benehmen. Diese Klagen kamen nicht nur von den Gefangenen, sondern von den Feuerwehrleuten.
Eines Tages stellte ich ihn in unserem Zelt zur Rede. Die Antwort, die ich erhielt, ließ mir das Blut erstarren. Schnippisch sagte er, er würde Meldung beim Lagerführer erstatten, da ich als Vorarbeiter zu weich und nicht geeignet sei. Außerdem unterminiere ich den Endsieg Deutschlands."[194]

Hermann Langbein, der im Spätsommer 1944 aus Auschwitz nach Neuengamme und später ins Außenlager Lerbeck (Porta Westfalica) kam, berichtet über die dortigen Verhältnisse:

„Die Wachmannschaft war ohne Lagererfahrung und daher ungeschult, den üblichen Terror zu organisieren. Aber der Lagerälteste – ein Deutscher mit rotem Winkel – bemühte sich an ihrer Statt und wollte, daß auch die Capos brutal wie er vorgingen."[195]

Langbein, der sich in vielen Berichten und Forschungen mit den Existenzbedingungen und dem Widerstand in den nationalsozialistischen Konzentrationslagern befaßt hat, urteilt über die Bedeutung des Lagerältesten:

„Da sich die Wachmannschaft zahlreicher kleiner Außenlager aus SS-Angehörigen (und manchmal auch aus Soldaten der Wehrmacht) zusammensetzte, die keine Lagererfahrung hatten und daher die Führung des Lagers mehr oder minder den Häftlingsfunktionären überlassen mußten, konnte ein Funktionär dort Entscheidendes bewirken. *Józef Garlinski,* der Anfang 1944 in das Außenlager Wittenberge von Neuengamme verlegt wurde, unterstreicht dies mit knappen Worten: ‚Dort war ein guter Lagerältester, daher war das Lager gut.' Ich habe Ende 1944 in einem anderen Außenlager – Lerbeck – erlebt, wie ein bösartiger Lagerältester die Atmosphäre in einem kleinen Lager vergiften kann, wo sonst relativ gute Verhältnisse hätten sein können, da in der Fabrik, in der wir eingesetzt waren, wegen der desolaten Verkehrsverhältnisse die Arbeit immer wieder stockte."[196]

Die Wachposten hatten vor allem die Möglichkeit, Häftlinge zur Bestrafung zu melden oder darauf zu verzichten. Was Thygesen über das Wachpersonal in Husum schreibt, traf auch auf viele andere Lager zu:
„Die Wachmannschaft dagegen, die in unserem Fall bei der Marineinfanterie rekrutiert worden war, wohnte außerhalb und bestand in der Regel aus umgänglichen, älteren Leuten, mit denen man – insbesondere draußen an den Arbeitsstellen – ab und zu in Kontakt kommen konnte. Die meisten waren freundlich und gutmütig, und viele von den älteren sympathisierten direkt mit uns und waren über die Krankheiten und die Sterblichkeit im Lager entrüstet, aber ich habe bei keinem von ihnen auch nur die geringste Initiative für ein persönliches Opfer bemerkt, um unsere Behandlung zu bessern. Ständig bestimmten die Furcht vor Denunziation und den Vorgesetzten ihre Handlungen, und wenn ein Gefangener von der Arbeitsstelle zu fliehen versuchte, so konnte man sicher sein, daß sie schossen – und auf den Mann zielten."[197]
Viele der Aufseher blieben bis zuletzt davon überzeugt, daß die KZ-Gefangenen Verbrecher und Asoziale seien. Jørgen Barfod berichtet über einen Zivilisten, der Häftlinge des Außenlagers Dessauer Ufer im Hamburger Hafen befehligte:
„Er hielt uns alle für mehr oder weniger asoziale Individuen. Es war ihm unmöglich, uns anders anzusehen. Wir erklärten, daß in dieser Gruppe ein Bankdirektor war, ein Kapitän und manch anderer aus guter Stellung. Ich erzählte, daß ich Student wäre. Das aber erschien ihm völlig lächerlich."[198]
Ob KZ-Gefangene in den Außenlagern überlebten oder nicht, hing von vielen weiteren Umständen ab. In allen Konzentrationslagern war die individuelle Fähigkeit, Entbehrungen zu ertragen, von großer Bedeutung. Auch die Bereitschaft, sich rücksichtslos gegen Mithäftlinge durchzusetzen, brachte oft Vorteile ein. Umgekehrt retteten auch Kameradschaft und Solidarität manchem Inhaftierten das Leben. Einige Häftlinge konnten ihre Position durch Handwerks- und Sprachkenntnisse verbessern. Die Pakete, die manche Häftlinge von Angehörigen erhielten, entschieden oft über Leben und Tod.[199] Auch Haftgrund und Herkunft waren bis zuletzt für die SS und für viele Funktionshäftlinge ausschlaggebend dafür, wie sie einen Häftling behandelten.

g) Kontakte der Häftlinge zu anderen Arbeitern und zu Bewohnern der Umgebung

Wirkliche Hilfe erhielten KZ-Gefangene ab und zu von anderen Arbeitern, vor allem von Kriegsgefangenen und ausländischen Zivilarbeitern, mit denen sie in Kontakt kamen. Die KZ-Gefangenen sollten zwar generell getrennt von zivilen Beschäftigten arbeiten, doch in der Praxis konnte die SS die Einhaltung dieser Vorschrift ab 1944 oft nicht mehr durchsetzen. In den Aufräumkommandos in Bremen konnten die Frauen zum Beispiel bei Fliegerangriffen, wenn die Wachen sich in Bunker zurückzogen, gelegentlich Gespräche mit französischen Kriegsgefangenen führen. Diese schmuggelten manchmal illegal Briefe, gaben den KZ-Gefangenen von ihrer Verpflegung ab oder schenkten ihnen Kleidungsstücke. In einigen Außenlagern halfen ausländische Arbeiter und Kriegsgefangene Häftlingen sogar bei Fluchtvorbereitungen. Dafür riskierten sie schwere Strafen, manchmal sogar ihr Leben. Der niederländische Häftling J. L. Monster berichtet, daß bei Blohm & Voß KZ-Gefangene hingerichtet wurden, weil sie Kontakte zu Zivilarbeitern aufgenommen hatten.[200]

Der Zivilbevölkerung blieb bei vielen der Außenkommandos nicht verborgen, was dort geschah. Hatte die SS in den dreißiger Jahren Konzentrationslager noch in möglichst abgelegenen Gebieten errichtet, um die Verbrechen gegenüber der Öffentlichkeit zu verstecken, so nahm man darauf während des Krieges immer weniger Rücksicht. Manche Lager waren von benachbarten Häusern aus einsehbar. Wenn die KZ-Gefangenen durch Wohnviertel marschierten oder unter scharfer Bewachung mit öffentlichen Verkehrsmitteln fuhren, waren die Reaktionen häufig ablehnend und verächtlich. Manchmal bespuckten Kinder sie und bewarfen sie mit Steinen. In einigen Fällen gab es versteckte Hilfsbereitschaft; es kam vor, daß Menschen unauffällig ein Stück Brot fallen ließen oder Häftlingen heimlich etwas zusteckten[201].

Die Entdeckung unserer Einigkeit

Trotz ständigen Hungers und unmenschlicher Lebensbedingungen widersetzten sich die inhaftierten Frauen beim Continentalwerk in Hannover-Limmer der Einführung von Leistungsprämien. Stéphanie Kuder schildert diese außergewöhnliche Solidaritätsaktion sehr eindringlich.

Die Fabrikleitung verspricht, uns Vorteile zukommen zu lassen, wenn wir die auferlegte Produktionszahl erfüllen können. Wir sollten Prämien erhalten, und eine Kantine für uns würde im Block errichtet werden. Diese würde unsere Prämien morgens gegen ‚Delikatessen' annehmen. Es ist Annemarie, die Anweiserin, d. h. die Dolmetscherin in der Fabrik, die uns die Nachricht überbringt, als sie von der Arbeit zurückkommt. Zunächst bricht eine Art Freude aus: Wir werden uns etwas zu essen kaufen können – und wir haben so fürchterlichen Hunger. Danach fällt die Freude zusammen. Während des ganzen Nachmittags wird nicht mehr von den Prämien geredet; aber am Abend spricht und erzählt man in allen Betten, und am Morgen wissen wir, daß wir ablehnen müssen. Wir versuchen zunächst zu erreichen, daß die Fabrik von sich aus auf ihr Anerbieten verzichtet. Denn es wird uns teuer zu stehen kommen. Alle jene, die Deutsch sprechen können, reden heimlich mit den Vorarbeitern, mit den Ingenieuren, und alle Zivilisten wissen bald, daß wir kein Geld wollen, weil wir Französinnen sind, die gezwungen wurden, für den Feind zu arbeiten. 14 Tage gehen vorüber. Der offizielle Tarif der Prämien ist angeschlagen. Nochmals vergehen 14 Tage. Wir hoffen schon, daß das Werk es durchgesetzt hat, daß die SS unsere Ablehnung akzeptiert. Aber eines Tages, als wir von der Arbeit zurückkommen, erwarten uns der SS-Oberscharführer und die ‚Rote' [Spitzname für die Lagerleiterin] mit den Prämienbons in der Hand. Man ruft die mit Prämien bedachten auf. Die erste lehnt ab. Sie wird auf die Erde geworfen. Die zweite lehnt ab. Sie wird geschlagen. Die dritte nimmt an, zerknüllt aber ihren Prämienschein. Eine Ohrfeige erinnert sie daran, daß sie nicht frei ist. Die vierte nimmt an, ohne zu reagieren, und wir anderen folgen ihr alle beschämt, indem wir die Hand ausstrecken. In unseren Stuben zurück, machen wir ein Paket von allen Prämienbons. Es wird geschlos-

223

sen, mit Band verschnürt. Wir werden nichts von dieser erzwungenen Bezahlung annehmen. Am folgenden Sonntag zeigte man uns beim Morgenappell die Öffnung der Kantine für den Nachmittag an. Wir sind in einem Zustand höchster Erregung. Wir erwarten alle möglichen Gewalttaten und wir haben Angst, und zu gleicher Zeit sind wir berauscht von unserem Wagemut und der Entdeckung unserer Einigkeit. Bis jetzt haben die ‚Mäuse' [Häftlingsbezeichnung für die SS-Bewacherinnen], von der Kontrolle unserer Arbeit ausgeschlossen, keinerlei Überblick über unsere individuellen Leistungen gehabt. Die Schwachen, die Müden, wurden auf diese Weise geschützt. Wenn wir Prämien erhalten, wird die Arbeit jeder einzelnen bekannt. Diejenigen, die am wenigsten leisten, werden allen Schikanen ausgesetzt sein und vor allem der schlimmsten, dem Essensentzug: Wer nicht arbeitet, soll nicht essen! 4.00 Uhr. Der Hof ist leer. Die Gefangenen sind alle in ihren Räumen. Vom [Kranken-]Revier aus beobachtet man das Manöver der großen Attacke. Die ‚Rote' hat schon 20 Büchsen Rote-Beete-Salat geöffnet. Sie reiht Schönheitscreme auf, packt Zahnbürsten aus, Zahnpasta. Die meisten von uns besitzen weder Zahnpasta noch Zahnbürste. Sie macht ein großes Gefäß mit Salzheringen auf. Uns läuft das Wasser im Mund zusammen. Inzwischen ist es soweit. In den Korridoren ruft ‚Kläffer' [Spitzname für eine SS-Frau] das Ereignis mit beinahe weicher Stimme aus: „Die Kantine ist geöffnet!" Niemand bewegt sich. In allen Räumen setzen die Gefangenen, als wäre nichts geschehen, ihre Beschäftigung fort. Aber – das Herz schlägt uns ein wenig schneller. ‚Kläffer' wiederholt in noch lauterem Ton: „Die Kantine ist geöffnet! Verteilung von Lebensmitteln. Alles nach draußen." Nochmals: Niemals wollte jemand etwas gehört haben. Die Folge ist Geschrei. Die ‚Mäuse' sind in Aufruhr. Sie sind überall, in den Korridoren, in den Stuben, und unser Auszug vollzieht sich zwischen ihren haßerfüllten Reihen. Da sind wir also draußen: Russinnen und Französinnen, aufgereiht, still. Wir haben zwei Stunden, um nachzudenken. Als die ‚Chefin' kommt, gibt es keinerlei Bewegung in unseren Reihen. Sie flucht uns an, bedroht uns: „Es ist ein Aufruhr. Es wird euch teuer zu stehen kommen." Wir sind wagemutig, stolz auf unser Opfer. Wie hoch auch immer der Preis unseres Starrsinns ist, wir werden nicht aufgeben. Einige Stunden später kommt der Stab zurück. Die ‚Chefin', die eine enorme Schere schwenkt, packt die erste Frau, die ihr in die Hände fällt, ohrfeigt sie, schleift sie an den Haaren herbei und erklärt, daß die ganze erste Reihe geschoren werde. Die anderen ‚Mäuse' dringen in unsere Reihen ein, stoßen uns, verteilen Faustschläge und Fußtritte. Der SS-Oberscharführer überwacht eisig die Szene und fährt liebkosend über seine Pistole. Dann plötzlich fällt das Fieber, und sie alle gehen fort, und wir sehen sie am Ende des Korridors, wie zu einer Beratung versammelt. Der SS-Oberscharführer kommt wieder und erklärt, es sei an uns, eine Delegierte zu wählen. Ich werde dafür bestimmt und trete vor. Ich werde mich nicht über meine Unterhaltung mit dem SS-Oberscharführer verbreiten. Mein Teil ist klein. Ich fordere, daß uns erlaubt werde, stolz auf uns selbst zu sein. Durch unsere Arbeit dienen wir der deutschen Kriegsmaschinerie. Wir würden den Respekt vor uns selbst verlieren, wenn wir daraus einen materiellen Vorteil ziehen würden. Zum anderen: Bezahlung zu erhalten, setzt eine frei gewählte Arbeit voraus. Wir aber wollen Gefangene bleiben. Als Antwort: Schreie, Flüche, ein Versuch zur Diskussion über den Wert der Worte ‚Prämie' und ‚Bezahlung', endlich das letzte Argument, um uns zum Nachgeben zu zwingen: Wenn wir die Prämien ablehnen, verlieren wir das Recht, über unser Geld zu verfügen, welches bei den Behörden seit unserer Ankunft in Deutschland hinterlegt ist ... Ich stelle allen die Frage. Wir lehnen ab. 10 Minuten später gehen wir auf Befehl in unseren Block zurück. Die Zahnbürsten, die Zahnpasta verschwinden wieder in ihrer Verpackung, die Heringe werden aus dem Fenster genommen. Die Kantine ist geschlossen. Wir werden niemals ‚Delikatessen' essen. Wir werden niemals gemäß unserem Hunger essen. Wir haben eine andere Quelle unserer Kraft erkannt. Unsere Einigkeit ... Die Prüfung hat den Willen, den Mut und die Uneigennützigkeit unserer Gruppe bewiesen. Jede von uns wird mehr Stolz haben, wenn es gilt, die Ehre aller zu verteidigen. Unsere Ablehnung würde ein Gewinn ohnegleichen sein. In den fürchterlichsten Momenten unserer Gefangenschaft, während wir den gnadenlosen Kampf um das Leben kannten, wußten wir der Verführung „Rette sich wer kann" zu widerstehen. Ich glaube, daß wir durch jahrelange Leiden und Furcht geschwächten Wesen es verstanden haben, in dem fürchterlichen Kampf Frauen zu bleiben.

(Bericht von Stéphanie Kuder: De Ravensbrück à Limmer et à Bergen-Belsen, in: De l'Université aux Camps de Concentration, 2. Aufl., Paris 1954, S. 383-406 [Übersetzung]; in: Füllberg-Stolberg, S. 314-316)

7. Selbstbehauptung, Flucht, Solidarität und Widerstand

Solidarische Hilfe und Nischen, die Schutz boten, fanden die Häftlinge im Konzentrationslager Neuengamme am häufigsten innerhalb von Freundeskreisen und kleinen Gruppen, die sich im Lager bildeten.[202] Obwohl jeder um seine nackte Existenz kämpfen mußte, gab es auch vielfältige Versuche, zusammenzuhalten, um die furchtbare Behandlung besser durchzustehen. Unter Häftlingen derselben Nationalität entstand, gefördert durch gemeinsame Sprache und Kultur, zum Teil ein breites Bewußtsein der Zusammengehörigkeit, das den Willen zur Selbstbehauptung stärkte. Die Sprachbarrieren bildeten ein großes Hindernis für die Verständigung mit anderen; es war immer mit besonderen Schwierigkeiten verbunden, über die nationalen Grenzen hinweg Verbindungen aufrechtzuerhalten. Von Versuchen, internationale Kontakte herzustellen, berichten vor allem kommunistische Häftlinge. Starken Zusammenhalt aus religiösen Motiven gab es bei den Zeugen Jehovas.

Die SS und Kapos gingen gegen Ansätze gegenseitiger Solidarität und Hilfe brutal vor. George Kulongowski berichtet über seine Arbeit in der Tongrube in Neuengamme:

„Ich konnte ein wenig deutsch, es war nichts besonderes, aber es reichte dazu, daß der Kapo mich als Dolmetscher einsetzte.
Ich blieb aber nicht lange Dolmetscher. Eine Lore wurde immer nicht rechtzeitig voll, weil ein Häftlinge nicht mehr konnte. Da bin ich einige Male eingesprungen und habe mit aufgeladen, damit dieser Häftlinge nicht immer Prügel vom Kapo bekam. Als der Kapo sah, daß ich dort half, hat er mich zusammengeschlagen."[203]

Die Chancen, dem Terror durch Flucht zu entkommen, waren gering. Aus dem Hauptlager zu fliehen war so gut wie unmöglich; vor April 1945 ist kein erfolgreicher Versuch bekannt. Bei den „Erschießungen auf der Flucht" handelte es sich in den meisten Fällen um Selbstmord aus Verzweiflung. Selbst wenn es gelungen wäre, aus dem bewachten Bereich hinauszugelangen, hätte es kaum eine Chance gegeben, endgültig zu entkommen. Mit ihrer KZ-Kleidung fielen die Häftlinge überall auf. Sie besaßen weder Geld noch genug Lebensmittel, um sich länger zu ernähren. Die meisten sprachen kein Deutsch. Vor allem aber gab

Die Figur des kleinen Basken mit roter Mütze und roter Schärpe (Größe ca. 15 x 7,5 cm) wurde von den Frauen im KZ Limmer 1944 für eine – illegale – Weihnachtskrippe aus Draht und Stoff angefertigt. Der rechte Handschuh der Figur besteht aus grobem Papier (Stoffmangel?). Über die Rettung der Figur berichtet Stéphanie Kuder: „Gegenstände, die im Verborgenen gelebt haben: zwischen zwei Brettern der Barackendecke, in meinen Schuhen und auf meinem Bauch in einem Gürtel aus Putztüchern des Werks" (Brief vom 5. Oktober 1984).
(Privatbesitz Stéphanie Kuder, Saint-Cézaire-sur-Siagne/Frankreich; Foto: Rainer Fröbe)

Freundschaft

Freundschaft? Kameradschaft? – Wie sollen Sie das verstehen? Wissen Sie, ein Beispiel: Am Kanal, wo wir arbeiten, da stand solch eine Baracke. Das ist das Werkzeug-Magazin. Früh morgens, wir kommen an, tausend Mann, alle müssen stehen. [...]

Dann kommt das Kommando für uns: „Arbeitskommando antreten!" Dann müssen alle rennen zum Werkzeugholen, zu der Baracke: Die Schaufeln liegen da drin. Die Schiebkarren stehen draußen. Alle laufen, alle rennen, jeder will die Schaufel nehmen, weil das doch leichter ist. Wenn die Schaufeln alle ausgegeben sind, dann ist Schluß: Alles andere muß ab zum Schiebkarren. Und wenn wir schnell gerannt sind und haben die Schaufel gekriegt: No, Glück gehabt. Aber wer sowieso schwach ist und kann nicht schnell laufen, der muß den Schiebkarren nehmen: Schwache Leute – ganz egal, die müssen an den Karren. Und wissen Sie: Kameradschaft gibt's dann nicht. Jeder denkt, daß er muß leben. Ist das Freundschaft? [...]

Noch einmal die Freundschaft. Wissen Sie, das war so schwer hier die Arbeit, daß ich einmal gedacht habe: „Du kannst nicht mehr" und will die Karre stehenlassen und auf die Postenkette gehen. Das heißt dann: „Auf der Flucht erschossen". Aber das ist ja nicht so, daß die Leute weglaufen wollen. Das ist ganz unmöglich. Zum Beispiel sich verstecken und später weglaufen, vielleicht. Aber weglaufen durch die Postenkette, das ist unmöglich. Da ist kein Weg. Wenn einer auf die Linie zwischen den Posten geht, dann ist der schon erschossen. Wenn einer krank ist und will schon nicht mehr leben, dann geht der auf diese Richtung – ein paar Schritte und schon erschossen. Am Anfang kriegt der Posten noch zwei Tage Urlaub; „Fluchtversuch vereitelt". Später dann schon nicht mehr, weil das zu oft passiert ist – soviel Urlaub können die gar nicht geben. Aber dieses Mal, das war ganz schlimm mit mir. Keinen Mut mehr. Und die Karre laß ich stehen und geh los auf die Postenkette. Und der Walerek sieht das, kommt hergerannt, zieht mich am Arm zurück und sagt: „Gott wird helfen!" – Ach, der war immer mit dem Gott. Und sagt zu mir: „Gott wird uns helfen, aber wir müssen beide bleiben. Zusammen. Komm zurück!" – Und ich bin zurückgegangen.

(Bericht von Michal Piotrowski über das Kommando Elbe; in: Schminck-Gustavus, S. 45f.)

es kaum einen Zufluchtsort, wo eine realistische Chance bestand, nicht entdeckt zu werden.

Trotzdem gab es immer wieder Versuche. Mehrmals versteckten sich Häftlinge während der Arbeit im Klinkerwerk, um abends, sobald die Wachposten abgezogen waren, von dort fliehen zu können. Doch ihr Fehlen wurde bei den Zählappellen bemerkt, und die SS schickte Suchtrupps mit Hunden aus, die die versteckten Häftlinge aufspürten. Andere versuchten, aus dem Kommando Elbe oder von anderen Arbeitsstellen außerhalb des Lagers zu fliehen.

In den Außenlagern war die Flucht zum Teil etwas leichter, da die SS dort über weniger Personal verfügte. Oft hatten KZ-Gefangene Kontakte zu ausländischen Zwangsarbeitern, die bereit waren, Briefe zu schmuggeln und Zivilkleidung zu beschaffen. Über die Flucht von Stanislaw Czernicki und Boleslaw Maciaszek aus dem Außenlager Beendorf berichtet Bogdan Suchowiak:

„Am 7. Oktober 1944 feierte die SS den Geburtstag des Kommandoführers. Alle waren betrunken. Gemeinsam mit seinem Kameraden Boleslaw Maciaszek überfiel Czernicki einen der SS-Posten. Sie machten ihn unschädlich und nahmen ihm die Waffe ab. Damit griffen sie den auf der anderen Seite des Gebäudes stehenden Posten an und machten auch ihn unschädlich. Dann flohen sie in SS-Uniformen, mit Pistolen bewaffnet. Sie umgingen die Dörfer, verzehrten Kraut und Mohrrüben und schliefen in Heuschobern. Später betraten sie einzeln stehende Häuser, forderten warmes Essen und boten dafür Zigaretten an. In der Gegend von Halle bestiegen sie einen Zug und kamen bis Potsdam. Mit den Totenköpfen auf den [Kragen-] Spiegeln wurden sie von Militärstreifen nicht belästigt und gelangten nach Berlin. Dort sprachen sie mit polnischen Arbeitern, die das Zeichen ‚P' trugen, erhielten etwas Geld und Informationen, wie man nach Osten durchkommen konnte. [...] schließlich erreichten sie den Ort Rydzyna, wo die Braut Maciaszeks wohnte."[204]

Die Zahl der Fluchtversuche, bei denen Häftlinge aus dem Konzentrationslager Neuengamme und seinen Außenlagern entkamen, wurde nach dem Krieg auf etwa 400 bis 500 geschätzt.[205] Doch die meisten der Geflohenen wurden einige Tage oder Wochen später gefaßt.

Wiederergriffene Häftlinge wurden mit einem „Fluchtpunkt" auf Brust und Rücken gekennzeichnet – einem roten Punkt mit Kreis, der

Am 12. September 1944 floh der frühere sowjetische Kriegsgefangene Viktor R. während eines Luftangriffs aus dem Außenlager Misburg. Über sein weiteres Schicksal ist nichts bekannt. (Fahndungsmeldung der Staatspolizeileitstelle Hamburg vom 5. Oktober 1944.)
(BAK, R70 Lothringen, 27)

als Zielscheibe beim Schießen dienen sollte. Die Art der Bestrafung hing von der Stellung des geflohenen Häftlings im Lager ab. Deutsche Häftlinge kamen manchmal mit der Einweisung in die Strafkompanie davon. Meist reagierte die SS jedoch besonders brutal, um die übrigen Häftlinge vor Fluchtversuchen abzuschrecken. Im Hauptlager wurde mindestens in einem Fall die blutige Leiche eines von Hunden getöteten Häftlings auf dem Appellplatz zur Schau gestellt, und die Lagerführung zwang die KZ-Gefangenen, einzeln daran vorbeizumarschieren. Ab etwa 1943 wurden ausländische Häftlinge nach Fluchtversuchen meist hingerichtet. Häufig fanden die Erhängungen auf dem Appellplatz oder an anderen zentralen Orten statt, zum Beispiel in Porta Westfalica in dem Saal, der als Häftlingsunterkunft diente, oder am Stolleneingang zum Jakobsberg.

SS-Wirtschafts-Verwaltungshauptamt   Oranienburg, den 11. April 1944
    Amtsgruppenchef D
 - Konzentrationslager -
D I/Az.: 14 f 1/Ot/S.-
Geheim Tgb.-Nr. 453/44

Betrifft: Sabotage von Häftlingen in R.-Betrieben.

An die
Lagerkommandanten der
Konzentrationslager
Da., Sah., Bu., Mau., Flo., Neu., Au.I-III, Gr.-Ro., Natz., Stu., Rav.,
Herz., A.-L. Berg.-Bels., Gruppenl. D Riga, Gruppenl. D Krakau.

Es häufen sich die Fälle, daß die Lagerkommandanten bei
Sabotage, die von Häftlingen in R.-Betrieben verübt wird,
Antrag auf P.-Strafe stellen.
In Zukunft bitte ich in Fällen <u>nachgewiesener Sabotage</u> (dazu
muß ein Bericht der Betriebsführung vorliegen), hier Antrag
auf Exekution durch den Strang zu stellen. Vollzug soll dann
vor allen angetretenen Häftlingen des betreffenden Arbeitskommandos durchgeführt werden, dabei ist der Grund der Exekution
als Abschreckungsmittel bekanntzugeben.

        I.V.

        SS-Obersturmbannführer

Schreiben der Amtsgruppe DI des WVHA an die Kommandanten der Konzentrationslager betr. Sabotage. (Wysocki, Drütte, S. 61)

Die SS baute in allen Lagern ein Netz von Spitzeln auf, um geheimen Widerstand aufzudecken. Sie nutzte nationale und politische Spannungen zwischen den Häftlingen, um sie gegeneinander aufzuwiegeln und sie dadurch besser zu beherrschen. Himmler selbst äußerte 1944 in einer Rede vor Generälen der Wehrmacht dazu:

„Erwähnen darf ich noch etwas, das wir selbstverständlich machen. In diesen Lagern ist der Pöbel aller Völker Europas: Juden und Russen und Polen und Tschechen und Franzosen. Was es irgendwo an irgendwelchen Verbrechern gibt in den von Deutschland besetzten Gebieten, das wird hier abgeliefert. Weil wir mit den Deutschen allein nicht auskommen, wird es hier also selbstverständlich so gemacht, daß ein Franzose der Kapo über Polen, daß ein Pole der Kapo über Russen, daß ein Italiener hie und da einmal – sehr oft passiert das nicht – der Kapo über andere ist, daß eben hier nun eine Nation gegen die andere ausgespielt wird. Dinge, die eben notwendig sind, wie ich vorher sagte, bei diesem merkwürdigen Volk der Asozialen."[206]

In Neuengamme schickte die SS zum Beispiel in die Unterkünfte der französischen Häftlinge 1944/45 fast ausnahmslos polnische Stubendienste, um nationale Ressentiments auszunutzen.

Als die SS ab Ende Dezember 1941 wegen der Flecktyphusepidemie drei Monate lang das Lager mied und die Arbeit außerhalb des Lagers ruhte, hatten die Häftlinge, die von der Epidemie verschont blieben, mehr Zeit für Gespräche. Es wurden Erinnerungen ausgetauscht, Lieder gesungen, Geschichten und Gedichte vorgetragen. Auch dies trug dazu bei, nationale Ressentiments zu verringern und den Zusammenhalt gegen die SS zu stärken.

Vor allem in den Krankenrevieren versuchten Häftlinge allem Terror zum Trotz, Hilfe und Solidarität zu organisieren. Die inhaftierten Ärzte und Pfleger bemühten sich, Erkrankte und Verletzte wenigstens notdürftig zu behandeln. Im Hauptlager gelang es mit Rückendeckung des Revierkapos Mathias Mai in Einzelfällen auch immer wieder, besonders gefährdeten Häftlingen Schutz vor dem Zugriff der SS zu bieten. Der Luxemburger Dominique Paulus berichtet:

„Wir wurden im Revier nicht behandelt. Wir waren die Strafkompanie, und wenn wir zum Revier kamen, hieß es: ‚Ach, Strafpunkt!' Einen Tritt in den Hintern, dann waren wir wieder draußen. Da hat der Revierkapo Mathis Mai, das war ein politischer Häftling, zu mir gesagt: ‚Morgen früh, bevor die Kommandos ausrücken, kommst du hierhin, du legst die Jacke auf den Block.' Ich hatte an der Jacke den roten Winkel mit der Nr. 7316 und darunter einen großen, schwarzen Punkt, das war der Strafpunkt. Am Bein hatten wir ebenfalls die Nummer. ‚Wenn du reinkommst, hältst du die Mütze hier so ans Bein, daß man die Nummer nicht sieht!' Als der Sanitäter kam, hat er gefragt: ‚Was hat der Vogel?' Vogel – wir waren ja keine Men-

Illegales Abhören von Rundfunkmeldungen in Neuengamme

Wir haben auch ein Radio unter dem Fußboden versteckt. Und beides habe ich selbst miterlebt. [...] Grigutsch hat solche Detektoren selbst gebaut mit Hilfe von Leuten von außerhalb des Lagers. Man braucht z. B. einen Kristall dazu, um die gewünschte Wellenlänge zu finden. Diese Art von Empfänger war schon vor dem Krieg das Radio des kleinen Mannes. [...] Es funktioniert ohne Stromquelle. Damit haben wir damals Radio Moskau, London und die Nazisender gehört. [...] Im Lager Neuengamme hatte der Willi Grigutsch ein Gerät für die sowjetischen Kriegsgefangenen gebaut. Das Hineinschmuggeln hat damals der Fritz Bringmann organisiert. Das Radio wurde unter dem Fußboden versteckt. Nachts haben sie dann ihre Sendungen gehört.

(Gespräch Günther Wackernagel mit dem Autor, 1.9.1985, S. 17f.)

schen! – ‚Ach, der hat Übertemperatur', antwortete der Matthis Mai. ‚Dann kommt der nach Revier 3', hat der Sanitäter gesagt. Da kam ich in das Revier 3, und zwar in die Isolationsstation, wo die Tuberkulosen waren."[207]

Häftlinge in der Küche trugen durch „Organisieren" von Lebensmitteln dazu bei, die Verpflegung der Kranken zu verbessern. 1942 weigerten sich Fritz Bringmann und andere Häftlingspfleger des Neuengammer Krankenreviers standhaft, an den Tötungsaktionen durch Spritzen mitzuwirken. Manchmal tauschten sie bei einem gefährdeten Häftling die Nummer mit der eines kurz zuvor Verstorbenen aus, so daß er scheinbar nicht mehr lebte:

„Wenn wir z. B. erfuhren, daß Häftlinge exekutiert werden sollten, dann haben wir diese Häftlinge im Revier auf dem Papier sterben lassen, wenn das möglich war. Bei deutschen Häftlingen war das sehr schwierig, bei Ausländern war es durchaus möglich. [...] Wenn man das rechtzeitig von der politischen Abteilung erfuhr, wo ja auch Häftlinge tätig waren, dann konnte man die Exekution unter Umständen verhindern. Man ließ den Häftling plötzlich sterben, dann war er schon vor der Exekution tot. Bei der Vielzahl der Häftlinge im Lager war es der SS kaum möglich, einen Häftling herauszufinden."[208]

Die Hilfsaktionen für die sowjetischen Kriegsgefangenen sind allen Häftlingen in Neuengamme besonders in Erinnerung geblieben. Als diese völlig entkräftet und heruntergekommen im Oktober 1941 in Neuengamme eintrafen und noch schlechter versorgt und unmenschlicher behandelt wurden als die normalen KZ-Gefangenen, kam es zu großer Hilfsbereitschaft, die sich unter anderem in Brotsammlungen äußerte.

An einigen Arbeitsstellen im Hauptlager und in den Außenlagern waren manchmal kleine Sabotageaktionen möglich. Sie bewirkten kaum effektiven Schaden, sondern besaßen eher Symbolkraft. Auf den Baustellen ließen Häftlinge nicht registriertes Werkzeug im Beton verschwinden. Wenn lückenhafte Kontrollen es zuließen, wurden Arbeiten verzögert, Maschinen falsch eingestellt, Material verschwendet oder andere Störungen hervorgerufen. Handwerker nahmen manchmal Häftlinge ohne die nötigen Vorkenntnisse in ihre Kolonne auf, um sie vor der Verfolgung durch bestimmte Aufseher zu schützen. Da sie in vielen Bereichen der Lager und der Betriebe zu tun hatten, konnten sie Informationen und Beobachtungen sammeln und Nachrichten, Briefe oder andere Gegenstände an Mithäftlinge weitergeben oder sogar mit Zivilisten austauschen. In den Reparaturwerkstätten war die Gefahr, beim Abhören von Rundfunksendungen ertappt zu werden, etwas geringer als in den Räumen der SS.

In Arbeitskommandos mit überschaubarer Größe gelang es Häftlingen manchmal, einen so guten Zusammenhalt untereinander herzustellen, daß sie sich gegenseitig durch Zeichen warnten, wenn Aufseher sich näherten oder andere Gefahren drohten. In Hannover-Limmer widersetzten sich die inhaftierten Frauen sogar in einer kollektiven Verweigerungsaktion 1944 der Einführung von Prämien, weil sie fürchteten, ihren Zusammenhalt durch die gestaffelten Belohnungen zu verlieren.

Die Versuche politischer Häftlinge, durch Übernahme von Ämtern im Lager Abwehr gegen den Terror zu organisieren, waren im Konzentrationslager Neuengamme von Anfang an mit sehr viel größeren Schwierigkeiten verbunden als in Konzentrationslagern wie Dachau oder Buchenwald. Die Zusammenarbeit unter Funktionshäftlingen gegen die SS blieb im Hauptlager lange auf Kreise befreundeter deutscher KZ-Gefangener beschränkt, die sich gegenseitig vertrauten und vor Verrat relativ sicher sein konnten. Die Versuche, möglichst viele Posten mit vertrauenswürdigen, erfahrenen politischen Häftlingen zu be-

Solidarität und Widerstand unter den Zeugen Jehovas

Ich kam mit dem ersten Transport vom K.Z. Sachsenhausen nach Neuengamme, 1. 3. 1940, und hatte zu der Zeit schon 3 Jahre und 8 Monate Haft hinter mir. [...] Man wollte unsere Gesinnung brechen. Wenn wir sonntags frei hatten und mehrere zusammen auf dem Appellplatz waren, jagte man uns auseinander. Das ließ mit der Zeit alles nach. Man teilte uns in verschiedene Kommandos ein, man wußte, wir liefen nicht weg. Ein Kommando von 4 Zeugen ging täglich nach Bergedorf zum Eisenhändler Glunz und sortierte Eisenteile, die man aus Polen brachte. Die SS-Posten waren nachlässig, und so hatten wir bald Verbindung mit der Außenwelt. Alles, was im Lager vor sich ging wurde berichtet, das ging sehr lange gut, bis ein Auslandssender funkte, was in Neuengamme vor sich geht.

Plötzlich mußten wir früh ans Tor, Gestapo aus Berlin war da, und wir wurden nach Geschriebenem untersucht. Einige Brüder kamen in den Bunker. Es gab mächtig Schläge. [...] Wir mußten dann noch einige Abende Strafarbeit machen. Alle waren erstaunt darüber, was die Bibelforscher gemacht haben.

(Gustav Auschner, Bericht vom 16.1.1971, NHS)

setzen, hatten zwar 1941 teilweise Erfolg, als es durch den Einfluß des Lagerältesten gelang, in allen Unterkünften politische Häftlinge als Blockälteste einzusetzen. Doch unter dem Druck der SS wandten viele dieser Blockältesten oft kaum weniger Prügel an als vor ihnen die Funktionshäftlinge mit grünem oder schwarzem Winkel. Erst als die Lagerführungen wegen des Personalmangels ab 1944 mehr und mehr Verantwortung an Funktionshäftlinge abgaben und im Hauptlager und den größeren Außenlagern oft nicht mehr alles Geschehen unter Kontrolle hatten, stiegen die Möglichkeiten zu geheimer Zusammenarbeit gegen die SS. Einen organisatorischen Mittelpunkt der Oppositionstätigkeit im Hauptlager bildete ab 1943 das Arbeitsdienstbüro. Der Arbeitsdienstkapo besaß Einfluß auf die Besetzung von Kapo- und Vorarbeiterposten. Die Funktionshäftlinge im Büro konnten einzelnen, besonders gefährdeten Kameraden geschützte Arbeitsstellen verschaffen oder sie davor bewahren, in besonders schlimme Außenkommandos

Josef Händler über Widerstandsaktionen in Neuengamme im März 1945

Eine der größten Solidaritätsaktionen konnten wir im März 1945 durchführen. In diesem Monat kamen aus den Zuchthäusern, Gefängnissen und KZ aus Großdeutschland und den besetzten Gebieten alle Dänen und Norweger, die von den Nationalsozialisten verhaftet worden waren, ins KZ Neuengamme. Dort wurden einige Blocks geräumt und extra abgezäunt, um ein separates Lager zu schaffen. [...] Die dänischen und norwegischen Häftlinge, die in Neuengamme inhaftiert waren, kamen ebenfalls mit dorthin, so daß wir über sie sofort Verbindung mit dem neuen Dänenlager bekamen. Auch unser System der Vertrauensleute funktionierte sofort. Unser internationales Lagerkomitee hatte bald Zugang zu dem Lager trotz Absperrung, der ständige Kontakt und die politische Zusammenarbeit war sehr bald hergestellt. [...] Wir erfuhren von ihnen, daß sie mit Hilfe von Graf Bernadotte durch das Rote Kreuz in ihre Länder gebracht werden sollten. Wir teilten ihnen mit, daß der Kamerad Axel Larsen in den Bunker gebracht worden war [...], als die Dänen in ihr eigenes Lager kamen. Wir nahmen über die Lüftungsklappen [des Bunkers] sofort Verbindung zu ihm auf, sprachen mit ihm und schickten ihm etwas zu essen und Rauchzeug durch die Lüftungsklappen. Wir teilten ihm auch mit, daß wir die Dänen informiert hatten. [...] Zwei Tage danach kam Bernadotte. Er intervenierte sofort bei der SS und erreichte, daß Axel Larsen in das Dänenlager kam. Er sollte eigentlich im Bunker hingerichtet werden. Durch unsere Wachsamkeit wurde dies verhindert.

Durch diese Aktion stieg unsere Freundschaft und Verbundenheit mit den nordischen Freunden noch mehr. Wir besprachen alle entscheidenden Fragen mit ihren Vertrauensleuten, so daß eine Einheit geschmiedet wurde. Jeder von ihnen bekam über das Rote Kreuz ein bis zwei Pakete in der Woche, während die Häftlinge im übrigen Lager nichts bekamen. Sie machten uns den Vorschlag, daß wir es organisieren sollten, die Pakete, die sie sammeln würden, aus ihrem Lager herauszubringen, um sie an Kameraden zu verteilen. Ihr Aufruf an die Solidarität hatte bei den nordischen Häftlingen sehr großen Erfolg [...]. Es kamen über 1000 Pakete zusammen. Wir vereinbarten eine Nacht mit ihnen, in der wir mit einem Rollwagen in ihr Lager kamen, den

Wagen beluden und in das große Lager zum Bad fuhren. Dort wurden die Pakete abgeladen. Wir verstauten sie in den beiden Badekabinen, die nur von der SS als Wannenbäder benutzt wurden.

Am nächsten Morgen kam der Rapportführer Dreimann und wollte ein Bad nehmen. Mir rann der Schweiß herunter, weil ich wußte, wenn er jetzt in die Badekabine käme, würde ich sicher für die verborgenen Pakete gehenkt werden.[1] In letzter Minute fiel mir ein zu sagen, daß ich den Schlüssel von den Kabinen verloren hätte. [...] Er gab mir einige Ohrfeigen und bestellte mich sofort zur Blockführerstube. Als er weg war, schloß ich das Bad ab und ging zur Blockführerstube, um mich bei ihm zu melden. Er ließ mir 10 Stockhiebe verabreichen und gab mir dann den Auftrag, sofort in die Schlosserei im Industriehof zu laufen, damit der Schlosserkapo neue Schlüssel machen sollte. Ich lief zum Schlosserkapo, der ein guter Kamerad war, und teilte ihm mit, was los war. Wir kamen überein, daß er in einer Stunde kommen würde, um neue Schlüssel zu machen, und dann noch einige Zeit brauchen würde, um die Schlüssel anzufertigen, so daß ich währenddessen die Badekabinen ausräumen könnte. Ich meldete mich wieder in der Blockführerstube und teilte Dreimann mit, daß der Schlosserkapo bald kommen und neue Schlüssel machen würde; ich würde Herrn Rapportführer dann verständigen. Nach einem Fußtritt konnte ich mich entfernen. Ich lief sofort ins Revier zu einem Pfleger, der den Massageraum frei hatte. Dieser war sofort bereit zur Hilfe. Mit Kranken von seiner Station schleppten wir ein bis zwei Stunden lang die Pakete vom Bad in den Massageraum des Reviers. Mittlerweile kam der Schlosserkapo; auch er half noch mit, so daß wir es endlich schafften. Ich konnte dann zufrieden in die Blockführerstube gehen und Dreimann mitteilen, daß der neue Schlüssel da sei. In derselben Nacht wurden alle Pakete von guten Kameraden aus allen Blocks vom Revier weggeholt. Das gab ein Festessen! Auch bei den Beteiligten der Aktion herrschte große Freude darüber, daß uns diese gute Sache doch noch gelungen war.

[1] *Josef Händler arbeitete als Häftling im Bad.*

(Bericht Josef Händler, o.D., NHS, sprachlich überarbeitet)

geschickt zu werden. Im Januar des Jahres übernahm der bisherige Malerkapo Albin Lüdke, ein langjähriger politischer Häftling, die Leitung des Arbeitsdienstes. Bereits seit dem Frühjahr 1942 war dort der Belgier André Mandrycxs tätig. Beide trugen durch ihren Mut und ihre Beharrlichkeit in großem Maße zur Organisation geheimer Hilfsmaßnahmen im Lager bei. Einer, dem auf diese Weise geholfen wurde, war Maurice Choquet:

„Wir waren zu viert an einer Lore. Es war eine harte Arbeit. Ich war 17, gerade von der Schule gekommen, hatte noch nie Handarbeit verrichtet. [...] Ich habe diese Arbeit einen oder anderthalb Monate gemacht, genau weiß ich das nicht mehr. Eines Abends, als ich zum Block zurückkam von der Arbeit, bin ich Marcel Prenant begegnet. Im Lager war er Mitglied der geheimen Widerstandsorganisation. [...]. Der hat mich gefragt: Na, wie geht's Kleiner? Und ich habe ihm geantwortet: Ausgezeichnet, noch acht Tage diese Arbeit, dann bin ich tot. Ich hab ihm dann erklärt, welche Arbeit ich mache, und er hat gesagt, ist gut, wir werden uns um dich kümmern. Ich bin zum Block gegangen und hab mich schlafen gelegt und gedacht: Kümmern, na ja, das sagt er, um mich zu trösten. Zwei oder drei Tage später hat mich der Blockälteste gerufen, mir ein kleines Papier gegeben. Mit diesem Papier sollte ich mich beim Kapo bei Messap melden. So bin ich zu Messap gekommen. [...]
Vier meiner Kameraden sind in ein Außenkommando geschickt worden. Wir wußten zu der Zeit nicht, was das bedeutet, und glaubten, es wäre besser. Eines Abends habe ich André [Mandrycxs, H.K.] angesprochen und gesagt, daß vier meiner Kameraden fortgegangen sind und ich auch fortgehen möchte. Da hat mir André Mandrycxs rechts und links eine runtergehauen und gesagt: Du Idiot, wir tun alles, um dich zu schützen, also verhalte dich gefälligst ruhig."[209]

Manchmal war Hilfe für einen Häftling nur auf Kosten eines anderen möglich; denn wenn zum Beispiel der Befehl kam, einen Transport in festgelegter Stärke zusammenzustellen, konnten die Häftlinge im Arbeitsdienstbüro nur eine Nummer gegen eine andere auswechseln. Doch für viele Inhaftierte war es damals selbstverständlich, daß bestimmte Menschen vorrangig vor dem Zugriff der SS geschützt werden mußten. Der polnische Häftling Bogdan Suchowiak berichtet darüber:

„Natürlich konnten keine präzisen Maßstäbe für das Wort ‚wertvoll'
angewendet werden. [...] Was die später geschilderte polnische nationale Widerstandsgruppe anbetrifft, so hat diese [...] sämtliche aus
der großen Untergrundarmee in Polen stammenden Offiziere und
Soldaten und verschiedene in Frankreich verhaftete Polen in verhältnismäßig guten Positionen (Messap, Walterwerke, Baubüro u.
dgl.) unterbringen können."[210]

Es ist zu betonen, daß das Gesamtsystem im wesentlichen weiterhin im
Sinne der SS funktionierte. Hilfe war nur in einzelnen Fällen möglich.
Der übergroßen Mehrzahl der Inhaftierten blieb diese Arbeit verborgen.
Die Aktionen mußten im begrenzten Kreis von Vertrauten unter strikter
Geheimhaltung ausgeführt werden.

„Denn dies mußte unter den Augen der SS so geschehen, als ob ihre
Befehle ordnungsgemäß erfüllt wurden. Es verlangte daher auch
eine bestimmte Verstellungskunst. Der Funktionshäftling brauchte
noch mehr als jeder andere Häftling mindestens zwei Gesichter –
sein wahres und das Dienstgesicht für die SS."[211]

Die Erfahrungen der Häftlinge, die bis zuletzt zu schweren körperlichen
Arbeiten in den Massenkommandos eingesetzt waren und von Funktionshäftlingen niemals Hilfe erhielten, spiegelt sich in einer Äußerung
des französischen Häftlings Jean Le Bris:

„Erst als ich wieder zuhause war, habe ich erfahren, daß es auch gute
Kapos gegeben haben soll!"[212]

Nach langen Bemühungen gelang im Hauptlager einige Monate vor
Kriegsende die Bildung eines geheimen Lagerkomitees, das unter Leitung eines sowjetischen Offiziers versuchte, die Tätigkeit der verschiedenen nationalen Führungsgruppen zu koordinieren. Es befaßte sich vor
allem mit der Frage, ob es Möglichkeiten gab, zur eigenen Befreiung
beizutragen, sobald die Alliierten herannahten. Es gab sogar einige Waffen unter den Häftlingen, doch für einen offenen Widerstand gegen die
SS reichten die eigenen Kräfte bei weitem nicht aus.

Sowjetische Kriegsgefangene im Konzentrationslager Neuengamme

Etwa um den 10. Oktober 1941 herum wurde über dem Tor der eingezäunten Baracken die Beschriftung „Kriegsgefangenen-Arbeitslager" angebracht. [...] Im hinteren Teil von Block 14 wurde etwa ein Viertel der Blockfläche abgeteilt, um eine Krankenstube, eine Ambulanz und einen Unterkunftsraum für die Ärzte und Pfleger zu schaffen. Es war geplant, in Block 7 sechshundert und in Block 14 vierhundert Kriegsgefangene unterzubringen. Betten waren in den Unterkünften nicht vorgesehen. Vier Reihen Strohsäcke, die auf dem Boden ausgebreitet waren, sollten als Ruhestätten dienen. Wolldecken waren auch nicht ausgegeben worden, so daß die Gefangenen Tag und Nacht in ihrer Kleidung verbringen mußten. Es gab keine Tische und Bänke, das Essen mußte im Stehen oder auf dem Fußboden eingenommen werden.

Die Lagerführung hatte in Vorbereitung der Ankunft der Kriegsgefangenen den politischen Häftling Antes zum Lagerältesten des „Kriegsgefangenen-Arbeitslagers" bestimmt. Für die Betreuung der Kranken wurden vier polnische Ärzte (Moritz Mittelstädt, Felix, Marek, den Namen des vierten habe ich vergessen), der deutsche Arzt Richard Bahr und ich eingesetzt. Es war das erstemal in der Praxis des Konzentrationslagers Neuengamme, daß Häftlingsärzte für die Krankenbehandlung eingeteilt wurden. In der Krankenstube wurden je drei Betten übereinander aufgestellt. Für jedes dieser Betten war eine Wolldecke vorhanden. Es gab jedoch in der Krankenstube keine Toilette und keine Waschmöglichkeit.

Am 16. Oktober 1941, einem kalten regnerischen Tag, traf der angekündigte Transport von 1000 sowjetischen Kriegsgefangenen im Konzentrationslager Neuengamme ein. Ein Gefangener war bereits auf der Fahrt verstorben und mußte ins Lager getragen werden. Die übrigen marschierten durch das Lagertor und wurden sofort in das eigens für sie vorbereitete Isolierungslager geführt.

Es war ein langer trauriger Zug von halb verhungerten, entkräfteten und mangelhaft bekleideten Soldaten, von denen etliche nicht einmal mehr ihre Stiefel besaßen. Diese, wie andere begehrenswerte Kleidungsstücke, waren ihnen von den Bewachungsmannschaften der Wehrmacht auf dem Weg in die Kriegsgefangenschaft abgenommen worden. Sie trugen alle zweiteilige Erkennungsmarken der Hitlerwehrmacht, die mit der Aufschrift STALAG[1] und einer Nummer versehen waren.

Die polnischen Kameraden konnten sich wenigstens mit ihnen verständigen, aber für mich war es schwerer. Letztlich sprach ich die deutsche Sprache, wie die verhaßten Okkupanten und die SS. Zögernd kamen die ersten zu uns. Wir hatten uns auf einen Massenandrang eingestellt, der aber ausblieb. [...]

Wir konnten täglich nur eine begrenzte Anzahl untersuchen und gingen dazu über, den neben der Krankenstube gelegenen Tagesraum mit den Kranken zu belegen. [...] Eine wirksame Hilfe war jedoch nicht möglich, da uns sowohl Medikamente als auch die notwendige Verpflegung und sonstige Voraussetzungen fehlten.

Mit Unterstützung des Kameraden Karl Witt und des Küchenkapos Bernhard Wolf (BV)[2], den wir in diese Solidaritätsaktion mit einbezogen, konnten wir täglich zusätzlich Mittagessen, Brot, Milch, Wurst und Margarine in das Revier des Kriegsgefangenenlagers schaffen. Dies konnte jedoch nichts weiter als ein Tropfen auf dem heißen Stein sein. Zur gleichen Zeit organisierten unsere Kameraden im großen Lager verstärkt Lebensmittel- und Geldsammlungen[3], so daß wir im Dezember einige Fässer mit Fisch und Rote Bete kaufen konnten. Ein Problem war es, diese Fässer unbemerkt in das abgezäunte Kriegsgefangenenlager zu schaffen, da der Appellplatz von der Blockführerstube und den Posten auf Türmen überschaubar war. Da es schon früh dunkel wurde und die Kriegsgefangenen immer vor dem großen Lager das Essen in Empfang nahmen, hatten wir es wie folgt organisiert: Als die Essenholer zur Küche gingen, wurden die Fässer vor das Tor der Isolierung geschafft. Mit unglaublicher Schnelligkeit holten wir sie in das Kriegsgefangenenlager. Bevor die Essenholer zurück waren, hatten wir alles in Sicherheit gebracht. Abends erhielt jeder Kriegsgefangene eine bescheidene Portion Fisch und Rote Bete. Was war das für eine Freude, weniger über die Menge, als vielmehr über die gelungene und allen sichtbare Solidarität der Gefangenen aus dem großen Lager. Diese Hilfe vermittelte den sowjetischen Kriegsgefangenen das Bewußtsein, daß viele Freunde und Kampfgefährten im großen Lager sich mit ihnen solidarisierten.

Da es immer kälter wurde und die Lagerführung kaum Heizmaterial zur Verfügung stellte, war dessen Beschaffung ein dringendes

Problem. Trotz erhöhter Anstrengungen gelang es nicht, ausreichendes Heizmaterial illegal in die Isolierung zu schaffen, so daß die Kriegsgefangenen neben dem Hunger auch der Kälte ausgesetzt waren. Kurz vor Weihnachten gelang es dann Jonni Ring, einige Telefonmasten zu organisieren und diese in Rollwagen in das große Lager zu bringen. Dort wurden sie in etwa 2 m lange Stücke zersägt und abends unmittelbar vor dem Einschluß in das Kriegsgefangenenlager geschafft. Damit das Holz nicht von der SS gefunden wurde, hatten wir etliche Fußbodenbretter gelöst und hier die zersägten Telefonmasten versteckt. So konnten wir wenigstens einige Tage verhältnismäßig gut durchheizen. An diesen und anderen Aktionen waren alle damals im Lager bestehenden nationalen Gruppen, einzelne Kameraden und auch etliche nichtpolitische Gefangene beteiligt. Die Lage der sowjetischen Kriegsgefangenen und ihr Verhalten ließen die Solidarität zu einer Klammer werden, die selbst diejenigen einschloß, die sonst ein Eigenleben führten.

Im Dezember 1941 wurden im großen Lager die ersten Fälle von Flecktyphuserkrankungen festgestellt. Täglich kamen weitere Kranke mit diesen Symptomen ins Revier. Im Kriegsgefangenenlager verfolgten wir mit Besorgnis diese Krankheitsfälle, mußten wir doch befürchten, daß wir von dieser Epidemie nicht verschont bleiben würden.

Ende Dezember 1941 legte sich der Lagerälteste Antes mit hohem Fieber ins Bett. Nach gründlicher Untersuchung wurde unsere Befürchtung bestätigt: Antes war an Fleckfieber erkrankt. Mehrere Versuche, ihn ins Revier im großen Lager zu verlegen, scheiterten an seiner beständigen Weigerung. Nach etwa 10 bis 12 Tagen verstarb er.

Anfang Januar 1942 meldeten sich Kriegsgefangene mit hohen Temperaturen in der Krankenstube. Wir stellten auch bei ihnen Flecktyphus fest. Von nun an verging kein Tag, an dem nicht neue Erkrankungen gemeldet wurden. Im Hauptlager hatte man für die Unterbringung der an Flecktyphus Erkrankten zunächst einen Block geräumt. Die Ärzte wurden aus dem Kriegsgefangenenlager abgezogen und in diesem Block eingesetzt. Ich blieb als einziger in der Krankenstube der Kriegsgefangenen und hatte fast 200 Kranke zu betreuen. [...]

Ende Januar 1942 wurde ich ins Revier gerufen. SS-Unterscharführer Bahr gab mir den Befehl, Tbc-Kranke auszusondern und sie mittels Benzin-Injektionen zu töten. Ich glaubte, nicht richtig gehört zu haben. Als ich erklärte, daß ich einen solchen Befehl nicht annehmen und auch nicht ausführen würde, sagte Bahr, es sei ein Befehl des Lager- bzw. Standortarztes, und ich müßte bedenken, welche Folgen eine Befehlsverweigerung nach sich ziehen würde. Ich brauchte keine Zeit zu weiteren Überlegungen, die Ablehnung dieses Befehls war klar. Wenige Tage darauf kam Bahr in die Krankenstube, um selbst die Aussonderung vorzunehmen. [...]

Zu dieser Zeit war ich ebenfalls an Flecktyphus erkrankt und legte mich ins Bett. Von hier aus konnte ich in die Ambulanz hineinsehen. Bahr hatte das Tablett mit den Spritzen abgesetzt und war in die Unterkunft der Kranken gegangen. Nach einer Weile kam er zurück und brachte einen Kriegsgefangenen mit. Diesem bedeutete er, daß er sich auf die Trage legen sollte. Dann mußte er sich den Oberkörper frei machen. Darauf gab Bahr ihm eine Injektion ins Herz, woraufhin der Gefangene sofort das Bewußtsein verlor. Den Toten ließ Bahr aus der Ambulanz tragen. Der ganze Vorgang wiederholte sich so oft, bis alle Spritzen geleert waren. Eine große Erregung hatte die kranken und körperschwachen Kriegsgefangenen erfaßt. Alle fragten, wer wird der nächste sein? Etliche verließen die Krankenstube, um diesem Morden zu entgehen. [...]

Ende März 1942, nach Beendigung der Quarantäne, ordnete die Lagerführung die Aufstellung von Arbeitskommandos der Kriegsgefangenen an, ohne auf den körperlichen Zustand derselben Rücksicht zu nehmen. Auch die Anzahl wurde festgelegt. Die Kriegsgefangenen wurden zu schwerster körperlicher Arbeit an der Dove Elbe und den „Tongruben" eingesetzt. Schon am ersten Tag mußten viele völlig erschöpfte Kriegsgefangene von ihren Kameraden in das Lager getragen werden. [...]

Als Ende Mai 1942 der Befehl zur Überstellung der 348 überlebenden sowjetischen Kriegsgefangenen in das KZ Sachsenhausen gegeben wurde, war es für uns alle ein schwerer Schlag. Von dem weiteren Weg dieser Gefangene haben wir nie wieder etwas gehört.

[1] *STALAG: Abkürzung für Kriegsgefangenen-Stammlager der Wehrmacht.*
[2] *BV: Befristeter Vorbeugehäftling.*
[3] *Einige der deutschen KZ-Gefangenen erhielten von ihren Angehörigen Geldbeträge geschickt, um dafür in der Häftlingskantine einzukaufen.*

Bericht des im Krankenrevier des KZ Neuengamme eingesetzten Häftlings Fritz Bringmann.
(Bringmann, Neuengamme, S. 54-64)

André Mandrycxs

André war ein dunkelblonder, lang aufgeschossener Belgier, mit etwas zu langen Armen, meist, wenn man ihn bemerkte, mit weitausgreifenden Beinen im Sturmschritt das Lager durcheilend. Er kam im September 1941 nach Neuengamme. Mit ihm zog im Herbst 1941 ein unverbrauchter Geist hilfreicher Aktivität ins Lager ein, der vorhandene Ansätze der Solidarität zu neuer Kraft entflammte. Es tut nichts zur Sache, daß André ein Doktor juris war. Im Lager kannte ihn ein jeder nur als den ersten Läufer des Lagerältesten Köbes. [...]

Die politischen Gefangenen, denen eine höhere Funktion – meist nach Jahren langer, schwerer Arbeit – gegeben war, hatten zwei gefährliche Gegner: Die SS, deren Befehlen sie „blind" gehorchen sollten, und die Grünen[1], die anfangs fast alle Kapostellen innegehabt hatten. Sie versuchten, sie um jeden Preis wieder zu erhalten, und jedes Mittel war ihnen dazu recht. [...]

Nachdem 1943 der bisherige Arbeitsdienst-Kapo [...] – ein Grüner – gemeinsam mit einem Teil seiner Freunde auf Transport geschickt war – sie gingen nach Drütte und Wittenberge –, wurde der Belgier André der wahre Dirigent im Häftlingsbüro des Arbeitsdienstes. [...]

Zuerst war er 1940 als noch sehr junger Bursche mit jenen belgischen Kommunisten verhaftet worden, welche die belgische Regierung als Feinde Belgiens und Freunde der Hitler-Regierung erklärt hatte, weil die KP[2] Belgiens und Frankreichs das Ribbentrop-Stalin-Abkommen von 1939 öffentlich – vom kommunistischen Standpunkt – rechtfertigte. Diese Verhafteten wurden 1940 in Belgien wieder entlassen, aber die Namensliste dieser Verhafteten konnte der Polizei später noch einmal zu einem anderen Zweck dienen: Als nämlich die Deutschen in Belgien einmarschierten, wurden André und seine Freunde von der deutschen Gestapo [...] wieder verhaftet, jetzt jedoch als „Moskau-Anhänger", die Liste war ihnen von der belgischen Polizei übergeben worden. [...]

Er hatte zerbissene Fingernägel. Genauer – seine Nägel waren bis auf die Nagelwurzeln herabgefressen. Und Sascha, der junge polnische Schreiber, der den zahlenmäßigen Bestand der Arbeitskommandos aufzuschreiben hatte – er war bedeutend jünger als André – nahm mit infernalischer Ruhe, mit diesem kalten Lächeln, welches Sascha eigen war, sein Metall-Lineal vom Bürotisch, und – ich protestierte laut, zu spät – ich schrie auf, aber zweimal fuhr das schwarze, krachende Lineal über die Fingerspitzen des Helden. André war eben hereingekommen, um in der Häftlingskartei nach „Motoren-Schlossern" zu suchen. Motorenschlosser wurden immer gebraucht, und Sascha erfaßte sofort, was André vorhatte. Irgendwo in den 80 Kommandos von Neuengamme fehlten immer einige Motorenschlosser ...

Paul, unser langjähriger Karteifachmann, ein guter Kamerad und penibler Bürokrat, der außerdem von sich behauptete, daß nur er allein etwas von der Kartei verstand und er ganz allein nur wußte, was in der Kartei war und wo in unseren drei Karteien mit etwa 60.000 Karteikarten irgend etwas Sicheres zu finden sei – Paul also blickte mit seinem einen Auge – das andere war ein Glasauge – lächelnd vor sich hin und sagte mit schneidender Genugtuung (über die Lineal-Hiebe): „Laß das. Es gibt keine Motorenschlosser, André, Du brauchst nicht erst zu suchen. Die letzten Motorenschlosser sind vor einer Woche –, halt, vor neun Tagen genau – eingesetzt worden. Wage ja nicht, mir die Kartei durcheinander zu bringen!", setzte er giftig hinzu.

André, der nach den von Sascha empfangenen Lineal-Hieben den Kopf um etwas höher hob, grinste, die Lippen schürzend, und mit nicht ganz blank geputzten Zähnen den Jüngeren überlegen, höhnisch angrinsend, als hätte er kein Gefühl in den Fingern, sagte: „Wir werden sehen!"

Dann beugte er sich lange und tiefsinnig über die Berufskartei, den Buckel krumm, mit langen, emsigen, zerfressenen Fingern zog er Karten, verschob einige, wetzte den Bleistift, zog wieder Karten, riß eine Karte heftig heraus, drehte sich schließlich – mit einer langen, schlaksigen Gebärde um, und – verschwand mit einem ganzen Packen Karteikarten, nachdem er mir aus der Tür noch einen kalten, blaugrauen, etwas spöttischen Blick zugeworfen hatte, schweigend. An diesem Tage ward er nicht mehr gesehen.

Den ganzen Nachmittag lief Paul aufgeregt hin und her, erbittert, fluchend, bleich vor Wut, schimpfend, vor Gift sozusagen platzend. „Der Lange hat wieder die Karten mitgenommen! Er bringt mir ständig die ganze Kartei in Unordnung, das laß ich

André Mandrycxs, der beim Arbeitseinsatz Solidaritätsaktionen für kranke und schwache Häftlinge organisierte, war eine treibende Kraft des Widerstands der Häftlinge im KZ Neuengamme. Er kam beim Untergang der Cap Arcona ums Leben. (NHS)

mir nicht mehr bieten. Ich sage das dem Uscha![3] Ich will nicht immer der Dumme sein, ich –..."

Sascha und ich warfen uns kennerische Blicke zu. Wenn nur der Paul wieder aufhören würde, damit der „Grüne" – wir hatten einen vielfach vorbestraften Kriminellen bei uns im Kontor, einen gerissenen Hochstapler – nicht aufmerksam wurde. Denn Paul hätte den André niemals denunziert, trotz aller seiner Drohungen. Er war nur nervös, aber der Grüne? Wer konnte es wissen? Sascha und ich vertieften uns grinsend in unsere Listen und Schreibereien. Das aufgeregte Hin- und Herlaufen von Paul kündete an, daß etwas „Großes" im Gange war.

Als wir am nächsten Morgen den noch kalten Büroraum betraten, fanden wir die Karten, sie lagen offen auf dem Tisch. Auf allen stand mit Schreibmaschine „Motorenschlosser" als Berufsbezeichnung. Es waren verschiedene Nationalitäten. Franzosen, Belgier, Polen, Jugoslaven, Russen usw., die aus dem unerschrockenen Geiste Andrés einen neuen opportunen Beruf erhalten hatten: Wer wollte nun behaupten, daß sie keine Motorenschlosser wären?

Solche Kameraden, die André aus irgendeiner Not auf sichere Posten lancierte oder in ein Außenkommando verfrachtete, waren in der Regel von der Gestapo besonders Verfolgte. Politische, die nach der Kartei strafweise für besondere Todeskommandos notiert waren oder geradezu „Todeskandidaten" mit dem Stempel „Torsperre", weil sie auf Anweisung der Kommandantur schon nicht mehr das Tor des Lagers verlassen durften. Etwa auf der Kartei den Stempel „Torsperre" löschen zu lassen, das war unmöglich. Also konnte man nur neue Karteikarten ausschreiben, und das mußte so geschehen, daß niemand außer dem „Einen" etwas wußte. Uns selbst blieb es ein Geheimnis, wo und wie André dies bewerkstelligte. Aber auf diese Weise konnte es gelingen, daß jemand laut Kartei verstorben war, jedoch in Wahrheit unter dem Namen eines Toten weiterlebte, der nach unserer Kartei noch unter den Lebenden weilte ... Wenn der lange Flame mit einem einzigen dieser Fälle hereinfiele – sein Leben wäre verwirkt gewesen!

[1] *Häftlinge mit grünem Winkel.*
[2] *Kommunistische Partei.*
[3] *Abkürzung für SS-Unterscharführer.*

(Bericht von Heinrich Christian Meier, NHS)

8. Medizinische Experimente an KZ-Gefangenen

Wie in fast allen Konzentrationslagern führten Ärzte und Wissenschaftler auch im Konzentrationslager Neuengamme medizinische Versuche an KZ-Gefangenen aus, zum Teil mit, zum Teil auch ohne offizielle Genehmigung.

Während der Flecktyphusepidemie in Neuengamme Anfang 1942 bat der Direktor des Instituts für Schiffs- und Tropenkrankheiten in Hamburg, Professor Mühlens, bei der SS-Stiftung „Das Ahnenerbe" um Vermittlung seines Anliegens, beim Ausbruch von Epidemien in Kon-

TBC-Versuche an Erwachsenen ...

Ich selbst bin nach meiner Wiederergreifung [auf der Flucht] einige Monate später ins KZ Neuengamme zurückgebracht worden und in die dortige Strafkompanie gekommen. Anstatt des roten politischen Winkels, den ich vorher hatte, erhielt ich nun strafweise den grünen Winkel. Im Sommer 1944 wurde ich in die Baracke 4a, die dem Dr. Heißmeyer unterstand, verlegt. In der Baracke 4a erhielt ich Injektionen, die mit gefährlichen Krankheitserregern (TBC) angereichert waren. Durch die Injektionen sollten die Erreger direkt in den Blutkreislauf gelangen. Ich bekam darauf hohes Fieber und Schüttelfrost. Von Tag zu Tag wurde ich schwächer. Als sich mein Allgemeinbefund mehr und mehr verschlechterte, wurden die Versuche zeitweise abgebrochen. Später wurde dann erneut eine Lungensonde mit TBC-Bazillen direkt in die Lunge eingeführt.

Im Herbst 1944 bin ich dann überraschend ins KZ Buchenwald verlegt worden.

Vor diesen Versuchen war ich völlig gesund. In den folgenden Jahren nach dem Krieg mußte ich über 20 Jahre behandelt werden. Außerdem war ich über zwei Jahrzehnte lang arbeitsunfähig, daher nicht in der Lage, meine Altersversorgung zu planen. Meine Altersrente beträgt DM 260,-. Als einzige Entschädigung für die Leiden und Strapazen, die ich im KZ erlitten habe, einschließlich der pseudomedizinischen Versuche, erhielt ich im Jahre 1980 vom Bundesfinanzministerium auf meinen Antrag hin 8000 DM.

(Bericht von Anton Pötzl, ANg)

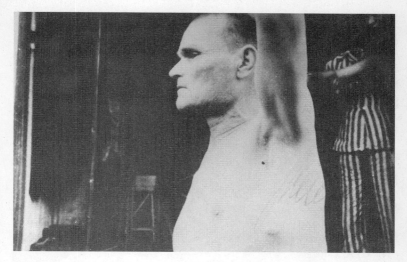

Sowjetischer Kriegsgefangener, an dem Dr. Heißmeyer TBC-Versuche vornahm. Aufnahme: SS. (ANg)

zentrationslagern Behandlungsexperimente vornehmen zu können. Die Bitte hatte offenbar Erfolg. Das Tropeninstitut führte einige Wochen später in Neuengamme eine Versuchsreihe mit Medikamenten durch. Günther Wackernagel, der als Pfleger im Revier arbeitete, berichtet, daß Flecktyphuskranke einige Zeit lang regelmäßig Tabletten in vorgeschriebener Dosierung erhielten. Urin- und Stuhlproben wurden an einen Beauftragten des Tropeninstituts abgeliefert. Die Tabletten hinterließen bei den Erkrankten keinerlei sichtbare Wirkung.[213]

Ab Juni 1944 nahm der SS-Arzt Kurt Heißmeyer Versuche mit Tuberkelbakterien an KZ-Gefangenen in Neuengamme vor.[214] Als Mitarbeiter des SS-Sanatoriums Hohenlychen (Uckermark) und als Neffe eines SS-Obergruppenführers war es für ihn nicht schwierig, die Unterstützung des Reichsärzteführers Conti und Himmlers zu erlangen. Heißmeyer wollte nachweisen, daß die Immunität eines an offener Lungentuberkulose Erkrankten durch das künstliche Setzen eines zusätzlichen TBC-Herdes verbessert werde. Dabei ging er von der Annahme aus, daß „rassisch minderwertige" Menschen für Tuberkulose besonders anfällig seien. Ihm war nicht bekannt, daß die Immunitätstheorie von

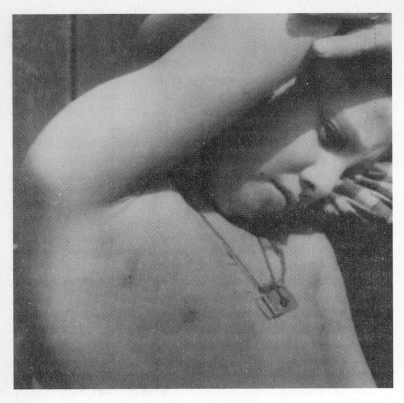

Ein Mädchen aus der Gruppe der 20 jüdischen Kinder, an denen Dr. Heißmeyer TBC-Versuche vornahm. Unter der Achsel die Operationsnarbe der entfernten Axillardrüse. (Aufnahme: SS)

führenden Tuberkuloseforschern schon damals als überholt angesehen wurde.

Heißmeyer ließ die Versuche in Neuengamme unter Aufsicht des Standortarztes Trzebinski von inhaftierten Ärzten ausführen. Er selbst erschien einmal pro Woche, um Anweisungen zu erteilen und die Versuche zu beobachten, die in einem abgeteilten Raum des Reviers IV („Revier IVa") vorgenommen wurden. Erkrankten und Nichterkrankten wurden Bakterien in die Lunge und unter die Haut gespritzt. Opfer der

Versuche wurden überwiegend polnische und russische Häftlinge im Alter von 20 bis 30 Jahren. Nach einiger Zeit ließ Heißmeyer Drüsen unterhalb der Achselhöhle operativ entfernen, um sie zu untersuchen. Später ordnete er in einigen Fällen die Erhängung der Versuchspersonen an, um durch Obduktion die Folgen der Experimente zu überprüfen. Zwei Häftlingspfleger berichten, daß etwa 30 der 40 betroffenen KZ-Gefangenen den Tod fanden.

Obwohl Heißmeyer – wie er später gestand – erkannte, daß die Infizierungen die Krankheit in allen Fällen verschlimmert hatten, führte er ab Januar 1945 die Experimente auch noch an 20 jüdischen Kindern aus. Es handelte sich um zehn Jungen und zehn Mädchen im Alter von fünf bis zwölf Jahren. Sie trafen Anfang Dezember 1944 aus Auschwitz in Neuengamme ein. Trotz der Geheimhaltung sprach sich dies rasch im Lager herum. Einige Häftlinge brachten ihnen zu Weihnachten selbstgebasteltes Spielzeug. Einem der zur Betreuung der Kinder eingesetzten Häftlingsärzte gelang es mitunter, die Bakterienkulturen Heißmeyers heimlich durch Abkochen unschädlich zu machen. Um die Spuren der Verbrechen zu verwischen, wurden die Kinder am 20. April 1945 in dem Schulgebäude am Bullenhuser Damm in Hamburg-Rothenburgsort, das zuvor ein Außenkommando beherbergt hatte, zusammen mit ihren Betreuern unter Aufsicht des Hamburger Stützpunktleiters Strippel erhängt.

Eine weitere Versuchsreihe an Neuengammer KZ-Gefangenen diente zur Untersuchung von Entgiftungsverfahren für Wasser, das mit chemischen Kampfstoffen verseucht war. Professor Dr. Haase, Mitarbeiter der Reichsanstalt für Wasser- und Luftgüte in Berlin, erhielt im Herbst 1943 die Erlaubnis Contis und Himmlers, das von ihm entwickelte Verfahren in einem Konzentrationslager zu erproben. Die Versuche wurden in Neuengamme vorgenommen, im Dezember 1944 mit dem Giftgas Lost, im Februar 1945 mit Stickstofflost. Nach beiden Versuchsreihen waren Schädigungen nicht erkennbar. Die mit dem Wasser aufgenommene Menge Arsen war allerdings so erheblich, daß längerfristige Gesundheitsschäden nicht ausgeschlossen wurden. Eine weitere Versuchsreihe sollte Aufschluß darüber erbringen, welche Folgen bei der Einnahme einer größeren Dosis Lost auftreten. Dabei wurde mit dem Tod von acht Häftlingen gerechnet. Wegen der militärisch-politischen Lage erteilte Himmler jedoch nicht mehr die Genehmigung.[215]

Weihnachten bei den Kindern im Revier 4a

Vor Weihnachten haben wir unsere Kameraden, die in Werkstätten usw. gearbeitet haben, um Spielzeug gebeten. An die Kameraden, die Pakete geschickt bekamen, haben wir die Bitte weitergegeben, einige Kleinigkeiten für die Kinder herzurichten. Die Ärzte und Pfleger schafften uns die Möglichkeit, daß wir zu dritt an einem Sonntagnachmittag zu den Kindern hineinkommen konnten, obwohl es ja hermetisch abgeschlossen war. Wir haben versucht, ihnen einen vergnügten Nachmittag zu machen. Leider waren sie schon so weit, daß sie sehr lethargisch auf ihren Betten gelegen haben. Sie haben sich zwar etwas gefreut, als sie die kleinen Geschenke bekamen. Wir haben dann noch Musik gespielt und haben versucht zu singen. Aber es ist uns trotzdem nicht gelungen, bei den Kindern eine freudigere Stimmung zu erzeugen, weil sie durch diese Impfungen und Experimente, die Doktor Heißmeyer regelmäßig durchgeführt hat, schon so weit herunter gekommen waren, daß sie nicht mehr mitmachen konnten.

(Josef Händler, Gespräch mit Ludwig Eiber, 15.6.1981, ANg, sprachlich überarbeitet)

Außer diesen Experimenten unternahmen Neuengammer SS-Ärzte Menschenversuche an KZ-Gefangenen auch ohne offizielle Genehmigung; Schwierigkeiten hatten sie deswegen nicht zu befürchten. Vor allem zwei Ärzte nutzten ihre Stellung auf diese Weise: Der Standortarzt Trommer nahm 1942/43 mehrfach Kastrationen vor; nach Erinnerung von Häftlingspflegern war dies für ihn eine Art „Steckenpferd". Der Lagerarzt Jäger, ursprünglich Zahnarzt, verlegte zu derselben Zeit seinen Ehrgeiz darauf, Erfahrungen im Operieren zu sammeln. Dazu gehörten vor allem Amputationen, die oft ohne Anästhesie ausgeführt wurden. Sie führten häufig zu Komplikationen oder zum Tod der Patienten. In anderen Fällen brach Jäger seine Tätigkeit während der Operation ab und überließ es dem durch mehrjährige Praxis geübten Revierkapo Mathias Mai, zu retten, was noch zu retten war.[216]

Die Raumbelüftungsabteilung der Drägerwerke führte im März 1945 Luftschutzversuche mit weiblichen KZ-Gefangenen verschiedener Hamburger Außenlager durch. Sie dienten offenbar dazu, herauszufinden, wie lange sich Menschen ohne Schädigung in einem gasdichten Luftschutzraum ohne Belüftungsanlage aufhalten konnten und wie sie sich bei Sauerstoffmangel verhielten. An mehreren Sonntagen wurden die Frauen jeweils in einem anderen Hamburger Stadtteil in Bunker eingesperrt. Fachleute prüften die Luftzusammensetzung und beobachteten die Insassen. Viele der Frauen litten wegen der Atemnot unter Erstickungsängsten und Übelkeit, und mehrere von ihnen fielen in Ohnmacht.[217]

9. Hinrichtungen und Massentötungen mit Giftgas

Im Konzentrationslager Neuengamme wurden in großer Zahl Hinrichtungen vollzogen. Dazu genügte eine Anordnung aus Berlin, die der Kommandant entweder direkt vom Reichssicherheitshauptamt (RSHA), über die Hamburger Gestapo oder über das WVHA (Amtsgruppe D) erhielt.[218] Zum Teil handelte es sich um Neuengammer KZ-Gefangene. Die meisten Opfer waren jedoch Gestapogefangene, die zur Exekution aus norddeutschen Polizeigefängnissen, Straf- oder Kriegsgefangenenlagern nach Neuengamme gebracht und gar nicht ins Lager aufgenommen wurden. Auch Justizgefangene wurden zum Teil in Neuengamme hingerichtet.

In den ersten Jahren wurden die betreffenden Gefangenen am Schießstand bei der Kläranlage von einem Exekutionskommando durch eine Gewehrsalve getötet. Ab 1942 erhängte die SS die Mehrzahl der Opfer im Arrestbunker des Häftlingslagers. Die „ehrenvollere" Hinrichtung durch Erschießen war seither auf besondere Fälle beschränkt, insbesondere auf die Exekution von Soldaten und SS-Angehörigen.

1942 wurde die Hinrichtung von Häftlingen als Lagerstrafe eingeführt, zum Beispiel bei Fluchtversuchen oder bei Sabotageverdacht. Sie fand zur Abschreckung häufig auf dem Appellplatz statt, manchmal sogar beim Zählappell.[219] Auch in vielen Außenlagern gab es derartige Hinrichtungsaktionen.

Verantwortlich für die Ausführung von Exekutionen war der Schutzhaftlagerführer. Die SS-Leute und Funktionshäftlinge, die die Erhän-

Auszug aus dem Totenbuch (Stammlager 1943/44). Der Vermerk „Exekutionen" unten auf der Seite bezieht sich auf Hinrichtungen von Personen in Neuengamme, die nicht Häftlinge des Lagers waren und deswegen auch nicht namentlich registriert wurden. (FGN)

> **Hinrichtung ausländischer Arbeiter –
> einige Beispiele**
>
> Boleslaw Blaszikiewiez, geb. 1919, polnischer Zivilarbeiter, am 8. 10. 1942 im Konzentrationslager Neuengamme exekutiert wegen geschlechtlicher Beziehung zu einer deutschen Landwirtschaftsgehilfin.
>
> Felix Elminowski, geb. 1907, polnischer Zivilarbeiter, am 6.11.42 im Konzentrationslager Neuengamme erhängt wegen geschlechtlicher Beziehungen zur Tochter seines Arbeitgebers.
>
> Wasili Wolotkin, geb. 1915, früher sowjetrussischer Kriegsgefangener, am 12. 11. 1943 im Konzentrationslager Neuengamme exekutiert, weil er einen deutschen Mitarbeiter durch einen Schlag mit dem Spaten verletzt hatte.
>
> Peter Iwanow, geb. 1915, sowjetrussischer Kriegsgefangener, am 15. 6. 1944 dem Konzentrationslager Neuengamme zur „Sonderbehandlung" überstellt wegen Diebstahls während eines Bombenangriffs. Die Exekution wurde vollzogen, Datum unbekannt.
>
> *(Aus Akten der Zentralen Stelle der Landesjustizverwaltungen Ludwigsburg)*

gungen vornahmen, erhielten Alkohol, Zigaretten oder Lebensmittel als Belohnung.

Die meisten der Polizeihäftlinge, die zur Hinrichtung nach Neuengamme gebracht wurden, waren sowjetische und polnische Zwangsarbeiter. Einige Namen sind aus einem Heft mit Eintragungen bekannt, das von KZ-Gefangenen in Neuengamme versteckt und nach dem Krieg ausgegraben wurde.[220] Die Häftlinge des Lagers erfuhren oft von den Hinrichtungen. In den Aussagen von Überlebenden wird vor allem über folgende Fälle wiederholt berichtet:[221]
– Im Oktober 1941 wurden 50-60 sowjetische Kommissare zur Exekution nach Neuengamme gebracht. Da die SS auf die Massenexekution nicht vorbereitet war, brachte man sie nach Angaben des stellvertretenden Schutzhaftlagerführers Lütkemeyer zunächst in den SS-Garagen unter. Am 22. Oktober 1941 wurden sie im Arrestbunker per Genickschuß getötet.[222]

Zeichnung: H. P. Sørensen. (Sørensen, Neuengamme Erindringer)

- Im Spätsommer 1942 wurden polnische und sowjetische Ärztinnen und Krankenschwestern in den Bunker gesperrt und einige Tage später erhängt.[223]
- Vier polnische und russische Frauen wurden Ende 1943 oder Anfang 1944 im Bunker erhängt.[224]
- Am 5. November 1944 wurde Friedrich Hobelsberger, der bei einem Fluchtversuch aus dem SS-Strafregiment Dirlewanger gefaßt worden war, in Neuengamme auf dem Appellplatz erhängt. Die Erhängung diente auch zur Abschreckung gegenüber den etwa 130 KZ-Gefangenen, die zwei Tage später entlassen und zu diesem Strafregiment abkommandiert werden sollten.[225]
- Zur Hinrichtung des belgischen KZ-Gefangenen Pierre de Tollenaere im Dezember 1944 mußten alle Häftlinge aus den Neuengammer Rüstungsbetrieben antreten. De Tollenaere gehörte zum Freundeskreis von André Mandrycxs; er hatte offenbar in der Absicht, dem verhaßten Regime Schaden zuzufügen, eine Schweißnaht nicht vorschriftsmäßig ausgeführt.[226]
- Im März 1945 wurden 28 polnische Offiziere aus dem Kriegsgefan-

Durchführung von Exekutionen

Abschrift

Der Reichsführer SS Berlin SW 11, den 6. Januar 1943
und
Chef der Deutschen Polizei
S IV D2–450/42g – 81 –

Durchführungsbestimmungen für
Exekutionen
=========================

I. <u>Vorbehandlung</u>
   a) Alle Sonderbehandlungsfälle sind ebenso gründlich wie beschleunigt zu bearbeiten. Der Tatbestand ist in klarer, knapper Form darzustellen. Gründe, die einer Exekution entgegenstehen, sind anzugeben.
   [...]

II. <u>Befehlsdurchgabe</u>
   a) [...]
   b) Falls die Exekution im KL durchgeführt wird, setzt sich die Staatspolizei-leit-stelle unverzüglich mit dem Lagerkommandanten in Verbindung und teilt den Zeitpunkt der Überstellung des Häftlings mit. Gleichzeitig leitet sie diesem eine beglaubigte Abschrift der Exekutionsanordnung zu.
   [...]

III. <u>Durchführung der Exekutionen</u>
   Die Exekutionen erfolgen bei deutschen Häftlingen in der Regel im KL, und zwar grundsätzlich im Lager, das dem Haftort des Delinquenten am nächsten liegt. Bei ausländischen Häftlingen werden sie aus Abschreckungsgründen auch in der Nähe des Tatortes vorgenommen.

A) <u>Exekution im Lager</u>
   a) Der Exekution haben beizuwohnen:
   Der Lagerkommandant oder ein von ihm beauftragter SS-Führer, der Lagerarzt.

b) Die Erschießungen erfolgen an einer besonders bestimmten Stelle des Lagers, und zwar im Abstand von etwa 2 Metern von dem Kugelfang. Der Delinquent ist zu befragen, ob er mit dem Gesicht oder dem Rücken gegen die Wand stehen will.
Die Erschießung wird unter dem Befehl eines SS-Untersturmführers oder SS-O'Scharführers von mindestens 6 SS-Männern ausgeführt, die etwa 5 Schritte von dem Verurteilten entfernt aufzustellen sind.
c) Erhängungen sind durch einen Schutzhäftling durchzuführen. Sie haben so zu erfolgen, daß ein Versagen der mechanischen Einrichtungen ausgeschlossen ist. Der Schutzhäftling erhält für den Vollzug 3 Zigaretten.
d) Kurz vor der Exekution ist dem Delinquenten in Gegenwart der beteiligten SS-Männer vom Lagerkommandanten bzw. dessen beauftragten SS-Führer zu eröffnen, daß er exekutiert wird. Die Bekanntgabe hat in etwa in folgender Form zu erfolgen:
„Der Delinquent hat das und das getan und damit wegen seines Verbrechens sein Leben verwirkt. Zum Schutze von Volk und Reich ist er vom Leben zum Tode zu befördern. Das Urteil werde vollstreckt."
e) Dem Delinquenten sind vertretbare Wünsche möglichst zu erfüllen.
[...]
h) Nach jeder Exekution sind die daran beteiligten SS-Männer bzw. Beamten durch den Lagerkommandanten oder den von ihm beauftragten SS-Führer über die Rechtmäßigkeit der Exekution aufzuklären und in ihrer inneren Haltung so zu beeinflussen, daß sie keinen Schaden nehmen. Hierbei ist die Notwendigkeit der Ausmerzung aller solcher Elemente im Interesse der Volksgemeinschaft besonders hervorzuheben.
Die Aufklärung ist in wirklich kameradschaftlicher Weise vorzunehmen. Sie kann von Zeit zu Zeit in Form eines kameradschaftlichen Beisammenseins erfolgen.
[...]

(BAK, NS 3/426)

Schießstand der SS. Hier wurden Hunderte von Menschen hingerichtet, u. a. auch deutsche Wehrmachts- und SS-Angehörige. Aufnahme: SS. (ANg)

genenlager Sandbostel bei Bremervörde zur Exekution nach Neuengamme gebracht.
- Eine unbekannte Zahl von Menschen, die die Gestapo nach dem Attentat auf Hitler am 20. Juli 1944 verhaftete, darunter auch Wehrmachtsangehörige, wurden ab Ende Juli 1944 in Neuengamme exekutiert. Einige der Verhafteten erhielten besondere Nummern und wurden vorübergehend als Polizeihäftlinge ins Hauptlager aufgenommen, bis in Berlin über ihr Schicksal entschieden war. Die meisten wurden hingerichtet, einige wurden entlassen.[227]
- Etwa 300 niederländische Eisenbahner wurden Ende 1944 wegen Teilnahme am Bahnarbeiterstreik vom 17. September 1944 ins KZ Neuengamme eingeliefert. Etwa 80 von ihnen erhielten „Torsperre"-Armbinden und wurden Ende Februar und Anfang März 1945 im Arrestbunker erhängt.
- Noch in den letzten Tagen vor der Befreiung brachte die Gestapo auf Befehl des Höheren SS- und Polizeiführers Bassewitz-Behr 58 Männer und 13 Frauen, viele von ihnen Mitglieder Hamburger Wider-

Sowjetische Kriegsgefangene werden vergast

Anfang September 1942 wurden mehrere Rohre durch das Dach in den Bunker[1] hineinverlegt, in die vom Häftlingselektriker Grigutsch Ventilatoren mit Heizspiralen eingebaut werden mußten. Zunächst fanden die Gefangenen hierfür keine Erklärung. Schon wenige Tage später wurde ihnen jedoch klar, welchem verbrecherischen Zweck diese Einrichtung dienen sollte. An einem späten Nachmittag im September 1942 kam ein Transport von 197 sowjetischen Gefangenen aus dem Kriegsgefangenenlager in Fallingbostel nach Neuengamme. Man sagte, es handle sich hierbei um Kommissare. Alle Häftlinge waren auf dem Appellplatz zum Abendappell in Fünferreihen angetreten und mußten alles mitansehen. Den Kriegsgefangenen wurde durch Dolmetscher gesagt, in dem Lager herrsche Seuchengefahr, es gäbe Ungeziefer und aus diesem Grunde müßten sie unbedingt baden und desinfiziert werden. Sie mußten sich deshalb auf dem Appellplatz nackt ausziehen, und man sagte ihnen: Merkt euch genau, wo ihr eure Kleiderbündel hingelegt habt, damit ihr sie nachher auch schnell wiederfindet.

Dieser Betrug ist überall bei Vergasungen angewandt worden, um die Opfer in Sicherheit zu wiegen. Als sie dann merkten, daß in dem Bunker gar keine Duschen waren, war es zu spät. Die Tür wurde verschlossen, und SS-Sanitäter Bahr begab sich auf das Dach und schüttete Zyklon B in die Rohre, das sich in Verbindung mit Sauerstoff zu einem tödlichen Gas entwickelt. Die Heizspirale und der Ventilator wurden eingeschaltet und das Giftgas verbreitete sich schnell im Bunker.

Die Häftlinge auf dem Appellplatz konnten das Schreien der Gefangenen im Bunker deutlich hören, obwohl die Türen und auch die Eisenklappen vor den Fenstern der Arrestzellen fest verschlossen waren. Es dauerte zehn Minuten, bis das Schreien verstummte. Danach wurden die Türen geöffnet, und eine Anzahl Leichen fiel heraus. Nachdem sich das Gas wieder aus dem Bunker verflüchtigt hatte, mußten Häftlinge die Toten auf Rollwagen durch das Häftlingslager ins Krematorium transportieren. [...]

Die zweite Vergasung fand im November desselben Jahres statt. Es handelte sich diesmal um 251 sowjetische Kriegsgefangene, die ebenfalls aus dem Lager Fallingbostel kamen. Es waren alles Invaliden, Krüppel mit Prothesen, Krücken und dergleichen, die bei der SS unter den Begriff „unnütze Fresser" fielen, d. h. wer nicht arbeiten konnte, brauchte auch nicht zu essen, und aus diesem Grund wurden sie ermordet. Der Vorgang an sich war der gleiche, nur hatte man die Eingangstür zum Bunker vom Appellplatz auf die andere Seite zum Bad hin verlegt. So konnten nur die Häftlinge, die im Bad oder in Revier I tätig waren, diesen Vorgang beobachten. Die Opfer mußten vorher alle ihre Prothesen, ihre Krücken und Bruchbänder usw. auf dem Appellplatz ablegen, sich nackt ausziehen und wurden zum Teil sogar von ihren Kameraden in den Bunker hineingetragen, weil sie sich nicht selbst bewegen konnten. Die Krücken und Prothesen sind im Häftlingsbad in einer besonderen Abteilung noch aufbewahrt worden.

[1] *Arrestbunker (Lagergefängnis) im KZ-Häftlingslager Neuengamme.*

(Bericht von Fritz Bringmann.; Bringmann, Neuengamme, S. 65f.)

standsgruppen, aus Fuhlsbüttel nach Neuengamme. Sie wurden vom 21.-23. April 1945 im Arrestbunker erhängt. Als einige von ihnen sich zur Wehr setzten, warf der Lagerführer Thumann eine Handgranate durchs Zellenfenster.[228]

Bei zwei Hinrichtungsaktionen im Herbst 1942 setzte die SS Giftgas ein. Der Standortarzt von Bodmann leitete die Mordaktionen. 197 sowjetische Kriegsgefangene, die Ende September aus einem Kriegsgefangenenlager in der Lüneburger Heide nach Neuengamme kamen, wurden in den Arrestbunker gepreßt und mit Zyklon B umgebracht. Die Häftlinge des Lagers mußten währenddessen auf dem Appellplatz antreten. Ende November tötete die SS auf dieselbe Weise 251 sowjetische Kriegsgefangene, meist Kriegsversehrte.[229]

Die Zahl der Exekutionen nahm im Verlauf des Krieges stark zu. Der SS-Richter Wendt, der die Durchführung zu bestätigen hatte, sagte später aus, daß 1944/45 durchschnittlich etwa 50 Gefangene pro Monat im Konzentrationslager Neuengamme hingerichtet wurden. Zeitweise gab es offenbar 70-80 Exekutionen pro Woche.[230] Meist fanden diese im Hauptlager statt, nur in wenigen Fällen in Außenlagern. Die Gesamtzahl der Opfer ist nicht bekannt. Überlebende schätzten sie nach dem Krieg einschließlich der mit Gas umgebrachten Kriegsgefangenen auf 1500 bis 2000.

Abschrift

Der Reichsführer SS und   Berlin, den 14. Februar 1944
Chef der Deutschen Polizei
im Reichsministerium des
Innern
<u>IV A 2 - B. Nr. 5156/38 g</u>

         An
         den Herrn Reichsminister der Justiz
         Dr. Thierack - oder Vertreter im Amt -
                       in <u>Berlin</u>

Betrifft: Exekution von politischen Verbrechern,
           die aus Anlaß der Terrorangriffe auf
           Hamburg von dem dortigen Generalstaatsanwalt
           Dr. Drescher beurlaubt worden waren

             Auf Befehl des Reichsführers-SS wurden am 14.2.1944 im Konzentrationslager Neuengamme die nachstehend aufgeführten politischen Verbrecher durch Erhängen **exekutiert**:
1. Gustav Bruhn 16.3. 1889 Angermünde geb.,
2. Hans Hornberger, 12.7.1907 Bayreuth geb.,
3. Elisabeth Bruhn, geb. Holz, 26.12.1893 **Nesserdeich** geb

und   4. Kurt Schill, 7.7.1911 in Hamburg geboren.

       Die zu 1 bis 3 genannten führenden Funktionäre der FPD. hatten sich nach Ablauf des erhaltenen Urlaubs nicht zurückgemeldet, sondern verborgen gehalten. Ihre Wiederergreifung gelang nur unter denkbar größten Schwierigkeiten. Sie widersetzten sich ihrer Festnahme zum Teil mit Waffengewalt, so daß der flüchtige

                Walter   B o h n e
                  geb. a. 9. 1. 1903 in Magdeburg,
nach scharfem Feuergefecht erschossen werden mußte.

       Der zu 4 genannte Kurt   S c h i l l   hatte dem B o h n e   eine Pistole und ein Gewehr mit erheblichen Mengen Munition zur Verfügung gestellt.

       Ich darf das Vorstehende zu Ihrer Kenntnis bringen.

               Heil Hitler
               Ihr ergebener
                     gez. Kaltenbrunner

(W.Schumann/G.Haß u.a.: Deutschland im Zweiten Weltkrieg, Bd. 5, Berlin 1984, S. 311)

Betr.: Nachlaß verstorbener Häftlinge
Bezg.: Dorts. Verfügung A II/2a/401/12.42
Termin!

Verzeichnis über Devisen, Geld usw.

I. Devisen:

a) Dollarnoten = 94 Dollar
b) französische Franken = 1.470 Frs.
c) belgische Franken = 2.500 Frs.
d) russ. Rubel = 178 Rubel
e) Tscherwonetz = 115 Tscherwonetz
f) Karbowanez = 145 Karbowanez
g) Zloty = 8.361 Zloty
h) kroatische Kuna = 1.405 Kuna
i) italienische Lire = 441 Lire
k) jug.slaw. Dinar = 270 Dinar
l) Kronen Protekt. = 100 Kronen Protekt.
m) arg. Peso = 1 Peso

II. Goldmünzen:

a) Goldrubel = 2 Stck. à 5 Rubel

III. Zahngold:

Ein versiegeltes Päckchen mit 142,17 Gr. Zahngold

IV. Wertsachen und sonstige Gegenstände:

a) 32 Stck. Uhrketten, weiß
b) 9 " desgl., gelb
c) 65 " Ringe, weiß
d) 59 " Ringe, gelb
e) 1 " Drehbleistift, Metall
f) 3 " desgl., Werkstoff
g) 2 " Füllhalter, Werkstoff
h) 3 " Uhr-Armbänder, weiß
i) 1 " desgl., gelb
k) 6 " dünne Kettchen, weiß
l) 1 " Uhrdeckel, gelb
m) 1 Paar Manschettenknöpfe, weiß

Der Leiter der Verwaltung
des Konzentrationslagers Neuengamme

SS-Hauptsturmführer

(ANg)

Am 21. und 23. April 1945 ermordete die SS auf Anweisung der Hamburger Gestapo 71 Männer und Frauen im Arrestbunker (Lagergefängnis) des KZ Neuengamme. Zumeist handelte es sich bei den Erhängten um Angehörige der kommunistisch orientierten Hamburger Widerstandsgruppen „Bästlein-Jacob-Abshagen" und „KdF" (Kampf dem Faschismus) sowie des Hamburger Zweigs der studentischen Widerstandsgruppe „Weiße Rose".

Hanne Mertens, Schauspielerin am Hamburger Thalia-Theater, verhaftet wegen „Wehrkraftzersetzung". Erhängt im Alter von 36 Jahren am 23. 4. 1945 im KZ Neuengamme. (ANg)

Margarete Zinke aus Hamburg-Eppendorf. Verhaftet wegen Aktivitäten in der Widerstandsgruppe Bästlein-Jacob-Abshagen. Erhängt im Alter von 31 Jahren am 23. 4. 1945 im KZ Neuengamme; ihr Mann Paul Zinke wurde ebenfalls in Neuengamme ermordet. (ANg)

Arrestbunker (Lagergefängnis), 1945. Hier wurden auch Hinrichtungen und Vergasungen vorgenommen. (NHS)

10. Die Toten

Die Toten wurden in die Leichenkammer gebracht und nach dem Entfernen des Zahngoldes, das an die Reichsbank abzuliefern war, eingeäschert. In den Totenbüchern und Sterbeurkunden wurden als Todesursache meist unverdächtige Angaben notiert, um die tatsächlichen Gründe zu verbergen. In den ersten Jahren brachte der Bergedorfer Beerdigungsunternehmer Ohlrogge die Leichen zur Verbrennung zum städtischen Krematorium auf dem Ohlsdorfer Friedhof. 1941 wurde zusätzlich ein provisorisches Krematorium in Neuengamme in Betrieb genommen. Nur die verstorbenen sowjetischen Kriegsgefangenen aus dem getrennten Lagerbereich wurden 1941/42 meist in Bergedorf beerdigt. Ab Mitte 1942 wurden die Toten generell im neuen Krematorium südöstlich des Häftlingslagers verbrannt. Im Sommer 1944 begannen wegen des starken Ansteigens der Einlieferungen und der vorhersehbar hohen Todesraten Bauarbeiten für ein weiteres Krematorium. Es wurde jedoch nicht mehr fertiggestellt. Auch in den Außenlagern wurden die Körper der Verstorbenen im allgemeinen eingeäschert. Wo dies auf Schwierigkeiten stieß, gab es auch Begräbnisse. Meist wurden die Leichen nur in einen Papiersack gesteckt und in einem Sammelgrab beerdigt.

Über die Zahl der Menschen, die im Hauptlager und in den Außenlagern umkamen, sind nur ungenaue Angaben möglich. Die Todesraten waren wegen der verschiedenen Bedingungen in den Lagern sehr unterschiedlich. Infolge des mangelnden Schutzes gegen Kälte und Nässe starben im Winter im allgemeinen erheblich mehr Menschen als in den Sommermonaten. Die Sterblichkeit hing auch von den in Berlin bzw. Oranienburg festgelegten Rahmenbedingungen für die Häftlingsbehandlung ab, die im Verlauf des Krieges mehrfach geändert wurden. Die höchste Todesrate herrschte unter jüdischen und sowjetischen Häftlingen.

Nach den unvollständigen Unterlagen, die zur Verfügung stehen, ist davon auszugehen, daß 1940 etwa 430, 1941 mindestens ebenso viele, 1942 mindestens 3100, im Jahre 1943 mindestens 4000, im Jahre 1944 mindestens 8000 und 1945 vor der Räumung der Lager noch über 9000 Häftlinge im Bereich des Konzentrationslagers Neuengamme starben. Hinzu kommt die Zahl der Gestapogefangenen, die im Konzentrationslager hingerichtet wurden. Auf den Transporten und Fußmärschen bei

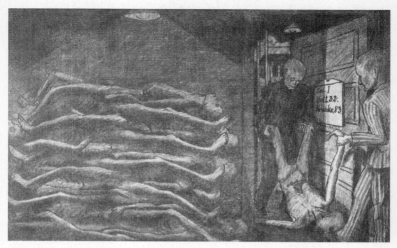

Zeichnung: H. P. Sørensen. (Sørensen, Neuengamme Erindringer)

Krematorium des KZ Neuengamme, 1945. (Museet for Danmarks Frihedskamp, Kopenhagen)

der Räumung der Lager 1945 und nach der Bombardierung der Häftlingsschiffe in der Lübecker Bucht starben etwa 13–14.000 Menschen. Zu berücksichtigen ist außerdem, daß viele Tausend Neuengammer Häftlinge 1940–1945 in andere Konzentrationslager transportiert wurden, darunter annähernd 10.000, die wegen schwerer Krankheit und Entkräftung mit geringen Überlebenschancen nach Dachau, Auschwitz, Lublin und Bergen-Belsen abgeschoben wurden. Es ist davon auszugehen, daß von den etwa 106.000 Häftlingen des Konzentrationslagers Neuengamme einschließlich der exekutierten Gestapo- und Justizgefangenen 40.000 bis 55.000 nicht überlebten.[231]

11. Die Räumung und Auflösung der Lager 1945

Als die Kriegsfronten Anfang 1945 näher rückten, wurden zunächst einzelne, dann mehr und mehr Außenlager des Konzentrationslagers Neuengamme aufgelöst. Zum Teil wollten die Wirtschaftsunternehmen sich der KZ-Gefangenen entledigen, zum Teil erteilte das Wirtschaftsverwaltungshauptamt der SS die Befehle zur Auflösung der Lager. Im April 1945 wurden die noch verbliebenen Lager auf Befehl aus Berlin oder aufgrund der zunehmenden Unterbrechung der Verkehrs- und Nachrichtenverbindungen auf Befehl der regionalen Höheren SS- und Poli-

Die Räumung der Außenlager im Raum Watenstedt-Salzgitter

Wir waren alle sehr heruntergekommen. Es gab keine Wäsche, kein Zeug, keine Schuhe. Die meisten waren barfuß. Wir wurden in offene Waggons verladen. Es war ein Zug mit ungefähr 60 Waggons. In der Mitte des Zuges blieb ein leerer Waggon. Für die Leichen, die wir unterwegs hatten. Als sich dieser Waggon immer mehr mit Leichen füllte, die Arme und Beine über die Ränder herausragten, wurde auf freier Strecke Halt gemacht. Von uns wurden Leute kommandiert, die eine Grube graben mußten, wo wir die Leichen verbuddeln mußten.

(Bericht eines ehemaligen KZ-Häftlings des Außenlagers Drütte; in: Wysocki, Zwangsarbeit, S. 107)

Häftlinge, die bei den Evakuierungsmärschen nicht Schritt halten konnten, wurden erschossen. (NHS)

zeiführer innerhalb kurzer Zeit geräumt.[232] Die KZ-Gefangenen wurden in eiligst herbeigeschaffte Bahnwaggons und Lastwagen gepfercht oder zu Fuß in Marsch gesetzt. Dabei herrschte ein zunehmendes Durcheinander. So wurden zum Beispiel geschwächte Häftlinge aus Neuengamme in Lager im Raum Hannover-Braunschweig abgeschoben; etwa gleichzeitig schickte die SS kranke Frauen aus Beendorf bei Helmstedt in die Hamburger Außenlager Sasel, Eidelstedt und Langenhorn. Oft kamen innerhalb kurzer Zeit neue, zum Teil einander widersprechende Befehle. Die Bahntransporte kamen durch Streckenzerstörungen schlecht voran. Häufig fuhren die Züge tagelang hin und her. Viele der geschwächten Häftlinge gingen in den Waggons, in denen fürchterliche Zustände herrschten, zugrunde oder kamen durch Fliegerangriffe um. Auch auf den Fußmärschen gab es täglich Tote. Geschwächt, hungrig und ohne ausreichende Kleidung und Schuhe wurden sie vorwärts geprügelt. Wer zusammenbrach, wurde erschossen. Wo die KZ-Gefangenen entlang marschierten, blieben Tote an den Wegrändern zurück.

Im Hauptlager Neuengamme war die Belegung vor allem durch die Rücktransporte Entkräfteter aus den Außenlagern immer stärker angestiegen. Ende März 1945 war das Lager mit etwa 14.000 Insassen in einem solch katastrophalen Maße überbelegt, daß die SS nach Ausweichmöglichkeiten suchte.

Beim Kriegsgefangenenlager Bergen-Belsen bestand seit 1943 ein Sonderlager der SS; unter anderem waren dort Juden inhaftiert, die Angehörige im feindlichen Ausland hatten. Es gab Pläne, sie unter bestimmten Bedingungen gegen deutsche Gefangene der Alliierten auszutauschen oder andere Gegenleistungen für ihre Übergabe auszuhandeln.[233] Seit Herbst 1944 wurden zunehmend auch entkräftete Häftlinge nach Bergen-Belsen abgeschoben. Ab Ende 1944 diente es als Auffanglager für KZ-Gefangene aus geräumten Lagern im Osten, insbesondere aus Auschwitz. Als im März / April 1945 auch die verbliebenen Neuengammer Außenlager geräumt wurden, dirigierte die SS viele Transporte wegen der unterbrochenen Verkehrsverbindungen kurzerhand nach Bergen-Belsen, vor allem aus den Lagern im Raum Hannover, zum Teil auch aus Salzgitter, Bremen und Hamburg. Ohne Rücksicht auf die Überbelegung wurden immer neue Transporte dorthin geschickt. Verpflegung, Trinkwasser, Unterkünfte und sanitäre Einrich-

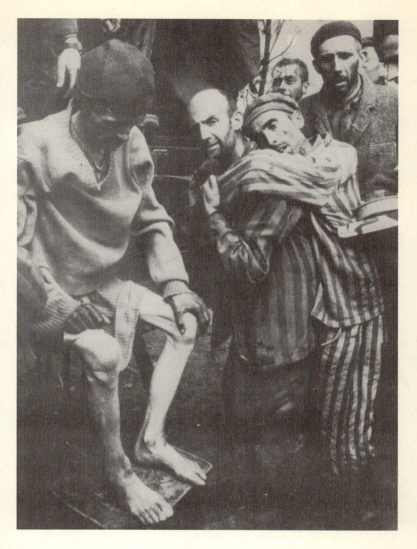

Links unten und oben: *Evakuierungsziel Wöbbelin (Aufnahmen nach der Befreiung der Häftlinge durch die 82.US-Airborne Divison am 2. Mai 1945).* *(United States Holocaust Memorial Museum, Washington D.C.).*

Evakuierungsziel Wöbbelin

Bericht eines Überlebenden:

Ich kam am 26. April 1945 mit 1200 männlichen Schutzhäftlingen aus Ravensbrück nach Wöbbelin. Dieses Lager war das kümmerlichste meiner Lagererfahrung. Es gab kein elektrisches Licht, nur Sand, fensterlose Ziegelbaracken, alles schnell und in einfachster Form im Rohbau hergerichtet. Wir trafen bereits etwa 3000 Häftlinge an, meistens Ausländer.

Wir kamen mit 400 Mann in eine Baracke, auf dem Boden schmutziger Sand, mit vielen Flöhen. Das Dach war undicht, weil es noch nicht voll abgedeckt war. Es war kalt, es regnete und wir alle hatten furchtbaren Hunger und Durst. Im Lager war eine einzige Handpumpe, diese lieferte das Wasser für die „Suppe". Das Krankenrevier war in einem besonderen Raum und hatte nicht einmal Bettstellen. Die Kranken lagen auf dem Sand, teils halbtot, die meisten unfähig, sich zu bewegen. Es gab viele Tote und keine geordnete Beerdigungsmöglichkeit [...].

Nach der Befreiung des Lagers mußten alle Einwohner von Wöbbelin und Umgebung auf Anordnung der Besatzungsmacht zum Lager kommen. Einer von ihnen berichtet:

Unmittelbar nach dem Einmarsch der Amerikaner nahm ich an der Besichtigung des KZ Wöbbelin teil. Es bot sich uns ein grauenhaftes Bild. Zu Hunderten lagen die Leichen, nackt, buchstäblich verhungert, auf Haufen zu 4 oder 5 oder einzeln. In einer Baracke lagen in Hängematten Menschen, die noch röchelten, denen aber nicht mehr zu helfen war.

(Beide Zitate aus: Die Hölle vor den Toren von Ludwigslust, Hg.: Nationale Front, Kreisausschuß Ludwigslust, o.D., Abschrift in: NHS, Außenlager Wöbbelin)

tungen reichten in keiner Weise aus. Als die Briten das Lager am 15. April 1945 befreiten, waren in Bergen-Belsen ca. 60.000 Menschen zusammengepfercht, die meisten dem Tod näher als dem Leben. Auf dem KZ-Gelände befanden sich etwa 10.000 unbeerdigte Leichen. Auch in den folgenden Wochen starben noch Tausende an den Folgen von Entkräftung und Krankheit, in den ersten fünf Tagen nach der Befreiung allein 14.000 Menschen. Insgesamt kamen im KZ Bergen-Belsen über

Schwedische Rot-Kreuz-Busse bei der Evakuierung skandinavischer Häftlinge.
(Bertrand Perz: Projekt Quarz, Wien 1990, S. 464)

50.000 Menschen unter grauenvollen Bedingungen um, die meisten in den letzten Tagen des Krieges.[234]

Zwei andere Lager, in denen ebenfalls Transporte von KZ-Gefangenen – häufig nach mehrfacher Änderung der Ziele – gesammelt wurden, waren das Kriegsgefangenenlager Sandbostel bei Bremervörde und das erst Anfang 1945 errichtete KZ-Außenlager Wöbbelin bei Ludwigslust. Auch dort reichten Unterkünfte und Lebensmittel bei weitem nicht aus, und viele Insassen gingen durch Hunger und Kälte, Schmutz und Krankheit innerhalb weniger Tage zugrunde. In Wöbbelin starben Ende April von den etwa 3000 KZ-Gefangenen täglich bis zu einhundert oder mehr. In Sandbostel befanden sich zum selben Zeitpunkt etwa 6800 KZ-Gefangene. Auch dort herrschte eine überaus hohe Sterblichkeit.[235]

Einige der Räumungstransporte erreichten keinen dieser drei Zielorte, sondern lösten sich unterwegs auf, nachdem sich das Wach- und Aufsichtspersonal beim Herannahen der Alliierten abgesetzt hatte. Andere gelangten in den letzten Kriegstagen noch über Flensburg nach Dänemark oder Schweden. Über 1000 Häftlinge eines Transportes aus verschiedenen Lagern fanden dagegen einen fürchterlichen Tod nahe

Die Evakuierung jüdischer Häftlinge von Bremen nach Bergen-Belsen

Mitte März wurden die übriggebliebenen 300 Mann wieder in Viehwagen verladen. Wir hatten 700 menschliche Wesen durch Mord, Hunger, Exekutionen und Folter in dieser kurzen Zeit verloren. Diesmal gab uns niemand etwas zu essen mit auf die Reise. Der Zug fuhr eine kurze Strecke, hielt dann, fuhr wieder einige Minuten, und so ging es zwei Stunden bis zum endgültigen Halt. Am nächsten Morgen lud man uns wieder aus, und wir befanden uns in unserem alten Lager Blumenthal. Es war überfüllt mit Gefangenen und mit Wachmannschaften. Die Gefangenen kamen zum größten Teil aus dem Osten. Nach einem halben Tag mußten wir, die jüdischen Gefangenen, uns wieder extra versammeln. Ich sah mich um und entdeckte immer noch ein paar vertraute Gesichter. Es waren von uns noch etwa 100 übriggeblieben, und hinzu kamen 50 Juden aus anderen Lagern. Es mußten etwa 20 Juden aus Minsk unter uns sein. Wir alle sahen schrecklich aus nach den Wochen ohne Essen, Schlaf, Wasser und Waschen.

Man brachte uns zu zwei Getreidegüterwagen, stieß uns hinein und schloß die eisernen Türen. Es waren offene Wagen, aber oben mit Stacheldraht gesichert. Wir konnten den Himmel sehen, und der Regen konnte direkt in den Wagen fallen. Ebenso war es für die Wachen leicht, in die Wagen zu schießen.

Der Zug stand einige Stunden auf den Gleisen. Es gab dreimal Fliegeralarm, und wir hörten die Bomben explodieren. Der Zug wurde nicht getroffen und verließ Bremen während der Nacht.

Dies war der schlimmste Transport von allen. Es gab kein Essen und kein Wasser. Es regnete und war kalt, und Krankheit und Tod reisten mit uns. Der Zug hielt viele Male, Tage wurden zu Nächten und Nächte zu Tagen. Wir schrien und bettelten um Nahrung, aber niemand hörte uns. Die Wachen waren mit sich beschäftigt und suchten bei jedem Fliegeralarm draußen Schutz. An uns, den sterbenden Gefangenen, waren sie nicht interessiert.

Die Schwächsten unter uns starben zuerst. Wir mußten ihre Leichen an einem Ende des Wagens aufstapeln. Täglich wurden es mehr.

Martin und Kurt waren mit mir zusammen, und wir meinten, daß wir vielleicht nach Mitteldeutschland gebracht würden, von Ost und West gleich weit entfernt. Wir kannten nicht alle Konzentrationslager, aber wir waren bisher in dreizehn gewesen, und es war uns klar, daß der Krieg zu Ende ging. Würden wir überleben, oder würden wir es unter diesen furchtbaren Bedingungen nicht mehr schaffen? Martin, der immer ein Optimist war, meinte, daß die SS uns nicht so weit transportieren würde, wenn sie uns nur umbringen wollte, und darin stimmten wir ihm zu. Nach vier Tagen konnten wir nicht mehr sprechen und starrten nur noch ins Leere. Wir hatten nicht einmal mehr die Kraft, aufzustehen und die Toten beiseite zu schaffen. Zu viele lagen im Sterben.

Wenn es regnete, versuchten wir, etwas Regenwasser aufzufangen. Aber was war das gegen den Hunger? Das Seufzen und Schreien nahm kein Ende. Im ganzen verbrachten wir sieben Nächte und sechs Tage in diesem Güterwagen, und als wir am Bestimmungsort ankamen, war die Hälfte der Gefangenen gestorben.

Wir hatten keine Ahnung, wo wir waren. Und wir hatten keine Vorstellung von dem Grauen, das uns nun erwartete. Als die Türen geöffnet wurden, sahen wir um uns ein Feld, übersät mit Leichen. Überall standen SS-Wachen mit Maschinengewehren, mit Gewehren, Peitschen und Pistolen.

Wir konnten kaum von den Wagen herunterspringen, weil wir zu schwach waren. Zehn von uns mußten, getreten und ausgepeitscht von den Wachen, die Leichen aus dem Wagen werfen. Wir konnten kaum gehen, und viele von uns schafften es nicht mehr. Wir hörten Maschinengewehrfeuer, aber drehten uns nicht um. Wir wurden vorangetrieben wie Vieh zur Schlachtbank. Als wir an das Tor kamen, erkannten wir den Namen „Bergen-Belsen" und die berüchtigten Worte: „Arbeit macht frei".

(Bericht von Heinz Rosenberg; Rosenberg, Jahre des Schreckens, S. 140f.)

Gardelegen: Sie wurden in einer Scheune von der SS bei lebendigem Leibe verbrannt.[236]

Dank der ausdauernden Bemühungen skandinavischer Stellen, insbesondere des schwedischen Roten Kreuzes, entgingen die skandinavischen Häftlinge dieser Hölle. Seit 1944 besaßen die Schweden indirekten, seit Februar 1945 direkten Kontakt zu Himmler. Dieser hoffte, entgegen Hitlers Befehl heimliche Verhandlungen mit den Westmächten einleiten zu können, um noch im letzten Moment zu einem Separatfrieden an der Westfront zu gelangen, und versuchte, skandinavische Stellen als Vermittler zu gewinnen. Das dänische Außenministerium erhielt im Dezember 1944 die Zusage, einige erkrankte Dänen aus deutscher Haft nach Dänemark zu holen. Im Februar 1945 erlaubte Himmler dem Vertreter des schwedischen Roten Kreuzes, Graf Folke Bernadotte, die skandinavischen Gefangenen aus allen deutschen Hafteinrichtungen nach Neuengamme zu verlegen. So kam es, daß 36 Busse und weitere Fahrzeuge des schwedischen Roten Kreuzes im März trotz der Fliegerangriffe und des allgemeinen Chaos über 4000 skandinavische Gefangene aus den Gebieten, die auf deutscher Seite noch erreichbar waren, nach Neuengamme brachten. Es handelte sich überwiegend um Dänen, zum kleineren Teil um Norweger. Die weiblichen Gefangenen wurden im Außenlager Wandsbek einquartiert.[237] Um Platz im Hauptlager für die skandinavischen Häftlinge zu schaffen, transportierten die Rotkreuzbusse unter dem Druck der SS vom 27. bis 29. März noch 2000 entkräftete Häftlinge von Neuengamme nach Watenstedt-Salzgitter und Hannover. 2000 weitere Häftlinge aus Schonungsblocks wurden Anfang April mit einem Güterzug Richtung Bergen-Belsen transportiert. Anfang April stimmte Himmler der Bitte des Grafen Bernadotte zu, kranke und entkräftete Gefangene nach Schweden zu evakuieren.

Der endgültige Befehl zur Räumung des Hauptlagers erfolgte am 19. April.[238] Nun erhielt Bernadotte auch die Erlaubnis zur Evakuierung der übrigen skandinavischen Häftlinge. Sie wurden an den darauffolgenden Tagen unter der Leitung des schwedischen Roten Kreuzes nach Dänemark gebracht.

Die übrigen KZ-Gefangenen ließ die SS mit Güterzügen nach Lübeck transportieren. Wegen der Zerstörung der Schienenwege mußten sie zum Teil auch zu Fuß marschieren. Unter dem Kommando des Neu-

Gardelegen

Kranke Häftlinge aus Hannover-Stöcken und anderen KZ-Außenlagern wurden auf dem Evakuierungsmarsch bei Gardelegen in eine Scheune eingeschlossen.

Kaum sind wir alle [in die Scheune] hineingegangen, schließen sich die Türen und das Stroh beginnt sofort zu brennen. Was geht vor? Einige Kameraden ersticken das Feuer mit Decken, aber sofort öffnet sich eine Tür, und ein SS-Mann mit einer Fackel macht einige Schritte und zündet das Stroh wieder an, während andere SS-Männer uns mit Gewehren, Maschinengewehren und Handgranaten beschießen. Dies Mal, das haben wir begriffen, geht es um unsere Vernichtung. Kameraden haben eine Tür auf der anderen Seite geöffnet und versuchen zu entfliehen, werden aber sofort von den Bewachern niedergeschlagen. Und so geht es weiter: durch vier halbgeöffnete Türen beschießt man uns. Und ich – was soll ich tun? Ich werfe mich der Länge nach vor eine Tür auf Kameraden, die schon getötet sind; dort bin ich verwundet worden, zuerst von einer Kugel, die meinen Rücken streifte, und einige Augenblicke später von einer explodierenden Handgranate am linken Knie. Sich jetzt nur nicht bewegen! Ein Bewacher ist einige Augenblicke lang auf den Leichenhaufen gestiegen, auf dem ich liege, und zwar gerade neben mich, und fährt fort, ins Innere zu schießen. Später muß ich mich fortschleppen und dabei aufpassen, nicht gesehen zu werden; geschützt auch vom Rauch, denn das Stroh neben mir beginnt zu brennen, schleppe ich mich dorthin, wo das Feuer schon aufgehört hat.

(Bericht von Georges Crétin; in: Obenaus, Räumung, S. 541f.)

engammer Verwaltungsführers Gehrig wurden die Häftlinge in Lübeck auf Schiffe geladen. Mehrere der Kapitäne weigerten sich zunächst, die Häftlinge zu übernehmen. Die meisten Häftlinge – über 4200 – wurden auf das damals sehr bekannte Luxusdampfschiff „Cap Arcona" gebracht, das in der Lübecker Bucht vor Anker lag. Zwei schwedische Schiffe nahmen etwa 800 KZ-Gefangene an Bord und retteten ihnen damit das Leben.

Bis heute ist nicht endgültig geklärt, mit welchem Ziel die Häftlinge auf die Schiffe verladen wurden. Die Tatsache, daß die „Cap Arcona" und ebenso die in der Nähe ankernde „Thielbek" nicht mehr seetüchtig waren und ungeschützt vor Fliegerangriffen mit den Häftlingen und SS-Bewachung an Bord in der Lübecker Bucht liegen blieben, läßt vermuten, daß keine Planung dazu vorlag, was weiter geschehen sollte. Der Höhere SS- und Polizeiführer Graf Bassewitz-Behr erhielt nach eigenen Angaben von Himmler per Fernschreiben den Befehl, daß kein Häftling in die Hand des Feindes fallen dürfe.[239] Gauleiter Kaufmann, zugleich Reichskommissar für Seeschiffahrt, war bei der Beschaffung der Schiffe behilflich. Offenbar bestand vor allem die Absicht, sich der KZ-Gefangenen auf irgendeine Weise zu entledigen, selbst um den Preis einer so fürchterlichen Katastrophe, wie sie dann eintrat.

Am Nachmittag des 3. Mai wurden zahlreiche Schiffe in der Lübecker Bucht von alliierten Flugzeugen angegriffen. Die „Thielbek" sank mit über 2900 Menschen innerhalb von etwa 15 Minuten; nur etwa 65 von ihnen überlebten. Die „Cap Arcona" brannte aus und legte sich dann auf die Seite. Von den über 4700 Menschen an Bord überlebten etwa 450. Die „Athen" befand sich glücklicherweise während des Bombenangriffs im Hafen von Neustadt, um weitere KZ-Gefangene an Bord zu nehmen. Es wurden Rettungsaktionen eingeleitet, die vor allem den Bewachungsmannschaften galten. Auf KZ-Gefangene, die sich an Land zu retten versuchten, wurden in vielen Fällen Schüsse abgegeben. Insgesamt ertranken an diesem Tag über 7000 KZ-Gefangene in der Ostsee – wenige Stunden, bevor britische Truppen Neustadt erreichten.

Nur etwa 700 Häftlinge waren im Hauptlager zurückgeblieben, um Aufräumarbeiten auszuführen. Dazu gehörte auch die Vernichtung der Akten (Kommandanturakten, Unterlagen der Politischen Abteilung etc.) und der übrigen Spuren, die auf das fürchterliche Geschehen in diesem Lager hinwiesen. Am 30. April marschierten die Häftlinge unter dem Kommando des Lagerführers Thumann und des Rapportführers Dreimann in Richtung Flensburg. Der Kommandant Pauly setzte sich mit einigen Getreuen nach Dithmarschen ab, nicht ohne eine beträchtliche Menge von Lebensmitteln mitzunehmen, die er aus Paketen des Roten Kreuzes für KZ-Gefangene hatte herausnehmen lassen.[240]

Der Untergang der Häftlingsflotte in der Lübecker Bucht am 3. Mai 1945

Der Morgen beginnt wie die vorhergehenden mit den üblichen Routine-Angelegenheiten: Es wird Appell abgehalten, oder genauer gesagt – die Farce eines Appells (denn im Grunde genommen interessiert sich heute kein Mensch mehr für Statistiken!); die im Laufe der Nacht angefallenen und auf Deck aufgestapelten Leichen werden über Bord geworfen; die Häftlingsärzte kümmern sich um die sterbenden Kameraden; Wachmannschaften und Schiffsbesatzungen fassen Essen, während die Gefangenen weiterhin dem Hunger und – noch schlimmer – dem Durst ausgeliefert sind. Die illegale Häftlingsleitung berät die neue Situation, und Kuriere eilen durch das Schiff, um die neuesten Meldungen und Informationen weiterzugeben.

Im Verlauf des Vormittags legt ein kleiner Proviantkutter an, um die „Cap Arcona" notdürftig mit Trinkwasser zu versorgen, und pendelt anschließend zwischen Neustadt und dem Schiff mit weiterem Proviant an Bord. Gegen Mittag kehrt er nicht mehr an Land zurück, sondern legt längsseits der „Cap Arcona" an. Von Land her sind deutlich Gewehrfeuer und auch Maschinengewehrsalven zu hören, aber niemand weiß Genaueres über die Ursachen der Schießerei.

Über Schleswig-Holstein und der Ostsee herrscht lebhafte Luftaufklärung der Royal Air Force, ohne daß die Flugzeuge besondere Notiz von den Schiffen in der Bucht nehmen. Anweisungen von Land über das weitere Schicksal der Schiffe werden nicht gegeben. Funkverbindung besteht nur mit der „Athen" und der „Thielbek", nicht aber mit der „Cap Arcona", denn deren Funkkabine ist aus irgendwelchen Gründen an diesem Morgen nicht besetzt.

Und wenn später der Wehrmachtskommandeur von Neustadt, Kapitän Schmidt, vor einer britischen Untersuchungskommission behauptet, ihm sei bekannt gewesen, daß die Schiffe nach Schweden auslaufen sollten, so scheint es sich hier um eine von oben lancierte, zur Irreführung bestimmte Parole gehandelt zu haben. Denn auf den Schiffen selbst war weder den Kapitänen noch den Leitern der Wachkommandos etwas von einer derartigen Direktive bekannt. Selbst wenn es sie gegeben hätte, so wäre sie nicht zu realisieren gewesen. Die „Thielbek" war – wie wir sahen – von Lübeck aus fahruntüchtig durch einen Schlepper auf See bugsiert worden, und die „Cap Arcona" verfügte über keine ausreichenden Brennstoffvorräte mehr, ganz abgesehen davon, daß sie nach Angaben der Schiffsbesatzung ebenfalls einen Maschinendefekt aufwies. Das einzige Schiff, das manövrierfähig war, war die kleine „Athen".

An Bord der Schiffe befinden sich an diesem 3. Mai: 1998 Häftlinge auf der „Athen", etwa 2800 auf der „Thielbek" und rund 4600 auf der „Cap Arcona" (das waren etwa 300 Häftlinge weniger, als insgesamt auf das Schiff verladen worden waren – die Todesrate von einer Woche Schiffsaufenthalt!), insgesamt also rund 9400 Gefangene, dazu fast 700 Mann Bewachungspersonal, rund 100 Mann Schiffsbesatzungen und die erwähnten 20 Frauen auf der „Cap Arcona". [...]

Gegen 14.30 Uhr kreuzte eine Staffel britischer Jagdbomber auf. Einige Bomber griffen die „Athen" im Hafen an, die mit Flakfeuer antwortete. Nachdem das Schiff drei Treffer erhalten hatte – zwei in die Mannschaftsmesse und einen in die Flakwohnräume – stellte die „Athen" das Flakfeuer ein und hißte die weiße Fahne. Die von Kapitän Nobmann vertretene Auffassung, sein Schiff habe die Treffer nicht von Flugzeugen, sondern von britischen Panzern von Land aus erhalten, muß bestritten werden, denn die britischen Panzerspitzen erreichten Neustadt nach übereinstimmenden Zeugenaussagen erst zwei Stunden später.

Inzwischen nahmen die Bomber Kurs auf die drei anderen, draußen in der Bucht liegenden Schiffe „Thielbek", „Deutschland" und „Cap Arcona". Alle drei Schiffe erhielten Volltreffer und anschließend von den Flugzeugen, die etwa zwanzig Minuten über den sterbenden Schiffen kreisten, pausenlos Bordwaffenbeschuß. Danach drehten die Briten ab und überließen die Wracks sich selbst. [...]

Im Verlauf des Bombardements und auch während der Bordwaffenangriffe der Engländer war es Hunderten von Häftlingen, Wachmännern und Besatzungsmitgliedern gelungen, ins Wasser zu springen. Rund um das Schiff war die See besät mit Köpfen von verzweifelt um ihr Leben kämpfenden Menschen und mit schwimmenden Trümmern von Rettungsbooten, Holzplanken, herrenlosen Rettungsringen und Schwimmwesten. Die Luft war erfüllt vom Brüllen der Flammen auf dem Schiff und von den

Hilferufen der Menschen. Jeder versuchte, sich irgendwo anzuklammern. Es finden erbitterte Kämpfe um jedes Stück Holz statt. Viele, die in nächster Nähe des Schiffes schwimmen, werden von den Brettern und Balken erschlagen, die die noch auf dem Schiff befindlichen Häftlinge über Bord werfen. Andere, die den Sprung in die Tiefe wagen, schlagen mit den Köpfen auf die Trümmer auf und versinken alsbald in den Fluten.

Jetzt zeigte sich, daß auch die Schwimmwesten keine Anwartschaft auf Überleben bedeuten. Die Wassertemperatur betrug an diesem 3. Mai nur einige Grad über Null, und schon nach wenigen Minuten erstarrten die Körper vor Kälte. Vor allem die völlig entkräfteten Gefangenen sanken zuerst ab. Mehringer beobachtete ein grausiges Schauspiel: Ein mit einer Schwimmweste ausgerüsteter SS-Mann schwamm mit ausgebreiteten Armen tot im Wasser – wahrscheinlich hatte er den Sprung in die Tiefe nicht überstanden –, und auf dem Toten hockte ein noch lebender Häftling. Der Schwimmgürtel trug sie beide.

Doch immer mehr und mehr erlagen der mörderischen Kälte, und nur die stärksten unternahmen den Versuch, mit eigener Kraft an das etwa vier Kilometer entfernte Land zu schwimmen. Nur ganz wenigen ist dieser Versuch geglückt!

Etwa eine Stunde nach Beginn des Angriffs neigte sich der Schiffsriese langsam nach Backbord. Jetzt befanden sich nur noch einige hundert Überlebende auf den kleinen Ruderdecks, die vom Feuer verschont geblieben waren, weil sie nichts Brennbares enthielten. Der Proviantkutter, auf den sich zu Beginn des Angriffs etwa fünfzig Menschen, unter ihnen auch einige Verletzte, gerettet hatten, hatte rechtzeitig vom Fallreep losgemacht und befand sich um diese Zeit einige hundert Meter vom Schiff entfernt auf dem Weg nach der Küste.

Erst ganz langsam, dann immer schneller legte sich das Schiff unter ohrenbetäubendem Brausen auf die Seite. Viele klammerten sich an die schweren Ankerketten. Die Kette auf der Steuerbordseite spannte sich sehr stark und zerquetschte die Unglücklichen, die zwischen sie und die Schiffswand gerieten. Die Menschen auf den schrägen Ruderdecks wollten in die Höhe laufen, aber über den immer steiler werdenden Boden rutschten die meisten ab und gerieten in den Sog unter das Schiff.

Unter den wenigen, denen es gelang, sich während des Kenterns am Schiff anzuklammern und rechtzeitig wieder aus dem Wasser aufzutauchen, befand sich auch Heinrich Mehringen. Mit unsäglicher Mühe gelang es ihm, sich auf den Schiffsbauch hinaufzuziehen, der aus dem Wasser herausragte. Wir erinnern uns, daß die Schiffsbreite sechsundzwanzig Meter, die Wassertief dort aber nur etwa achtzehn Meter betrug, so daß ein Teil des Schiffes nicht vom Wasser bedeckt werden konnte.

Nach und nach sammelten sich über dreihundert Menschen auf dem Schiffsrumpf. Hier saßen sie zwischen Skylla und Charybdis: Das Wasser eiskalt, der Schiffsrumpf – besonders im oberen Teil – glühendheiß! Nur wer das Glück hatte, ein Brett entsprechender Größe zu erwischen, auf dem er sich ausstrecken konnte, überlebte. Zu allem Übel setzte in der beginnenden Dämmerung ein eiskalter, mit Schnee untermischter Regen ein, und mancher, der bis jetzt alles überstanden hatte, verlor den letzten Rest von Mut.

Gegen 16 Uhr begann der letzte Akt der Tragödie: Von Neustadt her kamen mehrere Minensuchboote herangerauscht, offenbar mit dem Auftrag, die Schiffbrüchigen zu retten. In der Tat wurden da und dort einzelne im Wasser Schwimmende an Bord gezogen. Neuer Lebensmut erfaßte die hilflos treibenden Schiffbrüchigen, sie machten sich durch Rufen und Winken bemerkbar. Auch dem Rumpf der „Cap Arcona" näherte sich ein deutsches Minensuchboot. Ein Offizier forderte durch ein Sprachrohr die schiffbrüchigen „deutschen Soldaten" auf, an Bord zu kommen, und einige der Überlebenden – Mitglieder der Schiffsbesatzung oder Wachmannschaft – leisteten der Aufforderung Folge. Dann spielte sich vor den Augen der auf dem Wrack verbliebenen Gefangenen folgendes ab: Rund um das Schnellboot trieben Häftlinge und strebten dem Schiff zu. Doch „die Deutschen", erinnert sich der sowjetische Kriegsgefangene Machnew mit Bitterkeit, „schlugen jene, die sich dort festhielten, auf die Hände und warfen sie erbarmungslos zurück ins Wasser ... Die Deutschen begannen zu feuern. Sie schossen auf die im Wasser treibenden Kameraden. Lautlos versanken die von den Schnellfeuergewehren Erschossenen im Wasser."

Von sämtlichen Augenzeugen – den Deutschen Geschonneck, Goguel, Schätzle, Stassek; den Rotarmisten Bukrejew, Lasorenko, Machnew, Sachzer; den Polen Suchowiak, Socha; dem

Österreicher Dorotic; dem Franzosen Choquet und anderen – wird übereinstimmend berichtet, daß die Marine-Angehörigen nur SS-Leute und Mitglieder der Schiffsbesatzungen, die durch ihre Uniformen kenntlich waren, retteten und die Rettung von Häftlingen verweigerten, ja, diese systematisch im Wasser abknallten.

Es gab nur eine rühmliche Ausnahme: Eines der Boote nahm etwa zwanzig rettungssuchende Häftlinge auf, unter ihnen die bereits genannten Stassek und Dorotic. Hierbei erfuhr Stassek von einem Marineoffizier, daß er und seine Kameraden von der Besatzung dieses Bootes aus persönlicher Initiative und entgegen dem strikten Befehl, nur Uniformierte zu bergen, gerettet worden waren.

(Bericht von Rudi Goguel; Goguel, Cap Arcona, S. 51-66)

E. Der Umgang mit der Geschichte des Konzentrationslagers nach 1945

1. Die strafrechtliche Verfolgung der Täter

Die Besatzungsmächte sahen es als eine ihrer Hauptaufgaben an, die Verantwortlichen der NS-Verbrechen zur Rechenschaft zu ziehen. Grundlage der Militärgerichtsverfahren war das Kontrollratsgesetz Nr. 10. Die Verbrechen wurden darin als Verstoß gegen internationales Kriegsrecht betrachtet, insbesondere als Verletzung der Haager Landkriegsordnung von 1907 und der Genfer Konvention von 1929, darüber hinaus als Verstoß gegen ungeschriebene Gebräuche des Krieges, die von zivilisierten Völkern als allgemeingültig anerkannt waren. Die alliierten Gerichte befaßten sich ausschließlich mit den Verbrechen an Angehörigen der alliierten Staaten, nicht mit denen an deutschen Staatsbürgern.[241]

Etwa 120 SS-Angehörige des Konzentrationslagers Neuengamme und seiner Außenlager standen 1946-1948 in einem Haupt- und über zwanzig weiteren Verfahren vor britischen Militärgerichten. Im Hauptprozeß, der vom 18. März bis zum 3. Mai 1946 im Hamburger Curio-Haus (Rothenbaumchaussee) stattfand, wurden der Kommandant Pauly, der Lagerführer Thumann, zwei SS-Ärzte und sieben andere SS-Angehörige zum Tode verurteilt. Im Oktober 1946 wurden sie im Zuchthaus Hameln hingerichtet. In den späteren Verfahren gab es noch ca. 15 Todesurteile, die vollstreckt wurden. Andere Täter, z. B. der frühere Kommandant Weiß, standen in Prozessen gegen SS-Leute anderer Konzentrationslager vor Gericht. Die meisten der zu Freiheitsstrafen Verurteilten saßen einige Jahre in Haft und wurden Anfang oder Mitte der fünfziger Jahre begnadigt.[242]

Viele der geringer Belasteten, wie z. B. Mitarbeiter der KZ-Verwaltung und Wachkräfte, mußten sich in der britischen Besatzungszone vor deutschen Spruchgerichten verantworten. Die Zugehörigkeit zum KZ-Personal oder zur Wachmannschaft und der Nachweis, von Verbrechen Kenntnis besessen zu haben, waren für eine Verurteilung ausreichend.

Dennoch zeigten sich die Gerichte im allgemeinen auffällig nachsichtig. Nur wenige der Angeklagten mußten eine Strafe verbüßen; den meisten wurde ihr Aufenthalt im Internierungslager bei der Verurteilung angerechnet.[243]

Die Staatsanwaltschaften deutscher Landgerichte befaßten sich seit 1946 mit Straftaten im Konzentrationslager Neuengamme und seinen Außenlagern, soweit diese von anderen Gerichten noch nicht untersucht worden waren. Die Zahl der Ermittlungen war beträchtlich, die Urteilsbilanz aber sehr niedrig. So wurden in Hamburg bis Ende der achtziger Jahre über 80 Ermittlungsverfahren zu Verbrechen im Hauptlager durchgeführt, doch nur sieben Angeklagte wurden bestraft; seit 1953 gab es keine Verurteilungen mehr.[244] Viele Täter entkamen der Bestrafung, indem sie unter falschem Namen lebten oder sich im Ausland in Sicherheit brachten. Andere blieben unbehelligt, weil die Strafverfolgungsbehörden keine Ermittlungen durchführten.

Seit Ende der vierziger Jahre wurde das Interesse, die nationalsozialistischen Verbrechen zu ahnden oder an sie zu erinnern, geringer. Viele Deutsche waren in der NS-Zeit Hitler gefolgt und hatten das Scheitern des Krieges nicht als Befreiung vom nationalsozialistischen Regime, sondern als deutsche Niederlage empfunden. Die Berichte über die nationalsozialistischen Verbrechen hatten zwar viele erschüttert, doch bald dominierte die Einstellung, es sei besser, das belastende Geschehen zu vergessen. Die Gründung der Bundesrepublik und die Beendigung des alliierten Besatzungsstatus führten zur Veränderung der Rechtsgrundlagen für die strafrechtliche Verfolgung der NS-Verbrechen. Die Restauration gesellschaftlicher Machtverhältnisse und die Ost-West-Konfrontation im Kalten Krieg förderten eine Atmosphäre, in der nationalsozialistische Funktionsträger wieder in führende Positionen gelangten und Strafen reduziert oder aufgehoben wurden. Sogar schwer belastete Personen wie der Hamburger Gestapochef Streckenbach, der Oberlandesgerichtspräsident Rothenberger und der Gauleiter Kaufmann blieben weitgehend unbehelligt.[245] Demgegenüber wurde die „Vereinigung der Verfolgten des Naziregimes" (VVN), in der Kommunisten starken Einfluß besaßen, 1951 in Hamburg verboten.

Nach Einrichtung der Zentralen Stelle zur Aufklärung von NS-Verbrechen in Ludwigsburg 1958 nahmen die staatsanwaltschaftlichen Ermittlungen vorübergehend zu, doch die meisten Verfahren blieben ergebnislos, weil zum Beweis konkreter Einzeltaten oft nicht in hinreichendem Maße Zeugenaussagen vorlagen. Zeugen aus dem Ausland wurden kaum hinzugezogen. Den Beschuldigten kam nunmehr auch zugute, daß bei Kriegsende ein Großteil der Akten vernichtet worden war, um die Spuren zu verwischen. Alle Straftaten außer Mord waren seit Mitte der sechziger Jahre verjährt. So kam es, daß z. B. ein Verfahren gegen zwei SS-Blockführer, die sich schwerer Mißhandlungen im KZ Neuengamme schuldig gemacht hatten, eingestellt wurde.[246] Der Kommandant des Frauen-Außenlagers Eidelstedt wurde 1982 von einem Hamburger Gericht freigesprochen, obgleich er der Tötung eines neugeborenen Kindes überführt worden war; dieses wurde jedoch nicht als Mord gewertet.[247] Insgesamt gab es nur gegen einen kleinen Teil der über 4000 SS-Leute des Konzentrationslagers Neuengamme Ermittlungen. Selbst von den Hauptverantwortlichen – z. B. den Kommando- und Blockführern und den leitenden Offizieren – standen weniger als die Hälfte vor Gericht.

2. *Entschädigung*

Das Bundesentschädigungsgesetz von 1953 (mit Änderungen 1956 und 1965) gestand mit einigen Ausnahmen nur NS-Verfolgten, die ihren Wohnsitz in der Bundesrepublik Deutschland hatten, einen persönlichen Anspruch auf Entschädigung für das ihnen zugefügte NS-Unrecht zu. Nach diesem Gesetz hatten NS-Opfer, die ihre Verfolgung aus Gründen politischer Gegnerschaft, der Weltanschauung, der Rasse oder des Glaubens nachweisen konnten, Anspruch auf eine finanzielle Entschädigung. Ausgeschlossen blieben aus anderen Gründen Verfolgte, unter anderem Homosexuelle, Zwangssterilisierte, sogenannte „Asoziale" und „Kriminelle" sowie diejenigen, die ihre politische Verfolgung nicht nachweisen konnten. Eine rassistische Verfolgung von Sinti und Roma in der Zeit vor 1943 wurde erst ab 1965, als der Bundesgerichtshof seine Rechtsprechung zu dieser Frage änderte, anerkannt. Deserteure und andere Opfer der NS-Militärjustiz hatten keinen Anspruch. Auch Zwangsarbeit allein galt nicht als entschädigungswürdiges NS-Unrecht.[248] Kommunistische Verfolgte konnten ausgeschlossen werden, wenn sie sich nach Gründung der Bundesrepublik für ihre politische Überzeugung eingesetzt und sich z. B. für die verbotene KPD betätigt hatten. Die Antragsfrist lief endgültig am 31. 12. 1969 ab, danach konnte nach dem BEG keine Entschädigung mehr beantragt werden.

Seit Mitte bzw. Ende der achtziger Jahre gibt es beim Bund und in einigen Bundesländern (in Hamburg seit 1988) Härtefonds und Stiftungen, bei denen bisher nicht entschädigte, bedürftige NS-Opfer mit Wohnort in der Bundesrepublik einmalige bzw. laufende finanzielle Hilfe beantragen können. Dadurch werden Verfolgte in die sogenannte „Wiedergutmachung" miteinbezogen, die bisher davon ausgeschlossen waren. Für viele Opfer des NS-Regimes kommt diese Änderung der Entschädigungspraxis allerdings zu spät.

In den fünfziger und sechziger Jahren zahlte die Bundesrepublik an Israel und zahlreiche westeuropäische Staaten und 1975 auch an Polen größere Beträge zur Wiedergutmachung, ohne einen persönlichen Rechtsanspruch ausländischer Zwangsarbeiter und KZ-Häftlinge anzuerkennen. Einige bundesdeutsche Unternehmen zahlten Pauschalbeträge, meist an jüdische Organisationen, allerdings unter ausdrücklicher Zurückweisung eines privatrechtlichen Anspruchs der in der NS-Zeit bei ihnen beschäftigten Zwangsarbeiter und Zwangsarbeiterinnen.

Seit Anfang der neunziger Jahre hat die Bundesrepublik bislang mit vier osteuropäischen Staaten (Polen, Rußland, Ukraine, Weißrußland) gemeinsame Stiftungen gegründet, die bisher nicht entschädigte, bedürftige NS-Opfer in diesen Ländern finanziell unterstützen und gesundheitlich betreuen sollen. Mit anderen Staaten Mittel- und Osteuropas wird noch verhandelt, insbesondere mit der Tschechischen Republik.

3. Strafanstalten und Gedenkstätte

Das frühere Konzentrationslager in Neuengamme diente 1945 einige Wochen lang als Unterkunft für deutsche Kriegsgefangene und für nach Deutschland deportierte ausländische Zwangsarbeiter, die sich auf die Rückkehr in ihre Heimatländer vorbereiteten. Dann nutzte die britische Militärregierung es als Internierungslager für SS-Angehörige, NSDAP-Funktionsträger und andere Belastete. Im Oktober 1945 waren dort etwa

8000 Menschen interniert, dann nahm die Zahl ab. Einige der Internierten beklagten sich über die Bedingungen im Lager. Nach dem gegenwärtigen Stand der Forschungen waren die Verhältnisse jedoch überwiegend erträglich. Die Versorgung mit Lebensmitteln war teilweise besser als die der deutschen Zivilbevölkerung. Viele erhielten Pakete von Verwandten. Jeder hatte ein eigenes Bett. Einige der Internierten arbeiteten im Lager, die anderen gar nicht. Vieles weist darauf hin, daß frühere NS-Funktionäre in der „Selbstverwaltung" der Internierten über beträchtlichen Einfluß verfügten.[249]

1948 übernahm die Stadt Hamburg das Gelände und richtete dort zunächst im Klinkerwerk, dann im ehemaligen KZ-Häftlingslager ein Gefängnis ein. Die Gefängnisbehörde ließ die Baracken und einige andere Gebäude bald darauf abreißen und zwischen den beiden Hauptgebäuden einen neuen Zellentrakt errichten. Das Klinkerwerksgebäude wurde verpachtet. Andere Spuren wie z. B. Wachtürme, Zäune und das Krematorium verschwanden in den darauffolgenden Jahren. 1970 wurde eine neu errichtete Jugendstrafanstalt zwischen dem Klinkerwerk und dem früheren SS-Lager eingeweiht, 1982/83 kamen eine Gefangenenunterkunft und ein neues Eingangsgebäude auf dem Gelände des ehemaligen KZ-Häftlingslagers hinzu.

Vor allem dem Wirken der Überlebenden des Konzentrationslagers ist es zu verdanken, daß in Neuengamme eine Gedenkstätte entstand. Politiker und Behörden der Stadt Hamburg zeigten lange Zeit keine Bereitschaft, darauf Rücksicht zu nehmen, daß auf diesem Gelände im Nationalsozialismus Tausende von Menschen zugrunde gerichtet und umgebracht worden waren. In einem Schreiben der Gefängnisbehörde hieß es 1947:

„Das Konzentrationslager Neuengamme lastet wie ein Fluch auf Hamburgs Gewissen, seiner Ehre und seinem Ruf. Der Ruf seiner Unmenschlichkeit und die grauenhaften Schrecken dieses Lagers müssen ausgelöscht werden aus der Erinnerung an unsere Zeit. Hierzu wird jetzt die Gelegenheit geboten, nämlich hier eine vorbildliche Gefangenenanstalt aufzubauen [...]"[250]

Bürgermeister Brauer schloß sich dieser Auffassung an. Als ehemalige französische KZ-Gefangene 1951 um die Erlaubnis baten, das Lager zur Erinnerung zu besuchen, äußerte er zwar Verständnis, lehnte aber die Bitte ab:

„Ich glaube, es sollte alles getan werden, um die furchtbaren Entsetzlichkeiten der vergangenen Epoche möglichst bald durch gegenseitigen Verständigungswillen zu überbrücken und allmählich aus der lebendigen Erinnerung auszulöschen."[251]
Erst als die KZ-Häftlinge den französischen Hochkommissar in Deutschland einschalteten, lenkte der Bürgermeister ein.

In der abseits gelegenen, ehemaligen KZ-Gärtnerei, wo die SS die Asche der im Krematorium verbrannten Leichen als Dünger verstreuen ließ, wurde 1953 eine Säule als Mahnmal eingeweiht. Sie trug die Inschrift „Den Opfern – 1938-1945", aber keinen Hinweis auf das Konzentrationslager. Erst nach langjährigen Bemühungen gestattete man ehemaligen KZ-Gefangenen den Zutritt zum Platz des früheren Krematoriums, von wo das frühere KZ-Häftlingslager zu überschauen ist.

Lange Zeit weigerten sich Hamburger Politiker, mit Vertretern der deutschen Organisation der ehemaligen Neuengammer KZ-Häftlinge Gespräche zu führen, weil mehrere der führenden Mitglieder Kommunisten waren. Nachdem sich die Verbände der verschiedenen Nationen 1958 zur internationalen Organisation „Amicale Internationale de Neuengamme" (AIN) zusammengeschlossen hatten, kam es jedoch zu Verhandlungen zwischen der Stadt und französischen Mitgliedern des Verbandes, die die Errichtung einer Gedenkstätte am Ort des früheren Krematoriums forderten. Zunächst erreichten sie nur, daß 1960 an der Gedenksäule ein Stein mit einer Inschrift aufgestellt wurde, die auf das KZ Neuengamme hinwies. Erst nach vielen Verhandlungen kam ein Kompromiß mit der Stadt zustande. 1965 konnte schließlich ein neues, größeres Mahnmal auf dem Gärtnereigelände eingeweiht werden. Die Säule trägt die Inschrift: „Euer Leiden, Euer Kampf und Euer Tod sollen nicht vergebens sein". Eine Skulptur der französischen Künstlerin Françoise Salmon erinnert an den qualvollen Tod vieler KZ-Gefangener.

1978 beschloß der Hamburger Senat, das seit den sechziger Jahren von der Amicale Internationale geforderte Dokumentenhaus zu errichten. Es wurde im Oktober 1981 eingeweiht. Die etwa 300 Quadratmeter große Ausstellung informierte über das Konzentrationslager Neuengamme, über die Verfolgung im Nationalsozialismus und über ihre geschichtlichen Hintergründe. Im neu eingerichteten Archiv wurden Erinnerungsberichte und Dokumente gesammelt. Den Kern bildete das

Material, das ehemalige Häftlinge seit Gründung der Amicale Internationale zusammengetragen hatten.

In den achtziger Jahren erfolgte nicht zuletzt unter dem Eindruck steigenden öffentlichen Interesses und wiederholter Proteste gegen den unwürdigen Umgang mit der Geschichte des Konzentrationslagers eine politische Umorientierung. 1982 errichteten Jugendliche eines internationalen Workcamps einen Rundweg um das KZ-Gelände, so daß es möglich wurde, die Gebäude, den Hafen, Überreste der Zäune und andere Spuren des Konzentrationslagers zu besichtigen. 1984 entschied der Hamburger Senat, das Klinkerwerk nicht abzureißen, sondern baulich instand zu setzen und nicht weiter zu verpachten. Die nicht von den Gefängnissen genutzten Teile des Geländes wurden unter Denkmalschutz gestellt. Pläne zur Neuerrichtung zusätzlicher Gefängnisbauten gab die Justizbehörde auf. 1989 beschlossen Senat und Bürgerschaft, die Strafanstalt vom Gelände des ehemaligen KZ-Häftlingslagers wegzuverlegen. Der Empfehlung einer Fachkommission unter dem Vorsitz von Bürgermeister Voscherau folgend, soll das ehemalige Lager anschließend zum Zentrum einer umfassend neugestalteten KZ-Gedenkstätte werden.[252]

Anläßlich des 50. Jahrestages der Befreiung wurde am 4. Mai 1995 eine völlig neue Ausstellung im Südflügel der ehemaligen Walther-Werke eröffnet. Im bisherigen Dokumentenhaus, das zum „Haus des Gedenkens" umgestaltet ist, sind – soweit bisher bekannt – die Namen der Opfer dokumentiert. Auf langen, an den Wänden hängenden Tüchern sind fast 20.000 Namen von Menschen aus ganz Europa aufgeschrieben, die im Konzentrationslager Neuengamme umkamen. Der Plan, die Strafanstalt zu verlegen und die Gedenkstätte grundlegend neu zu gestalten, wurde aus finanziellen Gründen mehrfach verschoben.

Anmerkungen

1 C. Wessig (Verteidiger des angeklagten Kommandanten Pauly), Verteidigungsrede v. 17. 4. 1946, in: Curiohaus-Prozeß, Verhandelt vor dem britischen Militärgericht in der Zeit vom 18. März bis zum 3. Mai 1946 gegen die Hauptverantwortlichen des KZ Neuengamme, Hg.: Freundeskreis e.V., Bd. 3, Hamburg 1969, Anhang, S. 435.
2 Hermann Kaienburg: „Vernichtung durch Arbeit" – Der Fall Neuengamme, Die Wirtschaftsbestrebungen der SS und ihre Auswirkungen auf die Existenzbedingungen der KZ-Gefangenen, Bonn 1990.
3 Auch in Abschriften amtlicher Schriftstücke wurden Schreibweisen wie 'ae', 'oe', 'ue' zu Umlauten, 'ss' zu 'ß' umgewandelt.
4 A. Krupp von Bohlen und Halbach, Ermittlungsakten des US-Militärgerichtsverfahrens gegen Krupp, Nürnberger Dokument NIK-10.746 (IfZ).
5 Aus der umfangreichen Literatur über die Rolle der gesellschaftlichen Eliten bei der Machtübernahme der Nationalsozialisten seien hier nur einige grundlegende Beiträge ausgewählt: George W. F. Hallgarten: Hitler, Reichswehr und Industrie, Frankfurt am Main 1955; Fritz Fischer: Bündnis der Eliten, Zur Kontinuität der Machtstrukturen in Deutschland 1871-1945, Düsseldorf 1979; Gotthard Jasper: Die gescheiterte Zähmung, Wege zur Machtergreifung Hitlers 1930-1934, Frankfurt am Main 1986; Thomas Trumpp: Zur Finanzierung der NSDAP durch die deutsche Großindustrie, Versuch einer Bilanz, in: K. D. Bracher / M. Funke / H.-A. Jacobsen, Nationalsozialistische Diktatur, Eine Bilanz (Schriftenreihe der Bundeszentrale für politische Bildung, Bd. 192), durchges. Nachdr., Bonn 1986, S. 132-154; Hans-Erich Volkmann: Deutsche Agrareliten auf Revisions- und Expansionskurs, in: M. Broszat / K. Schwabe u.a. (Hg.): Die deutschen Eliten und der Weg in den Zweiten Weltkrieg, München 1989, S. 334-388.
6 Zum Folgenden vgl. Pingel, S. 23-32; Tuchel, S. 38-155; Drobisch/Wieland, S. 11-184; Broszat, S. 13-37; Tuchel / Schattenfroh, S. 63-79.
7 SS und SA waren paramilitärische Verbände der NSDAP (siehe Abkürzungsverzeichnis).
„KZ-Lager" oder kurz „KZ" war eine verbreitete Abkürzung für Konzentrationslager. Im amtlichen Sprachgebrauch galt demgegenüber die Abkürzung „KL", allerdings nur für die offiziell als Konzentrationslager bezeichneten Lager, die ab 1934 der Inspektion der Konzentrationslager (ab 1942 dem SS-Wirtschaftsverwaltungshauptamt) unterstanden. Bei der Verwendung der Bezeichnung „Konzentrationslager" oder „KZ" wurde und wird noch heute nicht immer streng zwischen den offiziellen Konzentrationslagern und anderen Lagern unterschieden, in denen Verfolgte inhaftiert waren. Im folgenden sind jedoch, wenn nicht anders angegeben, mit Konzentrationslagern stets nur die gemeint, die der Inspektion der Konzentrationslager bzw. dem SS-Wirtschaftsverwaltungshauptamt unterstanden.
8 Vgl. Tuchel, S. 203.
9 Zum Folgenden vgl. Pingel, S. 23-35; Tuchel, S. 38-204; Drobisch / Wieland, S. 185-239; Broszat, S. 37-74; Tuchel / Schattenfroh, S. 79-137.

10 Zum Folgenden vgl. Pingel, S. 61-74 u. 118-130; Broszat, S. 74-133; Kaienburg, Neuengamme, S. 33-47 u. 296-313.
11 Im Mai 1940 wurden Auschwitz (Oberschlesien), 1941 vor allem Natzweiler (Elsaß) und Lublin-Majdanek gegründet. Auch das kleine Lager Niederhagen bei der SS-Ordensburg Wewelsburg (nahe Paderborn) führte die SS ab September 1941 als selbständiges Konzentrationslager. 1942 wurden Stutthof bei Danzig, das Lager „Arbeitsdorf" beim Volkswagenwerk und Groß-Rosen in Schlesien zu selbständigen Konzentrationslagern erhoben, 1943 kamen die Lager „Herzogenbusch" (Vught bei 's-Hertogenbosch, Niederlande), Riga, Warschau, Kauen (Kaunas /Litauen), Vaivara (Estland), 1944 Krakau-Plaszow und Dora (bei Nordhausen /Harz) hinzu. Sonderfälle bildeten das Durchgangslager Hinzert im Hunsrück und das Lager Bergen-Belsen. Vgl. Kaienburg, Neuengamme, S. 40f. u. 308f.
12 Vgl. Kaienburg, Neuengamme, S. 38-45, 229 u. 296-313; Tuchel, S. 203f.; Nürnb. Dok. 1469-PS (IfZ); BAK, NS3-439.
13 Die Stufeneinteilung des RSHA für die Konzentrationslager von 1940 sah drei Abstufungen von einfachen (I) bis besonders schweren Haftbedingungen (III) vor. Außerdem gab es eine Stufe Ia für alte und nicht mehr voll arbeitsfähige Häftlinge. Wegen der zunehmenden Bedeutung des Arbeitseinsatzes wurden die Häftlinge jedoch spätestens ab 1942 nicht mehr in Konzentrationslager der für sie vorgesehenen Haftstufe eingewiesen. Statt dessen vermerkte die Gestapo die Stufe in den Häftlingsakten, damit die Behandlung im Lager sich danach richtete. Näher dazu vgl. Pingel, S. 81f.; Kaienburg, Neuengamme, S. 41.
14 Das Generalgouvernement umfaßte jene Gebiete des deutsch besetzten Polen, die nicht ins Reich eingegliedert werden sollten. Nach dem Einmarsch in die Sowjetunion wurde auch Galizien ins Generalgouvernement einbezogen.
15 Zu dieser Zeit gab es Pläne, Juden in der französischen Kolonie Madagaskar anzusiedeln.
16 Lodz wurde unter deutscher Herrschaft als „Litzmannstadt" bezeichnet.
17 Vgl. Herbert, S. 112-129, 246f., 299-313.
18 Thierack vereinbarte am 18. September 1942 mit Himmler unter anderem die „Auslieferung asozialer Elemente aus dem Strafvollzug an den Reichsführer SS zur Vernichtung durch Arbeit". Von den 12.658 Sicherungsverwahrten, die bis zum 1. April 1943 in Konzentrationslager überstellt wurden, waren bis zu demselben Zeitpunkt bereits 5935 zugrunde gerichtet oder umgebracht worden. Vgl. die Nürnb. Dok. 654-PS und NO-1285 (IfZ); Diemut Majer, „Fremdvölkische" im Dritten Reich, Boppard 1981, S. 667; Hans Marsalek, Die Geschichte des Konzentrationslagers Mauthausen, 2. Aufl., Wien 1980, S. 41 u. 129; Kaienburg, Neuengamme, S. 300f.
19 Vgl. Füllberg-Stolberg, S. 288f.
20 Rothenberger an Kaufmann, 28. 9. 1933, Abschrift in: Timpke, Dokumente, S. 250f.
21 Vgl. Pingel, S. 35f.
22 Vgl. Kaienburg, Neuengamme, S. 70-118.
23 Schreiben Pohls an Himmler und an die Kommandanten der Konzentrationslager v. 30. 4. 1942, Nürnb. Dok. 129-R (IfZ).
24 Zum Folgenden vgl. Kaienburg, Neuengamme, S. 227-247.
25 „Kraft durch Freude" (K.d.F.) war ein Programm der Deutschen Arbeitsfront (DAF). Diese als Gewerkschaftsersatz geschaffene Einrichtung versuchte u.a., durch po-

puläre kulturelle und soziale Maßnahmen die Stimmung in der Arbeiterschaft im Sinne des Regimes zu beeinflussen. Die „Stadt des K.d.F.-Wagens" (kurz „K.d.F.-Stadt") wurde von der DAF als Werkssiedlung für die Produktion des „K.d.F.-Wagens" am Mittellandkanal in der Nähe der Reichswerke Hermann Göring geschaffen.

26 Zum Folgenden vgl. Kaienburg, Neuengamme, S. 280-295; Konzentrationslager in Hannover, S. 22-43; Obenaus, Konzentrationslager und Rüstungswirtschaft, S. 160-172.

27 Seit Mai 1943 waren auf Usedom, bald danach in Friedrichshafen und in Wien KZ-Häftlinge bei der Herstellung der „V-Waffe" eingesetzt; dies schien der NS-Führung in besonderem Maße die Gewähr der Geheimhaltung zu bieten. Nach Bombenangriffen auf die Heeresversuchsanstalt Peenemünde und auf die Werksanlagen in Friedrichshafen im August des Jahres entschied Hitler, die Fertigung in bombengeschützte Produktionsräume zu verlagern. Der SS gelang es, die Höhlen des Kohnsteinmassivs im Harz unter völliger Mißachtung des Lebens der KZ-Gefangenen bis Ende 1943 soweit fertigzustellen, daß dort die Produktion aufgenommen werden konnte. Allein im Dezember 1943 erlagen über 500 der fast 11.000 Häftlinge den Folgen der katastrophalen Arbeitsbedingungen. Da sich auch die Quartiere der Häftlinge bis Anfang 1944 innerhalb der Stollen befanden, sahen diese monatelang kein Tageslicht. – Vgl. M. Bornemann: Geheimprojekt Mittelbau, Vom Zentralen Öllager des Deutschen Reiches zur größten Raketenfabrik der Welt im Zweiten Weltkrieg, 2., überarb. u. erw. Aufl., Bonn 1994; M. Bornemann / M. Broszat: Das KL Dora-Mittelbau, in: Studien zur Geschichte der Konzentrationslager, Stuttgart 1970; Florian Freund, Arbeitslager Zement, Das Konzentrationslager Ebensee und die Raketenrüstung, Wien 1989, S. 23-60.

28 Näher dazu siehe unten (Kap. D.6).

29 Zum Folgenden vgl. Timpke, Dokumente; Timpke, Fuhlsbüttel; Büttner / Jochmann; Meyer; Fangmann u.a., S. 33-67; L. Eiber: Aspekte des Verfolgungsapparates in Hamburg 1933/34, in: Eiber, Verfolgung, S. 112-129; Klawe; Diercks; Tuchel, S. 317-323.

30 Diese Formulierung gebrauchte Streckenbach später; vgl. Timpke, Dokumente, S. 179.

31 Beim Krummschließen wurden Gefangene so an Händen und Füßen festgeschlossen, daß sie sich ständig in gekrümmter Haltung befanden.

32 Die Ablösung Ellerhusens stand auch in Zusammenhang mit seiner kurzzeitigen Inhaftierung bei der Röhm-Aktion Mitte 1934.

33 Vgl. Tuchel, S. 317-323; Arbeit und Vernichtung, S. 108f.

34 Die Zahl der Schutzhaftgefangenen sank in Hamburg von 820 im November 1933 auf 65 im Mai 1934, stieg dann aber wieder an. Vgl. Timpke, Dokumente, S. 266. – Zum Folgenden vgl. I. S. Lorenz: Die jüdische Gemeinde Hamburg 1860–1943, in: Die Juden in Hamburg 1590–1990, S. 77-100; D. Garbe: „Gott mehr gehorchen als den Menschen", in: Verachtet – verfolgt – vernichtet, Hamburg 1986, S. 172-219; Garbe / Homann; M. Wildt: Der Hamburger Gestapochef Bruno Streckenbach, in: Bajohr / Szodrzynski, S. 104f.; W. Johe, Im Dritten Reich, in: W. Jochmann / H.-D. Loose (Hg.): Hamburg, Geschichte einer Stadt und ihrer Bewohner, Bd. 2, Hamburg 1986, S. 265-376.

35 1933–1938 Moringen bei Göttingen, 1937–1939 Lichtenburg / Sachsen, ab 1939

Ravensbrück. Vgl. KZ Moringen, Eine Dokumentation; Frauen in Konzentrationslagern, Bergen-Belsen, Ravensbrück, S. 7.
36 Nach der Volkszählung vom Juni 1933 bekannten sich 16.885 Menschen in Hamburg zur jüdischen Religion (ohne Altona, Wandsbek, Harburg und die übrigen preußischen Gebiete).
37 Vgl. F. Bajohr: Hamburgs „Führer", in: Bajohr / Szodrzynski, S. 81.
38 Ab Ende 1939 trug sie die Bezeichnung „Volks- und Höhere Schule für Juden". Vgl. Rand, S. 79-83.
39 Die jüdischen Gemeinden im Raum Hamburg wurden auf Druck der Behörden zum „Jüdischen Religionsverband Hamburg" zusammengefaßt.
40 In Altona wurden dagegen durch das Eingreifen der Gestapo alle größeren jüdischen Einrichtungen vor Übergriffen bewahrt (vgl. Lorenz, Die jüdische Gemeinde Hamburg 1860–1943, in: Die Juden in Hamburg 1590–1990, S. 98). Hierin spiegelte sich – wie in vielen anderen Einzelheiten der Verfolgung der Juden – die oft uneinheitliche, manchmal sogar widersprüchliche Politik unterschiedlicher Machtinstanzen und Fraktionen im nationalsozialistischen Herrschaftsgefüge.
41 Kaufmann gab damit offenbar den Anstoß zu Deportationen aus dem gesamten Reichsgebiet. Vgl. F. Bajohr: Hamburgs „Führer", in: Bajohr / Szodrzynski, S. 59-91, bes. S. 81.
42 Im einzelnen handelte es sich um folgende Transporte: am 25. Oktober 1941 nach „Litzmannstadt" (Lodz); am 8. u. 18. November 1941 nach Minsk; am 6. Dezember 1941 nach Riga. Vgl. Lorenz, S. 210f.; Randt, S. 88f.
43 Es sind mehrere Fälle bekannt, in denen Hamburger Juden auf diese Weise 1944 als KZ-Gefangene in ihre Heimatstadt oder in Außenlager des KZ Neuengamme zurückkehrten. Vgl. Eichengreen; Rosenberg.
44 Allein in Hamburg waren 1944 über 70.000 ausländische Arbeiter in der Kriegswirtschaft tätig. Vgl. dazu ausführlicher F. Littmann: Ausländische Zwangsarbeiter in Hamburg während des Zweiten Weltkrieges, in: A. Herzig / D. Langewiesche / A. Sywottek (Hg.): Arbeiter in Hamburg, Hamburg 1983, S. 569–583; dies.: Ausländische Zwangsarbeiter in der Hamburger Kriegswirtschaft 1940-1945, in: Bajohr / Szodrzynski, S. 175-202.
45 Zum Folgenden vgl. Hochmuth / Meyer; Meyer; W. Johe, Im Dritten Reich, in: W. Jochmann / H.-D. Loose (Hg.): Hamburg, Geschichte einer Stadt und ihrer Bewohner, Bd. 2, Hamburg 1986, S. 265-376.
46 Vgl. Meyer, S. 226-234. – Siehe dazu unten (Hinrichtungen und Massentötungen mit Giftgas).
47 Die vereinfachende Bezeichnung „die SS", die im folgenden häufig verwendet wird, war auch im Nationalsozialismus vielfach gebräuchlich, da die Zuständigkeit der verschiedenen Einrichtungen und Verwaltungen (z.B. Gestapo, Reichssicherheitshauptamt, Inspektion der Konzentrationslager, Hauptamt Haushalt und Bauten, Hauptamt Verwaltung und Wirtschaft, später: Wirtschaftsverwaltungshauptamt u.a.) verworren war, immer wieder wechselte und für Außenstehende oft undurchschaubar blieb. Alle diese und weitere Ämter unterstanden Himmler als „Reichsführer-SS und Chef der Deutschen Polizei".
48 Zum Folgenden vgl. Kaienburg, Neuengamme, S. 93-112.
49 In den Planungen war unter anderem der weitgehende Abriß von Unterschichten-

und Arbeitervierteln (Eimsbüttel, Barmbek, St. Georg und Hammerbrook sowie großer Teile Altonas) vorgesehen. Vgl. dazu ausführlicher „...ein neues Hamburg entsteht...", S. 16-59.
50 Schreiben Pohls v. 13. 9. 1938 an den Hamburger Kämmerer, Abbildung in: Johe, S. 50.
51 Vertrag vom 13.4. / 6. 5. 1940 (BAK, NS 3-339).
52 Das Darlehen wurde in vierteljährlichen Teilbeträgen 1940/41 zur Verfügung gestellt. Das WVHA zahlte die Summe 1944 vorzeitig zurück, weil man über günstigere Darlehen verfügte.
53 Da der Grundbesitz der SS in Neuengamme nur für einen Tonabbau von maximal zehn Jahren ausreichte, gingen die Planungen davon aus, daß in großem Umfang Ton von Grundstücken Vierländer Bauern abgebaut werden sollte. Die Enteignungsbefugnis besaß die Stadt aufgrund des Gesetzes zur Neugestaltung deutscher Städte vom 4. 10. 1937 (RGBl I, S. 1054f.).
54 Für den Bau des Stichkanals war auch eine Brücke am Neuengammer Hausdeich zu errichten. Die ursprüngliche Absicht, einen Kanal zur Gose Elbe zu bauen, von wo aus die Schiffe offenbar Zugang zur Elbe erhalten sollten, verwarf Pohl, nachdem ihm von den Hamburger Verhandlungspartnern am 23. Januar 1940 der finanziell günstigere Ausbau der Dove Elbe vorgeschlagen worden war.
55 Vertrag vom 30.1./25. 3. 1943 (StA HH, Senatskanzlei II, 941.35-5). Die Stadt, die sich 1940 vertraglich zur Herrichtung des Schiffsweges verpflichtet hatte, entrichtete dafür eine Summe von 116.500 RM an das Unternehmen.
56 In einigen Veröffentlichungen über Neuengamme werden unrichtige Angaben über das Eintreffen von Häftlingen gemacht. Die Annahmen, daß bereits im September 1938 60 Häftlinge angekommen seien und daß es im März 1939 einen weiteren Transport mit 400 Häftlinge gegeben habe, konnten in der Forschung nicht bestätigt werden. – Zum Folgenden vgl. Kaienburg, Neuengamme, S. 149-152.
57 Hans Groß, Bericht über das Alte Klinkerwerk des KL. Neuengamme, 2. 5. 1966 (NHS).
58 Zum Folgenden vgl. Kaienburg, Neuengamme, S. 152-154, 170-173 u. 361f.
59 Walter Eisfeld, geb. 1905; 1938-1940 in den Konzentrationslagern Sachsenhausen und Dachau tätig; ca. Februar 1940 Kommandant des KZ Neuengamme; 3. 4. 1940 überraschend verstorben.
60 In Neuengamme befanden sich in Wirklichkeit Häftlinge aller Lagerstufen. Vgl. Pingel, S. 81f.; Kaienburg, Vernichtung, S. 41.
61 Pfahlhängen: siehe unten (Kap. D.5a).
62 Martin Weiß, geb. 1905, zuvor in Dachau tätig; seit 1. 9. 1941 Sturmbannführer; ab April 1942 zugleich Kommandant des KL Arbeitsdorf beim Volkswagenwerk; 1. 9. 1942 als Kommandant nach Dachau; später Kommandant des KL Lublin (Majdanek); 1946 im Dachau-Prozeß zum Tode verurteilt und am 29. Mai 1946 hingerichtet.
63 Zum Folgenden vgl. Kaienburg, Neuengamme, S. 155f. u. 336-339.
64 Einschl. 1000 sowjetische Kriegsgefangene mit Nummern des Stalag (Stammlagers) X D (Wietzendorf).
65 Näher dazu siehe unten (Kap. D.11).
66 Zum Folgenden vgl. Garbe/Homann; zu den Außenlagern: Eiber, Hafen; Jensen,

Frauen-Außenkommandos; Hütgens; Zietlow; Romey; Gutmann; Müller; weitere Quellen zu den Außenlagern: siehe Quellenangaben im Kapitel „Die Außenlager" (Anmerkung 131). – Eine eingehende Forschungsarbeit, die sich speziell mit den jüdischen Insassen der Hamburger Konzentrationslager befaßt hat, liegt bisher noch nicht vor.

67 Meier, So war es, Hamburg 1948, S. 46.
68 Suchowiak, S. 23.
69 Vgl. Adalbert Feher, Curriculum Vitae, Schriftl. Bericht, Offenbach 1988; sowie ders., Gespräch mit L. Eiber und J. Kinter, Hamburg, 1988, ANg.
70 Zum Folgenden vgl. Kaienburg, Neuengamme, S. 63-69, 156-159, 342-347.
71 Max Pauly, geb. 1907 in Wesselburen (Schleswig-Holstein); schon vor 1933 an Straßenkämpfen beteiligt, seit Oktober 1939 Kommandant des Internierungslagers Stutthof bei Danzig (ab 1942 Konzentrationslager). Pauly wurde 1946 vom Britischen Militärgericht im Neuengamme-Hauptprozeß zum Tode verurteilt und am 8. Oktober 1946 in Hameln hingerichtet. – Sein Amt in Neuengamme übernahm Pauly spätestens Anfang November 1942. Während der Übergangszeit leitete Weiß' bisheriger Adjutant Richard Baer (später Kommandant von Auschwitz) das Lager.
72 Wilhelm Schitli, geb. 1912; 1934-40 Einsatz in den KL Esterwegen und Sachsenhausen; Frühjahr 1940 bis Frühjahr 1942 Schutzhaftlagerführer in Neuengamme; anschließend offenbar einige Monate Leiter des KL Arbeitsdorf (Volkswagenwerk); Oktober 1942 bis September 1943 Kommandant des Judenlagers beim SS-Truppenübungsplatz Heidelager bei Debica / Polen; später in der besetzten Sowjetunion eingesetzt. Weiterer Lebensweg unbekannt.
73 Albert Lütkemeyer, geb. 1911; ab 1934 in Esterwegen, ab 1936 in Dachau tätig; kam 1940 mit Weiß nach Neuengamme, zunächst Rapportführer und 2. Schutzhaftlagerführer, 1942 Nachfolger Schitlis; April 1944 Versetzung zu einem KZ-Außenlager in Schlesien; im 8. Neuengamme-Prozeß zum Tode verurteilt und am 26. Juni 1947 in Hameln hingerichtet.
74 Anton Thumann, geb. 1912, gilt als einer der fürchterlichsten Schergen des KZ-Systems. Bis 1940 KL Dachau, 1940-43 Schutzhaftlagerführer im KL Groß-Rosen (Schlesien), anschließend ein Jahr lang dieselbe Tätigkeit im Konzentrationslager Lublin-Majdanek. Dort erwarb er sich unter den Häftlingen den Titel „Henker von Majdanek", weil er erbarmungslos Menschen quälte, verhungern, erfrieren und für die Gaskammern aussondern ließ. Wo Thumann in Neuengamme erschien – oft in Begleitung seines Hundes – verbreitete er Angst und Schrecken. Im Neuengamme-Hauptprozeß wurde er zum Tode verurteilt und am 8. Oktober 1946 in Hameln hingerichtet.
75 Vgl. BAK, NS3-439; EE M. Pauly v. 15.3.46 (Nürnberger Dok. D-747, IfZ); BDC-Akte Max Pauly; Bericht des Neuengammer Standortarztes v. 29.3.45, in: So ging es zu Ende..., Anhang. Ausführliche Angaben zur Bewachung der Häftlinge in den Außenlagern siehe unten (Kap. D.6b).
76 Sonthofener Rede v. 21. 6. 1944 (IfZ, MA 315, Bl. 3949ff.).
77 Bericht des belgischen Häftlings Christian Georges (1983), zit. nach Suhr, Aurich, S. 94.
78 Der Soziologe Wolfgang Sofsky hat sich mit diesem System der Ausübung von Terror eingehend befaßt. Für die beschriebenen Handlungsfreiräume von KZ-Aufsehern

hat er den Begriff der „absoluten Macht" geprägt. Vgl. Wolfgang Sofsky: Die Ordnung des Terrors – Das Konzentrationslager, Frankfurt am Main 1993.
79 Näher dazu siehe unten (Kap. D.7).
80 Zum Folgenden vgl. Kaienburg, Neuengamme, S. 180-189 u. 382-396.
81 Marcel Prenant, Toute une vie à gauche, Paris 1980, S. 226f.
82 Barfod, S. 260 (Übersetzung).
83 Eine niedrige Nummer deutete an, daß es sich um einen langjährigen Insassen handelte, dem eher Hafterleichterungen gewährt und Funktionen übertragen wurden als anderen.
84 Van de Poel, S. 11f.
85 Choquet, S. 23 (Übersetzung).
86 Aussage H. Møller, NgC, 1/5/16 (Protokolltext, Übersetzung aus dem Englischen).
87 Erst im zweiten Halbjahr 1944 befahl die Lagerführung, etwa ein Drittel der Brotportion zum Frühstück auszugeben. – Zum Folgenden vgl. Kaienburg, Neuengamme, S. 161-173 u. 350-367.
88 Lagerausdruck für Schüssel. Da Polen und Russen die größten Gruppen im Lager bildeten, setzten sich viele Wörter aus diesen Sprachen als Begriffe durch, mit denen sich die Häftlinge über die Sprachgrenzen hinweg im Lager verständigten.
89 Martin-Chauffier, S. 164f. (Übersetzung).
90 Monatsbericht des Amts III A des Hauptamtes Verwaltung und Wirtschaft für Mai 1941 (BAK, NS 3-1346). Gesperrter Text im Original.
91 Monatsbericht des Amts W I des WVHA für Okt./Nov. 1942 (BAK, NS 3-1347).
92 Fernschreiben an das Phrix-Büro in Berlin (Brandenburgisches Landeshauptarchiv, Provinz Brandenburg, Rep. 75, Kurmärkische Zellwolle und Zellulose AG Wittenberge, Bd. 62, Bl. 12); vgl. auch ebd., Bl. 5.
93 Zeitweise erhielten offenbar fast 50 Prozent der Häftlinge Zulagen. Die Vergabe richtete sich allerdings nicht nach der Arbeitsbelastung. Nicht alle Schwerarbeitenden bekamen sie, wohl dagegen die Häftlinge in den Büros. In den Rüstungsbetrieben wurden sie zum Teil im Sinne der „Leistungsernährung" eingesetzt, d. h. nur an Häftlinge verteilt, die festgelegte Normen erfüllten.
94 Falk Pingel, der nach Kogons „SS-Staat" erstmals eine breite, wegweisende Forschungsarbeit über die nationalsozialistischen Konzentrationslager vorlegte, nimmt an, daß die Versuche der SS, die Todesrate in den Konzentrationslagern ab 1942/43 zu senken, unter anderem durch kriegswirtschaftliche Engpässe fehlschlugen (vgl. Pingel, S. 132 u. 138). Dem ist nicht zuzustimmen. Für die deutsche Zivilbevölkerung war die Ernährung bis kurz vor Kriegsende knapp, aber ausreichend. Auch die Verpflegung der ausländischen Zwangsarbeiter in der Rüstungsindustrie war besser als die der KZ-Gefangenen. Die Verpflegung und Versorgung der Häftlinge im Konzentrationslager Neuengamme wurde 1943/44 nur für einige Häftlinge vorübergehend etwas verbessert. Im übrigen lag sie für die große Mehrzahl der Häftlinge unterhalb des Existenzminimums. An vielen Einzelheiten des Geschehens (zum Beispiel am Zurückhalten der Zulagen und der Rotkreuzpakete) wird deutlich, daß die ungenügende Ernährung zu den grundlegenden Methoden der Häftlingsbehandlung gehörte.
95 Kupfer-Koberwitz, S. 263.
96 Prenant, S. 227 (Übersetzung).

97 DAW: Deutsche Ausrüstungswerke – siehe unten (Kap. D.5d).
98 Bericht J. Händler v. 14. 9. 1982, S. 1 (ANg).
99 H. C. Meier, Die Nacht verschlang sie, Die letzten jüdischen Häftlinge verlassen Neuengamme, Bericht v. 12. 9. 1964 (NHS).
100 Jastram und Messap: Rüstungsbetriebe beim Lager – siehe unten (Kap. D.5d).
101 Vgl. Kaienburg, Neuengamme, S. 173-180 u. 367-382.
102 Als „Standortärzte" (oberste Lagerärzte, zuständig für den gesamten Bereich des Konzentrationslagers einschließlich SS-Lager und Außenlager) waren in Neuengamme tätig: Dr. K. Matz (1940), Dr. E. Schultz (1940), Dr. J. Muthig (1940/41), Dr. J. Nommensen (1941/42), Dr. S. Ramsauer (ca. April-Juni 1942), Dr. von Bodmann (einige Monate, 2. Halbjahr 1942), Dr. R. Trommer (Ende 1942 / Anfang 1943 bis Sommer 1943), Dr. A. Trzebinski (Sommer 1943 bis Kriegsende).
Als Lagerärzte (zuständig für das Häftlingslager) waren in Neuengamme tätig: Dr. H. Louis (1940), Dr. K. Böhmichen (Ende 1941 bis Sommer 1942), Dr. E. Wirths (Juli-September 1942), Dr. W. Jäger (ca. September 1942 bis Herbst 1943), Dr. B. Adolph (November 1943 bis Mai 44), Dr. Geiger, Dr. König (bis Januar/Februar 1945), Dr. Klein (Herbst 1944 bis Februar oder März 1945), Dr. Kitt Januar/Februar 1945 bis Kriegsende). Die Nennungen sind möglicherweise unvollständig.
103 Bis 1942 war der Besitz von Bargeld im Lager in begrenztem Maße gestattet. – SDG war die Abkürzung für „Sanitätsdienstgrad".
104 S. Tusar, Wie der erste Jugoslawe im Lager Neuengamme starb, Bericht v. Dez. 1963, NHS (sprachlich überarbeitet von H. Schwarz).
105 Gespräch G. Wackernagel mit dem Autor, 1. 9. 1985, S. 29 (Wortlaut des von W. durchgesehenen Protokolls).
106 Näher siehe unten (Kap. D.8).
107 Dies ist die – möglicherweise unvollständige – Zahl der im handschriftlichen Totenbuch verzeichneten Verstorbenen (Januar-März 1942).
108 Aussage Z. Szafranski v. 26. 10. 1946 (AGKBZH), S. 17 (Übersetzung).
109 Nansen, S. 331f. – Odd Nansen war Sohn des Polarforschers und Diplomaten Fridtjof Nansen.
110 Dies war darauf zurückzuführen, daß zu dieser Zeit Entkräftete in Neuengamme häufig mit Injektionen getötet wurden.
111 Die Tötungsaktion trug im Schriftverkehr zur Geheimhaltung die Bezeichnung „14f 13". Die Heil- und Pflegeanstalt Bernburg / Saale gehörte zu den Einrichtungen, in denen unter der Tarnbezeichnung „Aktion T4" Behinderte mit Giftgas umgebracht wurden. Vgl. Nationalsozialistische Massentötungen, S. 27-80.
112 Befehl Pohls v. 30. 4. 1942 (Nürnb. Dok.129-R; IfZ). – Zum Folgenden vgl. Kaienburg, Neuengamme, S. 190-194, 326, 329f., 404-406 u. 445f. Es gab ab 1942 mehrfach Anordnungen des WVHA zur Verlängerung der Arbeitszeit in den Konzentrationslagern. In der Praxis mußten allerdings betriebliche Interessen berücksichtigt werden; daher wichen die Arbeitszeiten in den Kommandos stark voneinander ab.
113 S. Tusar, Bericht v. 6. 9. 1963 (NHS).
114 Zum Folgenden vgl. Kaienburg, Neuengamme, S. 406-412.
115 Der Werkleiter der DAW Neuengamme beschwerte sich Anfang 1944 bei seiner vorgesetzten Dienststelle im WVHA über das unattraktive Warenangebot. Vgl. Kaienburg, Neuengamme, S. 409.

116 Dienstvorschrift des WVHA vom 15. 5. 1943 für die Gewährung von Vergünstigungen an Häftlinge (BAK, NS 3-426).
117 Zum Folgenden vgl. Kaienburg, Neuengamme, S. 194-199, 237-239, 262-272, 274-279 u. 412-418.
118 Alle Firmen hatten ihren Sitz in Hamburg. Die Firma Schwarz & Co. hatte ihre Geschäftsräume wegen der Bombenangriffe nach Kellinghusen verlegt.
119 Vgl. Barfod, S. 178.
120 Zum Folgenden vgl. Kaienburg, Neuengamme, S. 199-210 u. 418-432.
121 Gespräch M. Piotrowski mit dem Autor, S. 7f. (Wortlaut des von P. durchgesehenen Protokolls).
122 Gespräch M. Krause mit dem Autor, S. 20 (Wortlaut des von K. durchgesehenen Protokolls).
123 Schreiben K. Antecki v. 7. 12. 1987 (ANg, Übersetzung). – Mit „flüchten" ist hier gemeint, ohne Erlaubnis in ein anderes Kommando zu wechseln. Wer dabei ertappt wurde, riskierte schwere Bestrafung.
124 Reese war ein Vertrauter Paulys aus der „Kampfzeit" vor 1933 in Dithmarschen; auch Speck wurde vom Kommandanten protegiert; vgl. Kaienburg, Neuengamme, S. 343.
125 Siehe oben (Kap. A.3).
126 Um Arbeitskräfte zu sparen, wurden zum Beispiel das Ziehen von Transportwagen durch Häftlinge untersagt, der Einsatz von Häftlingen in Privatwohnungen eingeschränkt und kunsthandwerkliche Tätigkeiten verboten. Die Verbote blieben aber weitgehend wirkungslos. Vgl. Kaienburg, Neuengamme, S. 326f.
127 Zum Folgenden vgl. Kaienburg, Neuengamme, S. 210-218 u. 432-448.
128 Gespräch Z. Piotrowski mit dem Autor, S. 38 (Wortlaut des von ihm durchgesehenen Protokolls).
129 J. v. Bork: Bericht über die Jastram-Werke des KL. Neuengamme, 26. 1. 1962, NHS.
130 Zum Folgenden vgl. Kaienburg, Neuengamme, S. 218f. u. 448-451.
131 Bis heute liegen nur über einen Teil der Lager Veröffentlichungen vor. Der Darstellung liegen vor allem die folgenden Veröffentlichungen zugrunde (in Klammern die darin beschriebenen Außenlager): Bästlein (Husum-Schwesing); Banse, Salzwedel (Salzwedel); Banse, Uelzen (Uelzen); Blanke-Bohne (Außenlager an der Porta Westfalica); Bringmann, Neuengamme, S. 38-50 (2. SS-Baubrigade Osnabrück); Dokumentation Außenkommando Wilhelmshaven; Eiber, Blohm & Voß (Hamburg: Werften, Dessauer Ufer); Eiber, Hafen (Hamburg: Dessauer Ufer, Spaldingstraße, Werften); Fröbe, Porta (Außenlager an der Porta Westfalica); Geschichte eines Außenlagers, KZ Sasel; Grieger („K.d.F.-Stadt" – Volkswagenwerk); Hoch, Hauptort (Kaltenkirchen); Hopp (Alt-Garge); Hütgens (Hamburg-Eidelstedt); Jeß (Ladelund); Johr / Roder (Bremen-Farge); Jensen, Frauen-Außenkommandos (Hamburg: Dessauer Ufer, Tiefstack, Neugraben); Kaienburg, Wittenberge; Köhn (11. SS-Baubrigade Soest / Bad Sassendorf); Konzentrationslager in Hannover; Konzentrationslager Ladelund 1944; Kooger (Beendorf b. Helmstedt); Kosthorst / Walter (Meppen-Dalum / -Versen); Krause (Hamburg-Sasel); Krumlehn (Schandelah); Leppien (Ladelund); Müller, Obernheide (Frauen-Kommando Bremen); Richter (Vechelde); Romey (Hamburg-Drägerwerk); Siegfried („K.d.F.-Stadt" – Volkswagenwerk); Suhr, Aurich; Wysocki, Drütte; Wysocki, Zwangsarbeit (Außenlager in Watenstedt-Salzgitter); Zietlow (Hamburg-Langenhorn).

132 Genauere Angaben siehe tabellarische Übersicht oben (Kap. D. 3).
133 Siehe dazu oben (Kap. A.6).
134 Die neugegründete „K.d.F.-Stadt" (K.d.F. = Kraft durch Freude) war ein Prestigeprojekt der Deutschen Arbeitsfront beim Werk für den „K.d.F.-Wagen" (Volkswagen). Porsche war einer der beiden Hauptgeschäftsführer des Unternehmens. Vgl. dazu Siegfried; Grieger; Kaienburg, Neuengamme, S. 236f.
135 Der vollständige Name des Unternehmens lautete „Kurmärkische Zellwolle und Zellulose AG"; es handelte sich um eine Tochter der Phrix-Werke AG Hamburg. Der moderne technische Betrieb diente eigentlich der Erzeugung von Zellwolle. Als Rohstoff wurde vor allem Stroh verarbeitet. Hefe war ein Nebenprodukt des Herstellungsverfahrens. Vgl. Kaienburg, Wittenberge.
136 Später wurde diese Vereinbarung wieder aufgehoben. Vgl. Wysocki, Drütte, bes. S. 12.
137 Ohne die Häftlingseinsätze des Geilenberg-Programms. Zur Accumulatorenfabrik in Hannover-Stöcken vgl. Schröder, S. 52-60.
138 Auf regionaler Ebene befaßten sich zahlreiche Bevollmächtigte, Behörden und Gremien mit dem Häftlingseinsatz. In Hamburg waren es 1944 unter anderem folgende Einrichtungen: die NSDAP-Gauleitung, die DAF-Gauverwaltung, die Gauwirtschaftskammer (bes. deren Industrieabteilung), das Gauarbeitsamt, der Gauinspekteur für den Arbeitseinsatz, der Baubevollmächtigte für den Wehrkreis X, der Generalkommissar für die gesamte Wirtschaft und Vorsitzende der Rüstungskommission Hamburg (Dr. Otto Wolff), die Hochbauabteilung in der Bauverwaltung. Vgl. Eiber, Blohm & Voß, S. 227.
139 Vgl. Eiber, Hafen, S. 44 u. 53f.
140 Vgl. Fröbe, Porta; Kooger; Gutmann.
141 Vgl. Berichte und Schriftwechsel, BAK, NS 19-14; HSV.
142 Vgl. Eiber, Blohm & Voß; Jensen, Frauen-Außenkommandos; ZSLL, Az. IV 404 AR 606/67. – Wilhelm Tegeler, geb. 1902, 1934 Regierungsrat in der Hamburger Finanzverwaltung, 1938 Leiter des Wohnwirtschafts- und Siedlungsamtes, 1939 Senatsdirektor und Beauftragter des Reichskommissars für die Bauwirtschaft, 1940 Gebietsbeauftragter des Generalbevollmächtigten für die Regelung der Bauwirtschaft im Wehrkreis X, 1942 Senatssyndikus bei der Verwaltung für Handel, Schiffahrt und Gewerbe, November 1943 Leiter der Hamburger Bauverwaltung einschl. aller maßgeblichen öffentlichen Ämter auf dem Bausektor.
143 Vgl. Müller, S. 35, 44-46, 112f. – Hartmut Müller, leitender Direktor des Bremer Staatsarchivs, hat mit dieser Veröffentlichung den Versuch unternommen, die Berichte ehemaliger KZ-Gefangener und anderer Zeugen in erzählerischer Form aus Sicht der inhaftierten Frauen zusammenzufassen.
144 Es handelte sich zu ca. 80 Prozent um sowjetische Häftlinge. Sie arbeiteten dort auf etwa zehn Baustellen bei der Errichtung und Reparatur von Befestigungsanlagen, Bunkern, Verkehrswegen und anderen militärischen Objekten. Die Versorgung und Unterbringung war so katastrophal, daß 200 Arbeitsunfähige Ende Juni 1943 ins Hauptlager Neuengamme geschickt werden mußten. Sieben von ihnen erlagen während des mehrtägigen Transportes den Folgen der Haft- und Transportbedingungen. – Vgl. Aussagen und Einstellungsbegründung im Verfahren des SS- und Polizeigerichts III Berlin vom Herbst 1943, BDC-Akte M. List.

145 Es handelte sich um Häftlinge des Hauptlagers und der Außenlager Wedel, Dessauer Ufer und Tiefstack. – Vgl. Johr/ Roder, S. 12-21 u. 43-55; Suhr, Aurich; Suhr, Emslandlager; Kosthorst / Walter, S. 109-120; Bästlein; Konzentrationslager Ladelund 1944; Jeß; Leppien; Asendorf, S. 7.
146 Vgl. Köhn; Banse, Uelzen; Gutmann, S. 396-398 (betr. Hildesheim); Kaienburg, Neuengamme, S. 279.
147 Zum Folgenden vgl. Fröbe, Misburg, S. 173-180; Gutmann, S. 397; sowie die Titel oben in Anmerkung 131.
148 Näher dazu siehe oben (Kap. D.4).
149 Vgl. Gutmann, S. 397f.
150 Vgl. NS3-439; Füllberg-Stolberg, S. 293f. u. 317-320; Frauen in Konzentrationslagern, S. 221-239; Gudrun Schwarz: SS-Aufseherinnen in nationalsozialistischen Konzentrationslagern, in: Dachauer Hefte, Nr. 9 (1994), S. 32–49. – Die Aufseherinnen waren nicht Mitglieder der SS, sondern Angestellte der Konzentrationslager. Sie nahmen die Aufgaben wahr, die in Lagern für Männer die Blockführer, Rapportführer und Schutzhaftlagerführer erfüllten. Im Außenlager Hannover-Langenhagen (Brinker Eisenwerke) waren 14 KZ-Aufseherinnen für 500 weibliche Häftlinge eingesetzt. 6-8 männliche SS-Leute leiteten das Lager und die Wachmannschaften.
151 Vgl. Fröbe, Misburg, S. 175. Bei der Bewachung wurde ein Verhältnis von 1:10 angestrebt, allerdings zuletzt nicht mehr immer realisiert.
152 Vgl. Keller, S. 414-417 u. 439-452.
153 Vgl. zum Beispiel die Darstellung Eugen Kogons über die Gründung des Konzentrationslagers Buchenwald (Kogon, S. 56-59) und den Bericht von Günther Wackernagel über die Gründung der Konzentrationslager Sachsenhausen und Neuengamme, Archiv der KZ-Gedenkstätte Sachsenhausen, R 78/3, S. 70-76.
154 Bericht Heinrich Mehringer über Hannover-Misburg, Jan. 1963, NHS.
155 Aussage v. 26. 3. 1946, Public Record Office Kew / London, WO 235/348, Exhibit 7a.
156 Siehe oben (Kap. A.6).
157 Eichengreen, S. 123. – Lucille Eichegreen (ihr damaliger Name war Cäcilie Landau) hatte das Glück, daß ihre verletzte Hand ausnahmsweise im Krankenrevier eines anderen Außenlagers behandelt wurde.
158 Aussage Abram R., 24. 9. 1975, zit. nach Keller, S. 486.
159 Aussage Charles Marie P., 23. 7. 1947, zit. nach Schröder, S. 92.
160 Vgl. Kaienburg, Neuengamme, S. 398f.; P. Thygesen, Arzt im Konzentrationslager, in: Bästlein, S. 10 u. 27.
161 Betriebsinterne Mitteilung der Kaufmänn. Abteilung II des Phrix-Werks Wittenberge v. 13. 1. 1945, Abbildung in: G. Rodegast, KZ-Außenlager Wittenberge, Hg.: Priegnitzer Heimatverein, Wittenberge (1993).
162 Vgl. Bericht General Brunet (o. D.), in: Riespott, S. 61f.
163 Vgl. R. Elias, Die Hoffnung erhielt mich am Leben, Mein Weg von Theresienstadt und Auschwitz nach Israel, 5. Auflage, München 1991, S. 156-166; Bericht L. Neumannova v. 23. 11. 1964 (NHS); Jensen, Frauen-Außenkommandos; Müller, S. 96. – In einem Verfahren gegen den SS-Unterscharführer Walter Kümmel befand 1982 das Landgericht Hamburg den Angeklagten für schuldig, als Kommandoführer des Außenlagers Eidelstedt im Dezember 1944 ein neugeborenes Kind umgebracht zu

haben. Da die Tötung nach Auffffassung des Gerichts jedoch weder heimtückisch noch aus niederen Beweggründen erfolgt sei, erkannte es nicht auf Mord, sondern auf Totschlag; dieser war verjährt (vgl. Hütgens, S. 31f.).

164 Aktenvermerk v. 7. 10. 1942, zit. nach Arbeit und Vernichtung, S. 220.
165 StA HH – Blohm & Voß 23/17, zit. nach Eiber, Blohm & Voß, S. 231.
166 Vgl. Schröder, S. 92.
167 Eichengreen, S. 119 u. 122f.
168 Bericht Adolf Diamant v. 17. 9. 1984, zit. nach Richter, S. 47.
169 Gespräch G. Jidkoff mit dem Autor, 31. 1. 1987 (Wortlaut des von J. durchgesehenen Protokolls).
170 Geneviève Helmer, L'odyssée d'une Deportée, in: De l'université aux camps de concentration, Paris 1947, S. 341-346, hier: S. 343 (Übersetzung), zit. nach Füllberg-Stolberg, S. 324.
171 Bericht J. Jaroch v. 30. 8. 1966, NHS.
172 Barfod, S. 187f. (Übersetzung).
173 Bericht Arnost Basch über das KZ Hannover-Linden [1963/64], NHS, zit. nach Keller, S. 467.
174 Vgl. Eiber, Hafen, S. 50f. u. 63; Müller, S. 70f., 84f., 115; Fröbe, Misburg, S. 161-63 u. 245f.; Füllberg-Stolberg, S. 292 u. 296; Gutmann, S. 380.
175 Otto Fritz Harder, geb. 1892, nach dem Ersten Weltkrieg Karriere als Fußballspieler (Mittelstürmer des Hamburger Sportvereins und der deutschen Nationalmannschaft), 1933 SS-Mitglied, 1939 Wachdienst im KZ Sachsenhausen, ab November 1939 im Außenlager Neuengamme; später Mitarbeiter der Verwaltung des KZ Neuengamme; ab September 1944 Kommandoführer im Außenkommando Continental in Hannover-Stöcken, das Ende November nach Hannover-Ahlem verlegt wurde, um Asphaltstollen für unterirdische Rüstungsfertigungen auszubauen. Vgl. Gutmann, S. 359f.
176 Aussage M. Diamant, 21. 4. 1947, zit. nach Gutmann, S. 371. – „Palästina" war der Spitzname für einen SS-Mann.
177 Vgl. Gutmann, S. 367-384, bes. S. 382.
178 Vgl. Müller, S. 84, 94f., 110 u. 115.
179 Vgl. Füllberg-Stolberg, S. 313.
180 Vgl. Fröbe, Porta, S. 278.
181 Vgl. Schröder, S. 82.
182 Bericht Bruno Grumm v. 26. 11. 1946, SAPMO, St 63/66; vgl. Eiber, Hafen, S. 60.
183 Vgl. Kaienburg, Wittenberge, bes. S. 30; Richter, S. 50; Müller, S. 77f. u. 116; Fröbe, Misburg, S. 255.
184 Vgl. Müller, S. 80-83; Kaienburg, Wittenberge, S. 24, 30 u. 34.
185 Gutachten Prof. Dr. H. H. Berg v. 4. 3. 1944 (Archiv der VVN Bremen); vgl. dazu Johr / Roder, S. 37-39 u. 48.
186 Aktenvermerk der Kaufmänn. Abteilung II des Phrix-Werks Wittenberge v. 5. 7. 1944; vgl. Kaienburg, Wittenberge, S. 34; Eiber, Blohm & Voß, S. 232; Schröder, S. 79 u. 88.
187 Vgl. Kaienburg, ebd. – Nach dem Urteil der KZ-Gefangenen war die Verpflegung bei Blohm & Voß trotzdem sehr schlecht (vgl. Eiber, ebd.).
188 StA HH, Blohm & Voß, Bd. 346/2, zit. nach Eiber, Blohm & Voß, S. 233.

189 Vgl. Wysocki, Drütte, S. 56-59.
190 Vgl. Hoch, Hauptort, S. 27-29 u. 44.
191 P. Thygesen, Arzt im Konzentrationslager, in: Bästlein, S. 22f.; Thumanns SS-Rang war in Wirklichkeit Obersturmführer. – Hans-Hermann Griem, geb. 1902, wurde 1930 Mitglied der NSDAP, 1933 der SS. Ende 1942 wurde er stellvertretender Lagerführer in Neuengamme. Im August 1943 befehligte er Einsätze von KZ-Gefangenen in zerstörten Hamburger Stadtvierteln. Von Ende 1943 bis Juli 1944 war er Kommandoführer im Außenlager Hannover-Stöcken, ab September 1944 nacheinander Kommandoführer in den Außenlagern Husum, Ladelund und Meppen-Dalum. Nach dem Krieg entkam Griem der britischen Militärjustiz. Erst 1963 nahm die Staatsanwaltschaft Flensburg Ermittlungen gegen ihn auf. 1965 stellte sie fest, daß Griem sich unter seinem richtigen Namen in Hamburg-Bergedorf niedergelassen hatte. 1969 eröffnete das Landgericht Hamburg die Voruntersuchung. 1971 starb Griem, bevor Anklage gegen ihn erhoben wurde.
192 Dreimann kam aus ärmlichen Verhältnissen. Weil er in seiner Tätigkeit als Holzschnitzer in Detmold zu schlecht verdiente, meldete er sich nach eigenen Angaben 1940 zur Polizei und kam bald danach zum KZ-Wachdienst. 1941 wurde er Blockführer, 1944 Rapportführer im Hauptlager. Häftlinge schilderten ihn als Sadisten, der seine Opfer aus Freude am Quälen bestialisch mißhandelte. Dreimann wurde im Neuengamme-Hauptprozeß zum Tode verurteilt und am 8. Oktober 1946 in Hameln hingerichtet.
193 SAWler: Abkürzung für „Sonderabteilung Wehrmacht". Es handelte sich um Soldaten, die aus der Wehrmacht ausgeschlossen und zur Bestrafung ins KZ eingeliefert wurden.
194 Bericht Heinrich Mehringer über das Außenlager Hannover-Misburg, Jan. 1963, NHS, S. 6.
195 Langbein, S. 55.
196 Langbein, S. 101; Hervorhebung im Original.
197 Thygesen, S. 10.
198 Bericht J. Barfod, ANg.
199 Siehe dazu oben (Kap. D.5b).
200 Bericht J. L. Monster v. 25. 9. 1946, ROA, Mappe 14/53; vgl. Eiber, Hafen, S. 60.
201 Ausführlicher dazu vgl. Kaienburg, Nachbarn.
202 Zum Folgenden vgl. Kaienburg, Neuengamme, S. 159-161 u. 347-350. Über die Fluchtversuche liegt eine Vielzahl von Aussagen und Berichten vor; hier können nur einige als Quelle genannt werden: Aussage K. Totzauer, NgC, Bd. 2, Teil 4, S. 12; Aussage F. J. Kuhr, Ng VIII C, S. 68f.; Aussage W. Schlünsen, ebd., S. 75; Aussage W. Keus, ebd., S. 126f.; van de Poel, S. 39-42; Gespräch J. Händler mit L. Eiber v. 15. 6. 1981, S. 16; Meier, So war es, S. 59f.; B. Suchowiak, Die Fluchten aus dem KZ Neuengamme und aus seinen Außenlagern, unveröff. Mskr. [Mitte oder Ende der siebziger Jahre] (ANg); Suchowiak, S. 73-77; Fröbe, Porta, S. 243.
203 Gespräch G. Kulongowski mit dem Autor, 30. 1. 1987 (Wortlaut des von K. durchgesehenen Protokolls).
204 Suchowiak, S. 75. – Das Zeichen 'P' war das Kennzeichen, das polnische Arbeiter in Deutschland tragen mußten.
205 Schätzung des Adjutanten des Neuengammer Kommandanten, SS-Untersturmführer

Totzauer, der seit 1943 als Gerichtsoffizier des KZ Neuengamme bei Fluchtfällen Berichte abfassen mußte; vgl. Aussage Totzauer, NgC, Bd. 2, Teil 4, S. 12. Die Angabe bezieht sich auf die Häftlinge, die flohen und nicht wieder zurück ins KZ Neuengamme gebracht wurden. Die Polizei lieferte Häftlinge, die sie später faßte, oft in andere Lager ein. Die Zahl der wirklich gelungenen Fluchten liegt also weit niedriger.
206 Sonthofener Rede v. 21. 6. 1944 (IfZ, MA 315, Bl. 3949ff).
207 Gespräch D. Paulus mit dem Autor, 29. 1. 1983 (wörtliche Mitschrift, vom Autor sprachlich überarbeitet), S. 5.
208 Gespräch G. Wackernagel mit dem Autor, 1. 9. 1985 (Wortlaut des von W. durchgesehenen Protokolls), S. 15.
209 Gespräch Maurice Choquet mit dem Autor, 20. 10. 1984, S. 11f. (Wortlaut des von Ch. durchgesehenen Protokolls).
210 Bogdan Suchowiak, Grundzüge des Referats „Der polnische Anteil an der Widerstandsbewegung in dem Konzentrationslager Neuengamme", unveröffentl. Manuskript, o.D. [ca. 1977], S. 2 (ANg); vgl. auch Weclewicz, S. 167.
211 Karl Kampfert, Die „Häftlings-Selbstverwaltung" in den nationalsozialistischen Konzentrationslagern, unveröff. Manuskript (1977), S. 2 (ANg).
212 Gespräch Jean Le Bris mit dem Autor, 19. 10. 1984, S. 5 (Wortlaut des von Le Bris durchgesehenen Protokolls).
213 Vgl. Schreiben Mühlens an Sievers v. 10. 1. 1942 (Nürnberger Dok. NO-661); Bericht G. Wackernagel (Archiv der KZ-Gedenkstätte Sachsenhausen, R 48/3), S. 128; Gespräch G. Wackernagel mit dem Autor, 1. 9. 1985, S. 32; Stanislaw Sterkowicz: Pseudomedyczne eksperymenty w obozy Neuengamme, in: Przeglad Lekarski, 34. Jg., 1977, Nr. 1, S. 130ff.; Kaienburg, Neuengamme, S. 178. Zu den medizinischen Experimenten des Tropeninstituts vgl. Ludger Weß, Menschenversuche und Seuchenpolitik – Zwei unbekannte Kapitel aus der Geschichte der deutschen Tropenmedizin, in: 1999, 8. Jg., 1993, Nr. 2, S. 10-50, bes. S. 47. Nach Angaben von Weß handelte es sich bei den Medikamenten um Sulfonamide, über deren Wirkung damals noch wenig bekannt war.
214 Vgl. zum Folgenden Fritz Bringmann, Kindermord am Bullenhuserdamm, Frankfurt am Main 1978; G. Schwarberg, Der SS-Arzt und die Kinder, Hamburg 1979; Bericht G. Wackernagel / E. Zuleger v. 9. 6. 1945 (Nachlaß Mathias Mai, ANg); Kaienburg, Neuengamme, S. 381.
215 Vgl. Schriftwechsel Nov. 1944 – Feb. 1945, IfZ, MA 332, Nr. 656799-821; ZSLL IV-404 AR 853/67, Bl. 92-106; Olaf Groehler, Der lautlose Tod, Einsatz und Entwicklung deutscher Giftgase 1914-1945, Reinbek 1989, S. 241f.
216 Vgl. Bericht G. Wackernagel (Archiv der KZ-Gedenkstätte Sachsenhausen, R 48/3), S. 137f.; ferner Bericht G. Wackernagel / E. Zuleger v. 9. 6. 1945 (Nachlaß M. Mai, ANg); Kaienburg, Neuengamme, S. 370.
217 Vgl. Romey, S. 78-81.
218 Nach den Richtlinien des Reichssicherheitshauptamtes fanden Exekutionen der Gestapo häufig im nächstgelegenen Konzentrationslager statt. Vgl. Durchführungsbestimmungen des RSHA (Amt IV) für Exekutionen v. 6. 1. 1943 (Auszug in: Arbeit und Vernichtung, S. 154).
219 Die Erhängung von Häftlingen wurde 1942 anstelle des Pfahlhängens eingeführt. Siehe dazu oben (Kap. D.5a).

220 Vgl. So ging es zu Ende..., S. 17-27.
221 Über die Exekutionen im Konzentrationslager Neuengamme liegen Hunderte von Aussagen vor; hier seien nur einige wichtige genannt: Handschriftl. Totenbücher des KZ Neuengamme (NHS); Ermittlungsdokumente zum NgC (NHS 13-7-6-3); Aussagen im NgC (Band / Teil / Seite): 1/3/21-1/4/28, 1/5/34, 2/1/47-49, 2/2/20f., 2/3/88-91 u. 100, 3/1/55-70 u. 88f., 3/2/2-4, 15-34, 51-54, 58, 84-98; Ng VIII C, S. 58A, 59, 76 u. 85f.; Ng IX C, S. 35; BAK, Z 42, III, 922, Bl. 81-84; BAK, Z 42, IV, 2522, Bl. 43 Rs; So ging es zu Ende..., S. 3-13, 17-27 u. 30f.; Berichte und Aussagen in NHS, Bestand Exekutionen (13-7-3-1c).
222 Die Angaben folgen der Darstellung Lütkemeyers, der die Exekution leitete (Ng VIII C, S. 81-86 u. 185ff.). Zur Zahlenangabe: Lütkemeyer und mehrere ehemalige KZ-Häftlinge sprachen in den Britischen Militärgerichtsprozessen von 59 Kriegsgefangenen (ebd., S. 40f., 55f. u. 62; NgC, Bd. 1, Teil 4, S. 47f.). Von anderen Zeugen wurden zum Teil abweichende Zahlenangaben gemacht. Vgl. auch die Mitteilung des KZ Neuengamme ans RSHA über die erfolgte Exekution, 23. 10. 1941 in: So ging es zu Ende ..., S. 16.
223 Die Zahlenangaben schwanken stark; die niedrigste Angabe beträgt vier, die höchste 19. Vgl. u.a. Aussage A. Lütkemeyer, Ng VIII C, S. 81 u. 85; Aussage M. Müller, NgC, Bd. 1, Teil 4, S. 48.
224 Vgl. Aussage M. Müller, Curiohaus-Prozeß, Bd. I, S. 188; Schreiben E. Zuleger an M. Mai v. 13. 1. 1948, NMM 1-38b.
225 Vgl. das handschriftliche Totenbuch, Eintragungen v. 5. 11. 1944; So ging es zu Ende..., S. 40-43; Schreiben Hans Schwarz (Arbeitsgemeinschaft Neuengamme) v. 25. 10. 1963, in: SLHH 141 Js 1220/63, Bl. 11f.
226 Näher dazu vgl. Kaienburg, Neuengamme, S. 444f.
227 Siehe auch oben die tabellarische Übersicht, Kap. D.3.
228 Über die Exekution, bei der sich einige der Gefangenen zur Wehr setzten, liegen viele Zeugenaussagen aus dem Neuengamme-Hauptprozeß vor. Vgl. auch die Schilderung bei Bringmann, Neuengamme, S. 81.
229 Auch über die Vergasungsaktionen liegen viele Zeugenaussagen aus dem Neuengamme-Hauptprozeß vor. Vgl. u.a. Bericht G. Wackernagel / E. Zuleger v. 9. 6. 1945, NMM; EE W. Bahr v. 30. 11. 1945, Exhibit No. 19 des NgC, BAK, AllProz 8, Bd. V, S. 132; Aussagen: W. Bahr, Curiohaus-Prozeß, Bd. 3, S. 286ff.; A. Lüdke, NgC, Bd. 1, Teil 1, S. 31f. u. 57; J. Everaert NgC Bd. 1, Teil 2, S. 19; M. Müller, NgC Bd. 1, Teil 4, S. 45-47; H. Schemmel, Ng VIII C, S. 42f. u. 47f.; SLHH 147 Js 39/66, Bl. 23-25, 46f.; SLHH 147 Js 32/65, Bl. 112-117, 194f.
230 Aussage A. Lüdke v. 9. 1. 1948, BAK, Z 42, VII 106, Bl. 73Rs. Vgl. Aussage H. Wendt, NgC, Bd. 2, Teil 3, S. 88-91.
231 Bei der bisher meist genannten, auf Angaben ehemaliger KZ-Gefangener beruhenden Zahl von 55.000 Toten handelt es sich um eine ältere Schätzung. 1994 wurde in der KZ-Gedenkstätte Neuengamme damit begonnen, die Daten aller Häftlinge mit elektronischer Datenverarbeitung zu erfassen. In einigen Jahren wird es voraussichtlich möglich sein, nach Auswertung aller verfügbaren Dokumente und Angaben genauere Schätzungen als bisher vorzunehmen. Vgl. Kaienburg, Neuengamme, S. 341 u. 380f.; Hans Schwarz: Versuch des Nachweises des Verbleibs der 106.000 männlichen und weiblichen Häftlinge des Konzentrationslagers Neuengamme, NHS;

Übersicht über die bisher bekannten, schriftlich registrierten Todesfälle im KZ Neuengamme (Abdruck in Kaienburg, Neuengamme, S. 473). Zur Abschiebung Entkräfteter in andere Konzentrationslager vgl. Schätzungen des Arztes Zygmunt Szafranski (Aussage v. 26. 10. 1946, S. 20, ANg) und des Lagerschreibers Herbert Schemmel (Aussage im Neuengamme-Hauptprozeß, NgC, Bd. 1, Teil 5, S. 25f.).
232 Auf Befehl Himmlers waren die Höheren SS- und Polizeiführer bei Annäherung der Fronten („Mob.-Fall") für die Räumung der Konzentrationslager zuständig.
233 Vgl. Enzyklopädie des Holocaust, Berlin 1993, Stichworte „Austausch 'Juden gegen Deutsche'", „Bergen-Belsen", „Brand", „Kasztner", „Wallenberg".
234 Vgl. E. Kolb, Bergen-Belsen 1943-1945, Göttingen 1985, S. 19ff.; Frauen in Konzentrationslagern, S. 27-42 u. 43-54; Obenaus, Räumung, S. 503-518; Arbeit und Vernichtung, S. 232-240.
235 Vgl. Borgsen / Volland, S. 172-234; Stendell; Hoch, Hauptort, S. 68-71; Lange, S. 45-47.
236 Vgl. Obenaus, Räumung, S. 536-544; D. Gring: Die Todesmärsche und das Massaker von Gardelegen, Hannover 1993; R. Becker / H. Schenk / L. Wolf: Ihr Opfer bleibt unvergessen!, Zur Geschichte des Mahn- und Gedenkweges Gardelegen, 2. Aufl., Gardelegen 1984.
237 Vgl. Barfod, S. 308-345; Jensen, Aktion Bernadotte; Folke Bernadotte, Das Ende, Zürich 1945; Gerhard Rundberg, Rapport fran Neuengamme, Stockholm 1945; Hiltgunt Zassenhaus, Halt Wacht im Dunkel, Wedel 1947; Obenaus, Räumung, S. 519-527.
238 Vgl. Barfod, S. 338; Lange, S. 63-65. – Zum Folgenden vgl. Lange; Goguel, Cap Arcona; Schön; Schwarberg, Angriffsziel Cap Arcona.
239 Aussage Bassewitz-Behr, NgC, Bd. 3, Teil 1, S. 25-36. Diese Angabe wurde auch von einem Zeugen der Verteidigung bestätigt: Aussage K. Richter, NgC, Bd. 2, Teil 3, S. 85-88. Vgl. auch die Aussagen Kaufmann (NgC, Bd. 3, Teil 1, S. 18f.), Pauly (NgC, Bd. 2, Teil 1, S. 46-49 und NgC, Bd. 2, Teil 2, S. 5 u. 31) und Totzauer (NgC, Bd. 2, Teil 4, S. 11).
240 Vgl. Aussage Friedrich G. Jacobsen, NgC, Bd. 2, Teil 3, S. 43-49.
241 Vgl. Robert M. W. Kempner: SS im Kreuzverhör, Die Elite, die Europa in Scherben brach, erw. Neuaufl., Nördlingen 1987; Joe Leyendecker / Johannes Leeb: Der Nürnberger Prozeß, Köln 1958; Der Prozeß gegen die Hauptkriegsverbrecher vor dem Internationalen Militärgerichtshof, 42 Bände, Nürnberg 1947-1949; Trials of War Criminals Before The Nuernberg Military Tribunals under Control Council Law, Bd. V, Washington 1950. – Zum Folgenden vgl. auch F. Bringmann / H. Roder, Neuengamme, Verdrängt – Vergessen – Bewältigt? Die „zweite" Geschichte des Konzentrationslagers Neuengamme, 1945 bis 1985, Hamburg 1987.
242 Die Prozeßakten befinden sich im Public Record Office, Kew / London (WO 235 / ...), insbesondere: Neuengamme Concentration Camp Case und 9 Folgeprozesse. Vgl. auch die Abkürzungen NgC/NgVIII C/Ng IX C im Abkürzungsverzeichnis.
243 Die Akten der Verfahren befinden sich heute im BAK, Bestand Z 42.
244 Vgl. Aufstellung der Staatsanwaltschaft bei dem Landgericht Hamburg v. 3. 9. 1986 (ANg).
245 Vgl. M. Wildt: Der Hamburger Gestapochef Bruno Streckenbach, in: Bajohr / Szodrzynski, S. 93-123, bes. S. 116f.; F. Bajohr: Hamburgs „Führer", in: Bajohr / Szo-

drzynski, S. 59-91, bes. S. 84; K. Bästlein, Vom hanseatischen Richtertum zum nationalsozialistischen Justizverbrechen, Zur Person Curt Rothenbergers 1896-1959, in: „Für Führer, Volk und Vaterland...", S. 74-145, bes. S. 128ff.
246 SLHH, 147 Js 32/65.
247 Landgericht Hamburg, Verfahren 2000 Js 19/77. Vgl. auch Hütgens, S. 31f.
248 Ehemalige ausländische Zwangsarbeiter (mit späterem Wohnsitz in der Bundesrepublik) hatten nur dann einen Anspruch auf Entschädigung, wenn sie ihre Haft in einem „anerkannten Haftort", z. B. einem Konzentrationslager, nachweisen konnten.
249 Vgl. dazu Heiner Wember, Umerziehung im Lager, Internierung und Bestrafung von Nationalsozialisten in der britischen Besatzungszone Deutschlands, Essen 1991, S. 70-73.
250 Schreiben vom 21. 10. 1947, ANg. Zum Folgenden vgl. auch Ludwig Eiber: Die gegenwärtige Vergangenheit. Der Umgang mit den Orten des NS-Terrors nach 1945 aufgezeigt am Beispiel der Geschichte der Gedenkstätte Neuengamme, in: Erinnerung an die Vergangenheit bestimmt die Zukunft. Begegnungen, Nr. 1/1987, Hg.: Ev. Akademie, Mülheim / Ruhr, S. 61-82.
251 Schreiben vom 23. 6. 1951, ANg.
252 Vgl. Empfehlungen der Kommission „KZ-Gedenkstätte Neuengamme", Bürgerschaft der Freien und Hansestadt Hamburg – Drucksache 14/387 vom 6. 4. 1993.

Anhang

Zeittafel

Das Konzentrationslager Neuengamme 1938-1945

<u>1938/1939</u>
Dez. 1938

100 KZ-Gefangene aus dem Konzentrationslager Sachsenhausen bei Berlin treffen in Neuengamme ein. Sie sollen eine stillgelegte Ziegelei umbauen und wieder in Betrieb nehmen, damit dort Steine für die geplanten Großbauten Hitlers in Hamburg hergestellt werden können. Das neue Konzentrationslager wird als Außenkommando des KZ Sachsenhausen geführt.
Die Häftlinge werden auf dem Dachboden über den Trockenkammern untergebracht. Die Behandlung ist streng, aber es gibt wenig Schläge, und die Verpflegung ist ausreichend. Der Arbeitstag dauert von frühmorgens bis spätabends. Es gibt keine Todesfälle. Ab und zu kommen in den folgenden Monaten einzelne KZ-Häftlinge als Fachkräfte unter Bewachung aus Sachsenhausen, die bei den Arbeiten gebraucht werden (z. B. Elektriker, Schlosser, Installateure).
Wegen technischer Schwierigkeiten beginnen 1939 Planungen für ein völlig neues, größeres Werk.

<u>1940</u>
Januar

Himmler in Hamburg. Der Reichsführer-SS braucht neue Konzentrationslager, weil seit der Besetzung Polens über 40.000 Polen inhaftiert wurden. Himmler bestimmt, daß Neuengamme

	zum eigenständigen Konzentrationslager ausgebaut wird.
März bis Juni	Aus Sachsenhausen kommen mehrere Transporte mit Häftlingen nach Neuengamme, bis Juni insgesamt etwa 200-250 Häftlinge. Der neue Kommandant Eisfeld führt die Terrormethoden ein, die in den Konzentrationslagern üblich sind. Schläge und Schikane begleiten die Inhaftierten von nun an den ganzen Tag über. Nach kurzer Zeit gibt es die ersten Todesfälle.
3. April	Überraschender Tod Eisfelds während eines Besuchs in Dachau.
15. April	Weiß wird neuer Kommandant. Er hält sich stärker im Hintergrund, sorgt aber für denselben Terror.
April – Okt.	Das neue Lager wird südlich der Ziegelei auf Wiesen errichtet, die von Gräben durchzogen sind. Mit einfachsten Mitteln werden die ersten Baracken aufgestellt. Anfang Juni sind drei Baracken für die SS und die ersten drei Häftlingsblocks provisorisch fertig.
4. Juni	Verlegung der Häftlinge ins neue Lager. Sie erhalten neue Nummern. Die neu eintreffenden Häftlinge werden fortlaufend numeriert.
Juni – Dez.	Von nun an kommen in großer Zahl neue Häftlinge aus anderen Konzentrationslagern nach Neuengamme: bis zum Jahresende über 3000 aus Sachsenhausen, im Dezember etwa 500 aus Buchenwald, darunter erstmals Polen in größerer Zahl. Die meisten dieser Häftlinge stammen aus Strafkompanien oder ähnlichen Einrichtungen mit verschärften Haftbedingungen.
	Sie müssen Gräben zuschütten und Baracken errichten. Im Juli erfolgt der erste Spatenstich für das neue Klinkerwerk. Etwa zur gleichen Zeit beginnt der Ausbau der Dove Elbe zum Schiffsweg. Im Herbst steigt die Zahl der Kranken und

Toten wegen der primitiven Unterbringung und Bekleidung und der harten Arbeitsbedingungen stark an. Die Ernährung wäre noch gerade eben ausreichend, wenn es nicht die schwere körperliche Arbeit gäbe.

Im Oktober sind die wichtigsten Bauten des Häftlingslagers fertig: 18 Unterkunftsblocks (4 davon werden zunächst für Werkstätten und Materiallagerung genutzt), Küche, Arrestbau, Krankenrevier u.a. Es gibt noch kein fließendes Wasser und keine Möbel in den Unterkünften. Weil Wege und Plätze noch nicht befestigt sind, versinkt das Lager bei Regen in Schlamm und Morast.

25. August	Erster Transport mit 160 geschwächten, nicht mehr arbeitsfähigen Häftlingen nach Dachau im Austausch gegen andere Häftlinge.
Okt. / Nov.	Transport weiterer 600 Geschwächter nach Dachau.
Dezember	Erstmals Einweisungen durch die Hamburger Gestapo.
Ende 1940	Etwa 2900 Häftlinge in Neuengamme. Stand der Einweisungsnummern: etwa 4000. März bis Dezember: 430 Tote verzeichnet.

1941
Januar	484 Häftlinge kommen aus Dachau, darunter erstmals Tschechen in größerer Zahl.
Jan.-Dez.	Hunderte von Einweisungen durch die Hamburger Gestapo.
Jan. / Feb.	50 Zeugen Jehovas werden zum Reetschneiden auf die Ostseehalbinsel Darß geschickt.
April	1002 Häftlinge kommen aus Auschwitz, darunter viele Jugendliche. Die Polen bilden nun die größte nationale Gruppe im Lager.
bis ca. Sept.	Fertigstellung des Häftlingslagers: Proviantgebäude mit Kartoffelkeller, Gerätekammer und

	Kantine; Kanalisation; Betonierung des Appellplatzes und der Wege; nach und nach Einrichtung mit Betten, Tischen und Bänken. Besonders die Kanalisation (fließendes Wasser!) und die Betonierung des Appellplatzes bedeuten eine spürbare Erleichterung für die Insassen.
August	Nach dem Überfall auf die UdSSR werden 43 sowjetische Offiziere aus Lagern in der Lüneburger Heide in Neuengamme erschossen.
Sept.- Dez.	Aus Belgien (Fort Breendonck) und den Niederlanden (Lager Amersfoort) kommen insgesamt über 700 Häftlinge.
16. Oktober	1000 sowjetische Kriegsgefangene aus dem Stalag X D (Wietzendorf) treffen völlig heruntergekommen in Neuengamme ein – zerlumpt, verlaust, halbverhungert. Sie werden in zwei unmöblierte, zusätzlich umzäunte Blocks einquartiert und erhalten keine KZ-Kleidung und keine Häftlingsnummern. Am Zauntor befindet sich ein Schild mit der Aufschrift „Kriegsgefangenenarbeitslager". Sie werden noch schlechter verpflegt als die KZ-Gefangenen und sterben in großer Zahl.
Dez. 1941-April 1942	50 Zeugen Jehovas zum Reetschneiden auf der Ostseehalbinsel Darß.
Dez. 1941	Durch die primitiven hygienischen Verhältnisse verbreitet sich Flecktyphus im Lager (durch Läuse übertragen). Am 28. Dezember wird das Lager unter Quarantäne gestellt; niemand darf hinaus und hinein mit Ausnahme weniger SS-Leute, die die Zählappelle abnehmen.
Ende 1941	Etwa 4500-4800 Häftlinge in Neuengamme (einschließlich der sowjetischen Kriegsgefangenen).
	Stand der Einweisungsnummern: etwa 6950; hinzu kommen die sowjetischen Kriegsgefangenen mit eigenen Nummern.

	1941: Insgesamt 434 Tote verzeichnet. Vier Transporte mit insgesamt 1605 Geschwächten nach Dachau.
<u>1942</u> Jan. bis März	Der Flecktyphusepidemie fallen Hunderte von Menschen zum Opfer, allein 477 sowjetische Kriegsgefangene. Es gibt kaum Medikamente. Die SS-Leute werden geimpft, von den Häftlingen dagegen nur 170 Fachkräfte, die für die Bauarbeiten am Klinkerwerk benötigt und in der alten Ziegelei untergebracht werden. Erst im Februar beginnt die Lagerführung, die Unterkünfte und sämtliche Kleidungsstücke mit Zyklon B zu behandeln, um der Läuseplage Herr zu werden. Am 31. März wird die Quarantäne aufgehoben. Die Kommandos nehmen die Arbeit wieder auf.
Januar	Erstmals Tötung entkräfteter Häftlinge mit Spritzen.
Februar	Das Hamburger Tropeninstitut erprobt neue Medikamente gegen Flecktyphus an KZ-Gefangenen in Neuengamme.
Anfang April	Mehrere hundert Häftlinge werden ins KZ „Arbeitsdorf" beim Volkswagenwerk in die „Stadt des K.d.F.-Wagens" (dem heutigen Wolfsburg) geschickt, das dem Kommandanten von Neuengamme untersteht.
6. April	Senkung der Ernährungsrationen.
etwa April	Besuch einer SS-Ärztekommission, die mehrere hundert Häftlinge auswählt und zur Ermordung durch Giftgas nach Bernburg / Saale schickt. Es handelt sich vor allem um Geschwächte, um Behinderte und um Juden. Außerdem töten Neuengammer SS-Ärzte und -Sanitäter im Abstand von einigen Wochen entkräftete und langfristig kranke Häftlinge mit Spritzen, um Platz im Krankenrevier zu schaffen.

April / Mai	Beginn der Häftlingsarbeit in Rüstungsbetrieben (Jastram, Messap).
ab Frühjahr	Einlieferung sowjetischer Zwangsarbeiter in schnell steigender Zahl. Es handelt sich meist um Menschen, die durch den forcierten Einsatz von Ostarbeitern in der Wirtschaft nach Deutschland gebracht wurden; bei Verstößen gegen die harten Arbeitsbestimmungen, bei Fluchtversuchen oder aus anderen Gründen werden sie ins KZ gesperrt. Sie bilden schon bald die größte nationale Gruppe in Neuengamme.
Ende Juni	Von den 1000 sowjetischen Kriegsgefangenen in den abgezäunten Baracken leben noch 348. Sie werden nach Sachsenhausen verlegt.
Juni / Juli	Einlieferung von 15 luxemburgischen Wachsoldaten, die sich geweigert hatten, zusammen mit der deutschen Polizei in Slowenien auf Partisanen zu schießen.
Mitte 1942	Wegen der vielen Toten und der Abtransporte ist die Lagerbelegung auf etwa 3000 zurückgegangen.
Juni bis Sept.	3 Transporte mit insgesamt 700 Arbeitsunfähigen nach Dachau.
2. Halbjahr	Ca. 6800 Häftlinge von der Gestapo und aus anderen Konzentrationslagern eingeliefert.
15. Juli	Inbetriebnahme des neuen Klinkerwerks (westliche Hälfte).
August	13 sowjetische und polnische Krankenschwestern im Arrestbunker erhängt.
Ende August	150 Häftlinge werden zu den Phrix-Werken nach Wittenberge geschickt; Gründung des ersten Außenlagers des KZ Neuengamme bei einem Industriebetrieb.
1. September	Pauly neuer Kommandant (vorher KZ Stutthof); in den ersten beiden Monaten läßt er sich vom bisherigen Adjutanten Baer vertreten, der später Kommandant in Auschwitz wird.

Ende Sept.	197 sowjetische Kriegsgefangene aus Kriegsgefangenenlagern in der Lüneburger Heide werden im Arrestbunker mit Giftgas getötet.
ab Sept.	Die Häftlinge dürfen sich von Angehörigen Pakete schicken lassen.
Sept./Okt.	Alle jüdischen Häftlinge werden nach Auschwitz transportiert.
Mitte Okt.	1000 Häftlinge werden als „2. SS-Baubrigade" nach Bremen und Osnabrück (später zeitweise Wilhelmshaven, ab August 1943 Hamburg) geschickt, um in bombardierten Vierteln Bomben zu entschärfen, Leichen zu bergen und Trümmer zu beseitigen.
Okt./Nov.	250 Häftlinge werden zu den Reichswerken „Hermann Göring" nach Drütte (Watenstedt-Salzgitter) geschickt (Gründung eines Außenlagers), bis zum Frühjahr 1943 folgen etwa weitere 1500.
Ende Nov.	251 sowjetische Kriegsgefangene, überwiegend Kriegsversehrte, werden im Arrestbunker mit Giftgas getötet.
Winter 1942/43	Die Todesrate steigt auf 10% pro Monat. Weil es nicht genügend KZ-Häftlinge als Arbeitskräfte gibt, befiehlt Himmler, die Lebensverhältnisse und die Behandlung in den Konzentrationslagern etwas zu verbessern.
ab Ende 1942	Abschiebung von Hunderten von Justizgefangenen mit hohen Haftstrafen aus ganz Norddeutschland ins KZ Neuengamme. (Vorher gab es solche Abschiebungen auch schon in kleinerer Zahl.) Im April 1943 werden viele von ihnen in einer mehrwöchigen Aktion bei der Arbeit erschlagen oder über die Postenkette geprügelt („Erschießung auf der Flucht").
Ende 1942	Stand der Einweisungsnummern: etwa 13.400. 1942: Insgesamt 3140 Tote verzeichnet (einschl. Außenlager).

1943

Nachdem aus Berlin mehrere Anweisungen gekommen sind, die Zahl der Toten zu verringern, verbessert sich die Ernährung etwas, vor allem für die wichtigen Arbeitskräfte (Fachkräfte). Außerdem werden drei neue Krankenreviere und ein Häftlingsbad (Duschen) gebaut.

Anfang 1943	Beginn einer provisorischen Fertigung von Gewehrteilen in den Metallwerken (Walther-Werken) und von Schlosser- und Tischlerarbeiten in den Deutschen Ausrüstungswerken. Fertigstellung des Schiffswegs zum Klinkerwerk (Stichkanal zur Dove Elbe).
1943/44	Errichtung der Metallwerke (Walther-Werke) und zweier großer, neuer Häftlingsunterkünfte. Erlaubnis zu kulturellen und sportlichen Aktivitäten in der Freizeit; Einrichtung einer Musikkapelle, die vor allem beim Aus- und beim Einmarsch der Kommandos spielt.
1. Halbj. 1943	Einlieferung von 7800 Gefangenen durch die Gestapo und aus anderen Konzentrationslagern.
März	Die 1. SS-Baubrigade wird dem Konzentrationslager Neuengamme unterstellt und auf die Insel Alderney im Ärmelkanal geschickt. Dort bleibt sie bis Juli 1944.
Mitte d. Jahres	Etwa 9500 Häftlinge im KZ Neuengamme, davon knapp 2700 in Außenlagern.
2. Halbjahr	Einlieferung von ca. 3500 Gefangenen durch die Gestapo und aus anderen Lagern.
Ende Juli	Großbombardierung Hamburgs. Aus Neuengamme wird zunächst eine SS-Einheit zur Bergung von Leichen nach Hamburg entsandt, dann eine Gruppe ausgewählter Funktionshäftlinge, bald danach ein Kommando aus mehreren hundert anderen Häftlingen. Sie werden zunächst täglich hin- und zurückgebracht. Am 7. August kommt ein Teil der 2. SS-Baubrigade aus Bremen hinzu. Wegen der langen Fahrzeiten werden die Häftlinge nun in Hamburg einquartiert.

Juli / Sept.	Mindestens 265 geschwächte Häftlinge in zwei Transporten nach Dachau.
Sommer	Transport der ersten Häftlinge nach Bremen-Farge zur Errichtung eines U-Boot-Bunkers (Gründung eines Außenlagers).
etwa August	Einstellung der systematischen Tötung mit Spritzen. In einzelnen Fällen gab es später noch derartige Tötungen.
September	Transport von 500 Häftlingen zur Accumulatoren-Fabrik nach Hannover-Stöcken (Gründung eines Außenlagers).
Herbst	Einführung von Arbeitsprämien.
Winter 1943/44	Provisorische Fertigstellung des Eisenbahnanschlusses. Die Todesrate bleibt im Winter wegen der Verbesserung der Lebensverhältnisse unter 2% (einschließlich Außenlager).
Ende 1943	Stand der Einweisungsnummern: ca. 25.700. Insgesamt sind 1943 etwa 4000 Tote verzeichnet (einschließlich Außenlager). Immer häufiger werden Menschen von auswärts nach Neuengamme gebracht und dort hingerichtet.

<u>1944</u>
Im Jahr 1944 werden etwa 60 neue Außenlager gegründet für:
– Ausbauarbeiten von Höhlen und Stollen für die unterirdische Verlagerung der Industrie (6 Lager),
– Arbeit in der Rüstungs- und Kriegsindustrie, zum Teil auch Aufräumarbeiten nach Bombenangriffen auf Betriebe (über 30 Lager),
– Arbeiten für die Wehrmacht (8 Lager, davon 6 zum Bau von Panzersperrgräben),
– Aufräumarbeiten und Errichtung von Behelfsbauten (über 10 Lager),
– andere Kommandos (mindestens 3 Lager).
Im Hauptlager schwankt die Zahl der Häftlinge wegen der vielen An- und Abtransporte zwischen 10.000 und 12.000.

Jan. – April	Einlieferung von ca. 4000 Gefangenen durch die Gestapo und aus anderen Lagern.

Jan. und März	Zwei Transporte mit vermutlich über 1000 Arbeitsunfähigen nach Lublin-Majdanek. Zweimalige Reduzierung der Rationssätze für Kartoffeln um insgesamt 60%. Die Brotportion beträgt offiziell noch etwa 350 Gramm, nimmt aber immer weiter ab. Nur die KZ-Gefangenen, die am Arbeitsplatz eine Zulage erhalten (2 Scheiben Brot) und nicht im Freien arbeiten, haben eine Chance, länger als einige Wochen durchzuhalten.
April / Mai	Errichtung eines Bordells. Frauen aus dem KZ Ravensbrück werden zur Zwangsprostitution nach Neuengamme gebracht.
Mai bis Dez.	Die Einlieferungen steigen ins Ungeheuerliche. 40.000 Menschen werden von Anfang Mai bis zum Jahresende von der Gestapo und aus anderen Lagern ins Konzentrationslager Neuengamme eingewiesen. Fast alle werden in die Außenlager geschickt.
2. Halbjahr	Abtransport einer unbekannten Zahl (Schätzung: mindestens 500) von Arbeitsunfähigen nach Bergen-Belsen im Austausch gegen andere Häftlinge. Die Ernährung und Bekleidung wird immer schlechter.
Ende Juli/Anfg. Aug.	Etwa 500 Kranke werden aus den Revieren III und IV hinausgeworfen, weil die SS dort französische „Sonderhäftlinge" (bekannte Persönlichkeiten) einquartieren will, die z.T. mit ihren Familien hergebracht wurden. Nach einigen Wochen werden diese Franzosen in eine abgezäunte Baracke verlegt.
August	Hinrichtungen von Menschen, die an der Verschwörung vom 20. Juli beteiligt waren. Einlieferung mehrerer hundert Gestapo-Häftlinge. Sie erhalten einen gelben Winkel und eine Null vor der Nummer als Kennzeichnung.
ab etwa August	Medizinische Versuche des SS-Arztes Heiß-

	meyer mit Tuberkulose-Infektionen an erwachsenen KZ-Gefangenen und später an Kindern, die aus Auschwitz nach Neuengamme gebracht wurden.
ab Sept./Okt.	Aus den Außenlagern kommen so viele Entkräftete ins Hauptlager (die Wirtschaftsbetriebe dürfen Arbeitsunfähige gegen neue Arbeitskräfte austauschen), daß die beiden Revierbaracken wieder für Kranke zur Verfügung gestellt und immer mehr Unterkünfte zu „Schonungsblocks" umgewandelt werden müssen. Dort bleiben die entkräfteten Häftlinge sich selbst überlassen.
Herbst	Baubeginn eines neuen, größeren Krematoriums.
Dez. 1944–Feb. 1945	Versuche des Professor Haase mit giftgasverseuchtem Wasser an über 150 Häftlingen. Es treten keine sofort sichtbaren Wirkungen auf, vermutlich bleiben aber längerfristige Gesundheitsschäden zurück.
ab Dez.	Vom Roten Kreuz treffen Hunderte von Lebensmittelpaketen ein, doch die Lagerführung hält sie bis März 1945 unter Verschluß, obwohl die Verpflegung immer katastrophaler wird.
Ende 1944	Über 48.800 Häftlinge im Konzentrationslager Neuengamme (einschließlich Außenlager, davon etwa 10.000 Frauen).
	1944 sterben mindestens 8000 Gefangene im Konzentrationslager Neuengamme (einschließlich Außenlager). Außerdem bringt die Gestapo Hunderte von Menschen zur Exekution nach Neuengamme.

<u>1945</u>

Jan. bis April	Etwa 28.000 Menschen eingewiesen und aus anderen Lagern gebracht.
	Errichtung von über zehn neuen Außenlagern.
	Viele der bestehenden Außenlager werden aufgelöst, die Häftlinge nach Neuengamme geschickt.

Weil immer mehr Arbeitsunfähige aus den Außenlagern zurückkommen, wird das Hauptlager zum Sterbelager. Über die Hälfte der Häftlinge sind völlig entkräftet. Weitere Unterkünfte werden zu „Schonungsblocks" erklärt, eine Baracke wird als „Revier V" eingerichtet.

Mehrere Transporte Entkräfteter nach Bergen-Belsen.

Hunderte von Hinrichtungen im Arrestbunker, unter anderem einer Gruppe holländischer Eisenbahner, die wegen eines Streiks eingeliefert worden sind.

Jan. bis April	Die Einlieferungsnummern steigen auf über 87.000 bei den Männern und über 13.000 bei den Frauen. Bis zur Räumung der Lager mindestens 9000 Tote (einschließlich Außenlager).
Feb.-April	Durch Verhandlungen erreicht das schwedische Rote Kreuz (Graf Folke Bernadotte), daß alle skandinavischen Gefangenen – zusammen über 4000 – aus deutschen Gefängnissen und Konzentrationslagern nach Neuengamme gebracht werden. Kranke dürfen nach Dänemark und Schweden weitertransportiert werden. Um im Lager Platz zu schaffen, werden Ende März / Anfang April über 4000 entkräftete Häftlinge aus Neuengamme nach Hannover und Braunschweig abgeschoben.
April	Räumung der Außenlager; Transport oder Marsch zu Auffanglagern (Bergen-Belsen, Sandbostel b. Bremervörde, Wöbbelin bei Ludwigslust); dabei Tausende von Toten.
2. Aprilhälfte	Eintreffen mehrerer tausend Rotkreuzpakete.
19. April	Anordnung zur Räumung des Hauptlagers. Himmler hatte den Befehl erteilt, daß die KZ-Gefangenen beim militärischen Rückzug nicht zurückgelassen werden dürfen.
ab 20. April	Die meisten Häftlinge werden nach Lübeck

	transportiert und trotz der Gefahr der Bombardierung auf drei Schiffe verladen, die in der Lübecker Bucht ankern.
	Über 4200 dänische und norwegische Häftlinge werden mit Bussen des Roten Kreuzes nach Dänemark gebracht.
20./21. April	Ermordung von 20 jüdischen Kindern, an denen der SS-Arzt Heißmeyer medizinische Versuche vornahm, und ihrer Betreuer in der Schule Bullenhuser Damm.
21.-23. April	Hinrichtung von 71 politischen Gefangenen aus Hamburg im Konzentrationslager Neuengamme.
29. April	Die letzten 700 Häftlinge, die die Akten verbrennen und das Lager aufräumen mußten, marschieren fort, die meisten nach Hamburg. Der Kommandant zieht sich mit wenigen SS-Leuten nach Schleswig-Holstein zurück. Er nimmt aus Tausenden von Rotkreuzpaketen Zigaretten, Schokolade und Kaffee mit.
3. Mai	Bombardierung der Schiffe in der Lübecker Bucht. Etwa 7000 KZ-Häftlinge ertrinken.

Insgesamt waren etwa 104.000 Männer und Frauen im Konzentrationslager Neuengamme inhaftiert; außerdem wurden etwa 2000 Menschen zur Hinrichtung dorthin gebracht. Es wird geschätzt, daß 40.000 bis 55.000 von ihnen nicht überlebten.

Übersicht über die Außenlager des Konzentrationslagers Neuengamme

Ort	Name des Außenlagers[1]	Zeitraum des Bestehens als Außenlager[2]	Häftlingszahlen[3]	Arbeitseinsatz	Überstellung nach/Befreiung
Alt Garge		24. 8. 1944–15. 2. 1945	500 Männer	Fa. Rossenburg; Grün & Bilfinger; Wayss & Freytag; Kraftwerkbau für d. „Hamburgischen Electricitäts-Werke AG"	KZ Neuengamme
Beendorf (bei Helmstedt)	A III Helmstedt	17. 3. 1944–8. 4. 1945	749 Männer*	SS-Führungsstab A III, Askania-Werke AG: Errichtung unterirdischer Fabriken in den Schächten „Bartensleben" u. „Marie"	Wöbbelin
Beendorf (bei Helmstedt)	A III Helmstedt	Aug. 1944–10. 4. 1945	2021 Frauen*	SS-Führungsstab AIII, Askania-Werke AG: Arbeit in einer unterirdischen Fabrik	über Wöbbelin ins AL Sasel, AL Drägerwerk, AL Eidelstedt, AL Langenhorn
Boizenburg	(Thomsen)	März 1944–28. 4. 1945	400 Frauen*	Thomsen & Co: Herstellung von Flugzeug- und Schiffsteilen	Groß-Laasch/ Ludwigslust
Braunschweig	Büssing NAG	1. 6. 1944–April 1945	1800 Männer	Fa. Büssing: Bau von Kraftfahrzeugersatzteilen	Feb. 45:1000 M. nach Salzgitter, Wöbbelin
Braunschweig	SS-Reitschule	16. 1. 1945–18. 2. 1945	? Frauen	Trümmerbeseitigung	unbekannt

Ort	Name des Außenlagers[1]	Zeitraum des Bestehens als Außenlager[2]	Häftlings-zahlen[3]	Arbeitseinsatz	Überstellung nach/Befreiung
Braunschweig	Truppenwirt-schaftslager	25. 3. 1944–5. 6. 1944	8-10 Männer	SS-Ergänzungsstelle Mitte: Bau einer Bürobaracke	AL Warberg
Breitenfelde (bei Mölln)		10.11.1944–30. 4. 1945	20 Männer	SS-Bauleitung Mölln: Arbeit im Sägewerk Gülzow	mit Schiff "Westpreußen" auf die Ostsee
Bremen	Hindenburg-kaserne	2. 8. 1944–Sept. 1944	800 Frauen	Aufräumungsarbeiten	AL Bremen-Obernheide
Bremen	Borgward-Werke	25. 8. 1944–12. 10. 1944	1000 Männer	Borgward-Werke: Bau von Kraftfahrzeugen	Neuengamme, z.T. Porta Westfalica (AL Lerbeck)
Bremen-Blumenthal	Deschimag-Blumenthal (Bahrsplate)	27. 9. 1944–20. 4. 1945	929 Männer*	Deschimag: Werftarbeiten	Lübecker Bucht, Sandbostel
Bremen-Farge	("Valentin")	1. 7. 1943–11. 4. 1945	3000 Männer	Marineoberbauleitung; Bau des U-Boot-Bunkers „Valentin"	Sandbostel, Lübecker Bucht
Bremen-Neuenland (?)	Bremen-Hornisse (Riespott; Ostorf; Osterort)	16. 8. 1944 – April 1945	869 Männer*	Marineoberbauleitung; Bau eines U-Boot-Bunkers; Aufräumungsarbeiten; Krupp-Norddeutsche Hütte: Arbeit am Hochofen	Lübecker Bucht, Sandbostel

Bremen-Obernheide	Behelfswohnbau	Sept. 1944–4. 4. 1945	800 Frauen	Senator für das Bauwesen: Aufräumungsarbeiten; Fa. Rodiek; Fa. Lüning & Sohn: Bau von Behelfsheimen	Bergen-Belsen
Bremen-Schützenhof	Deschimag-Schützenhof	Dez. 1944–11. 4. 1945	582 Männer*	Deschimag: Werftarbeiten	Bergen-Belsen, Lübecker Bucht?
Bremen-Uphusen	Behelfswohnbau	18. 10. 1944–4. 4. 1945	100–200 Frauen	Fa. Rodiek: Herstellung von Fertigbetonteilen	Bergen-Belsen
Darß-Wieck		Jan. 1941 – Ende Feb. 1941	50 Männer	Reetschneiden	Neuengamme
Darß-Zingst		Dez. 1941 – April 1942	50 Männer	Reetschneiden	Neuengamme
Düssin		15. 9. 1944–1. 3. 1945	80 Männer	Arbeiten auf einem Gut	AL Hamburg-Spaldingstraße
Engerhafe	Aurich-Engerhafe	21. 10. 1944–22. 12. 1944	2000 Männer	Bau von Befestigungen und Panzergräben	Neuengamme
Fallersleben (bei Wolfsburg)	(VW-Werk)	Aug. 1944–8. 4. 1945	644 Frauen*	Volkswagenwerk	AL Salzwedel
Fallersleben (bei Wolfsburg)	(Laagberg)	30. 5. 1944–8. 4. 1945	656 Männer*	Volkswagenwerk, Bauarbeiten	Wöbbelin

Ort	Name des Außenlagers[1]	Zeitraum des Bestehens als Außenlager[2]	Häftlings-zahlen[3]	Arbeitseinsatz	Überstellung nach/Befreiung
Garlitz		Frühjahr 1945	2 Frauen*	unbekannt	unbekannt
Goslar		20. 10. 1944– 25. 3. 1945	15 Männer*	SS-Bauleitung Goslar	Neuengamme (?)
Hamburg-Eidelstedt		Okt. 1944– 7. 4. 1945	469 Frauen*	Aufräumungs- und Bauarbeiten, Munitionsproduktion	Bergen-Belsen
Hamburg-Finkenwerder	Deutsche Werft	Okt. 1944 – Ende März 1945	308 Männer*	Deutsche Werft: Werft- und Aufräumungsarbeiten	AL Dessauer Ufer, AL Spaldingstraße
Hamburg-Fuhlsbüttel		26. 10. 1944– 15. 2. 1945	1300 Männer	Geilenberg-Programm: Aufräumungsarbeiten bei Raffinerien u.a. Berieben im Hafen, Panzergrabenbau	AL Dessauer Ufer
Hamburg-Hammerbrook	Bombensuch-kommando (Brackdamm)	Mitte 1944– 25. 3. 1945	35 Männer	Bergung von Blindgängern	unbekannt
Hamburg-Hammerbrook	Spaldingstraße 156/158	Okt. 1944– 17. 4. 1945	2000 Männer	Aufräumungsarbeiten	Sandbostel
Hamburg-Langenhorn	(Ochsenzoll)	12. 9. 1944– 4. 4. 1945	740 Frauen*	Hanseatische Kettenwerke: Gewehr- und Munitionsfabrik, HH-Ochsenzoll; Behelfswohn-heimbau	AL Sasel, Bergen-Belsen

Hamburg-Neugraben		13. 9. 1944–8. 2. 1945	500 Frauen	Fa. Prien; Fa. Wesseloh; Ziegelei Malo; Bau- und Aufräumungsarbeiten	AL Tiefstack
Hamburg-Poppenbüttel	Sasel	13. 9. 1944–7. 4. 1945	497 Frauen*	Fa. Kowal & Bruns: Herstellung von Fertigbetonteilen; Fa. Wayss & Freytag: Behelfsheimbau; Aufräumungsarbeiten	Bergen-Belsen
Hamburg-Rothenburgsort	Bullenhuser Damm	1. 10. 1944–21. 4. 1945	592 Männer*	Deutsche Erd- und Steinwerke: Verarbeitung von Trümmerschutt und Aufräumungsarbeiten	Sandbostel
Hamburg-Steinwerder	Blohm & Voß	5. 10. 1944–12. 4. 1945	572 Männer	Blohm & Voß: Aufräumungs- und Werftarbeiten	Lübecker Bucht, Sandbostel
Hamburg-Steinwerder	Stülckenwerft (Howaldt-Werft?)	Okt. 1944–21. 4. 1945	230 Männer*	Stülckenwerft: Werft- und Aufräumungsarbeiten	Sandbostel
Hamburg-Tiefstack	Diago-Tiefstack	8. 2. 1944–7. 4. 1945	492 Frauen*	Diago Werke: Maschinenbau; Zementfabrik Tiefstack; Fa. Möller; Bauarbeiten, Panzergrabenbau	Bergen-Belsen
Hamburg-Veddel	Dessauer Ufer (Freihafen)	20. 6. 1944–13. 9. 1944	1500 Frauen	Fa. Ebano-Oehler, J. Schindler, Rhenania (Shell): Aufräumungsarbeiten	je 500 Frauen AL Wedel, AL Sasel, AL Neugraben

Ort	Name des Außenlagers[1]	Zeitraum des Bestehens als Außenlager[2]	Häftlings- zahlen[3]	Arbeitseinsatz	Überstellung nach/Befreiung
Hamburg-Veddel	Dessauer Ufer (Geilenberg)	15. 9. 1944– 25. 10. 1944	2000 Männer	Geilenberg-Programm: Aufräumungsarbeiten bei Raffinerien u.a. Betrieben; Bau von Panzergräben bei Hittfeld	AL Fuhlsbüttel
Hamburg-Veddel	Dessauer Ufer (Geilenberg)	15. 2. 1945– 14. 4. 1945	800 Männer	Geilenberg-Programm: Aufräumungsarbeiten bei Raffinerien u.a. Betrieben, Panzergrabenbau, Jung-Ölwerke Wilhelmsburg: Treibstoffherstellung	Sandbostel
Hamburg-Wandsbek	Drägerwerke	8. 6. 1944– 29. 4. 1945	526 Frauen*	Drägerwerke: Herstellung von Gasmasken	AL Eidelstedt, Dänemark, Schweden
Hannover-Ahlem	A 12	30. 11. 1944– 6. 4. 1945	630 Männer*	Bau eines unterirdischen Stollens für die Verlagerung der Continental-Werke und der Maschinenfabrik Niedersachsen Hannover	Bergen-Belsen
Hannover-Langenhagen	Brinker Eisenwerke	2. 10. 1944 – Dez. 1944	500 Frauen	Brinker Eisenwerke: Herstellung von Flugzeugteilen und Reparatur von Flugzeugen	AL Hannover-Limmer
Hannover-Limmer	Continental	25. 6. 1944– 6. 4. 1945	1011 Frauen*	Continental-Gummiwerke AG: Herstellung von Gas- masken; Brinker Eisenwerke	Bergen-Belsen

Hannover-Misburg	(Deurag)	26. 6. 1944–6. 4. 1945	672 Männer*	Deutsche Erdölraffinerie: Aufräumungs- und Bauarbeiten	Bergen-Belsen, Gardelegen
Hannover-Mühlenberg	Hanomag (Linden)	3. 2. 1945–6. 4. 1945	500 Männer	Hanomag und Rheinmetall-Borsig: Produktion von Flakgeschützen	Bergen-Belsen
Hannover-Stöcken	Continental	7. 9. 1944–30. 11. 1944	1000 Männer	Continental-Gummiwerke AG: Herstellung von Reifen für Autos und Flugzeuge	AL Hannover-Ahlem
Hannover-Stöcken	Accumulatorenfabrik	17. 7. 1943–7. 4. 1945	1470 Männer*	Accumulatoren-Fabrik AG: Herstellung von Batterien für U-Boote	Bergen-Belsen, Gardelegen
Hildesheim	Reichsbahndirektion	1. 3. 1945–26. 3. 1945	500 Männer*	Reichsbahndirektion Hannover: Bahnarbeiten; Arbeit im Bleiwerk	Richtung Bergen-Belsen
Horneburg	(Valvo)	12. 10. 1944–3. 2. 1945	250 Frauen	Philips-Valvo-Röhrenwerke: Herstellung von Radioröhren	Porta Westfalica (AL Hausberge)
Horneburg		März 1945	299 Frauen*	Arbeit in einer Lederfabrik	Bergen-Belsen
Husum-Schwesing	Schwesing (Engelsburg)	26. 9. 1944–29. 12. 1944	1500 Männer	Bau von Panzergräben am „Friesenwall"	Neuengamme
Kaltenkirchen		Aug. 1944–17. 4. 1945	470 Männer*	Flugplatzbau für die Luftwaffe	Wöbbelin

Ort	Name des Außenlagers[1]	Zeitraum des Bestehens als Außenlager[2]	Häftlings-zahlen[3]	Arbeitseinsatz	Überstellung nach/Befreiung
Kiel		Juli 1944 – Sept. 1944	50 Männer	Aufräumungsarbeiten	Neuengamme
Ladelund		1. 11. 1944 – 16. 12. 1944	2000 Männer	Bau von Panzergräben am „Friesenwall"	Neuengamme
Lengerich	A I	18. 3. 1944 – 1. 4. 1945	198 Männer*	SS-Führungsstab A I: Errichtung einer unterirdischen Flugzeugfabrik (Jägerprogramm)	AL A II
Lübberstedt		Aug. 1944 – April 1945	497 Frauen*	Lufthauptmunitionsanstalt: Munitionsherstellung	Bergen-Belsen, Haffkrug
Lütjenburg-Hohwacht	Lütjenburg	Dez. 1944 – 25. 3. 1945	197 Männer*	Anschütz & Co: Herstellung von Navigationsgeräten	Rathmannsdorf, Neumünster
Meppen	Dalum	Nov. 1944 – 25. 3. 1945	807 Männer*	Fa. Hochtief: Bau von Panzergräben	Sandbostel, Neuengamme
Meppen	Meppen-Versen	16. 11. 1944 – 25. 3. 1945	1773 Männer*	Fa. Hochtief: Bau von Panzergräben	Sandbostel, Neuengamme
Neustadt in Holstein		Dez. 1944 – 1. 5. 1945	15 Männer*	SS-Bauleitung Neustadt: Bau von Baracken für SS-Lazarett	mit Schiff „Westpreußen" auf die Ostsee

Porta Westfalica	A II (Barkhausen)	19. 3. 1944– 1. 4. 1945	983 Männer*	SS-Führungsstab A II: Ausbau eines unterirdischen Stollensystems, Aufbau einer Raffinerie	Wöbbelin, Neuengamme
Porta Westfalica	Hammerwerke Porta (Hausberge)	Herbst 1944– 1. 4. 1945	172 Männer*	Aufbau des Lagers u. Arbeit für die Philips-Valvo-Werke in Jakobsberg	Wöbbelin, Neuengamme
Porta Westfalica	Hammerwerke Porta (Hausberge)	März 1945– 1. 4. 1945	967 Frauen*	Philips-Valvo-Werke: Herstellung von Radioröhren im Jakobsberg	AL Salzwedel, AL Eidelstedt, Wöbbelin
Porta Westfalica	Lerbeck Porta	1. 10. 1944– 1. 4. 1945	469 Männer*	Fa. Bense: Aufbau von Prüfständen u. Reparatur von Flugzeugmotoren	Wöbbelin, Neuengamme
Salzgitter	Salzgitter Bad	Sommer 1944– 7. 4. 1945	472 Frauen*	AG für Bergbau- und Hüttenbedarf der Reichswerke „Hermann Göring": Granatenherstellung	Bergen-Belsen
Salzgitter	Drütte	18. 10. 1944– 7. 4. 1945	3000 Männer	Hütte Braunschweig der Reichswerke „Hermann Göring": Granatenherstellung	Celle, Bergen-Belsen
Salzgitter-Watenstedt	Stahlwerke Braunschweig	Sept. 1944– 7. 4. 1945	1500 Frauen	Stahlwerke Braunschweig: Granatenherstellung	KZ Ravensbrück, Malchow, Wöbbelin

Ort	Name des Außenlagers[1]	Zeitraum des Bestehens als Außenlager[2]	Häftlings-zahlen[3]	Arbeitseinsatz	Überstellung nach/Befreiung
Salzgitter-Watenstedt/ Leinde	Stahlwerke Braunschweig	Mai 1944– 7. 4. 1945	2000 Männer	Stahlwerke Braunschweig: Granatenherstellung	KZ Ravensbrück, Malchow, Wöbbelin
Salzwedel		10. 7. 1944– 15. 4. 1945	1518 Frauen*	Munitionsfabrik: Herstellung von Minen	z.T. Wöbbelin
Schandelah		8. 5. 1944– 10. 4. 1945	782 Männer*	Steinöl GmbH: Abbau und Verarbeitung von Ölschiefer	Wöbbelin
Uelzen		Ende 1944– 17. 4. 1945	500 Männer	Reichsbahndirektion: Gleisbauarbeiten	Lübecker Bucht
Vechelde (bei Braun-schweig)		Sept. 1944 – Ende März 1945	200 Männer	Büssing NAG: Bau von Kraftfahrzeugersatzteilen	Wöbbelin
Verden a.d. Aller		8. 1. 1945 – April 1945	8 Männer*	SS-Bauleitung Verden: Bau der SS-Schulungsstätte „Sachsenhain"	unbekannt
Warberg		5. 6. 1944– 8. 1. 1945	8 Männer	Truppenwirtschaftslager Braunschweig: Bauarbeiten	AL Verden
Watenstedt: siehe Salzgitter					

Wedel	13. 9. 1944 – Okt. 1944	500 Frauen	Aufräumungsarbeiten	AL Hamburg-Eidelstedt
Wedel	17. 10. 1944–20. 11. 1944	500 Männer	Bau von Panzergräben	AL Meppen-Versen
Wilhelmshaven	17. 9. 1944–5. 4. 1945	1129 Männer*	Kriegsmarinewerft: Werftarbeiten; Aufräumungsarbeiten in der Innenstadt	Sandbostel, Bergen-Belsen
Wittenberge	15. 8. 1942–17. 2. 1945	450 Männer	Phrix-Werke: Aufbau einer chemischen Fabrik	Neuengamme
Wöbbelin	12. 2. 1945–2. 5. 1945	648 Männer*	Aufbau eines neuen Außenlagers; im April/Mai 1945 Auffanglager für viele Transporte	Wöbbelin

Anmerkungen siehe nächste Seite.

Einsatzorte der dem KZ Neuengamme unterstellten SS-Baubrigaden

Ort	Name des Außenlagers[1]	Zeitraum des Bestehens als Außenlager[2]	Häftlings zahlen[3]	Arbeitseinsatz	Überstellung nach/Befreiung
Alderney	1. SS-Baubrigade	28. 3. 1943 – 22. 9. 1944	1000 Männer	Befestigungsbauten, Bauarbeiten an V-Waffen-Stellungen	AL Sollstedt (KZ Buchenwald)
Bad Sassendorf	11. SS-Baubrigade	13. 2. 1945 – 5. 4. 1945	500 Männer	Gleisbauarbeiten	AL Ebensee (KZ Mauthausen)
Bremen	2. SS-Baubrigade	12. 10. 1942 – Juni 1944	750 Männer	Hochbauamt Bremen: Aufräumungsarbeiten, Luftschutzbunkerbau (Teilkomm. in Hamburg u. Wilhelmshaven)	KZ Sachsenhausen
Hamburg-Hammerbrook	2. SS-Baubrigade (Brackdamm)	Anfang Aug. 1943 – Juni 1944	ca. 900 Männer	Aufräumungs- und Bergungsarbeiten	KZ Sachsenhausen
Osnabrück	2. SS-Baubrigade	17. 10. 1942 – Mai 1943	300 Männer	Aufräumungsarbeiten	Hamburg, 2. SS-Baubrigade
Wilhelmshaven	2. SS-Baubrigade	1942-1943	200 Männer	Aufräumungs- und Bauarbeiten	Bremen, 2. SS-Baubrigade

[1] Sofern nicht mit dem Ortsnamen identisch. Andere Namensbezeichnungen sind in Klammern gesetzt.
[2] Der angegebene Zeitraum gibt – nach dem Stand der bisherigen Kenntnis – das Bestehen als Außenlager wieder. Einzelne Außenlager können auch vor oder nach diesem Zeitraum als Arbeitseinsatzort von Häftlingen existiert haben.
[3] Nachgewiesene Belegung. Die mit * gekennzeichneten Zahlen geben den Stand von 25. 3. 1945 (letzter Vierteljahresbericht des SS-Standortarztes Dr. Trzebinski an das Wirtschafts-Verwaltungshauptamt der SS) wieder. Die anderen Zahlenangaben benennen die (durchschnittliche) Lagerstärke (nach dem derzeitigen Forschungsstand); die tatsächliche Belegung kann zeitweise wesentlich höher oder niedriger gewesen sein.

Abkürzungen

AGKBZH	Archiwum Glownej Komisji Badania Zbrodni Hitlerowskich W Polsce (Archiv der Hauptkommission zur Untersuchung der NS-Verbrechen in Polen), Warschau
AL	Außenlager
ANg	Archiv der KZ-Gedenkstätte Neuengamme
BAK	Bundesarchiv Koblenz (Akten zum Teil inzwischen ins Bundesarchiv Berlin verlegt)
BAZ	ehem. Bundesarchiv, Außenstelle Berlin-Zehlendorf (jetzt Bundesarchiv Berlin)
BDC	ehem. Berlin Document Center, jetzt Bundesarchiv Berlin
EE	Eidesstattliche Erklärung
DAF	Deutsche Arbeitsfront
FGN	Forschungsstelle für die Geschichte des Nationalsozialismus, Hamburg
Gestapo	Geheime Staatspolizei
HSV	Verzeichnis der Haftstätten unter dem Reichsführer-SS (1933-1945), Hg.: Internationaler Suchdienst des Roten Kreuzes, Arolsen 1979
IfZ	Institut für Zeitgeschichte, München
IMT	Prozeß gegen die Hauptkriegsverbrecher vor dem Internationalen Militärgerichtshof in Nürnberg (siehe Literaturverzeichnis)
K. d. F.	„Kraft durch Freude" – Programm der DAF
KL	amtliche Abkürzung für "Konzentrationslager"
KZ	verbreitete Abkürzung für "Konzentrationslager"
K.z.b.V.	Kommando zur besonderen Verwendung
NgC	Neuengamme Camp Case – Neuengamme-Haupt-Prozeß, Britisches Militärgerichtsverfahren v. 18.3.-3. 5. 1946, Public Record Office, Kew / London, Großbritannien, WO 235/162-169
Ng VIII C	Neuengamme VIII Case – 8. Neuengamme-Prozeß, Britisches Militärgerichtsverfahren v. 25.2.-7. 3.

	1947, Public Record Office, Kew / London, Großbritannien, WO 235/301
Ng IX C	Neuengamme IX Case – 9. Neuengamme-Prozeß, Britisches Militärgerichtsverfahren, Public Record Office, Kew / London, Großbritannien, WO 235/405
NHS	Nachlaß Hans Schwarz in der Forschungsstelle für die Geschichte des Nationalsozialismus, Hamburg
NMM	Nachlaß Mathias Mai, ANg
NSDAP	Nationalsozialistische Deutsche Arbeiterpartei
Nürnb. Dok.	Dokument aus den Nürnberger Militärgerichtsprozessen (Institut für Zeitgeschichte, München)
OT	Organisation Todt (Staatl. Bauorganisation, benannt nach ihrem Gründer Fritz Todt)
RGBl	Reichsgesetzblatt
ROA	Rijksinstituut voor Oorlogsdocumentatie, Amsterdam
Rs	Rückseite
RSHA	Reichssicherheitshauptamt
RvO	siehe ROA
SA	Sturmabteilung (Gliederung der NSDAP)
SAPMO	Stiftung Archiv der Parteien und Massenorganisationen der DDR im Bundesarchiv, Berlin
SD	Sicherheitsdienst der SS
SDG	Sanitätsdienstgrad (Sanitäter)
SLHH	Staatsanwaltschaft bei dem Landgericht Hamburg, NSG-Ermittlungsverfahren
SS	Schutzstaffel (Gliederung der SA, ab 1934 selbständige Gliederung der NSDAP)
StA HH	Staatsarchiv Hamburg
VVN	Vereinigung der Verfolgten des Naziregimes
WVHA	Wirtschaftsverwaltungshauptamt der SS
ZSLL	Zentrale Stelle der Landesjustizverwaltungen, Ludwigsburg

Begriffserläuterungen

Appell:	Mit Hilfe von Zählappellen kontrollierte die SS mehrmals pro Tag die Zahl der Häftlinge im Lager, um festzustellen, ob jemand geflohen war. Es gab einen Morgen- und einen Abendappell, zeitweise auch einen Mittagsappell für alle Häftlinge des Lagers. Außerdem mußten die Häftlinge bei den Blocks und in den Arbeitskommandos zu Appellen antreten. Während des Zählens, das manchmal über eine Stunde dauerte, mußten alle Häftlinge stillstehen. Kaum ein Appell verging ohne Mißhandlungen.
Block:	Unterkunft der Häftlinge mit 300 bis 1000 Insassen. Die Leitung hatte ein SS-Blockführer. Der Blockälteste war ein von der SS eingesetzter Häftling, der die Aufgabe hatte, für Ordnung im Block zu sorgen und ein Blockbuch über die dort einquartierten Häftlinge zu führen.
Bunker:	Arrestgebäude im KZ Neuengamme, in dem Häftlinge zur Strafe eingesperrt wurden. Dort fanden auch Erhängungen statt. Im September und im November 1942 wurden im Arrestbunker sowjetische Kriegsgefangene mit Giftgas getötet.
Funktionshäftling:	Zur Beherrschung des Lagers bediente die SS sich ausgewählter Häftlinge, denen sie Ämter übertrug. Diese Funktionshäftlinge erhielten Vorrechte, vor allem zusätzliches Essen, bessere Kleidung und erträgliche Unterkünfte. Funktionshäftlinge hatten in ihrem Aufgabenbereich oft große Handlungsspielräume im Rahmen der ihnen erteilten Befehle. Ob sie einen ihnen unterstellten Häftling schikanierten,

	mißhandelten oder totschlugen, war oft in ihr Belieben gestellt. Niemand zog sie dafür zur Rechenschaft. Es gab allerdings auch Funktionshäftlinge, die versuchten, ihre Handlungsspielräume zugunsten ihrer Mithäftlinge zu nutzen.
Kapo (oder Capo):	Häftling, der von der SS als Leiter eines Arbeitskommandos ausgewählt wurde.
Muselmann:	Häftling, der durch die ungenügende Ernährung und durch Krankheit körperlich völlig geschwächt war.
Ödeme:	Wassersucht (Störung des Flüssigkeitshaushaltes im Zellgewebe, die durch ungenügende, einseitige Ernährung entsteht).
Organisieren:	Lagerausdruck für illegales Beschaffen von Lebensmitteln und anderen Dingen.
Phlegmone:	Eitrige Entzündung des Zellgewebes.
Platzen:	Lagerausdruck: bei einer verbotenen Handlung ertappt werden.
Postenkette:	Kette von Wachposten um eine Gruppe von KZ-Gefangenen herum. Häftlinge, die die unsichtbare Linie zwischen den Posten überquerten, wurden erschossen.
Revier:	Krankenbaracke (Lazarett).
Schutzhaft:	Inhaftierung durch die Polizei ohne Zeitbeschränkung aufgrund der "Verordnung zum Schutz von Volk und Staat" vom 28. 2. 1933. Es gab keine Möglichkeit, dagegen Rechtsmittel einzulegen.

Literaturverzeichnis

Arbeit und Vernichtung, Das Konzentrationslager Neuengamme 1938-1945, Katalog zur ständigen Ausstellung im Dokumentenhaus der KZ-Gedenkstätte Neuengamme, Hg.: U. Bauche / H. Brüdigam / L. Eiber / W. Wiedey, Hamburg 1986.

Asendorf, Manfred: 1945 – Hamburg besiegt und befreit, Hg.: Landeszentrale für politische Bildung, Hamburg 1995.

Bajohr, Frank / Szodrzynski, Joachim (Hg.): Hamburg in der NS-Zeit, Ergebnisse neuerer Forschungen, Hamburg 1995.

Banse, Dietrich: Das Außenlager Salzwedel – KZ Neuengamme, in: Fremde – Flüchtlinge im Landkreis Lüchow-Dannenberg, Wüstrow 1991 (zit. Banse, Salzwedel).

Banse, Dietrich: Das Außenlager Uelzen des Konzentrationslagers Neuengamme, Suhlendorf 1990 (zit. Banse, Uelzen).

Barfod, Jørgen H.: Helvede har mange navne, København 1969.

Bästlein, Klaus (Hg.): Das KZ Husum-Schwesing, Bredstedt /Bräist 1983.

Bernadotte, Folke: Das Ende, Zürich 1945.

Bertram, Mijndert: April 1945, Der Luftangriff auf Celle und das Schicksal der KZ-Häftlinge aus Drütte, Celle 1989.

Blanke-Bohne, Reinhold: Die unterirdische Verlagerung von Rüstungsbetrieben und die Außenlager des KZ Neuengamme in Porta Westfalica bei Minden, Diplomarbeit, Bremen 1984.

Bleton, Pierre: "Das Leben ist schön!", Überlebensstrategien eines Häftlings im KZ Porta, Hg.: W. von Bernstorff u. a., Bielefeld 1987.

Borgsen, Werner / Volland, Klaus: Stalag X B Sandbostel, Zur Geschichte eines Kriegsgefangenen- und KZ-Auffanglagers in Norddeutschland 1939-1945, Bremen 1991.

Bringmann, Fritz: Kindermord am Bullenhuserdamm, SS-Verbrechen in Hamburg 1945, Frankfurt am Main 1979 (zit. Bringmann, Kindermord).

Bringmann, Fritz: KZ Neuengamme, Berichte, Erinnerungen, Dokumente, Frankfurt am Main 1981 (zit. Bringmann, Neuengamme).

Broszat, Martin: Nationalsozialistische Konzentrationslager 1933-1945, in: M. Broszat / H. Buchheim / H.-A. Jacobsen / H. Krausnik: Anatomie des SS-Staates, Bd. 2, 3. Aufl., München 1982, S. 11-133.

Büttner, Ursula: Not nach der Befreiung, Die Situation der deutschen Juden in der britischen Besatzungszone 1945 bis 1948, Hamburg 1986.

Büttner, Ursula / Jochmann, Werner: Hamburg auf dem Weg ins Dritte Reich, Hamburg 1983.

Choquet, Maurice: La Déportation, in: Bibliothèque de Travail, Nr. 603, Cannes 1965.

Curiohaus-Prozeß, Verhandelt vor dem britischen Militärgericht in der Zeit vom 18. März bis zum 3. Mai 1946 gegen die Hauptverantwortlichen des KZ Neuengamme, Hg.: Freundeskreis e.V., 3 Bde., Hamburg 1969.

Das Kreuz am Konzentrationslager Schandelah, Eine Dokumentation der Grünen Bürgerliste für den Landkreis Wolfenbüttel, o.J. [ca. 1984].

Der Prozeß gegen die Hauptkriegsverbrecher vor dem Internationalen Militärgerichtshof, 42 Bde., Nürnberg 1947–1949 (zit. IMT).

Die Juden in Hamburg 1590–1990, Wissenschaftliche Beiträge der Universiät Hamburg zur Ausstellung "Vierhundert Jahre Juden in Hamburg", Hg.: Arno Herzig in Zusammenarbeit mit Saskia Rohde, Hamburg 1991 (ANg).

Diercks, Herbert: Das Konzentrationslager Fuhlsbüttel im Jahre 1933, Magisterarbeit, Hamburg 1992.

Ditt, Karl: Sozialdemokraten im Widerstand, Hamburg in der Anfangsphase des Dritten Reiches, Hamburg 1984.

Dokumentation Außenkommando Wilhelmshaven des Konzentrationslagers Neuengamme, Hg.: Stadt Wilhelmshaven, Wilhelmshaven 1986.

Drobisch, Klaus / Wieland, Günther: System der NS-Konzentrationslager 1933-1939, Berlin 1993.

Eiber, Ludwig: Außenlager des KZ Neuengamme auf den Hamburger Werften, in: 1999, Zeitschrift für Sozialgeschichte des 20. und 21. Jahrhunderts, 10. Jg., April 1995, Heft 2, S. 57-73 (zit. Eiber, Außenlager).

Eiber, Ludwig: Das KZ-Außenlager Blohm & Voss im Hamburger Hafen, in: Kaienburg, Konzentrationslager, S. 227-238 (zit. Eiber, Blohm & Voß).

Eiber, Ludwig: KZ-System und Zwangsarbeit, Außenlager des KZ-Neuengamme im Hamburger Hafen 1944/45, unveröff. Manuskript, Hamburg 1991 (ANg) (zit. Eiber, Hafen).

Eiber, Ludwig (Hg.): Verfolgung – Ausbeutung – Vernichtung, Die Lebens- und Arbeitsbedingungen der Häftlinge in deutschen Konzentrationslagern 1933-1945, Hannover 1985 (zit. Eiber, Verfolgung).

Eichengreen, Lucille: Von Asche – zum Leben, Erinnerungen, Aufgeschrieben unter Mitarbeit von Hariet Chamberlain, Vorwort und Übersetzung von Ursula Wamser, Hamburg 1992.

"... ein neues Hamburg entsteht...", Planen und Bauen von 1933-1945, von Michael Bose / Michael Holtmann / Dittmar Machule / Elke Pahl-Weber / Dirk Schubert, Hamburg 1986.

Elias, Ruth: Die Hoffnung erhielt mich am Leben, Mein Weg von Theresienstadt und Auschwitz nach Israel, 5. Aufl., München 1991.

Engelbertz, Susanne: Heimatgeschichtlicher Wegweiser zu den Stätten von Widerstand und Verfolgung 1933-1945, Band 6, Bremen, Stadt Bremen, Bremen-Nord, Bremerhaven, Frankfurt am Main 1992.

Ernst, Christoph / Jensen, Ulrike (Hg.): Als letztes starb die Hoffnung, Hamburg 1989.

Fabrik für die Ewigkeit, Der U-Boot-Bunker in Bremen-Farge, Hg.: N. Aschenbeck / R. Lubricht / H. Roder u.a., Hamburg 1995.
Fangmann, Helmut / Reifner, Udo / Steinborn, Norbert: "Parteisoldaten", Die Hamburger Polizei im "3. Reich", Hamburg 1987.
Frauen in Konzentrationslagern, Bergen-Belsen, Ravensbrück, Hg.: C. Füllberg-Stolberg / M. Jung / R. Riebe / M. Scheitenberger, Bremen 1994.
Fried, Hédi: Nachschlag für eine Gestorbene, Ein Leben bis Auschwitz und ein Leben danach, Hamburg 1995.
Fröbe, Rainer: Arbeit für die Mineralölindustrie: Das Konzentrationslager Misburg, in: Konzentrationslager in Hannover, Bd. 1, S. 131-275 (zit. Fröbe, Misburg).
Fröbe, Rainer: "Vernichtung durch Arbeit"? KZ-Häftlinge in Rüstungsbetrieben an der Porta Westfalica in den letzten Monaten des Zweiten Weltkrieges, in: J. Meynert / A. Klönne (Hg.): Verdrängte Geschichte, Verfolgung und Vernichtung in Ostwestfalen 1933-1945, Bielefeld 1986, S. 221-297 (zit. Fröbe, Porta).
Füllberg-Stolberg, Claus: Frauen im Konzentrationslager: Langenhagen und Limmer, in: Konzentrationslager in Hannover, Bd. 1, S. 277-329.
"Für Führer, Volk und Vaterland...", Hamburger Justiz im Nationalsozialismus, Hg.: Justizbehörde Hamburg, Red.: K. Bästlein / H. Grabitz / W. Scheffler, Hamburg 1992.
Garbe, Detlef: Zwischen Widerstand und Martyrium, Die Zeugen Jehovas im "Dritten Reich", München 1993.
Garbe, Detlef / Homann, Sabine: Jüdische Gefangene in Hamburger Konzentrationslagern, in: Die Juden in Hamburg 1590–1990, Hamburg 1991, S. 545-559.
Geschichte eines Außenlagers, KZ-Sasel, Verantw.: Klasse 10c (Jg. 1981/82) des Gymnasiums Oberalster, Hamburg 1981.
Geschonneck, Erwin: Meine unruhigen Jahre, Berlin 1984.
Gestapo-Gefängnis Fuhlsbüttel, Erinnerungen – Dokumente – Totenliste – Initiativen für eine Gedenkstätte, Zusammengestellt von Ursel Hochmuth und Erna Mayer, Hg.: VVN / Bund der Antifaschisten, Hamburg 1983.
Goguel, Rudi: "Cap Arcona", Report über den Untergang der Häftlingsflotte in der Lübecker Bucht am 3. Mai 1945, Frankfurt am Main 1972 (zit. Goguel, Cap Arcona).
Goguel, Rudi: Es war ein langer Weg, Singen / Hohentwiel o.J. [1947] (zit. Goguel, Weg).
Grieger, Manfred: Unternehmen und KZ-Arbeit, Das Beispiel der Volkswagenwerk AG, in: Kaienburg, Konzentrationslager, S. 77-94.
Gring, Diana: Die Todesmärsche und das Massaker von Gardelegen – NS-Verbrechen in der Endphase des Zweiten Weltkrieges (Schriftenreihe das Stadtmuseums Gardelegen, Heft 1), Hannover 1993.

Gutmann, Christoph: KZ Ahlem: Eine unterirdische Fabrik entsteht, in: Konzentrationslager in Hannover, Bd. 1, S. 331-406.

Herbert, Ulrich: Fremdarbeiter, Politik und Praxis des "Ausländer-Einsatzes" in der Kriegswirtschaft des Dritten Reiches, Bonn 1985.

Hoch, Gerhard: Glasau und Siblin, in: G. Hoch / R. Schwarz: Verschleppt zur Sklavenarbeit, Kriegsgefangene und Zwangsarbeiter in Schleswig-Holstein, Alveslohe / Nützen 1985 (zit. Hoch, Glasau und Siblin).

Hoch, Gerhard: Hauptort der Verbannung, Das KZ-Außenkommando Kaltenkirchen, Bad Segeberg 1979 (zit. Hoch, Hauptort).

Hochmuth, Ursel / Meyer, Gertrud: Streiflichter aus dem Hamburger Widerstand, Frankfurt am Main 1969.

Hopp, John: Die Hölle in der Idylle, Das Außenlager Alt-Garge des Konzentrationslagers Neuengamme, 2., erw. Aufl., Winsen / Luhe 1993.

Hütgens, Matthias: Das Außenlager Eidelstedt des KZ Neuengamme, unveröff. Manuskript, Hamburg 1982 (ANg).

Jensen, Ulrike: "Es war schön, nicht zu frieren!", Die "Aktion Bernadotte" und das "Skandinavierlager" des Konzentrationslagers Neuengamme, in: Kriegsende und Befreiung (Beiträge zur Geschichte der nationalsozialistischen Verfolgung in Norddeutschland, Heft 2), Hg.: KZ-Gedenkstätte Neuengamme, Bremen 1995, S. 24-34 (zit. Jensen, Aktion Bernadotte).

Jensen, Ulrike: Die Frauen-Außenkommandos des Konzentrationslagers Neuengamme, Dessauer Ufer, Tiefstack und Neugraben, unveröff. Manuskript (ANg) (zit. Jensen, Frauen-Außenkommandos).

Jeß, Ulrich: Das Außenkommando des Konzentrationslagers Neuengamme in Ladelund und vierzig Jahre gegenwärtiger Geschichte in den Dörfern Putten und Ladelund, o.O. o.J.

Johe, Werner: Neuengamme, Zur Geschichte der Konzentrationslager in Hamburg, Hamburg 1981.

Johr, Barbara / Roder, Hartmut: Der Bunker, Ein Beispiel nationalsozialistischen Wahns, Bremen-Farge 1943-45, Bremen 1989.

Kaienburg, Hermann (Hg.): Konzentrationslager und deutsche Wirtschaft 1939-1945, Opladen 1996 (zit. Kaienburg, Konzentrationslager).

Kaienburg, Hermann: "... sie nächtelang nicht ruhig schlafen ließ", Das KZ Neuengamme und seine Nachbarn, in: Dachauer Hefte, Nr. 12, 1996, S. 34-57 (zit. Kaienburg, Nachbarn).

Kaienburg, Hermann: "Vernichtung durch Arbeit" – Der Fall Neuengamme, Die Wirtschaftsbestrebungen der SS und ihre Auswirkungen auf die Existenzbedingungen der KZ-Gefangenen, Bonn 1990 (zit. Kaienburg, Neuengamme).

Kaienburg, Hermann: Zwangsarbeit für das "deutsche Rohstoffwunder", Das Phrix-Werk Wittenberge im Zweiten Weltkrieg, in: 1999, 9. Jg., Heft 3, Juli 1994, S. 12-41 (zit. Kaienburg, Wittenberge).

Kammeraternes Hjaelpefond (Hg.): "Husum Schwesing og Ladelund", To tidligere Koncentrationslejre pa gammel dansk grund, Slagelse 1990.

Keller, Rolf: Das KZ Mühlenberg: Auschwitz in Hannover, in: Konzentrationslager in Hannover, Bd. 2, S. 407-491.

Klawe, Willy: "Im übrigen herrscht Zucht und Ordnung...", Zur Geschichte des Konzentrationslagers Wittmoor, Hamburg 1987.

Kogon, Eugen: Der SS-Staat, Das System der deutschen Konzentrationslager, München 1974.

Köhn, Gerhard: Das Außenlager des Konzentrationslagers Neuengamme bei Hamburg in Soest und Bad Sassendorf (11. SS-Baubrigade) 1945, in: Soester Zeitschrift, Jg. 1986, S. 101-124.

Kolb, Eberhard: Bergen-Belsen, Vom "Aufenthaltslager" zum Konzentrationslager, 1943-1945, Göttingen 1985.

Konzentrationslager in Hannover, KZ-Arbeit und Rüstungsindustrie in der Spätphase des Zweiten Weltkriegs, von Rainer Fröbe / Claus Füllberg-Stolberg / Christoph Gutmann / Rolf Keller / Herbert Obenaus / Hans Hermann Schröder, 2 Bde., Hildesheim 1985.

Konzentrationslager Ladelund 1944, Wissenschaftliche Dauerausstellung in der KZ-Gedenkstätte Ladelund, Hg.: Ev.-luth. Kirchengemeinde Ladelund, Schleswig-Holstein, Ladelund 1990.

Konzentrationslager Salzwedel, Außenstelle des KZ Neuengamme, Hg.: Salzwedeler Museen, Salzwedel 1995 (ANg).

Kooger, Björn: KZ-Außenlager Helmstedt / Beendorf (SS-Führungsstab A 3), in: Kriegsende und Befreiung (Beiträge zur Geschichte der nationalsozialistischen Verfolgung in Norddeutschland, Heft 2), Hg.: KZ-Gedenkstätte Neuengamme, Bremen 1995, S. 76-83.

Kosthorst, Erich / Walter, Bernd: Konzentrations- und Strafgefangenenlager im Emsland 1933-1945, Zum Verhältnis von NS-Regime und Justiz, Düsseldorf 1985.

Krause, Thomas: Plattenhaus Poppenbüttel, Geschichte des KZ-Außenlagers Hamburg-Sasel (Hamburg-Porträt Nr. 25), Hg.: Museum für Hamburgische Geschichte, Hamburg 1990.

Krumlehn, Jürgen: Das Konzentrationslager vor der Haustür, in: Heimatbuch des Landkreises Wolfenbüttel, 29. Jg., 1983, S. 70-79.

Kühnrich, Heinz: Der KZ-Staat, Die faschistischen Konzentrationslager 1933-45, 3. Aufl., Berlin / DDR 1983.

Kupfer-Koberwitz, Edgar: Die Mächtigen und die Hilflosen, 2 Bde., Stuttgart 1957.

KZ Moringen, Eine Dokumentation, Redaktion: Hannah Vogt, Hg.: Gesellschaft für christlich-jüdische Zusammenarbeit Göttingen e.V. und Ev. Pfarramt Moringen, Göttingen o.J.

Langbein, Hermann: ... nicht wie die Schafe zur Schlachtbank, Widerstand in nationalsozialistischen Konzentrationslagern, Frankfurt am Main 1980.

Lange, Wilhelm: Cap Arcona, Dokumentation, Das tragische Ende einiger Konzentrationslager-Evakuierungstransporte im Raum der Stadt Neustadt in Holstein am 3. Mai 1945, Eutin 1988.

Leppien, Jörn-Peter: "Das waren keine Menschen mehr...", Aus der Chronik der Kirchengemeinde – Pastor Johannes Meyer über das Konzentrationslager Ladelund 1944, Eine quellenkritische Studie, Flensburg 1983.

Liedke, Karl / Zacharias, Elke: Das KZ-Außenlager Schillstrasse, Der Arbeitseinsatz von KZ-Häftlingen bei der Firma Büssing, Hg.: Arbeitskreis Andere Geschichte e.V. und Volksbund Deutsche Kriegsgräberfürsorge e.V., Braunschweig 1995.

Lorenz, Ina: Das Leben der Hamburger Juden im Zeichen der "Endlösung" (1942-1945), in: Verdrängung und Vernichtung der Juden unter dem Nationalsozialismus, Hg.: A. Herzig / I. Lorenz in Zusammenarbeit mit S. Rohde, Hamburg 1992, S. 207-247.

Lw.2/XI – Muna Lübberstedt, Zwangsarbeit für den Krieg, von Barbara Hillmann / Volrad Kluge / Erwig Kramer, unter Mitarbeit von Thorsten Gajewi u. Rüdiger Kahrs, Bremen 1996.

Martin-Chauffier, Louis: L'homme et la bête, Paris 1948.

Meier, Heinrich Christian: Im Frühwind der Freiheit, Roman, Hamburg 1949.

Meier, Heinrich Christian: So war es, Das Leben im KZ Neuengamme, Hamburg 1948.

Meyer, Gertrud: Nacht über Hamburg, Berichte und Dokumente 1933-1945, Frankfurt am Main 1971.

Müller, Hartmut: Die Frauen von Obernheide, Jüdische Zwangsarbeiterinnen in Bremen 1944/45, Bremen 1988.

Nansen, Odd: Von Tag zu Tag – ein Tagebuch, Hamburg 1949.

Nationalsozialistische Massentötungen durch Giftgas, Eine Dokumentation, Hg.: Eugen Kogon, Hermann Langbein, Adalbert Rückerl u.a., Frankfurt am Main 1986 (zit. Nationalsozialistische Massentötungen).

Obenaus, Herbert: Konzentrationslager und Rüstungswirtschaft, Der Einsatz von KZ-Häftlingen in Industriebetrieben Hannovers, in: Eiber, Verfolgung, S. 160-183 (zit. Obenaus, Konzentrationslager).

Obenaus, Herbert: Die Räumung der hannoverschen Konzentrationslager im April 1945, in: Konzentrationslager in Hannover, Bd. 2, S. 493-544 (zit. Obenaus, Räumung).

Pingel, Falk: Häftlinge unter SS-Herrschaft, Widerstand, Selbstbehauptung und Vernichtung im Konzentrationslager, Hamburg 1978.

Pischke, Gudrun: "Europa arbeitet bei den Reichswerken." Das nationalsozialistische Lagersystem in Salzgitter, Salzgitter 1995.

Poel, Albert van de: Ich sah hinter den Vorhang, Ein Holländer erlebt Neuengamme, Hamburg 1948.

Prenant, Marcel: Toute une vie à gauche, Paris 1980.

Priem, Jannes / Torsius, Willem: Vergeben – nicht vergessen, Beiträge zum 50. Jahrestag der Befreiung in Ladelund am 4. Mai 1995, Hg.: Ev.-luth Kirchengemeinde St. Petri Ladelund, Ladelund 1995.

Randt, Ursula: Carolinenstraße 35, Geschichte der Mädchenschule der Deutsch-Israelitischen Gemeinde in Hamburg 1884–1942, Hamburg 1984.

Richter, Axel: Das Unterkommando Vechelde des Konzentrationslagers Neuengamme, Hg.: Gemeinde Vechelde, Vechelde 1985.

Riespott – KZ an der Norddeutschen Hütte, Berichte, Dokumente und Erinnerungen über Zwangsarbeit 1935-1945, Hg.: Kollegengruppe der Klöckner-Werke AG, Bremen 1984.

Romey, Stefan: Ein KZ in Wandsbek, Zwangsarbeit im Hamburger Drägerwerk, Hamburg 1994.

Rosenberg, Heinz: Jahre des Schreckens, ... und ich blieb übrig, daß ich Dir's ansage, Göttingen 1985.

Schätzle, Julius: Wir klagen an! Ein Bericht über den Kampf, das Leiden und das Sterben in deutschen Konzentrationslagern, Stuttgart 1946.

Schminck-Gustavus, Christoph U.: Das Heimweh des Walerjan Wróbel, Ein Sondergerichtsverfahren 1941/42, Bonn 1986.

Schön, Heinz: Die Cap Arcona-Katastrophe, Eine Dokumentation nach Augenzeugen-Berichten, Stuttgart 1989.

Schröder, Hans Hermann: Das erste Konzentrationslager in Hannover: Das Lager bei der Akkumulatorenfabrik in Stöcken, in: Konzentrationslager in Hannover, Bd. 1, S. 44-107.

Schultz, Karl-Heinz: Das KZ-Außenlager Neugraben, in: Harburg, Von der Burg zur Industriestadt, Beiträge zur Geschichte Harburgs 1288-1938, Hg.: J. Ellermeyer / K. Richter / D. Stegmann, Hamburg 1988 (Veröffentlichung des Helms-Museums; 52), S. 493-503 (zit. Schultz, Neugraben).

Schultz, Oliver: Wenn Zahlen zu Gesichtern werden, Spurensuche nach Angehörigen von Ladelunder KZ-Opfern in Polen, Beitrag aus Grenzfriedensheft 3/1993, Flensburg 1994 (zit. Schultz, Ladelund).

Schwarberg, Günther: Angriffsziel Cap Arcona, Hamburg 1983.

Schwarberg, Günther: Der SS-Arzt und die Kinder, Bericht über den Mord vom Bullenhuser Damm, Hamburg 1979 (zit. Schwarberg, SS-Arzt) .

Siegfried, Klaus-Jörg: Rüstungsproduktion und Zwangsarbeit im Volkswagenwerk 1939-1945, Eine Dokumentation, Frankfurt am Main / New York 1986.

Siemon, Fritz: Deckname M., Aus meinen Erlebnissen aus der Zeit des Faschismus, Halle 1960.

So ging es zu Ende..., Neuengamme, Dokumente und Berichte, Hg.: Lagergemeinschaft Neuengamme, Hamburg 1960.

Sørensen, H. P.: Neuengamme Erindringer, Sønderborg o.J. [1945].

Spaldingstraße, Das vergessene Konzentrationslager mitten in Hamburg, Hg.: B. Brix, Gymnasium Klosterschule, Hamburg o.J.

Stendell, Günther: Mahn- und Gedenkstätten Wöbbelin, Hg.: Rat der Gemeinde Wöbbelin, o.J.

Suchowiak, Bogdan: Die Tragödie der Häftlinge von Neuengamme, Reinbek 1985.

Suhr, Elke: Die Emslandlager, Die politische und wirtschaftliche Bedeutung der emsländischen Konzentrations- und Strafgefangenenlager 1933-1945, Bremen 1985 (zit. Suhr, Emslandlager).

Suhr, Elke: Das Konzentrationslager im Pfarrgarten, Ein Panzergraben-Kommando für den Friesenwall – Aurich / Engerhafe 1944, Oldenburg 1984 (zit. Suhr, Aurich).

Thygesen, Paul: Arzt im Konzentrationslager, in: Bästlein, S. 7ff. [Der Bericht wurde 1945 verfaßt].

Timpke, Henning (Hg.): Dokumente zur Gleichschaltung des Landes Hamburg 1933, Frankfurt am Main 1964 (zit. Timpke, Dokumente).

Timpke, Henning: Das KL Fuhlsbüttel, in: Studien zur Geschichte der Konzentrationslager, S. 11-28 (zit. Timpke, Fuhlsbüttel).

Totenbuch Neuengamme, Hg.: Freundeskreis e.V., Wiesbaden o. J. [1967].

Tuchel, Johannes: Konzentrationslager, Organisationsgeschichte und Funktion der "Inspektion der Konzentrationslager" 1934–1938, Boppard 1991.

Tuchel, Johannes / Schattenfroh, Reinold: Zentrale des Terrors, Prinz-Albrecht-Straße 8, Das Hauptquartier der Gestapo, Berlin 1987.

Ulrich, Per: Tegninger fra Tyske Koncentrationslejre, København 1945.

Wackernagel, Günther: Zehn Jahre gefangen, Ein Bericht, Berlin/DDR 1987.

Weclewicz, Wawrzyniec: Tyle smierci, ile dni, Poznan 1983.

Wysocki, Gerd: Häftlinge in der Kriegsproduktion des "Dritten Reiches", Das KZ Drütte bei den Hermann-Göring-Werken in Watenstedt-Salzgitter, Oktober 1942 bis April 1945, 2. Aufl., Salzgitter 1986 (zit. Wysocki, Drütte).

Wysocki, Gerd: Zwangsarbeit im Stahlkonzern, Salzgitter und die Reichswerke "Hermann Göring" 1937-1945, Braunschweig 1982 (zit. Wysocki, Zwangsarbeit).

Zassenhaus, Hiltgunt: Halt Wacht im Dunkel, Wedel 1947 (in überarbeiteter Fassung erschienen unter dem Titel: Ein Baum blüht im November, Berg. Gladbach 1977).

Zietlow, Karl-Heinz: Unrecht nicht vergessen 1933-1945, Zwangsarbeit und KZ-Häftlinge in Hamburg-Langenhorn, Hamburg 1995.

Die Außenlager des KZ Neuengamme – Literaturhinweise

(Die Kurztitel beziehen sich auf das voranstehende Literaturverzeichnis)

Alt-Garge:	*Hopp*
Aurich:	*Suhr, Aurich; Suhr, Emslandlager*
Bad Sassendorf (11. SS-Baubrigade):	*Köhn*
Barkhausen:	*siehe unter Porta Westfalica*
Beendorf bei Helmstedt:	*Kooger*
Braunschweig:	*Liedke / Zacharias; Richter*
Bremen-Blumenthal:	*Rosenberg*
Bremen (Frauen-Kommando):	*Müller*
Bremen-Farge:	*Fabrik für die Ewigkeit; Johr / Roder*
Bremen-Norddeutsche Hütte:	*Riespott – KZ an der Norddeutschen Hütte*
Bremen-Schützenhof:	*Rosenberg*
Dalum:	*Kosthorst / Walter; Suhr, Emslandlager*
Drütte:	*siehe unter Watenstedt-Salzgitter*
Engerhafe:	*Suhr, Aurich*
Fallersleben (Volkswagenwerk):	*Grieger; Siegfried*
Glasau:	*Hoch, Glasau und Siblin*
Hamburg-Bullenhuser Damm:	*Bringmann; Schwarberg, SS-Arzt; Kaienburg, Neuengamme, S. 273-274.*
Hamburg-Blohm & Voß:	*Eiber, Blohm & Voß; Eiber, Hafen*
Hamburg-Dessauer Ufer:	*Eiber, Blohm & Voß; Eiber, Hafen; Fried; Jensen, Frauen-Außenkommandos; Eichengreen*
Hamburg-Drägerwerk:	*Romey*
Hamburg-Eidelstedt:	*Fried; Hütgens*
Hamburg-Langenhorn:	*Zietlow*
Hamburg-Neugraben:	*Jensen, Frauen-Außenkommandos; Schultz, Neugraben*
Hamburg-Sasel:	*Krause; Geschichte eines Außenlagers, KZ Sasel*
Hamburg-Spaldingstraße:	*Eiber, Hafen; Spaldingstraße – Das vergessene Konzentrationslager mitten in Hamburg*
Hamburg-Tiefstack:	*Jensen, Frauen-Außenkommandos*
Hannover:	*Konzentrationslager in Hannover*
Hausberge:	*siehe unter Porta Westfalica*

Husum-Schwesing:	*Bästlein*
Kaltenkirchen:	*Hoch, Hauptort*
"K.d.F.-Stadt" (Volkswagenwerk):	*Grieger; Siegfried*
Ladelund:	*Jeß; Konzentrationslager Ladelund 1944; Leppien; Priem / Torsius; Schultz, Ladelund*
Lerbeck:	*siehe unter Porta Westfalica*
Lübberstedt	*Lw.2/XI – Muna Lübberstedt*
Meppen:	*siehe unter Dalum und Versen*
Osnabrück (2. SS-Baubrigade):	*Bringmann, Neuengamme, S. 38-50*
Porta Westfalica:	*Blanke-Bohne; Fröbe, Porta; Bleton*
Salzgitter:	*siehe unter Watenstedt-Salzgitter*
Salzwedel:	*Banse, Salzwedel*
Sandbostel:	*Borgsen / Volland*
Schandelah:	*Krumlehn; Das Kreuz am Konzentrationslager Schandelah*
Siblin:	*Hoch, Glasau und Siblin*
Soest (11. SS-Baubrigade):	*Köhn*
Uelzen:	*Banse, Uelzen*
Vechelde:	*Richter*
Versen:	*Kosthorst / Walter; Suhr, Emslandlager*
Watenstedt-Salzgitter:	*Pischke; Wysocki, Zwangsarbeit; Wysocki, Drütte*
Wilhelmshaven:	*Dokumentation Außenkommando Wilhelmshaven*
Wittenberge:	*Kaienburg, Wittenberge*
Wöbbelin:	*Stendell*

Berichte über mehrere Außenlager sind außerdem zu finden in: *Ernst / Jensen*

Register

Namen
Antecki, Kazimierz: 143, 299
Auschner, Gustav: 235
Baer, Richard: 296, 313
Bahr, Wilhelm: 121, 242, 243, 260, 305, 322
Bahr, Richard: 240
Basch, Arnost: 203, 302
Bassewitz-Behr, Georg-Henning Graf von: 259, 278, 306
Baumer, René: 195
Bernadotte, Folke: 236, 276, 306, 319, 337, 340
Bertrand, F. L.: 96
Bladowski, Longin: 151
Blaszikiewiez, Boleslaw: 255
Bleton, Pierre: 159, 337, 346
Bork, Jan van: 147, 299
Brandt, Karl: 36
Brauer, Max: 288
Bringmann, Fritz: 105, 169, 233, 243, 261, 299, 304-306, 337, 345, 346
Bris, Jean Le: 239, 304
Burian, Emil Frantisek: 130
Choquet, Maurice: 238, 283, 297, 304, 337
Christensen, Walter: 73
Crétin, Georges: 277
Czernicki, Stanislaw: 229
Depalle, J. D.: 177
Diamant, Adolf: 200, 302
Diament, Motek: 204, 302
Dreimann, Willi: 218, 219, 237, 278, 303
Druillenec, Henri Le: 102
Dusenschön, Willi: 46, 48
Eichengreen, Lucille (Cäcilie Landau): 196, 294, 301, 302, 338, 345
Eicke, Theodor: 23, 27, 48
Eisfeld, Walter: 67, 309
Elias, Ruth: 189, 301, 338
Ellerhusen, Paul: 46, 48, 293
Elminowski, Felix: 255
Everaert, Jan: 305
Fetz, Jakob: 91; *siehe auch Lagerältester (Sachregister)*

Garlinski, Jøzef: 220
Gehrig, Christof: 277
Georges, Christian: 296
Glücks, Richard: 27, 188
Goguel, Rudi: 282, 283, 306, 339
Griem, Hans-Hermann: 189, 190f., 218f., 303
Grimm, Philipp: 189
Groß, Hans: 64, 295
Grumm, Bruno: 302
Gutschow, Konstanty: 54, 57
Händler, Josef: 236f., 252, 298, 303
Harder, Otto („Tull"): 204, 302
Heise, Walter: 101
Heißmeyer, Kurt: 248-252, 317, 320
Helmer, Geneviäve: 200, 302
Heydrich, Reinhard: 23
Himmler, Heinrich: 23, 24, 26, 27, 30-32, 35, 37, 47 56, 65, 66, 75, 79, 90, 106, 116, 143, 165, 231, 249, 251, 276, 278, 292, 295, 306, 308, 314, 319
Hindenburg, Paul: 18, 21
Hobelsberger, Friedrich: 256
Iwanow, Peter: 255
Jaroch, Jerzy: 201, 302
Jidkoff, George: 200, 302
Jørgensen, N.: 76
Kampfert, Karl: 304
Kaufmann, Karl: 43, 46, 48, 50, 51, 54, 170, 278, 285, 292, 294, 306
Koopmann, Rita: 178
Kowalski, Tadeusz: 116
Krause, Mieczyslaw: 299
Krupp, Alfried: 19, 291
Kuder, Stéphanie: 223-225, 227
Kulongowski, Georges: 226, 303
Kümmel, Walter: 301
Kummernuss, Adolph: 40
Kupfer-Koberwitz, Edgar: 106, 112, 151, 155, 297, 341
Lahts, Max: 46
Landau, Cäcilie: *siehe Lucille Eichengreen*
Langbein, Hermann: 220, 303, 341, 342
Lehmann, Arthur: 186
Ley, Robert: 36f.
Lüdke, Albin: 238, 305
Lütkemeyer, Albert: 88, 89, 255, 296, 305
Maciaszek, Boleslaw: 229
Mai, Mathias: 114, 232f., 252, 304, 334

Mandrycxs, André: 238, 244-247, 256
Martin-Chauffier, Louis: 102, 297, 342
Maschke, Richard: 91
Mehringer, Heinrich: 188, 219, 281, 301, 303
Meier, Heinrich-Christian: 247, 296, 298, 303
Merten, Georg Fritz: 120
Méry, Jean: 150
Mittelstaedt, Mauricy: 240
Monster, J. L.: 222, 303
Mühlens, Peter: 248, 304
Nansen, Odd: 118, 298, 342
Neumannova, Liza: 173, 301
Passiah, Maurice: 5
Paulus, Dominique: 232, 304
Pauly, Max: 88, 89, 143, 213, 278, 284, 291, 296, 299, 306, 313
Piotrowski, Michal: 136, 139, 228, 299
Piotrowski, Zbigniew: 146, 299
Poel, Albert van de: 97, 297, 303, 342
Pohl, Oswald: 27, 31, 32, 127, 292, 295, 298
Pötzl, Anton: 102, 248
Prenant, Marcel: 94, 108, 118, 238, 297, 342
Reese, Johann: 143, 299
Richter, Alfred: 41
Rohmer, Albert: 185
Rosenberg, Heinz: 208-211, 274f., 294, 343, 345
Ruge, Morton: 202
Salcberg, Luzer: 185
Schemmel, Herbert: 305, 306
Schitli, Wilhelm: 89, 161, 296
Schönfelder, Adolf: 41
Simonow, Nikolai: 142
Solmitz, Fritz: 81
Sørensen, H. P.: 69, 103, 118, 137, 144, 256, 267, 343
Speck, Adolf: 143, 148, 299
Streckenbach, Bruno: 47, 285, 293, 306
Streicher, Julius: 50
Strippel, Arnold: 251
Suchowiak, Bogdan: 229, 238, 282, 296, 303, 304, 344
Suhling, Lucie: 49
Szafranski, Zygmunt: 117, 298, 306
Tegeler, Wilhelm: 124, 169, 300
Thumann, Anton: 88, 89, 218, 261, 278, 284, 296, 303
Thygesen, Paul: 119, 188, 190-193, 218, 221, 301, 303, 344
Tollenaere, Pierre de: 149, 256

Trzebinski, Alfred: 123-126, 250, 298, 332
Tschernoglasow, Miron D.: 198
Tusar, Stane: 114, 298
Ulrich, Per: 115, 128, 132, 344
Wackernagel, Günther: 114, 233, 249, 298, 301, 304, 305, 344
Weiß, Martin: 67, 88, 89, 161, 284, 295, 296, 309
Wendt, H. (SS-Richter): 261, 305
Widawski, Bendiek: 179
Widawski, Moritz: 179-181
Woitenko, Andrej J.: 75
Wolotkin, Wasili: 255
Wrøbel, Walerjan: 92f., 139, 343

Orte und Lager

(einschl. Außenlager des KZ Neuengamme)

Ahlem bei Hannover: 86 124, 165, 174, 179-181, 183, 185, 196, 203, 204, 302, 326, 327, 340, 364

Alderney (1. SS-Baubrigade): 156, 163, 170, 315, 332

Alt-Garge (Außenlager des KZ Neuengamme): 156, 176, 299, 321, 340, 345

Arbeitsdorf (Konzentrationslager beim Volkswagenwerk, „Stadt des K.d.F.-Wagens"): 34, 161, 292, 295, 296, 312

Aurich: *siehe Engerhafe*

Auschwitz (Konzentrationslager): 13, 27, 30, 31, 34, 35, 52, 74, 75, 77, 84, 105, 107, 108, 143, 167, 169, 171, 172, 176, 179, 189, 220, 251, 268, 270, 292, 296, 301, 310, 313, 314, 318, 338, 339, 341

Bad Sassendorf (11. SS-Baubrigade): 156, 170, 299, 332, 341, 345, 346

Barkhausen: 156, 329, 345; *siehe auch Porta Westfalica*

Beendorf bei Helmstedt (Außenlager des KZ Neuengamme): 123, 156, 165, 174, 176, 196, 229, 269, 299, 321, 341, 345, 365

Belzec (Vernichtungslager): 27, 34

Bergen-Belsen (Konzentrationslager): 34, 86, 121, 156, 173, 189, 225, 268, 270, 272f., 274f., 276, 292, 294, 306, 317, 319, 323-329, 331, 339, 341

Bernburg/Saale: 77, 84, 121, 298, 312

Boizenburg (Außenlager des KZ Neuengamme): 125, 156, 200, 321

Braunschweig (Außenlager des KZ Neuengamme): 123, 124, 156, 176, 321, 322, 330, 342, 345; Stahlwerke Braunschweig und Hütte Braunschweig: *siehe Watenstedt-Salzgitter*

Breitenfelde bei Mölln (Außenlager des KZ Neuengamme): 124, 156, 322

Bremen - 2. SS-Baubrigade: 165f., 183, 194, 314, 315, 332

Bremen - Blumenthal (Bahrsplate): 170, 200, 322, 345

Bremen - Borgwardwerke: 322

Bremen - Farge: 170, 181f., 183, 213, 299, 316, 322, 339, 340, 345

Bremen - Frauen-Aufräumkommando (Obernheide /Uphusen): 86, 167, 169f., 183, 195, 205f., 212, 213, 222, 299, 322, 323, 342, 345

Bremen - „Hornisse" (Riespott, Osterort, Ostorf): 170, 189, 200, 322, 343, 345

Bremen - Schützenhof: 200, 323, 345

Bremen - verschiedene Außenlager des KZ Neuengamme: 174, 176, 270, 338

Buchenwald (Konzentrationslager): 23, 32, 34, 74, 106, 176, 234, 248, 301, 309, 332

Dachau (Konzentrationslager): 22, 23, 25, 31, 34, 67, 74, 75, 106, 107, 121, 151, 234, 268, 295, 309, 310, 312, 313, 316, 340

Dalum bei Meppen (Außenlager des KZ Neuengamme): 124, 156, 170, 299, 303, 328, 345, 346, 364

Darß (Wieck / Zingst) (Außenlager des KZ Neuengamme): 156, 161, 310, 311, 323

Mittelbau-Dora (Konzentrationslager): 34, 292, 293
Drütte: *siehe Watenstedt-Salzgitter*
Düssin (Außenlager des KZ Neuengamme): 156, 323
Duvenstedt (Konzentrationslager - Planung, nicht verwirklicht): 48
Engerhafe/Aurich (Außenlager des KZ Neuengamme): 156, 170, 185, 296, 299, 301, 323, 344, 345
Esterwegen (Konzentrationslager): 219, 296
Fallersleben (Außenlager des KZ Neuengamme): 124, 125, 156, 323, 345; *siehe auch KZ Arbeitsdorf*
Flensburg: 156, 273, 278, 303, 342, 343
Flossenbürg (Konzentrationslager): 26, 32, 34
Garlitz (Außenlager des KZ Neuengamme): 125, 156, 324
Glasau (Außenlager des KZ Neuengamme): 340, 345
Goslar (Außenlager des KZ Neuengamme): 124, 156, 324
Groß-Rosen (Konzentrationslager): 32, 34, 84, 292, 296
Hamburg - 2. SS-Baubrigade: 135, 164, 167, 314, 315, 332
Hamburg - Blohm & Voss (Außenlager des KZ Neuengamme): 52, 78, 125, 165, 186, 194, 197-199, 207, 213, 222, 299, 300, 302, 325, 338, 345
Hamburg - Bullenhuser Damm (Außenlager des KZ Neuengamme): 117, 124, 251, 304, 320, 325, 337, 343, 345, 360
Hamburg - Dessauer Ufer (Außenlager des KZ Neuengamme): 78, 84, 167, 171, 172, 176, 189, 198, 203, 221, 299, 301, 324-326, 340, 345
Hamburg - Deutsche Werft (Außenlager des KZ Neuengamme): 124, 203, 324
Hamburg - Drägerwerk (Außenlager des KZ Neuengamme): 86, 125, 194, 252, 299, 321, 326, 343, 345
Hamburg - Eidelstedt (Außenlager des KZ Neuengamme): 85, 125, 167, 269, 286, 299, 301, 321, 324, 326, 329, 330, 340, 345
Hamburg - Fuhlsbüttel (Außenlager des KZ Neuengamme): 78, 167, 197, 324, 326
Hamburg - Fuhlsbüttel (Konzentrationslager und Polizeigefängnis): 40, 43, 44, 46-51, 77, 81, 82, 260f., 293, 338, 339, 344, 361
Hamburg - Langenhorn (Außenlager des KZ Neuengamme): 85, 125, 212, 269, 299, 321, 324, 344, 345
Hamburg - Neugraben (Außenlager des KZ Neuengamme): 85, 167, 172, 299, 325, 340, 343, 345
Hamburg - Sasel (Außenlager des KZ Neuengamme): 85, 125, 167, 269, 299, 321, 324, 325, 339, 341, 345, 361
Hamburg - Spaldingstraße (Außenlager des KZ Neuengamme): 78, 167, 299, 323, 324, 343, 345
Hamburg - Stülckenwerft: 124, 325
Hamburg - Tiefstack (Außenlager des KZ Neuengamme): 85, 125, 167, 172, 173, 299, 301, 325, 340, 345
Hannover - Langenhagen (Außenlager des KZ Neuengamme): 76, 176, 301, 326, 339

Hannover - Limmer (Außenlager des KZ Neuengamme): 200, 206, 223, 225, 227, 234, 326, 339
Hannover - Mühlenberg (Außenlager des KZ Neuengamme): 186, 187, 327, 341
Hannover - Stöcken (Außenlager des KZ Neuengamme): 124, 130, 161, 174, 179, 183, 195, 201, 206, 213, 277, 300, 302, 303, 316, 327, 343,
Hausberge: 156, 327, 329, 345; *siehe auch Porta Westfalica*
Helmstedt: *siehe Beendorf*
's-Hertogenbosch (Konzentrationslager): *siehe Vught*
Hildesheim (Außenlager des KZ Neuengamme): 125, 156, 171, 175, 301, 327, 341
Hohwacht bei Lütjenburg (Außenlager des KZ Neuengamme): 124, 156, 328
Horneburg (Außenlager des KZ Neuengamme): 125, 156, 327
Husum-Schwesing (Außenlager des KZ Neuengamme): 78, 119, 156, 170, 183, 188-193, 218, 221, 299, 303, 327, 337, 341, 346, 363
Kaltenkirchen (Außenlager des KZ Neuengamme): 124, 156, 174, 218, 327, 340, 346
Kaunas (Kauen) (Konzentrationslager): 34, 292
Kiel (Außenlager des KZ Neuengamme): 156, 167, 328
Kulmhof (Chelmno) (Vernichtungslager): 27, 34
Ladelund (Außenlager des KZ Neuengamme): 78, 156, 170, 177, 190, 201, 299, 301, 303, 328, 340-343, 346, 363
Leinde: *siehe Watenstedt-Salzgitter*
Lengerich (Außenlager des KZ Neuengamme): 124, 156, 165, 328
Lerbeck: 124, 156, 174, 220, 322, 329, 346; *siehe auch Porta Westfalica*
Lichtenburg (Konzentrationslager): 293
Lübberstedt (Außenlager des KZ Neuengamme): 125, 156, 328, 342, 346
Lublin-Majdanek (Konzentrationslager, „Kriegsgefangenenlager"): 13, 27, 30, 34, 107f., 121, 218, 268, 292, 295, 296, 317
Lütjenburg: *siehe Hohwacht*
Majdanek (Konzentrationslager): *siehe Lublin*
Mauthausen (Konzentrationslager): 26, 32, 34, 176, 292, 332
Meppen: *siehe Dalum und Versen*
Misburg bei Hannover (Außenlager des KZ Neuengamme): 124, 174, 175, 183, 212, 219, 230, 301-303, 327, 339
Mölln: *siehe Breitenfelde*
Moringen („Jugendschutzlager"): 23, 50, 53, 293f., 341
Natzweiler (Konzentrationslager): 32, 34, 292
Neustadt i.H.: 124, 156, 278-280, 282, 328, 342, 362
Osnabrück (2. SS-Baubrigade): 142, 156, 167, 168, 299, 314, 332, 346
Plaszow, Krakau- (Konzentrationslager): 34, 292
Porta Westfalica (Außenlager des KZ Neuengamme): 123-125, 156, 157, 159, 165, 174, 176, 178, 183, 196, 206, 220, 230, 299, 300, 302, 303, 327, 329, 337, 339, 345, 346; *siehe auch Barkhausen, Hausberge und Lerbeck*

Ravensbrück (Konzentrationslager): 26, 34, 84, 130, 156, 161, 167, 172, 175, 176, 189, 225, 272, 294, 317, 329, 330, 339
Riga: 52, 292, 294
Sachsenhausen (Konzentrationslager): 23, 26, 32, 34, 50, 51, 54, 64, 66, 67, 74, 82, 86, 114, 156, 176, 235, 243, 296, 301, 302, 304, 308, 309, 313, 332
Salzgitter: *siehe Watenstedt-Salzgitter*
Salzwedel (Außenlager des KZ Neuengamme): 125, 156, 299, 323, 329, 330, 337, 341, 346
Sandbostel (Kriegsgefangenenlager, Ziel von Räumungstransporten 1945): 156, 259, 273, 319, 322, 324-326, 328, 331, 337, 346, 364
Schandelah (Außenlager des KZ Neuengamme): 124, 156, 183, 185, 299, 330, 338, 346
Siblin (Außenlager des KZ Neuengamme): 340, 346
Sobibor (Vernichtungslager): 27, 34
Soest: *siehe Bad Sassendorf*
„Stadt des K.d.F.-Wagens" (heute Wolfsburg): 35, 293, 312, 346
Stutthof (Konzentrationslager): 34, 84, 166, 176, 292, 296, 313
Theresienstadt: 34, 52, 171, 176, 301, 338
Treblinka (Vernichtungslager): 27, 34
Uckermark („Jugendschutzlager"): 50
Uelzen (Außenlager des KZ Neuengamme): 156, 171, 299, 301, 330, 337, 346
Vaivara / Estland (Konzentrationslager): 292
Vechelde (Außenlager des KZ Neuengamme): 156, 176, 200, 212, 299, 330, 343, 346
Versen bei Meppen (Außenlager des KZ Neuengamme): 123, 124, 156, 170, 183, 185, 202, 299, 328, 331, 346
Vught / 's-Hertogenbosch (Konzentrationslager): 34, 292
Warberg (Außenlager des KZ Neuengamme): 156, 322, 330
Warschau (Konzentrationslager): 34
Warschau (Aufstand 1944): 30f., 176
Watenstedt-Salzgitter (Außenlager Drütte, Salzgitter, Leinde, Watenstedt): 123-125, 156, 161, 162, 174, 181, 219, 200, 216, 244, 268, 270, 276, 299, 300, 303, 314, 321, 329, 330, 337, 342, 344-346, 365
Wedel (Außenlager des KZ Neuengamme): 78, 85, 85, 156, 167, 301, 330f.
Wietzendorf (Kriegsgefangenenlager): 74, 295, 311
Wilhelmshaven (2. SS-Baubrigade): 163f., 167, 314, 332
Wilhelmshaven Marinewerft (Außenlager des KZ Neuengamme): 156, 299, 338, 346, 363
Wittenberge (Außenlager des KZ Neuengamme): 105, 156, 160, 161, 182, 183, 189, 201, 212, 213, 217, 219, 220, 244, 297, 299-302, 313, 331, 340, 346
Wittmoor (Konzentrationslager): 44, 46, 47, 82, 341

Wöbbelin (Außenlager des KZ Neuengamme und Ziel von Räumungstransporten 1945): 123, 124, 156, 184, 270-273, 319, 321, 323, 327, 329-331, 344, 346, 362
Wolfsburg: *siehe „Stadt des K.d.F.-Wagens"*

Wirtschaftsunternehmen
Accumulatorenfabrik AG: 130, 161, 174, 201, 206, 213, 300, 316, 327, 343
Askania-Werke: 165, 321
Behr (Holzhandlung): 134
Blohm & Voß: *siehe Hamburg (Ortsregister)*
Brinker Eisenwerke: 166, 301, 326
Büssing: 124, 212, 321, 330, 342
Continental-Gummi-Werke: 86, 174, 200, 206, 223, 302, 326, 327
Deurag-Nerag: 212, 327
Deutsche Ausrüstungswerke (DAW): 108, 127, 129, 133, 134, 147, 170, 298, 315
Deutsche Erd- und Steinwerke (DESt): 32, 54, 56, 57, 59-63, 325
Deutsche Schiffsmaschinen AG (DESCHIMAG): 125, 322, 323
Deutsche Werft: *siehe Hamburg (Ortsregister)*
Diago-Werke: *siehe Hamburg-Tiefstack (Ortsregister)*
Dräger: *siehe Hamburg (Ortsregister)*
Glunz (Eisenhandlung): 134, 235
Grün & Bilfinger: 182, 213, 321
Hamburger Elektrizitätswerke (HEW): *siehe Alt-Garge (Ortsregister)*
G. F. W. Hamester: 133
Hanomag: 125, 203, 327
Hanseatische Kettenwerke: 85, 324
Hermann-Göring-Werke: *siehe Reichswerke*
Jastram: 84, 111, 133, 147-149, 298, 299, 313
Jung-Ölwerke: 124, 169, 326
Junghans: 132
Kolzen (Wäscherei): 107
Krupp: 19, 291, 322
Kurmärkische Zellwolle und Zellulose AG (KZZW): *siehe Phrix-Werke*
Messap: 111, 132, 133, 147-149, 238, 239, 298, 313
Metallwerke Neuengamme: *siehe Walther-Werke*
H. C. Meyer jr.: 133
Norddeutsche Hütte: 200, 322, 343, 345
Ohde (Bäckerei): 134
Philips: 165, 178, 206, 327, 329
Phrix Wittenberge (Kurmärkische Zellwolle und Zellulose AG): 105, 125, 160, 161, 182, 189, 201, 212, 213, 213, 217, 297, 300-302, 313, 331, 340
Reichswerke „Hermann Göring": 161, 162, 216, 293, 314, 329, 342, 344, 365
Rheinmetall-Borsig: 176, 327
Schwarz & Co.: 133, 299
Siemens: 165
Stülcken: *siehe Hamburg (Ortsregister)*
K. Teichert Nachf.: 133
Valvo: 327, 329

Volkswagenwerk: 35, 161, 292, 295, 296, 299, 300, 312, 323, 339, 343, 345, 346
Walther-Werke: 127, 132-134, 142, 143, 146, 148, 290, 315, 359
Wayss & Freytag: 321, 325

Sachbegriffe
Ahnenerbe (SS-Stiftung): 248
Aktion „Gewitter": 77
Aktion „14 f 13" / Ärztekommission: 83, 121, 298, 312
Amt für kriegswichtigen Einsatz (AKE): 57
Arbeitsentgelte: *siehe Häftlingsentgelte*
Arbeitserziehungslager (AEL): 27, 214
Arrest / Arrestbunker im Konzentrationslager: 100, 253, 255, 259-261, 264, 265, 310, 313, 314, 319, 335
Aufräumkommandos / Aufräumarbeiten nach Bombenangriffen: 36, 58, 64, 84-86, 107, 134f., 159, 163-165, 167, 169, 186, 194, 196, 199, 203-205, 222, 278, 316, 322-328, 330-332
Bahngleis zum KZ Neuengamme: siehe Gleisanschluß
Baubrigaden: *siehe SS-Baubrigaden*
Bauleitung: *siehe Zentralbauleitung*
Befristete Vorbeugehaft / -häftlinge (BV): 24-26, 241, 243
Behelfsheimbau: 131, 323, 325, 361
Bewachung, Wachmannschaften, Totenkopfverbände, Wachtürme: 12, 23, 37, 44, 46f., 63, 69, 87, 89, 94, 99, 125, 132, 142, 145, 146, 168, 174, 175, 197, 208-210, 219-222, 229, 240, 273-275, 278-280, 282, 284, 288, 301-303, 308, 336; *siehe auch Hunde*
Bibelforscher: *siehe Zeugen Jehovas*
Bombensuchkommandos: 124, 199, 324; *siehe auch Aufräumkommandos*
Bordell im KZ Neuengamme: 317
Brandt-Geräte-Programm: 36
Cap Arcona: 247, 277-280, 282, 306, 339, 342, 343, 362
Desinfektion, Entlausung: 110, 113, 116, 134, 173, 193, 212
Deutsches Wohnungshilfswerk: 37
Dirlewanger (SS-Sonderformation): 256
Dove Elbe (Arbeitskommando des KZ Neuengamme): 56, 57, 60, 62, 63, 83, 132, 135, 138-142, 228, 229, 243, 295, 309, 315
Elbe (Arbeitskommando des KZ Neuengamme): *siehe Dove Elbe*
Entlausung: *siehe Desinfektion*
„Erschießung auf der Flucht": 47, 99, 143, 226, 228, 314
Exekutionen / Hinrichtungen: 13, 24, 53, 85, 100, 149, 233, 253-261, 265, 274, 294, 304, 305, 317-320
Experimente, medizinische: *siehe medizinische Versuche*
Fertigungsstelle (Arbeitskommando des KZ Neuengamme): 133, 143
Flecktyphus: 74, 109, 110, 114, 173, 232, 242f., 248f., 311, 312
Fliegeralarm: 99, 168, 171, 180, 195, 203, 208, 274
Fluchtpunkt (Kennzeichnung): 229
Fluchtversuche aus dem KZ: 75, 78, 89, 127, 183, 188, 213, 222, 226, 229, 230, 248, 253, 256, 303, 304; *siehe auch „Erschießung auf der Flucht"*

Frauen im Konzentrationslager / weibliche Häftlinge: 10, 23, 26, 30, 31, 36, 46, 49, 50, 72, 82, 84-86, 125, 130, 159, 161, 165-167, 171-173, 175, 176, 189, 195, 198-200, 205, 206, 212, 222-225, 227, 234, 252, 253, 256, 259, 264, 269, 276, 286, 294, 299-301, 305, 306, 317-330, 339, 340, 342, 345, 361
Friesenwall: 170, 190, 193, 327, 328, 344, 363
Führungsstab Nordseeküste: 170
Gasmasken-Herstellung: 86, 200, 326; *siehe auch Brandt-Geräte-Programm*
Gedenkstätten: 10-15, 288-290, 306, 307, 337, 341, 344, 359-365
Geilenberg-Programm: 36, 124, 165, 167, 171, 199, 300, 324, 326
Geld (im Lager): 129, 138, 223, 225, 226, 241, 243
Gestapo: 13, 22-24, 27, 30, 31, 39, 40, 45, 47-53, 72, 73, 75, 77, 82, 87, 149, 235, 244, 246, 253, 259, 264, 266, 268, 285, 292-295, 304, 306, 310, 313, 315-318, 333, 339, 344, 364; *siehe auch Polizei / Kripo*
Gleisanschluß zum KZ Neuengamme: 56, 57, 62f., 94, 316
Haare, Verwertung der: 224f.
Haare scheeren / Haarschnitt: 82, 94f., 129f., 224f.
Häftlingsentgelte / Arbeitsentgelte: 37
Hamburg - Neugestaltung / „Führerbauten": 32, 54f., 59f., 294f.
Hefe - Ernährungsversuche 125
Hinrichtungen: *siehe Exekutionen*
Höhere SS- und Polizeiführer: 259, 268, 278, 306
Homosexuelle: 26, 50, 82, 286
Hunde (Such- und Wachhunde): 89, 134, 178, 229, 230, 296
Industriehof der Zentralbauleitung: 108, 133f., 237; *siehe auch Zentralbauleitung der Waffen-SS und Polizei*
Jägerstab: 36, 165
Juden / jüdisch: 13, 21, 24, 26-28, 30, 31, 41, 50-52, 77, 81-86, 96, 101, 107, 113, 121, 139, 145, 146, 167, 175, 178, 179, 204, 208, 210, 211, 231, 250, 251, 266, 270, 274, 287, 292-294, 296, 298, 306, 312, 314, 320, 337-339, 341, 342, 360, 361
Jugendliche / „Jugendschutzlager": 27, 50, 53, 75, 151, 290, 310
K.z.b.V.: 43, 44, 46, 47
Kalfaktor: 134
Kantine der Häftlinge: 129, 134, 197, 206, 223-225, 310f.
Kinder: 49, 50f., 77-79, 84, 151, 171, 176, 177, 179, 189, 222, 250-252, 286, 301f., 304, 317f., 320, 337, 343, 345, 360
Klinkerwerk Neuengamme (altes und neues Werk): 55-57, 59-61, 65, 105, 110, 116, 127, 131-133, 138, 142, 147, 150, 151, 229, 288, 290, 295, 309, 312, 313, 315, 360
Kolafu: *siehe Hamburg-Fuhlsbüttel (Ortsregister)*
Krankenrevier: 68, 77, 87, 91, 105, 108, 110-117, 119, 121, 123-126, 132, 134, 142, 150, 155, 180, 186, 187, 188, 192, 197, 198, 203, 212, 219, 224, 232, 233, 237, 241-243, 249, 250, 252, 261, 272, 301, 310, 312, 315, 317-319, 336

Krematorium: 103, 117, 119, 142, 260, 266, 267, 288, 289, 318, 360
Kriminalpolizei (Kripo): 23, 24, 82, 87, 92; *siehe auch Polizei*
Kuhle (Stück Brot): 101, 130
kulturelle Betätigung im Lager: 130, 131, 315
Lagerältester: 73, 91, 101, 149, 161, 184, 205, 208, 210, 213, 220, 235, 240, 242, 244
Lagerführer: *siehe Schutzhaftlagerführer*
Lagerkomitee, illegales: 236, 239
Luftwaffe: 89, 174, 218, 327
Marine: 46, 89, 161, 170, 174, 208, 210, 211, 213, 214, 221, 283, 322
Massentötungen: 13, 30, 253, 294, 298, 342
Medizinische Versuche an KZ-Gefangenen: 13, 123, 214, 248-252, 297, 304, 317f., 320, 360
Miska (Eßgefäß): 101
Musik im Lager: 98, 130, 252, 315; *siehe auch kulturelle Betätigung*
NN- (Nacht-und-Nebel)-Häftlinge: 77
Pakete: 99, 100, 106, 202, 221, 236, 237, 252, 278, 288, 314
Panzergräben, Bau von: 78, 85, 145, 190, 191, 201, 204, 323-328, 331, 344
Pfahlbinden / Pfahlhängen: 67, 100, 101, 295, 304
Politische Abteilung: 27, 87, 95, 233, 278,
Polizei / Polizeigefängnis / Polizeihäftlinge: 20, 21-24, 27, 28, 30, 31, 37, 41, 43, 44, 46-49, 51, 59, 63, 68, 72, 75, 77, 82, 85, 89, 92, 133, 174, 244, 253, 255, 257, 259, 268, 278, 295, 300, 303, 304, 306, 313, 336, 339; *siehe auch Gestapo / Kriminalpolizei*
Postenkette: 67, 99, 132, 141, 143, 228, 314, 336
Prämien: 129, 130, 144, 149, 180, 198, 206, 207, 212, 223-225, 234
Prügelstrafe: 100
Quarantäne (bei Einlieferung): 109, 150, 171
Rapportführer: 87, 98, 104, 237, 278, 296, 301, 303
Reichsbahn / Reparatur von Gleisanlagen: 37, 125, 161, 169, 170, 175, 327, 327, 330
„Reichskristallnacht": 21, 24, 82
Reichssicherheitshauptamt: 24, 27, 253, 292, 295, 304, 305, 334; *siehe auch Gestapo / Kriminalpolizei*
Roma und Sinti / „Zigeuner": 28, 83, 85, 286
Rotes Kreuz, Internationales: 106, 278, 318
Rotes Kreuz, Schwedisches: 79, 118, 236, 273, 276, 319, 320
Rotes Kreuz, Dänisches: 106
Rüstungsstab: 36, 165
Sabotage: 35, 75, 90, 149, 205, 208, 210f., 231, 234, 253
SAW (Sonderabteilung Wehrmacht): 219, 303
Schon-Kommandos (z.B. Flechtkommandos, Kartoffelschälküche): 150f., 188
Schonungsblocks: 117f., 276, 318, 319

Schutzhaftlagerführer: 87, 89, 99, 104, 161, 172, 174, 180, 197, 213, 218, 220, 253, 255, 261, 278, 284, 296, 301, 303

„Selbstverwaltung" der Häftlinge / Funktionshäftlinge: 75, 86, 89, 90, 91, 103, 107, 127, 135, 137, 139, 204, 207, 216, 219, 221, 234, 235, 239, 253, 296f., 304, 315, 335

Sicherungsverwahrte: 30, 75, 143, 292

Solidarität: 221, 223ff., 226, 232, 235, 236, 236f., 241f., 244-247, 297

Sonderhäftlinge (aus Frankreich): 77, 117, 317

SS-Baubrigaden: 35, 57, 135, 155, 163-165, 167, 168, 170, 174, 181, 183, 194, 299, 314, 315, 332, 341, 345, 346

Strafkompanie (SK): 72, 83, 100, 101, 113, 146, 230, 232, 248, 309

Swing-Jugend: 53

Thielbek: 278-280

Tongrube, Tonabbau, -transport und -verarbeitung: 54-57, 59, 61, 62, 64, 110, 131, 143, 226, 243, 295

Torsperre-Häftlinge: 77, 246, 247, 259

Torstehen: 64; 99

Totenkopfverbände: *siehe Bewachung*

Tropeninstitut: 248f., 304, 312

Unter-Tage-Verlagerung: 36, 86, 157-159, 165, 174, 178, 186, 203, 204, 206, 302, 316, 321, 326, 328, 329, 337, 340, 365

Vergasungen: 13, 27, 29f., 52, 84, 121, 171-173, 260f., 265, 292, 296, 298, 305, 312, 314, 335, 342

Volkssturm: 175

Wachmannschaften: *siehe Bewachung*

Wehrmacht: 18, 20, 32, 35, 37, 37, 74, 77, 78, 78, 89, 89, 90, 161, 170, 170, 170, 170, 174, 174, 174, 174, 202, 220, 231, 240, 243, 259, 259, 279, 303, 303, 316

Weiße Rose: 53, 264

Widerstand: 10, 11, 13, 20, 30, 49, 50, 52, 53, 75, 106, 177, 220, 226, 231, 235, 236, 238, 239, 247, 259/61, 264, 304, 338-342

Winkel (Kennzeichnung der KZ-Gefangenen): 24-26, 64, 73, 75, 76, 82, 91, 95, 220, 232, 235, 247, 248, 317

WVHA: 27, 32, 32, 35, 36, 37, 37, 87, 129, 161, 163, 166, 216, 231, 253, 268, 291, 295, 297, 298, 298, 299, 332, 334

Zahngold: 263, 266

Zentralbauleitung der Waffen-SS und Polizei Hamburg-Neuengamme: 68f., 133, 146; *siehe auch Industriehof*

Zeugen Jehovas / Bibelforscher: 24, 50, 77, 82, 145, 161, 226, 235, 310, 311, 339

„Zigeuner": *siehe Roma/Sinti*

Zyklon B: 124, 126, 260; *siehe auch Vergasungen, Desinfektion*

Hinweise zum Besuch von Gedenkstätten

KZ-Gedenkstätte Neuengamme

Anschrift:
Jean-Dolidier-Weg 39, 21039 Hamburg, Tel. 040 / 723 74 03,
Fax 040 / 723 74 525.

Verkehrsverbindungen:
Mit öffentlichen Verkehrsmitteln: Bus 227 (sonntags auch Linie 229) ab S-Bahnhof Bergedorf bis Haltestelle "KZ-Gedenkstätte" (Mahnmal, Haus des Gedenkens, Verwaltung und Archiv) oder bis "Justizvollzugsanstalt Vierlande" (Ausstellungsgebäude); Fahrzeit ab Bergedorf ca. 20 Min.
Mit PKW oder Reisebus: Autobahn A 25 Hamburg-Geesthacht, Ausfahrt Curslack, ab dort ausgeschildert.
Parkplätze sowohl zu Beginn des Jean-Dolidier-Weges beim Mahnmal und dem neugestalteten "Haus des Gedenkens" als auch bei dem 1,5 km entfernten Ausstellungsgebäude (Zufahrt südlich der Strafanstalt Vierlande). Von dort geht man zu Fuß am ehemaligen Lagerbahnhof (Güterwagen) vorbei zur neuen Ausstellung im Südflügel der ehemaligen Walther-Werke. (Wegweiser beachten!)
Öffnungszeiten: Dienstag – Sonntag 10-17 Uhr (April – September Samstag, Sonntag 10-18 Uhr).

Ausstellung in den ehemaligen Walther-Werken:
Seit 1995 befindet sich die zentrale Ausstellung der Gedenkstätte im Südflügel der Walther-Werke, einem 1942-1944 im KZ Neuengamme errichteten Rüstungsbetrieb, in dem Häftlinge in der Gewehrfabrikation arbeiten mußten. Die Ausstellung mit dem Titel "ÜBERLEBENSKÄMPFE – Häftlinge unter der SS-Herrschaft" konzentriert sich auf die Darstellung der Geschichte des KZ-Neuengamme und der Außenlager. Es werden vor allem Erinnerungsberichte, Zeichnungen, Fotos und Originalgegenstände aus dem Lager gezeigt. Modelle, Rekonstruktionen und audiovisuelle Hilfsmittel tragen dazu bei, das historische Geschehen zu veranschaulichen. Ein wichtiger Grundgedanke der Ausstellung besteht in der Eigentätigkeit der Besucher. Durch Blättern in Ordnern, durch Herausziehen von Schubladen und durch Bedienung von audio-

visuellen Geräten (Video- und Computerinformationssysteme) können sich Interessierte zusätzliche Informationen beschaffen.
Im Eingangsbereich sind Broschüren und Bücher über die Geschichte des KZ Neuengamme und der Verfolgung im Nationalsozialismus erhältlich.

Gruppenführungen:
Für einen Besuch in der KZ-Gedenkstätte Neuengamme mit Gruppen sollten nicht weniger als zwei Stunden Zeit zur Verfügung stehen.
Anmeldungen zu Führungen (Museumsgesprächen):
Museumsdienst der Kulturbehörde, Imstedt 18, 22083 Hamburg, Tel. 040 / 2988-2752, Fax: 2988-3893.
Die Museumsgespräche umfassen zumeist eine Einführung anhand einer Tonbildreihe, den Besuch der Ausstellung, einen Rundgang zum früheren KZ-Gelände und weitere Schwerpunkte je nach Zeit und Interesse der Besucher (z. B. Nachgespräch, größerer Rundgang, Filme u.a.). Es wird empfohlen, sich vor dem Besuch mit den jeweiligen Museumspädagogen/-innen in Verbindung zu setzen, um über die Schwerpunkte und über andere Fragen des Besuchs zu sprechen.

Rundgänge durch das frühere KZ-Gelände:
Ein kleiner Rundgang zum Lagerbahnhof und zur Grundplatte des ehemaligen Krematoriums sollte unbedingt einbezogen werden. Von dort hat man einen guten Blick auf die ehemaligen KZ-Bauten, die heute zur Strafanstalt XII gehören.
Bei genügender Zeit empfiehlt sich ein größerer Rundgang bis zum Klinkerwerk und zum "Haus des Gedenkens" (früher Dokumentenhaus). Am Rundweg befinden sich an 23 Stellen Informationstafeln. In der Gedenkstätte ist ein Faltblatt erhältlich, aus dem der Verlauf des Rundweges ersichtlich ist. An vielen Stellen im Lagerbereich sind Spuren der Geschichte erkennbar. Man kann viele der Orte wiederfinden, die in den Berichten und in der Ausstellung erwähnt werden.

Außenstellen der KZ-Gedenkstätte Neuengamme in Hamburg:
Gedenkstätte Janusz-Korczak-Schule und Rosengarten für die Kinder vom Bullenhuser Damm, Bullenhuser Damm 92 (Nähe S-Bahn Rothenburgsort), Tel.: 040 / 783 295.
Ausstellung zur Erinnerung an 20 jüdische Kinder, die von der SS am

20. 4. 1945 ermordet wurden, um die zuvor an ihnen im KZ Neuengamme vorgenommenen medizinischen Verbrechen zu verbergen.
Öffnungszeiten: Montag – Donnerstag 9-17 Uhr, Freitag 9-15 Uhr, Sonntag 10-17 Uhr.

Gedenkstätte Plattenhaus Poppenbüttel: Kritenbarg 8 (Nähe S-Bahn Poppenbüttel); Auskünfte: KZ-Gedenkstätte Neuengamme, Tel. 040 / 723 74 03.
Ausstellung in einer von KZ-Häftlingen errichteten Behelfsheimwohnung zur Geschichte des KZ-Außenlagers Hamburg-Sasel und der dort 1944/45 inhaftierten 500 zumeist jüdischen Frauen.
Öffnungszeiten: Sonntag 10-12 Uhr und nach Vereinbarung.

Gedenkstätte Konzentrationslager und Strafanstalten Fuhlsbüttel 1933-1945, Suhrenkamp 98 (Nähe S-/U-Bahnhof Ohlsdorf); Auskünfte: KZ-Gedenkstätte Neuengamme, Tel. 040 / 723 74 03.
Ausstellung im ehemaligen KZ-Eingangsgebäude zur Geschichte des bereits im März 1933 in Gebäuden der Fuhlsbüttler Strafanstalten eingerichteten Konzentrationslagers.
Öffnungszeiten: Sonntag 10-12 Uhr und nach Vereinbarung.

Führungen in den Außenstellen nach Vereinbarung, Anmeldung beim Museumsdienst der Kulturbehörde, Tel. 040 / 2988-2752, Fax: 2988-3893.

Gedenkstätten mit Ausstellungen zur Geschichte von Außenlagern und Evakuierungsorten des KZ Neuengamme (außerhalb Hamburgs)

Mahn- und Gedenkstätten Wöbbelin
Ludwigsluster Straße
19288 Wöbbelin
Tel. 038753 / 413
Ausstellung: Zehn Wochen KZ-Außenlager Wöbbelin.
Öffnungszeiten: April bis Oktober: Mittwoch – Sonntag 10-16 Uhr, November bis März: Mittwoch – Freitag 10-16 Uhr, Sonntag 13-16 Uhr.

Museum "Cap Arcona"
Stadtverwaltung Neustadt i.H.
Am Markt 1
23730 Neustadt in Holstein
Tel. 04561 / 619-0
Ausstellung zum Untergang der KZ-Häftlingsschiffe am 3. Mai 1945.
Öffnungszeiten: April, Mai, September, Oktober: Dienstag – Samstag 15-17 Uhr, Sonntag 10-12 Uhr; Juni, Juli, August: Dienstag – Sonntag 10-12, 15-17 Uhr.

Stadtmuseum Grevesmühlen
Große Seestraße 1
23936 Grevesmühlen
Tel. 03881 / 711 258
Ausstellung zum Untergang der KZ-Häftlingsschiffe am 3. Mai 1945 und zum Umgang mit diesem geschichtlichen Ereignis in der DDR (auf dem Tannenberg in Grevesmühlen befindet sich die zentrale Gedenkstätte für die an der Ostseeküste der früheren DDR angeschwemmten Opfer der "Cap Arcona").
Öffnungszeiten: Dienstag – Donnerstag 10-17 Uhr, Freitag 10-15.30 Uhr (Sommermonate auch Samstag 9-13 Uhr).

Heimatmuseum Poel
Möwenweg
23999 Kirchdorf
Tel. 038425 / 20229
Ausstellung mit Informationen zum Untergang der KZ-Häftlingsschiffe am 3. Mai 1945.
Öffnungszeiten: 17.5. bis 15.9.: Dienstag – Sonntag 10-16 Uhr, sonst Dienstag, Mittwoch, Samstag 10-12 Uhr.

KZ-Gedenkstätte Husum-Schwesing
Kontakt:
Kreis Nordfriesland, Kulturamt
Schloß vor Husum
25813 Husum
Tel. 04841 / 8973-0
Gedenkstätte für die Opfer des Lagers Husum-Schwesing, Außenkommando des KZ Neuengamme.
Öffnungszeiten: Die Gedenkstätte auf dem ehem. Lagergelände ist frei zugänglich.

KZ-Gedenkstätte Ladelund
25926 Ladelund
Tel. 04666 / 236 oder 449
Dokumentenhaus beim Friedhof mit Ausstellung zu dem im November 1944 für die Arbeiten am sog. "Friesenwall" eingerichteten Außenlager Ladelund.
Öffnungszeiten: Dienstag – Freitag 14-17 Uhr, Samstag und Sonntag 14-18 Uhr.

Küsten-Museum Wilhelmshaven
City-Haus, Rathausplatz 10
26359 Wilhelmshaven
Tel. 04421 / 16-1460
Ausstellung: "Elend, Verfolgung, Vernichtung", u.a. zum KZ-Außenlager Wilhelmshaven.
Öffnungszeiten: Dienstag – Freitag, Sonntag 10-13 Uhr und 14-17 Uhr, Samstag 10-13 Uhr; Juli/August auch Montag geöffnet.

Dokumentations- und Informationszentrum Emslandlager (DIZ)
Wiek rechts 22
26851 Papenburg
Tel. 04961 / 4971
Ausstellung u.a. zu den Neuengamme-Außenlagern Meppen und Dalum.
Öffnungszeiten: Dienstag – Freitag, Sonntag 10-17 Uhr.

Dokumentations- und Gedenkstätte Sandbostel e.V.
Kontakt:
Dr. Klaus Volland
Frans-Hals-Straße 1
27432 Bremervörde
Tel. 04761 / 3267
Ausstellung: Kriegsgefangenen- und KZ-Auffanglager Sandbostel; Führungen über das ehem. Lagergelände und den Lagerfriedhof.
Öffnungszeiten und Führungen nach Vereinbarung.

Mahn- und Gedenkstätte Ahlem
Heisterberg-Allee 8, Hannover-Ahlem
Kontakt:
Landkreis Hannover
Postfach 147
30001 Hannover
Tel. 0511 / 989-2256 oder -2160
Ausstellung über die Geschichte der Israelitischen Gartenbauschule Ahlem, die Nutzung der Schule als zentrale Sammelstelle für Deportationen und Gestapo-Gefängnis für Insassen der hannoverschen Außenlager des KZ Neuengamme.
Öffnungszeiten: Montag – Freitag 7.30-15.00 Uhr (über Sekretariat der Justus-von-Liebig-Schule, Tel. 0511/401096); jeden 2. Sonntag des Monats 15.00-18.00.

Gedenk- und Dokumentationsstätte KZ Drütte
Kontakt:
Arbeitskreis Stadtgeschichte e.V.
Wehrstraße 27 (Alte Feuerwache)
38226 Salzgitter
Tel. 05341/4 45 81
Ausstellung am Ort des KZ-Außenlagers Drütte (Häftlingsunterkünfte unter einer Hochstraße auf dem Werksgelände der heutigen Preussag Stahl AG) über das KZ Drütte und die Zwangsarbeit bei den "Hermann Göring-Werken".
Öffnungszeiten: 2. Samstag im Monat 15-17 Uhr und nach Vereinbarung.

KZ-Gedenkstätte Beendorf
Gemeinde Beendorf
Schulplatz 5
39343 Beendorf
Tel. 039050 / 239
Ausstellung über das 1944 in einem unterirdischen Salzstock eingerichtete Außenlager A III Helmstedt-Beendorf (Teilefertigung für die V 1- und V 2-Raketen).
Öffnungszeiten nach Vereinbarung.

Mahn- und Gedenkstätte Gardelegen
Kontakt:
Stadtmuseum Gardelegen
Rathausplatz 10
39638 Gardelegen
Tel. 03907 / 6519
Gedenkstätte mit Informationstafeln über die Ermordung von 1016 KZ-Häftlingen (u.a. aus dem KZ Neuengamme) am 13. 4. 1945 in der Isenschnibber Feldscheune.
Öffnungszeiten: Ein Ehrenfriedhof und die Gedenkstätte am Ort der abgebrannten Isenschnibber Feldscheune sind frei zugänglich.